Kontextbasiertes Information Retrieval

Karlheinz Morgenroth

Kontextbasiertes Information Retrieval

Modell, Konzeption und Realisierung
kontextbasierter Information Retrieval Systeme

λογος

Karlheinz Morgenroth
kontakt@morgenroth.org
www.morgenroth.org

Inaugural-Dissertation zur Erlangung des Grades eines Doktors der Naturwissenschaften (Dr. rer. nat.) in der Fakultät Wirtschaftsinformatik und Angewandte Informatik der Otto-Friedrich-Universität Bamberg

Erstgutachter: Prof. Dr. Andreas Henrich, Otto-Friedrich-Universität Bamberg
Zweitgutachter: Prof. Dr. Günther Pernul, Universität Regensburg

Tag der Einreichung: 13.09.2005
Tag der Disputation: 19.01.2006

Bibliografische Information Der Deutschen Bibliothek

Die Deutsche Bibliothek verzeichnet diese Publikation in der Deutschen Nationalbibliografie; detaillierte bibliografische Daten sind im Internet über http://dnb.ddb.de abrufbar.

ISBN 3-8325-1159-8

Lektorat: Jürgen Eckert
Umschlaggestaltung: Stephan Drescher, www.stephandrescher.de
(unter Verwendung von Bildern aus der Serie Heuhaufen von Claude Monet)
Satz: Karlheinz Morgenroth
Herstellung: Logos Verlag, Berlin

© Copyright Logos Verlag Berlin 2006
Alle Rechte vorbehalten.

Logos Verlag Berlin
Comeniushof, Gubener Str. 47,
10243 Berlin
Tel.: +49 (0)30 42 85 10 90
Fax: +49 (0)30 42 85 10 92
www.logos-verlag.de

Geleitwort

Der Bereich des Information Retrieval hat sich in den letzten 10 Jahren zu einem immer bedeutsameren Teilgebiet der Praktischen und der Angewandten Informatik entwickelt. Neben die Nutzung des Information Retrieval im klassischen Bibliotheksumfeld und bei Suchmaschinen im Web treten zunehmend spezialisierte Suchdienste, die Anwender einer bestimmten Domäne gezielt mit Informationen aus verschiedensten Quellen versorgen sollen.

Typisch für diese neueren Anwendungen ist das komplexe Umfeld im Hinblick auf die Situation, in der ein Informationsbedürfnis entsteht, und im Hinblick auf den Aufbau und die Struktur der Dokumentenkollektion, in der gesucht werden soll.

In der Dokumentenkollektion sind in der Regel keine flachen Textdokumente, sondern strukturierte und zum Teil auch multimediale Dokumente zu finden, deren Semantik nur auf der Basis einer genauen Kenntnis der spezifischen Dokumenttypen nachvollzogen werden kann. Beispiele hierfür sind Dokumente im Rahmen der – von Herrn Morgenroth als Anwendungsdomäne betrachteten – Softwareentwicklung; zum Beispiel Klassendiagramme oder Aktivitätsdiagramme. Neben die innere Struktur der einzelnen Dokumente tritt hier das Beziehungsgeflecht der Dokumente untereinander. Dazu zählen neben Querverweisen auch logische Abfolgebeziehungen, in denen ein Dokument auf anderen Dokumenten inhaltlich aufbaut. Die Semantik dieser komplexen Strukturen lässt sich mit einfachen Schlagwortlisten nur unzureichend abbilden. Stattdessen sind Ansätze erforderlich, mit denen die Zusammenhänge klar repräsentiert werden können. Einen Weg hierzu – den auch Herr Morgenroth verfolgt – zeigt das Semantic Web mit seinen zugehörigen Techniken auf.

Aber nicht nur auf Seiten der Dokumente sind einfache Schlagworte zur Repräsentation der komplexen Zusammenhänge nicht mehr ausreichend. Informationsbedürfnisse entstehen immer in einem Kontext, dessen Verständnis ein wesentlich zielgerichteteres Suchen nach hilfreichen Dokumenten erlaubt. Einen wesentlichen ersten Schritt hierzu bildet die Analyse und Modellierung des Kontextes des Informationssuchenden, die jeweils domänenspezifisch erfolgen muss. Herr Morgenroth schlägt hierzu ein generisches Modell vor, das von ihm für die betrachtete Domäne – in diesem Fall die Softwareentwicklung – konkretisiert und hinsichtlich der Möglichkeiten der automatischen Erfassung umgesetzt wird.

Als Verbindung zwischen den zu durchsuchenden Dokumenten und dem Informationsbedürfnis, einschließlich des zugehörigen Kontextes, wird schließlich als dritte Komponente ein geeigneter Mechanismus zur Relevanzbewertung benötigt. Durch die komplexeren Repräsentationen für das Informationsbedürfnis und die Dokumente reichen hier die klassischen Modelle des Information Retrieval (wie z.B. das Vektorraummodell oder das Boolesche Modell) nicht aus. Stattdessen werden Modelle benötigt, die die komplexen Strukturen berücksichtigen und entsprechend in die Relevanzbewertung einfließen lassen.

Die vorliegende Arbeit von Herrn Morgenroth leistet zu allen drei Teilbereichen (Repräsentation der Dokumente und des Informationsbedürfnisses sowie Relevanzbewertung) wertvolle Beiträge. Für die Repräsentation wird auf beiden Seiten das Resource Description Framework (RDF) eingesetzt. Der Einsatz eines standardisierten Formates bietet hier den Vorteil einer klaren Semantik und der Verfügbarkeit zahlreicher Werkzeuge. Ferner können mit RDF in konsistenter Weise die Strukturen und Eigenschaften innerhalb der Dokumente und zwischen Dokumenten repräsentiert werden. Herr Morgenroth zeigt wie dieser Ansatz in der Domäne der Softwareentwicklung umgesetzt werden kann. Dabei ist offensichtlich, dass eine Adaption für andere Domänen problemlos möglich ist.

Die Repräsentation von Informationsbedürfnissen und Dokumenten durch RDF-Graphen bedingt auf der Ebene der Relevanzbewertung innovative Ansätze zur Bestimmung der Ähnlichkeit gewichteter und typisierter Graphen. Auch hierzu schlägt Herr Morgenroth einen generischen Ansatz vor, der von ihm für den Bereich der Softwareentwicklung umgesetzt und validiert wurde.

Insgesamt stellt die Arbeit von Herrn Morgenroth damit einen wichtigen Beitrag zum kontextbasierten Information Retrieval dar, der für alle lesenswert ist, die an und mit Suchmaschinen für spezielle Domänen arbeiten. Einer genaueren Betrachtung des Kontextes, in dem ein Informationsbedürfnis entsteht, und der Struktur der zu durchsuchenden Dokumente gehört zweifellos die Zukunft. Herr Morgenroth zeigt in diesem aufkommenden Forschungsgebiet einen viel versprechenden Ansatz auf, der in den verschiedensten Domänen Erfolg versprechend eingesetzt werden kann.

Bamberg, im Februar 2006   Prof. Dr. Andreas Henrich

Vorwort

Die erste, grundlegende Idee für das in dieser Arbeit behandelte Thema entstand im Frühjahr 2001 aus einer Reihe von Treffen mit Herrn Prof. Dr. Andreas Henrich. Aus diesen Gesprächen entwickelte sich der Ansatz, Information über den aktuellen Kontext einer Person mit in den Vorgang des Information Retrievals einfließen zu lassen. Neben einer Verbesserung der Suchergebnisse stand bereits damals eine automatische Versorgung von Mitarbeitern mit Information im Mittelpunkt des Forschungsinteresses.

Etwas mehr als vier Jahre später und nach einer akademischen Reise zusammen mit meinem Doktorvater durch drei Lehrstühle an insgesamt zwei Bayerischen Universitäten, bei der die beiden letzten Lehrstühle komplett neu aufgebaut wurden, liegt nun mit dieser Arbeit eine umfassende Behandlung des Themenkomplexes »Kontextbasiertes Information Retrieval« vor. Die in dieser Arbeit vorgestellten Konzepte und Methoden wurden darüber hinaus auf verschiedenen nationalen und internationalen Konferenzen sowie Arbeitsgruppentreffen präsentiert und in den wissenschaftlichen Diskurs eingebracht.

Dass aus den ersten Ansätzen eine derartig umfangreiche Abhandlung werden konnte, ist vor allem dem Interesse an diesem Thema und der akademischen Erfahrung meines Doktorvaters, Herrn Prof. Dr. Andreas Henrich zu verdanken. An dieser Stelle möchte ich ihm ganz besonders für sein allseits offenes, verständnisvolles Wesen und das harmonische Arbeitsklima danken, die beide einen außerordentlich fruchtbaren Nährboden für das Entstehen dieser Arbeit darstellten. Darüber hinaus bedanke ich mich ganz herzliche auch für das mir gegenüber gezeigte Vertrauen.

Ganz besonders möchte ich mich bei Herrn Prof. Dr. Günther Pernul, Universität Regensburg, für die Übernahme des Zweitgutachtens bedanken. Mein besonderer Dank gilt zudem den weiteren Mitgliedern der Promotionskommission Herrn Prof. Dr. Christoph Schlieder und Herrn Prof. Dr. Guido Wirtz.

Eine fruchtbare wissenschaftliche Arbeit ist nicht ohne ein entsprechendes Umfeld zu bewerkstelligen. Ich bedanke mich deshalb bei meinen Lehrstuhlkollegen Bernhard Daubner, Martin Eisenhardt, Volker

Lüdecke, Dr. Wolfgang Müller sowie Dr. Günter Robbert für zahlreiche Fachgespräche, die kollegiale Zusammenarbeit und ihre Unterstützung auf meinem Weg zu dieser Arbeit. Darüber hinaus danke ich auch den weiteren Lehrstuhlmitgliedern Silvia Förtsch und Siegfried Hofmann, die als gute Seelen im Hintergrund für einen reibungslosen Betrieb des Lehrstuhls und seiner Infrastruktur sorgten.

Für zahlreiche und erkenntnisreiche Gespräche zu den in dieser Arbeit behandelten Themen danke ich zudem Thomas Neeb, Torsten Priebe und Stefan Walburg. Für seine Arbeit an den Testkollektionen sowie die Durchführung verschiedener Experimente bin ich ganz besonders Raiko Eckstein dankbar.

Mein außerordentlicher Dank gilt an dieser Stelle auch Jürgen Eckert, der sich freundlicherweise durch die Übernahme des Lektorats bereit erklärte, mir bei meinem »Hausbau« zu helfen. Den Umschlag zu dieser Buchfassung hat Stephan Drescher entworfen, wofür ich ihm meinen ausdrücklichen Dank zolle.

Last but not least möchte ich meinen Eltern für ihre Unterstützung während meiner Zeit an den Vorarbeiten und der Fertigstellung dieser Arbeit ganz besonders danken.

Bamberg, im August 2005   Karlheinz Morgenroth

Kurzfassung

Mitarbeitern die richtige Information zum richtigen Zeitpunkt zugänglich zu machen, stellt heute einen entscheidenden Wettbewerbsfaktor dar. Mit der zunehmenden Menge an verfügbarer Information wird die Identifizierung relevanter Information für die einzelne Person immer schwieriger. Das Forschungsgebiet des Information Retrievals adressiert ebendiese Problematik und brachte neben verschiedenen Ansätzen auch eine Reihe entsprechender Suchdienste hervor.

Trotz des Einsatzes heute verfügbarer Suchmaschinen sind die erreichbaren Ergebnisse für eine anfragende Person nicht immer zur Befriedigung eines vorherrschenden Informationsbedürfnisses tauglich. Gründe hierfür können entweder in einem zu unscharf artikulierten Informationsbedürfnis oder schlichtweg an der Wahl falscher Suchtermini liegen. In Folge dessen scheuen viele Anwender tendenziell die Durchführung einer Suche wegen des damit verbundenen Aufwands und der ungewissen bzw. in der Vergangenheit unbefriedigenden Qualität der Ergebnisse.

In dieser Arbeit wird nun ein methodischer Ansatz der Nutzung des Kontextes einer Person für die Suche nach relevanter Information präsentiert. Neben einer reaktiven Unterstützung und Verbesserung der Ergebnisqualität bei manuell gestellten Suchanfragen ist es vor allem das Ziel, aus einem aktuellen Kontext einer Person auf ein entstehendes oder vorliegendes Informationsbedürfnis zu schließen und daraus einen Anwender proaktiv auf für ihn relevante Information hinzuweisen.

Der Kontext einer Person definiert sich dabei unter anderem aus aktuellen und zurückliegenden Tätigkeiten mit einem Anwendungssystem, den zugrundeliegenden Aufgabenstellungen sowie den vorliegenden und bearbeiteten Gegenständen und Inhalten. Neben der Erfassung des Kontextes aus verschiedenen Anwendungssystemen und der Beschreibung der Kontextinformation mittels Technologie des Semantic Webs wird ein einheitliches Nutzermodell aufgestellt. Dieses fasst in einer Gesamtsicht mehrere Einzeldimensionen wie die Interaktion eines Benutzers mit Anwendungssystemen, aber auch die Inhalte von Dokumenten, persönliche Profile sowie das Organisationsmodell zusammen. In mehreren Schritten wird aus der erfassten Kontextinformation über verschiedene Nutzerprofile ein erwartetes Informationsbedürfnis abgeleitet, das entweder zur Unterstützung manuell getätigter Suchanfragen oder zur proaktiven Ausführung von Anfragen eingesetzt wird.

Zur Realisierung entsprechender kontextbasierter Information Retrieval Systeme wird ein Architekturrahmen vorgestellt, der neben der Anbindung verschiedenster Quellen für Kontextinformation auch insbesondere die Handhabung hoher Volumina an Kontextinformation ermöglicht. Für die effiziente Bearbeitung vager Anfragen auf Basis des Resource Description Frameworks wird zudem ein stromorientierter Ansatz eingeführt.

Für die Anwendungsdomäne des Software Engineerings erfolgt exemplarisch die Realisierung eines entsprechenden kontextbasierten Information Retrieval Systems. Mittels dieser Implementierung werden die in dieser Arbeit aufgezeigten Methoden und Modelle zudem auf ihre Tragfähigkeit hin evaluiert.

Inhaltsverzeichnis

I	**Einführung in die Thematik**	**1**
1	**Einleitung**	**3**
1.1	Motivation	3
1.2	Problemstellung und Zielsetzung	4
1.2.1	Daten, Wissen, Information und Retrieval	5
1.2.2	Definition des Information Retrievals	8
1.2.3	Prozess des Wissenstransfers im Information Retrieval	11
1.2.4	Kontextbasiertes Information Retrieval	13
1.2.5	Definition: Kontext und kontextbasiertes Information Retrieval	14
1.2.6	Zielsetzung dieser Arbeit	15
1.3	Aufbau dieser Arbeit	18
2	**Nutzung von Kontextinformation im Information Retrieval**	**21**
2.1	Modelle des Information Retrievals	22
2.1.1	Klassische Modelle des Information Retrievals	22
2.1.2	Modelle des menschlichen Informationsverhaltens	25
2.1.3	Nutzerzentrierte Modelle der Suche nach Information	35
2.2	Einbeziehung des Kontextes im Information Retrieval	41
2.3	Integration von Kontext im Information Retrieval	44
2.4	Zusammenfassung	47
3	**Verwandte Ansätze**	**49**
3.1	Empfehlungen für lokale Dokumente	50
3.2	Empfehlungen für Webseiten	55
3.3	Literaturrecherche in Bibliotheken	59
3.4	Filterung von Nachrichtentexten	60
3.5	Softwareentwicklung	63
3.6	Online-Hilfe bei Anwendungsprogrammen	66
3.7	Workflow-Managementsysteme	68
3.8	Integration in Portalsysteme	70
3.9	Empfehlungssysteme in E-Business und E-Commerce	72

3.10	E-Learning	74
3.11	Zusammenfassung	75

II Erfassung, Beschreibung und Nutzung von Kontextinformation im Information Retrieval   77

4	**Erfassung und Beschreibung von Kontextinformation**		**79**
4.1	Erfassung von Kontextinformation		80
	4.1.1	Erfassung des aktuellen Kontextes eines Benutzers	81
	4.1.2	Erschließung des Kontextes in Anwendungssystemen	84
4.2	Beschreibung der Kontextinformation		89
	4.2.1	Semantic Web	90
	4.2.2	Das Resource Description Framework	92
	4.2.3	Die Web Ontology Language	99
	4.2.4	Beschreibung des Kontextes	101
4.3	Bildung eines einheitlichen Nutzermodells		105
4.4	Beispiele für die Beschreibung des Kontextes		110
4.5	Zusammenfassung		116

5	**Nutzung von Kontextinformation im Information Retrieval**		**117**
5.1	Ableitung von Informationsbedürfnissen aus dem Kontext		118
	5.1.1	Ableitung eines Informationsbedürfnisses aus der aktuellen Tätigkeit	119
	5.1.2	Einfluss der früheren Tätigkeiten und weiterer Faktoren auf Informationsbedürfnisse	124
5.2	Formulierung des Informationsbedürfnisses		134
5.3	Formulierung von Anfragen		138
	5.3.1	Automatische Formulierung von Suchanfragen	142
	5.3.2	Unterstützung von manuellen Suchanfragen	143
5.4	Zusammenfassung		146

III Das COBAIR-Framework – Ein Rahmen zur Realisierung kontextbasierter Information Retrieval Systeme   149

6	**Das COBAIR-Framework**		**151**
6.1	Einsatz von Frameworks bei der Softwareentwicklung		151
6.2	Framework für kontextbasierte Information Retrieval Systeme		156
	6.2.1	Erfassung des Kontextes	160
	6.2.2	Beschreibung des Kontextes	162
	6.2.3	Speicherung der Kontextinformation	164

6.2.4	Bildung von Nutzerprofilen	166
6.2.5	Ableitung eines Informationsbedürfnisses	167
6.2.6	Bildung eines Suchmodells	168
6.2.7	Formulierung von Suchanfragen	169
6.2.8	Anfragebearbeitung	169
6.2.9	Erstellung eines Ergebnisses	170
6.2.10	Präsentation der Anfrageergebnisse	171
6.3	Zusammenfassung	172

7 RDF Query by Example ... 173

7.1	Anforderungen an eine Anfragebearbeitung	174
7.2	Anfragesprachen und Repository-Systeme für RDF und OWL	177
7.2.1	Anfragesprachen für RDF und OWL	178
7.2.2	Repository-Systeme für RDF und OWL	186
7.2.3	Bewertung der Anfragesprachen und Repository-Systeme	192
7.3	Der Ansatz RDF Query by Example (RDF-QBE)	196
7.3.1	Einführendes Beispiel	197
7.3.2	Grundlagen	202
7.3.3	Ähnlichkeitsmaß für RDF-Statements	205
7.3.4	Ähnlichkeitsmaß für RDF-Graphen	222
7.4	Effiziente Anfragebearbeitung für RDF Query by Example	228
7.4.1	Stromorientierte Anfragebearbeitung	228
7.4.2	Indexstruktur zur effizienten Bearbeitung vager Ähnlichkeitsanfragen	231
7.4.3	Stromorientierte vage Anfragebearbeitung	237
7.5	Verwandte Ansätze	245
7.5.1	Ähnlichkeit zwischen Konzepten	246
7.5.2	Schema und Ontology Matching sowie Mapping	247
7.5.3	Ansätze für unscharfe Anfragebearbeitung und Query by Example	249
7.5.4	Abgrenzung zum eigenen Ansatz	250
7.6	Zusammenfassung	251

8 Evaluierung ... 253

8.1	Software Engineering	253
8.1.1	Softwareentwicklungsprozesse	254
8.1.2	Rational Unified Process	255
8.1.3	Bedeutung der Wiederverwendung	259
8.1.4	Einsatz eines kontextbasierten Information Retrievals im Software Engineering	261
8.2	Kontextbasiertes IR-System für das Software Engineering	265
8.2.1	Architektur der prototypischen Realisierung	266
8.2.2	Integrierte Entwicklungsumgebung	266

	8.2.3	Einsatz von Ontologien	269
	8.2.4	Kontextbasiertes Information Retrieval System	269
	8.2.5	Zentrales RDF-Repository-System	276
	8.2.6	Realisierung der Indexstruktur und Anfragebearbeitung	276
8.3		Evaluierung	278
	8.3.1	Evaluierung der Erfassung, Beschreibung und Indexierung von Kontextinformation	280
	8.3.2	Evaluierung der Ergebnisqualität	283
	8.3.3	Evaluierung im Rahmen eines Softwareentwicklungsprozesses	287
8.4		Zusammenfassung	290

IV Zusammenfassung und Ausblick 293

9 Zusammenfassung und Ausblick **295**
9.1 Zielsetzung dieser Arbeit 295
9.2 Ausblick 299

V Anhang 301

A Testkollektionen **303**

B Topics **309**

C Testsystem **311**

Abbildungsverzeichnis **313**

Tabellenverzeichnis **317**

Literaturverzeichnis **319**

Abkürzungsverzeichnis **343**

Index **347**

Teil I
Einführung in die Thematik

1 Einleitung

Die moderne Informationsgesellschaft ist unter anderem durch eine stetig zunehmende Digitalisierung von Information in allen Lebensbereichen gekennzeichnet. Während in der Arbeitswelt schon lange neben Textdokumenten auch Zeichnungen, Fotografien, Musik und Videos digital verarbeitet werden, erobert gerade die digitale Erzeugung und Verarbeitung von audiovisuellen Medien aller Art auch den häuslichen Bereich.

Digitalisierung von Information

Von der Entwicklung des Internets getrieben, erfolgt damit einherschreitend eine immer weitergehende Vernetzung von bisher autark operierenden Geräten und Systemen. So können heute digital aufgezeichnete Bilder, Videos und Musik sowie Texte über den Personal Computer als zentrales Element verwaltet und bearbeitet werden. Der Austausch über das Internet ermöglicht zudem gänzlich neue Formen von Interaktion und Kooperation zwischen einzelnen Individuen und Organisationen, von denen die Veröffentlichung eigener Inhalte oder kooperative Arbeitsformen an umfangreichen Produkten nur einige Beispiele darstellen.

zunehmende Vernetzung

Austausch über das Internet

Gerade das Internet stellt damit eine schier unerschöpfliche Quelle für Information aller Art dar. In Organisationen sind dazu analog eigene, nach außen meist abgeschottete Netzwerke, so genannte Intranets, vorzufinden.

Informationsquelle Internet

1.1 Motivation

Die zunehmende Fülle an verfügbarer Information macht die Auswahl geeigneter Information allerdings immer schwieriger. Zwar existiert bspw. für das Internet eine Reihe von Suchmaschinen, allerdings hängt nicht nur hier die Suche nach und Auswahl von relevanter Information zunehmend auch von der Kompetenz derjenigen Person ab, die danach sucht.

Auswahl geeigneter Information

Diese Kompetenz umfasst dabei zunächst die Fähigkeit, einen Informationswunsch zu präzisieren und verbal zu formulieren. Bereits dieser Schritt ist von zahlreichen Unwägbarkeiten begleitet. Auch wenn

Formulierung eines Informationswunsches

es einer Person gelingen sollte, ihren Informationswunsch präzise zu formulieren, so enthält diese verbale Äußerung vielleicht nicht die gebräuchlichen Fachtermini, die im angezielten Themengebiet verwendet werden, so dass eine durchgeführte Suche hier kaum relevante Ergebnisse erwarten lässt.

Problematiken mit dem Einsatz von Suchmaschinen

Darüber hinaus spielt auch der Umgang mit einer Suchmaschine eine wesentliche Rolle für das Erreichen möglichst optimaler Suchergebnisse. Gerade aktuelle Suchmaschinen bieten zwar eine Fülle an Spezialfunktionen, die zur Konkretisierung und Eingrenzung eines Informationswunsches eingesetzt werden können, die jedoch mangels Kenntnis der Anwender kaum zum Einsatz kommen. Darüber hinaus spielen zudem weitere psychologische Faktoren für die Suche nach Information eine Rolle, wie bspw. die Erwartungshaltung einer Person, dass sie mit dem mit einer Suche verbundenen Aufwand auch tatsächlich für sie hilfreiche Information finden wird. Ist diese Erwartungshaltung eher gering, was bspw. durch einen vergeblichen Einsatz eines Information Retrieval Systems in der Vergangenheit begründet sein kann, so wird diese Person trotz eines vorherrschenden Informationsbedürfnisses ein derartiges System nicht aktiv anwenden.

Während dies zunächst Motivation für eine entsprechende Unterstützung der Anwender bei der Suche bzw. dem Einsatz eines Information Retrieval Systems ist, lässt sich eine derartige Funktionalität logisch bis zur automatisierten Formulierung und Ausführung von Suchanfragen weiterführen, die eine Person fortwährend bspw. mit zu ihrer aktuellen Tätigkeit relevanter Information versorgen. Diese Fähigkeit eines entsprechend erweiterten Information Retrieval Systems kann gerade in der heutigen Arbeitswelt einen entscheidenden Wettbewerbsfaktor darstellen.

1.2 Problemstellung und Zielsetzung

Gegenstand des Information Retrievals

Gegenstand des Information Retrievals ist die Suche nach Dokumenten. Während es sich bei diesen bislang traditionell um Textdokumente handelte, werden seit einigen Jahren in diesem Forschungsgebiet verstärkt auch multimediale Dokumente, wie bspw. Bilder, Video- und Audioaufnahmen sowie Hypertextdokumente betrachtet. Gleichzeitig fanden sich immer neue Einsatzgebiete für Methoden des Information Retrievals, wie bspw. die Suche nach Experten und Arbeitsgruppen mit einem bestimmten Kompetenzprofil auf dem Gebiet des Wissensmanagements zeigt. Nicht zuletzt mit dem Aufkommen des Mediums Internet und dessen Durchdringung des alltäglichen Lebens gewinnt das Gebiet des Information Retrievals zunehmend an Bedeutung und Aktualität.

1.2 Problemstellung und Zielsetzung

Betrachtet man die Aufgabenstellung des klassischen Information Retrievals, so gilt es aus einer Kollektion von Dokumenten zu einem von einem Anwender gegebenen Informationswunsch, die relevanten Dokumente zu ermitteln. Die dazu eingesetzten Techniken gehen weit über eine zeichenkettenbasierte Textsuche hinaus. So versucht man, von einer konkreten Wortwahl in einem Dokument zu abstrahieren und stattdessen die Semantik des Dokumentes zu adressieren. In diesem Zusammenhang spricht man auch von einer inhaltsbasierten Suche. Die Suche nach den zu einem Informationswunsch relevanten Dokumenten berücksichtigt dabei sowohl Vagheit als auch Unvollständigkeit, die sowohl bei der Formulierung des Informationswunsches als auch bei der – gegebenenfalls automatischen – Interpretation des Inhalts der betrachteten Dokumente besteht.

Aufgabenstellung des Information Retrievals

Die Historie des Information Retrievals, die in diesem Forschungsgebiet entwickelten sowie zum Einsatz kommenden Methoden, Algorithmen und Datenstrukturen werden von einer Reihe von Autoren in verschiedenen Werken umfassend behandelt. An dieser Stelle seien exemplarisch und in chronologischer Reihenfolge ihrer Publikation van Rijsbergen [264], Salton und McGill [221], Frakes und Baeza-Yates [92], Baeza-Yates und Ribeiro-Neto [17], Witten et al. [272], Ferber [88] sowie Chowdhury [61] aufgeführt.

Historie des Information Retrievals

Literatur und Standardwerke

1.2.1 Daten, Wissen, Information und Retrieval

Der Begriff des Information Retrievals setzt sich aus zwei Teilbegriffen zusammen. Ein Ansatz zur Definition des Begriffes Information Retrieval ist daher, die einzelnen Teilbegriffe Information und Retrieval einzeln zu deuten.

Begriff des Information Retrievals

Definition: Daten, Wissen und Information

Der Begriff der Information wird in [246] als »zweckgerichtetes Wissen zur Vorbereitung und Durchführung von Handlungen« definiert. Der Begriff der Information wird dabei im Dreiklang von Daten, Wissen und Information gesehen:

- Der Begriff der Daten ist auf der syntaktischen Ebene angesiedelt. In [246] wird definiert: »Eine Darstellung maschinell verarbeitbarer Information nennt man in der Informatik Daten.« Es handelt sich hier also um die Kodierung von Daten in einer Rechenmaschine bzw. Computer. Formate für ganze Zahlen und Gleitkommazahlen sind hier ebenso ein Thema wie die syntaktische Darstellung strukturierter Daten z.B. mit XML [274]. In diesem Sinne

Daten

wäre also eine Datenbasis eine schlichte Sammlung von technisch verarbeitbaren Werten ohne jegliche Semantik.

Wissen ▪ Wissen bezeichnet darauf aufbauend Daten, die mit semantischer Bedeutung hinterlegt sind. Allgemeiner wird Wissen auch als die Gesamtheit der Kenntnisse auf einem bestimmten Gebiet gesehen. Am Beispiel einer Bildersammlung würden die in ihren Farbwerten abgespeicherten Bilder die Daten darstellen. Das in diesen Bildern Dargestellte, repräsentiert jedoch das eigentliche Wissen.

Information ▪ Der Begriff der Information berücksichtigt zusätzlich den pragmatischen Aspekt. So definiert Kuhlen [141] Information aus Sicht des Information Retrievals folgendermaßen: »Information ist die Teilmenge von Wissen, die von jemandem in einer konkreten Situation zur Lösung von Problemen benötigt wird.« Häufig ist die Information zur Durchführung einer bestimmten Handlung nicht vorhanden. Eine Person wird dann auf entsprechende Quellen zugreifen, um aus dem dort gespeicherten Wissen die benötigte Information zu extrahieren. Mit der durch diesen Prozess neu erarbeiteten Information kann die Person ihre Handlung informationell absichern.

Information bezieht sich somit letztlich auf eine Teilmenge des Wissens, die in der konkreten Situation für eine bestimmte Person oder Personengruppe nützlich sein kann. Ohne klare Daten- und auch Wissensrepräsentation wäre aber die Extraktion von Information aus einem Wissensfundus gar nicht möglich.

Das oben beschriebene Begriffsverständnis entspricht auch dem der deutschen Informationswissenschaft, die sich vor einigen Jahren auf eine einheitliche Terminologie geeinigt hat, die in der folgenden Abbildung 1.1 grafisch dargestellt ist.

Repräsentation Der Schritt von Daten zum Wissen, also der Schritt von der syntaktischen zur semantischen Ebene, muss dabei im Allgemeinen mit der Repräsentation dieser Semantik einhergehen.

Dies kann man plastisch am Beispiel von Bildern verdeutlichen. Die Bilder selbst sind zunächst in einem bestimmten technischen Format (z.B. JPEG, GIF oder TIFF) abgelegt. Damit sind Anwendungen in der Lage, diese Bilder zu speichern, anzuzeigen und pixelweise zu bearbeiten. Die Semantik der Bilder wird von diesen Formaten aber nicht abgedeckt. Eine Anfrage nach Bildern, in denen z.B. Albert Einstein zu sehen ist, kann auf der Ebene dieser Bildformate nicht vorgenommen werden. Dazu muss der Inhalt der Bilder – das in ihnen vorhandene Wissen – explizit gemacht werden. Mit anderen Worten: dieses Wissen muss repräsentiert werden. Dies kann z.B. dadurch geschehen, dass jedes Bild in einer Datenbank mit Information über die darin abgebil-

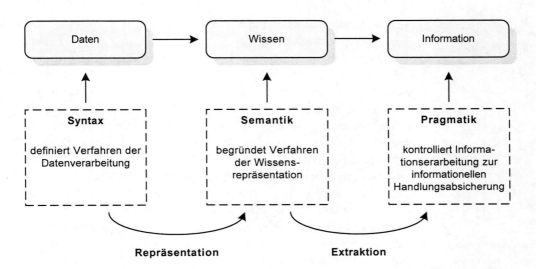

Abbildung 1.1
Beziehung zwischen Daten, Wissen und Information (nach Fuhr [93] und Kuhlen [141])

deten Personen, Gegenstände usw. versehen wird. Dieser Aspekt der Wissensrepräsentation ist bei Textdokumenten zwar auch wünschenswert, aber nicht ganz so zwingend wie bspw. bei Bildern. Der Grund hierfür ist, dass durch die einzelnen verwendeten Wörter die Semantik eines Textes wesentlich konkreter gegeben ist als durch die einzelnen Farbpixel eines Bildes.

Der Schritt von der Semantik zur Information lässt sich dann als Extraktion charakterisieren. Aus einer großen Menge von gespeichertem Wissen wird die Information extrahiert, die einer Person in einer bestimmten Problemstellung hilfreich sein kann. Damit wird auch unmittelbar der Bezug zum Retrieval deutlich.

Extraktion

Definition: Retrieval

Zum Begriff Retrieval bietet z.B. Langenscheidts Wörterbuch Englisch-Deutsch [143] folgende Bedeutungen an, die im Folgenden jeweils in den Kontext des Information Retrievals gesetzt werden:

Begriff Retrieval

- wiederfinden, wiederbekommen
- (sich etwas) zurückholen
- herausholen, herausfischen
- wiedergewinnen, wiedererlangen
- etwas der Vergangenheit entreißen
- apportieren

Dieses Begriffsverständnis umfasst dabei letztlich drei Aspekte. Zunächst geht es darum, etwas, was bereits existiert, (wieder) zu finden. Dies ist exakt die Situation beim Übergang vom Wissen zur Information. Das Wissen ist vorhanden, es geht aber darum, aus der Fülle des Wissens die in der konkreten Situation wichtigen Teile herauszufischen. Dies führt unmittelbar zum zweiten Aspekt des Begriffs, der darauf abzielt, dass aus einer großen Grundgesamtheit etwas »herausgeholt« oder »herausgefischt« werden muss. So hat man es im Information Retrieval meist mit großen Dokumentenbeständen wie Bibliotheken oder dem Internet zu tun, in denen Information gesucht wird. Schließlich deutet der Begriff »apportieren« auf IR-Systeme hin, die als »dienstbare Geister« die Informationsversorgung ihrer Benutzer gewährleisten sollen.

(Wieder-)Gewinnung von Information

Damit kann in einer ersten Zusammenfassung festgehalten werden, dass der Begriff Information Retrieval die (Wieder-)Gewinnung von Information, die von jemandem in einer konkreten Situation zur Lösung von Problemen benötigt wird, meint. Ausgangsbasis ist im günstigsten Fall eine Wissensbasis, die bereits die Semantik der Dokumente adressiert oder – im ungünstigeren Fall – eine Datenbasis, die Dokumente in einer wohldefinierten Syntax verwaltet, ohne etwas über deren Semantik zu wissen.

Die Aufgaben eines Information Retrieval Systems sind in diesem Zusammenhang zum einen die geeignete Repräsentation von Daten in Wissen. Das heißt, Daten müssen in geeigneter Form so aufbereitet werden, dass das in diesen vorhandene Wissen zugreifbar wird. Zum anderen soll ein Information Retrieval System aus den um semantische Aspekte erweiterten Daten Information extrahieren können, die einem Anfragenden möglichst gut bei einer Problemlösung helfen kann.

1.2.2 Definition des Information Retrievals

Die weite Verfügbarkeit wie auch der Zugriff auf Information aller Art stellt im Vergleich zur Vergangenheit heute kein nennenswertes Problem oder Aufwand mehr dar. Das Hauptaugenmerk hat sich heute ganz klar von der Position der Betrachtung und Realisierung technischer Zugriffe oder der medialen Überbrückbarkeit in Richtung des Findens relevanter Information hin verschoben.

Forschungsgebiet des Information Retrievals

Dieser Aufgabe stellt sich das Forschungsgebiet des Information Retrievals. Die Ziele und Aufgaben des Information Retrievals werden bspw. durch die Fachgruppe Information Retrieval in der Gesellschaft für Informatik (GI e.V.) folgendermaßen definiert [81]:

> Im Information Retrieval (IR) werden Informationssysteme in Bezug auf ihre Rolle im Prozess des Wissenstransfers vom

menschlichen Wissensproduzenten zum Informations-Nachfragenden betrachtet. Die Fachgruppe »Information Retrieval« in der Gesellschaft für Informatik beschäftigt sich dabei schwerpunktmäßig mit jenen Fragestellungen, die im Zusammenhang mit vagen Anfragen und unsicherem Wissen entstehen. Vage Anfragen sind dadurch gekennzeichnet, dass die Antwort a priori nicht eindeutig definiert ist. Hierzu zählen neben Fragen mit unscharfen Kriterien insbesondere auch solche, die nur im Dialog iterativ durch Reformulierung (in Abhängigkeit von den bisherigen Systemantworten) beantwortet werden können; häufig müssen zudem mehrere Datenbasen zur Beantwortung einer einzelnen Anfrage durchsucht werden. Die Darstellungsform des in einem IR-System gespeicherten Wissens ist im Prinzip nicht beschränkt (z.B. Texte, multimediale Dokumente, Fakten, Regeln, semantische Netze). Die Unsicherheit (oder die Unvollständigkeit) dieses Wissens resultiert meist aus der begrenzten Repräsentation von dessen Semantik (z.B. bei Texten oder multimedialen Dokumenten). Darüber hinaus werden auch solche Anwendungen betrachtet, bei denen die gespeicherten Daten selbst unsicher oder unvollständig sind (wie z.B. bei vielen technisch-wissenschaftlichen Datensammlungen). Aus dieser Problematik ergibt sich die Notwendigkeit zur Bewertung der Qualität der Antworten eines Informationssystems, wobei in einem weiteren Sinne die Effektivität des Systems in Bezug auf die Unterstützung des Benutzers bei der Lösung seines Anwendungsproblems beurteilt werden sollte.

Unschärfe, Unsicherheit, Vagheit

Als eine Kernaussage dieser Definition für Information Retrieval lassen sich Vagheit, Unsicherheit sowie Unschärfe festhalten.

- Dabei lässt sich die Vagheit mit der Tatsache begründen, dass ein Nutzer eines Information Retrieval Systems zwar ein Informationsbedürfnis verspürt, dieses jedoch nur diffus zu formulieren vermag. Das heißt eine Anfrage an ein Information Retrieval System enthält bereits vage Bedingungen. *Vagheit*
- Der Faktor Unsicherheit entsteht durch den Mangel elektronischer Informationssysteme, eine genaue oder sogar formalisierbare Kenntnis über den tatsächlichen Inhalt eines Dokumentes zu erlangen. *Unsicherheit*
- Unschärfe wird ebenfalls durch die bspw. in Textdokumenten *Unschärfe*

zum Einsatz kommende natürliche Sprache wie auch vage formulierte Informationsbedürfnisse begründet. So lässt sich z.B. das Kriterium der Relevanz von Dokumenten zu einer gegebenen Anfrage nur mittels unscharfer Kriterien erfassen und nicht etwa durch harte Fakten.

Vergleich zwischen Daten- und Information Retrieval

Dies ist insbesondere in Kontrast zu setzen mit dem Verständnis, das auf dem Gebiet der Datenverarbeitung mit relationalen Datenbanken vorherrscht. Einen derartigen Vergleich zwischen Daten- und Information Retrieval stellt bspw. van Rijsbergen [264] auf. Die Inhalte dieser Gegenüberstellung sind in Tabelle 1.1 aufgeführt.

***Tabelle 1.1** Merkmale von Faktenretrieval und Information Retrieval (aus van Rijsbergen [264])*

	Data Retrieval	Information Retrieval
Matching	Exact match	Partial match, best match
Inference	Deduction	Induction
Model	Deterministic	Probabilistic
Classification	Monothetic	Polythetic
Query language	Artificial	Natural
Query specification	Complete	Incomplete
Items wanted	Matching	Relevant
Error response	Sensitive	Insensitive

So führen bspw. die Vergleichs- und Ähnlichkeitsoperationen im Datenretrieval, z.B. bei einer relationalen Datenbank, immer zu exakten Ergebnissen, während im Information Retrieval nach den am besten passendsten Elementen gesucht wird. Ein weiteres Kriterium ist die Art und Weise, wie Anfragen zu spezifizieren sind. Während das Datenretrieval von einer vollständigen Spezifikation ausgeht, kann im Bereich des Information Retrievals, schon auf Grund der im Vorherigen aufgeführten Faktoren von Unschärfe und Unsicherheit, nur von einer unvollständigen Spezifikation ausgegangen werden.

Den typischen Vertretern eines Information Retrieval Systems gemein ist das zugrunde liegende Nutzungsmodell. Zentrum und Ausgangspunkt ist hier immer der Nutzer, der seinen Informationswunsch aktiv gegenüber einem System artikulieren und in einen mehr oder minder interaktiven und langwierigen Retrievalprozess mit dem System einsteigen muss. Ziel dieses vom Nutzer gesteuerten Prozesses ist das Auffinden von relevanter Information aus einer Dokumentenkollektion für den Nutzer.

1.2.3 Prozess des Wissenstransfers im Information Retrieval

Motivation für das Information Retrieval ist das Wiederfinden von Dokumenten bzw. die in ihnen abgelegte Information. Diese wiederum dient üblicherweise zur Wissenserweiterung der nachfragenden Person, weshalb sich im Information Retrieval ein Prozess des Wissenstransfers sehen lässt. Abbildung 1.2 stellt ein typisches Szenarium im Information Retrieval dar, das den Prozess des Wissenstransfers verdeutlichen soll. Gleichzeitig lässt sich in dieser Abbildung auch ein allgemeines Modell des Information Retrievals sehen. Wie im Folgenden aufgezeigt wird, sind die einzelnen Schritte dieses Prozesses jeweils von Unschärfe, Unsicherheit sowie Vagheit gekennzeichnet.

Prozess des Wissenstransfers

Eine Reihe von Personen erstellen im Rahmen ihrer Tätigkeit jeweils Dokumente, in denen sie ihr Wissen zu einem bestimmten Thema niederlegen. Bei der Art der Dokumente muss es sich nicht zwangsläufig um Textdokumente handeln, vielmehr können auch Diagramme, Bilder oder Videodokumente erstellt werden. Die so verfassten Dokumente werden das in ihnen abgelegte Wissen aber häufig entweder unvollständig oder sogar missverständlich wiedergeben. Die Gründe hierfür mögen bspw. entweder in einer mangelnden Sprachfertigkeit des Verfassers eines Dokumentes oder auch in der Vagheit der Sprache selbst liegen.

Erstellung von Dokumenten

Die Dokumente werden von ihren Autoren in einer Dokumentenablage gespeichert. Das dabei zum Einsatz kommende Ablagesystem kann vom Dateisystem des lokalen PCs bis hin zu zentral verwalteten Dokumentenmanagementsystemen reichen.

Ablage der Dokumente

Fast alle heutigen Information Retrieval Systeme verwenden für eine schnelle Suche einen Index. Unabhängig von der konkret zum Einsatz kommenden Suchtechnologie werden aus den Dokumenten bestimmte Eigenschaften, so genannte Features, extrahiert und in einem Index verwaltet. Der Vorgang der Feature-Extraktion aus den Dokumenten sowie der Aufbau des Index sind ebenfalls durch bestimmte Schwächen gekennzeichnet. So können als Features bspw. die Vorkommenshäufigkeit einzelner Begriffe in einem Dokument, eine bestimmte Anzahl aufeinander folgender Buchstaben, so genannte N-Grams, oder ganze Sätze betrachtet werden (vgl. bspw. Baeza-Yates und Ribeiro-Neto [17]). Beim Aufbau eines Index können zudem verschiedenste Verfahren zur Gewichtung der einzelnen Features zum Einsatz kommen, bspw. um die Vorkommenshäufigkeit der Wörter in einem Dokument im Verhältnis zu dessen Dokumentengröße zu setzen.

Index

Features

Ein nicht unerheblicher Teil der Vagheit in diesem Prozess entsteht durch ungenaue und unvollständige Anfragen eines Anwenders an ein Information Retrieval System. Die Anfrage, die an ein Information Re-

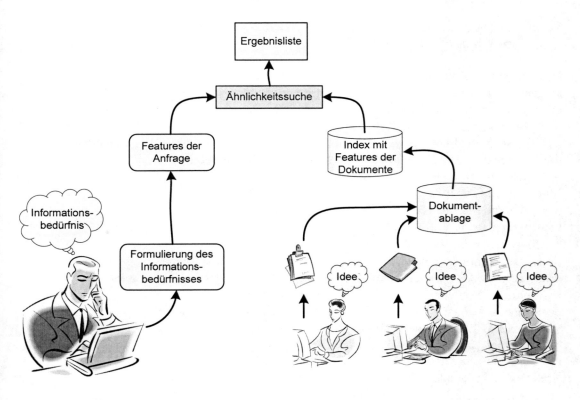

Abbildung 1.2
Szenarium für den
Einsatz von
Information Retrieval

trieval System gestellt wird, ist dabei immer nur ein Versuch, das tatsächliche Informationsbedürfnis eines Nutzers zu erfassen und textuell zu beschreiben.

Analog zur Erfassung der Dokumente und dem Aufbau des Index extrahiert ein Information Retrieval System aus der gestellten Anfrage entsprechende Features. Diese dienen nun zur Ausführung einer Ähnlichkeitssuche auf dem Index. Resultat dieser Ähnlichkeitssuche ist eine Liste von Dokumenten, deren Features gemäß eines gewählten Ähnlichkeitsmaßes möglichst hohe Ähnlichkeiten mit denen der Anfrage aufweisen. Wie bereits oben beschrieben, treten hier ebenso Unschärfen bei der Extraktion der Features aus der Anfrage auf. Die zur Ermittlung einer Ergebnisliste eingesetzte Ähnlichkeitssuche kann durch die verwendeten Methoden und Algorithmen darüber hinaus zusätzlich Unschärfe in den gesamten Vorgang einbringen (vgl. bspw. Ferber [88]).

Ähnlichkeitssuche

Ähnlichkeitsmaß

1.2.4 Kontextbasiertes Information Retrieval

Der Prozess des Wissenstransfers im Information Retrieval ist durch Unsicherheit und Vagheit in den einzelnen Schritten gekennzeichnet. Für ein ganzheitliches Verständnis des Information Retrievals sowie die Verbesserung und Optimierung der erzielbaren Ergebnisse mit entsprechenden Systemen ist es daher essentiell, die einzelnen oben dargestellten Verarbeitungsschritte nicht isoliert zu betrachten, sondern den Vorgang des Information Retrievals als einen Gesamtprozess zum Wissenstransfer zu verstehen.

In diesem Sinne sollte ein Information Retrieval System bspw. eine gegebene Anfrage nicht einfach isoliert betrachten und versuchen diese zu beantworten. Vielmehr muss es das Ziel sein, das hinter einer Anfrage stehende Informationsbedürfnis eines Anwenders zu befriedigen.

Befriedigung des Informationsbedürfnisses

Der in dieser Arbeit verfolgte Ansatz, mehr über das Informationsbedürfnis einer Person zu erfahren und dieses entsprechend optimal befriedigen zu können, sieht die Betrachtung des Kontextes vor, in dem sich eine Person befindet. Dazu zählt unter anderem die Tätigkeit, die eine Person aktuell ausführt und aus der ihr ein Informationsbedürfnis erwachsen ist. Darüber hinaus lässt sich eine Reihe weiterer Kontextinformation aus dem Umfeld einer Person gewinnen, die sowohl zur Erschließung als auch zur Verfeinerung eines existierenden oder nur latent vorhandenen Informationsbedürfnisses genutzt werden kann.

Betrachtung des Kontext

Abbildung 1.3 greift die im vorherigen Abschnitt eingeführte Darstellung auf und betrachtet die Anfragestellung durch einen Anwender. Das tatsächliche Informationsbedürfnis, das der Anwender in diesem Beispiel durch die Anfrage »Anbindung an Warenwirtschaft« formuliert, lässt sich erst durch Betrachtung seiner Umgebung, den Kontext erschließen. Zum einen ist dieser Kontext die Einordnung eines Mitarbeiters in die Organisation und die daraus resultierenden Rollen und Aufgaben. Zum anderen gibt die aktuelle Tätigkeit, die bspw. durch ein bestimmtes Anwendungssystem vorgegeben wird, aber auch die in diesem Zusammenhang vorliegenden Dokumente oder Information weitere Hinweise, die zur Verfeinerung der gegebenen Anfrage eingesetzt werden können. Weitere Hinweise auf das tatsächliche Informationsbedürfnis eines Anwenders lassen sich zudem aus seinem Erfahrungs- und Kenntnisstand schließen. Neben den in der Vergangenheit durchgeführten Projekten zählen dazu auch die Erfahrungen, Kenntnisse und Auszeichnungen, über die eine Person verfügt.

Organisation Aufgaben

Erfahrungs- und Kenntnisstand

Die oben geforderte ganzheitliche Betrachtung des Information Retrievals im Sinne eines Prozesses des Wissenstransfers führt an dieser Stelle zur Forderung eines analogen Vorgehens bei der Erfassung der von Personen verfassten Dokumente. Da, wie oben dargelegt, auch in

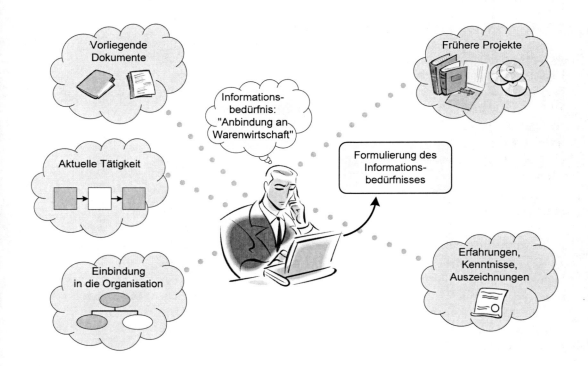

Abbildung 1.3
Nutzung von Information über den Kontext im Information Retrieval

diesem Schritt zahlreiche Quellen der Unschärfe und Vagheit liegen, kann die Erfassung des Kontextes, in dem entsprechende Dokumente verfasst wurden, helfen, das in diesen enthaltene Wissen zu erschließen.

1.2.5 Definition: Kontext und kontextbasiertes Information Retrieval

Die grundlegende Idee, das Umfeld bzw. den Kontext eines Nutzers für Informationssysteme zu erschließen ist nicht neu. Innerhalb und im Umfeld der Forschungsgebiete Mobile, Wearable, Pervasive und Ubiquitous Computing fand und findet eine ausführliche Beschäftigung mit dieser Thematik statt. Dabei wird der Kontext einer Person vor-

Kontext als Ort und Zeit nehmlich als der eigene Ort, die aktuelle Zeit, die Nähe zu bestimmten Personen und Objekten sowie die in der Nähe verfügbaren Ressourcen betrachtet (vgl. bspw. Schilit et al. [228], Brown et al. [50] oder Pascoe [189]). Auch Dey und Abow betrachten auf dem Gebiet des Ubiquitous Computing die Möglichkeiten, rechnergestützte Systeme und Anwendungen mittels Information über den Kontext eines Nutzers zu beeinflussen bzw. an den Bedürfnissen eines Anwenders auszurichten.

1.2 Problemstellung und Zielsetzung

Im Gegensatz zu anderen Autoren liefern sie in [72] jedoch eine erste, allgemein gehaltene Definition des Begriffes Kontext für die Nutzung in Informationssystemen, die nicht auf bestimmte Umgebungsfaktoren fixiert ist:

> Context is any information that can be used to characterize the situation of an entity. An entity is a person, place, or object that is considered relevant to the interaction between a user and an application, including the user and applications themselves.

Der Kontext wird hiermit als jegliche Information gekennzeichnet, welche die Situation einer Person, eines Ortes oder auch eines Objektes derart beschreibt, dass sie gleichzeitig für die Interaktion zwischen dem Nutzer und einer Anwendung relevant ist.

allgemeine Definition von Kontext

Weiter definieren Dey und Abow in [72] den Begriff des »Context-aware computing«, wie folgt:

> A system is context-aware if it uses context to provide relevant information and/or services to the user, where relevancy depends on the user's task.

Diese beiden Definitionen lassen sich nun auf das Forschungsgebiet des Information Retrievals übertragen. Kontextbasiertes Information Retrieval kann damit wie folgt definiert werden:

Definition: Kontextbasiertes Information Retrieval

Kontextbasiertes Information Retrieval nutzt Information über die aktuelle und zurückliegende Situation, den Kontext, in der sich eine Person befindet, um daraus auf deren Informationsbedürfnis zu schließen. Das von einem entsprechenden kontextbasierten Information Retrieval System ermittelte Informationsbedürfnis kann nun entweder zur selbstständigen Formulierung und Ausführung von Suchanfragen oder auch nur zur Verfeinerung manuell gestellter Suchanfragen dienen.

kontextbasiertes Information Retrieval

1.2.6 Zielsetzung dieser Arbeit

Die Zielsetzung dieser Arbeit leitet sich aus den Motiven, den besonderen Eigenarten und auch verschiedensten Problemstellungen im Rahmen eines kontextbasierten Information Retrievals ab.

Motive und Problemstellungen für kontextbasiertes Information Retrieval sind im Einzelnen:

Motive und Problemstellungen

- **Automatische Versorgung mit relevanter Information.** Ein Anwender soll während seiner Tätigkeit mit einer Anwendungssoftware kontinuierlich mit relevanter Information versorgt werden, die ihn bei der Durchführung seiner Tätigkeit unterstützen soll. Dabei soll die relevante Information derart präsentiert werden, dass sie den Anwender nicht bei seiner eigentlichen Tätigkeit unterbricht oder stört, dieser aber dennoch in den Nutzen der angebotenen Information kommen kann. Dabei sind primär methodische und technische Aspekte für die Realisierung entsprechender Information Retrieval Systeme von Interesse. Aspekte der Interaktion von Menschen mit Computern sollen dabei nur soweit betrachtet werden, wie dies eine Ableitung von Anforderungen im vorherigen Sinne erfordert.
- **Automatische Formulierung von Anfragen aus dem aktuellen Kontext heraus.** Typische Information Retrieval Systeme, wie bspw. für die Volltextrecherche in Dokumentenbeständen oder bekannte Internetsuchmaschinen, benötigen eine explizite Anfrageformulierung eines Anwenders. Im Vordergrund stehen Methoden und technische Lösungen, die aus der Tätigkeit eines Anwenders mit einer oder mehreren Anwendungen zum einen die aktuelle Tätigkeit erfassen und diese zur Erschließung und Formulierung eines etwaigen Informationsbedürfnisses nutzen.
- **Kontinuierliche Abfrage von relevanter Information.** Würde aus der aktuellen Tätigkeit eines Anwenders ein etwaiges Informationsbedürfnis erschlossen, so gilt es nun zu diesem entsprechend relevante Information zu finden. Dabei muss ein Informationsbedürfnis in eine entsprechende Anfrage überführt und an ein Information Retrieval System gestellt werden. Ein interessanter Aspekt dabei ist die erreichbare Zeitersparnis, da ein Nutzer Anfragen nicht mehr selbst formulieren müsste. Zudem fällt die aktionshemmende Unsicherheit, ob zu einem Informationsbedürfnis auch wirklich relevante Information existiert und ob es sich damit lohnt, eine Anfrage an ein Information Retrieval System zu stellen. Darüber hinaus werden auch Anfragen gestellt, noch bevor bei einem Nutzer ein konkretes Informationsbedürfnis spürbar würde.
- **Unterfütterung von manuellen Anfragen mit Information über den Kontext.** Neben der automatischen Formulierung und Ausführung von Anfragen an ein Information Retrieval System soll zudem die Frage beantwortet werden, wie Information über den Kontext eines Nutzers zur Unterfütterung von manuell gestellten Anfragen genutzt werden kann. Ziel ist dabei die Präzisierung einer Anfrage um aus Nutzersicht möglichst relevante Information

zu erhalten. Dabei kann diese in Form sowohl einer höheren Anzahl gefundener Ergebnisse als auch von präziseren Ergebnissen eine Ausprägung erfahren. Im Information Retrieval werden dafür die Qualitätskriterien Recall und Precision herangezogen, die in diesem Sinne getrennt oder zusammen gesteigert werden sollen.
- **Zugriff und Zusammenfassung mehrerer Datenquellen.** Innerhalb einer Organisation sind zahlreiche und zudem heterogene Informationssysteme im Einsatz. Für die Erfassung von Information über den Kontext eines Mitgliedes ist somit neben dem Zugriff auf die verschiedenen Informationssysteme auch die Zusammenfassung und einheitliche Beschreibung der in diesen enthaltenen Information nötig.

Aus dieser Motivation heraus lassen sich nun die folgenden Ziele dieser Arbeit ableiten:

Ziele dieser Arbeit

- **Einheitliche Erfassung, Beschreibung und Ablage von Kontextinformation von Personen.** Für die Erfassung des Kontextes einer Person gibt es eine Reihe von heterogenen Quellen. Neben der Erschließung dieser, gilt es die von diesen erhaltene Information in einen einheitlich syntaktischen Beschreibungsrahmen zu überführen und in einer gemeinsamen Ablage zusammenzufassen.
- **Aufstellung eines Nutzermodells für kontextbasiertes Information Retrieval.** Wie die Quellen für Information über den Kontext einer Person, so ist auch die Information selbst von einer starken Heterogenität in ihrem Informationsgehalt gezeichnet. Eine weitere Nutzung dieser bedarf eines Modells, das die Kontextinformation der Nutzer beschreibt. Dieses Nutzermodell soll die gewonnene Kontextinformation nach ihren Eigenarten und Inhalten zu klassifizieren ermöglichen und zudem Beziehungen zwischen den einzelnen Informationselementen herzustellen vermögen.
- **Nutzung von Kontextinformation zur Unterstützung und automatischen Formulierung von Suchanfragen.** Die gewonnene Information über den Kontext einer Person soll zunächst im Sinne des Information Retrievals zur Erschließung eines aktuellen Informationsbedürfnisses genutzt werden. Dieses ermittelte Informationsbedürfnis soll nun zum einen zur Verfeinerung von manuell gestellten Suchanfragen und zum anderen aber auch zur automatischen Formulierung und Ausführung von Suchen herangezogen werden.

Neben der theoretischen Betrachtung der bisher aufgeführten Einzelziele sollen zudem Methoden aufgezeigt werden, die sowohl zur Erfassung, Beschreibung, Ablage und auch Suche von Information über den

Kontext von Personen genutzt werden können. Ein elementares Ziel ist es dabei, vor allem umfangreiche Sammlungen an Kontextinformation effizient verarbeiten zu können.

Als daraus abgeleitete, werden folgend die weiteren Ziele mit dieser Arbeit verfolgt:

- **Betrachtung von Methoden zur effizienten Verarbeitung und Suche von Kontextinformation.** Der Einsatz eines kontextbasierten Information Retrieval Systems macht zum einen die Erfassung von Information über das Umfeld und die Tätigkeit von Personen notwendig. Im Sinne einer ganzheitlichen Betrachtung des Information Retrievals als Prozess des Wissenstransfers müssen neben den Anwendern, welche ein entsprechend kontextbasiertes Information Retrieval System nutzen möchten, auch diejenigen Personen und deren Kontext mit erfasst werden, die potenziell relevante Dokumente verfasst haben.

  Darüber hinausgehend sind ebenso Methoden notwendig, die zum einen auf Basis einer gegebenen Kontextbeschreibung ähnliche Kontexte identifizieren und zum anderen aus einer gegebenen Kontextbeschreibung Suchanfragen, bspw. für bestehende Information Retrieval Systeme, formulieren können.

- **Aufstellung eines generischen Architekturrahmens für die Implementierung von kontextbasierten Information Retrieval Systemen.** Wie der Vorgang des Information Retrievals, so bedingt auch eine kontextbasierte Suche eine Reihe von Einzelvorgängen oder Prozessschritten. Neben der Formulierung dieser einzelnen Schritte soll ein entsprechender Architekturrahmen die Implementierung von kontextbasierten Information Retrieval System durch bereitgestellte Dienste erleichtern.

Eine abschließende Evaluierung einer prototypischen Implementierung eines kontextbasierten Information Retrieval Systems auf Basis dieses Architekturrahmens soll zum einen die Tragfähigkeit der Modelle und Methoden sowie des Architekturrahmens und zum anderen die erzielbaren quantitativen und qualitativen Eigenschaften im Umgang mit umfangreichen Beständen an Kontextinformation betrachten.

1.3 Aufbau dieser Arbeit

Diese Arbeit ist in insgesamt vier Hauptteile gegliedert.

Teil 1 legt die Motivation sowie die theoretischen Grundlagen für diese Arbeit. **Kapitel 2** führt in die Thematik des kontextbasierten Information Retrievals ein und zeigt die Implikationen für das Modell des Information Retrievals auf. **Kapitel 3** gibt einen umfassenden Überblick sowie eine Analyse und einen Vergleich verwandter Methoden, Forschungsansätze und Systeme. Diese werden abschließend in Kontrast zum eigenen Ansatz gesetzt und es werden die wesentlichen Unterschiede sowie Neuerungen des eigenen Ansatzes dargestellt.

In **Teil 2** erfolgt die Diskussion, wie Information über den Kontext eines Nutzers erfasst, beschrieben und für das Information Retrieval genutzt werden kann. **Kapitel 4** stellt die verschiedenen Arten und Dimensionen von Information, die den Kontext eines Nutzers beschreiben, dar. Aufgrund dieser wird ein einheitliches Nutzermodell präsentiert. Weiterhin werden Methoden und Quellen zur Erfassung und Beschreibung von Information über den Kontext eines Nutzers untersucht. Für die Beschreibung wird schließlich ein auf Techniken des Semantic Webs basierender Ansatz aufgezeigt und diskutiert. **Kapitel 5** führt in die Nutzung der Kontextinformation im Information Retrieval ein. Dem allgemeinen Modell des Information Retrievals folgend werden mögliche Ableitungen für den Informationswunsch eines Nutzers aus dessen Kontextinformation und Nutzerprofil entworfen. Weiterhin werden Methoden zur Formulierung von Suchanfragen sowie der Bearbeitung der Anfragen aufgezeigt und besprochen. Abschließend werden die Anbindung an bestehende Information Retrieval Systeme sowie der Einsatz von vagen Anfragen im Semantic Web aufgezeigt.

Teil 3 präsentiert einen allgemeinen Entwicklungsrahmen für die Realisierung von kontextbasierten Information Retrieval Systemen, der die in den vorherigen Teilen herausgebildeten Eigenschaften des kontextbasierten Information Retrievals widerspiegelt. **Kapitel 6** führt in den Entwicklungsrahmen ein und bespricht die einzelnen Komponenten sowie deren Anwendungsszenarien. **Kapitel 7** stellt die in den Entwicklungsrahmen integrierte Suchfunktionalität für eine Query by Example auf dem Ressource Description Framework ausführlich dar. Dabei wird auf die methodische Grundlage ebenso wie die technische Realisierung eingegangen. **Kapitel 8** nimmt eine Evaluierung der vorgestellten Modelle und Methoden eines kontextbasierten Information Retrievals sowie des gezeigten Entwicklungsrahmens anhand eines Einsatzszenariums im Bereich des Software Engineerings vor. Neben der Beschreibung der möglichen Unterstützung einer prozessorientierten Softwareentwicklung durch ein kontextbasiertes Information Retrieval System, erfolgt die Präsentation eines Prototypen. Abschließend werden die ermittelten Evaluierungsergebnisse präsentiert und diskutiert.

Teil 4 fasst die zentralen Ergebnisse dieser Arbeit zusammen. **Kapitel 9** stellt die eingangs aufgestellten Forschungsfragen den präsentierten Ergebnissen gegenüber und gibt einen Ausblick auf weitere noch offene Fragen der Forschung.

2 Nutzung von Kontextinformation im Information Retrieval

Innerhalb des Information Retrievals lassen sich grob zwei Forschungsrichtungen unterscheiden. Die eine Richtung, die als methoden- oder systemzentriert bezeichnet werden kann, beschäftigt sich vornehmlich mit Information Retrieval Systemen. Dabei liegt das Augenmerk unter anderem auf Algorithmen, der Realisierung von Indexen und Benutzerschnittstellen sowie deren Optimierung in Hinblick auf Effizienz und der Erreichung möglichst qualitativ hochwertiger Suchergebnisse. Entsprechende Modelle beschäftigen sich hauptsächlich mit mathematischen, algorithmischen und technischen Problemfeldern (vgl. bspw. Baeza-Yates und Ribeiro-Neto [17, Chapter 2: Modeling]).

methoden- und systemzentrierte Forschung

Die andere Forschungsrichtung, die als nutzerzentriert bezeichnet werden kann, beleuchtet hauptsächlich das Informationsverhalten des Nutzers sowie die damit einhergehenden kognitiven Prozesse im Zusammenhang mit dem Entstehen eines Informationsbedürfnisses und eine daraus resultierende Suche nach entsprechender Information. Eines der Ziele ist es, die dabei auftretenden kognitiven Vorgänge besser verstehen zu können und damit Folgerungen für eine Verbesserung von Information Retrieval Systemen abzuleiten. Für eine Integration von Kontextinformation in den Prozess des Information Retrievals ist hier zunächst die zweite, nutzerzentrierte Forschungsrichtung von Interesse.

nutzerzentrierte Forschung

In diesem Kapitel wird zuerst eine Reihe von Modellen des Information Retrievals betrachtet, die sowohl die Entstehung eines Informationsbedürfnisses als auch das daraus resultierende Suchverhalten behandeln. Aus dieser Betrachtung wird im Weiteren eine Reihe von Eigenschaften und Forderungen im Hinblick auf kontextbasiertes Information Retrieval abgeleitet. Ziel ist es dabei zunächst auf abstrakter Ebene die Fragestellung zu klären, wie Information über den aktuellen Kontext eines Nutzers zur Unterstützung des Suchvorganges genutzt werden kann. Dazu gehören bspw. auch die möglichen Quellen, die für die Erschließung eines Informationsbedürfnisses genutzt werden können.

2.1 Modelle des Information Retrievals

Anwender für Information Retrieval Systeme sind heute in allen Bereichen und über die ganze Welt verteilt zu finden. Die Informationsbedürfnisse eines einzelnen Anwenders hängen dabei sehr stark von dessen organisatorischem Umfeld, seiner Tätigkeit, der soziologischen Stellung wie auch von zahlreichen weiteren Faktoren ab. Chowdhury führt in [61, Chapter 10: Users of information retrieval] unter anderem eine umfangreiche Auflistungen von in der Literatur erfassten Nutzertypen und deren Informationsbedürfnissen in verschiedenen Umgebungen auf. Doch selbst diese durchaus weit reichende Erfassung kann im Hinblick auf die stetige Entwicklung neuer Anwendungsszenarien von Information Retrieval Systemen nur als exemplarisch gelten.

Dabei lassen sich sowohl das Informationsverhalten von Nutzern wie auch das Verhalten der Nutzer während des Suchvorganges erfassen und modellhaft abbilden. In der Vergangenheit sind dazu jeweils eine Reihe von Modellen entwickelt worden, die im Folgenden präsentiert und diskutiert werden. Die Auswahl und Diskussion orientiert sich dabei an Chuwdhury [61], Ingwersen [125] sowie Wilson [269].

2.1.1 Klassische Modelle des Information Retrievals

Klassisches Modell des Information Retrievals

Eines der klassischen Modelle des Information Retrievals, das in den Informationswissenschaften über 25 Jahre Bestand hatte und auch heute noch in Teilen hat, lässt sich wie in Abbildung 2.1 dargestellt abbilden (vgl. Robertson [213] und Bates [18]).

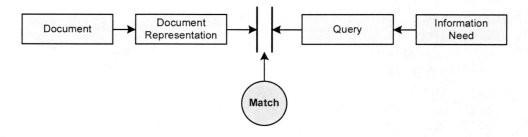

Abbildung 2.1
Klassisches Modell des Information Retrievals (aus Bates [18])

Dokumente werden dabei in eine entsprechende Dokumentenrepräsentation überführt, was bspw. bei Textdokumenten die Menge der Terme in einem Dokument sein kann. Auf der anderen Seite ist das Informationsbedürfnis eines Nutzers zu finden, der dieses in eine entsprechende Anfrage überführen muss. Diese Anfrage muss dieselbe Charakteristik wie die Dokumentenrepräsentation aufweisen, damit beide im eigentlichen Suchprozess verglichen werden können. Dem Beispiel folgend besteht eine einfache Anfrage ebenfalls aus einer Menge von Termen, die von einem Nutzer als Suchanfrage eingegeben werden. Das Ergebnis aus einem Vergleich zwischen der Anfrage und den einzelnen Dokumentrepräsentationen kann nun eine Menge der Dokumente sein, deren Dokumentrepräsentation alle die Terme enthält, die auch in der Anfrage aufgeführt waren. Nach dem klassischen Modell des Information Retrievals soll nun dieses Suchergebnis zur Befriedigung des ursprünglichen Informationsbedürfnisses des Nutzers führen.

Ein zentraler Kritikpunkt an diesem Modell war schon sehr früh die Vorgabe, dass die Anfrage eines Anwenders in einer für das System verständlichen Form eingegeben werden muss (vgl. Bates [18]). Dies bedeutet, dass ein Nutzer sein Informationsbedürfnis erst in die Sprache des Systems übersetzen muss, und diese nicht in der Form eingeben kann, wie er sein Informationsbedürfnis normalerweise sprachlich formulieren würde. Für das oben aufgeführte Beispiel würde das bedeuten, dass ein Nutzer sein Informationsbedürfnis in genau den Termen ausformulieren müsste, die auch in den relevanten Dokumenten enthalten sind.

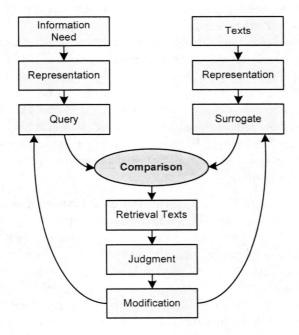

Abbildung 2.2
Standard Modell des Information Retrievals (aus Belkin [24])

Belkin entwickelte das klassische Modell des Information Retrievals weiter, indem sie es verfeinerte und um einen Rückmeldungsmechanismus ergänzte. Abbildung 2.2 zeigt dieses so genannte Standard

Standard Modell nach Belkin

Modell des Information Retrievals nach Belkin. Auch hier werden Dokumente, bei denen es sich ebenfalls typischerweise um Textdokumente handelte, in eine entsprechende Repräsentationsform überführt. Ebenso steht hier auf der Seite der Anfrage wieder die Überführung eines Informationsbedürfnisses durch einen Anwender in eine entsprechende Anfrage an das System gegenüber. In einem Vergleich werden hier gleichfalls die zur Anfrage ähnlichsten Dokumente ausgewählt und dem Nutzer als Ergebnis präsentiert. Neu in diesem Modell ist hingegen die Bewertung der Ergebnisdokumente durch den Nutzer auf deren Relevanz in Bezug zu seinem ursprünglich geäußerten Informationsbedürfnis. Die vom Nutzer getätigte Bewertung verwendet ein entsprechendes Information Retrieval System für die Anpassung der Anfragerepräsentation oder auch zur Anpassung der Dokumentenrepräsentation. Dieser Vorgang, der als Relevance Feedback bezeichnet wird, hat das Ziel, die Repräsentation der Anfrage derart zu modifizieren, dass diese möglichst optimal das Informationsbedürfnis eines Anwenders widerspiegelt, um als Folge daraus möglichst optimal das Informationsbedürfnis mit entsprechenden Ergebnissen befriedigen zu können.

Belkin selbst vermerkt allerdings, dass auch dieses Modell den Nutzer nur als Anwender, der außerhalb des System platziert ist, versteht. Die zusätzliche Abgabe von Relevanzurteilen wird als Hilfe für das System aufgefasst. Eine umfassende Betrachtung der Interaktion eines Nutzers während des gesamten Information Retrieval Prozesses findet dabei aber nicht statt (vgl. Belkin [24]). Zudem geht auch Belkin von einem statischen Informationsbedürfnis aus, das zu Beginn des Retrievalprozesses bereits vorliegt und sich auch während des Prozesses nicht ändert. Als Konsequenz sieht Belkin, dass ein nach dem obigen Modell konstruiertes Information Retrieval System den Retrievalprozess kontrolliert und damit dem Nutzer die Möglichkeit zur eigenen Steuerung des Prozesses nimmt.

Traditionelles Modell nach Saracevic

Saracevic zeigt das traditionelle Modell des Information Retrievals [224], das sich, wie aus Abbildung 2.3 zu erkennen, stark an das Modell von Belkin anlehnt. Auch hier werden auf der einen Seite Informationsobjekte, bei denen es sich um Texte, Bilder oder andere Formate handeln kann, erfasst, in eine entsprechende Repräsentationsform überführt und in einem Index auf einem Hintergrundspeicher abgelegt. Auf der anderen Seite erwächst einem Nutzer ein Informationsbedürfnis aus einer aktuellen Problemstellung. Diese manifestiert sich zunächst in einer Frage, die durch den Nutzer schließlich in einer entsprechenden Anfrage an das System formuliert wird. Mittels der gegebenen Anfragerepräsentation werden im Index die ähnlichsten Informationsobjekte herausgesucht und dem Nutzer als Ergebnis seiner Anfrage präsentiert.

2.1 Modelle des Information Retrievals

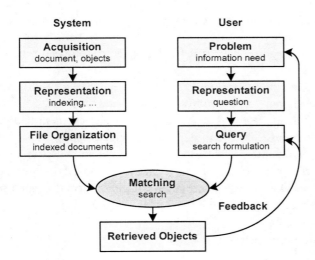

Abbildung 2.3
Traditionelles Modell des Information Retrievals (aus Saracevic [224])

Dieses Modell sieht zudem einen Rückkopplungsmechanismus vor, der aufgrund der Bewertungen der Ergebnisse durch den Anwender entweder die Anfragerepräsentation verändern kann oder auch einen Einfluss auf das ursprüngliche Informationsbedürfnis hat. Damit fließt in diesem Modell neben dem Relevance Feedback aus dem Modell von Belkin auch der Umstand mit ein, dass sich während des Vorganges der wiederholten Informationssuche der gesuchte Gegenstand verändern kann.

Charakteristisch für alle klassischen Modelle ist, dass sie sich primär um die technische Ausgestaltung des Ablaufes der Suche nach Information mittels eines Information Retrieval Systems widmen. Dabei erkennen einige Autoren bereits das Problem der Überführung eines Informationsbedürfnisses in eine entsprechende Anfrage. Während in den ersten Modellen die Anfrage der Systematik des Systems folgen musste, wird in weiteren Modellen versucht, die Anfragestellung möglichst an den natürlichen menschlichen Gegebenheiten zu orientieren, bspw. durch die Eingabe natürlichsprachlicher Formulierungen. Darüber hinaus werden auch Gegebenheiten des menschlichen Suchverhaltens mit berücksichtigt, die nicht nur in einem Akt stattfindet, sondern als wiederholter Vorgang des Suchens durch Verfeinern oder Verändern einer Anfrage.

Technische Ausgestaltung der Suche nach Information

2.1.2 Modelle des menschlichen Informationsverhaltens

Modelle des menschlichen Informationsverhaltens beschäftigen sich mit dem generellen Verhalten von Menschen im Umfeld der Suche nach Information. Dabei werden sowohl die kognitiven Vorgänge betrachtet, die zum Entstehen von Informationsbedürfnissen bei Menschen führen, als auch die Prozesse, die zur Befriedigung eines Informationsbedürfnisses führen.

Informationsbedürfnis als Ausgangspunkt des Informationsverhaltens

Den elementaren Ausgangspunkt für jegliches menschliches Informationsverhalten stellt ein Informationsbedürfnis eines Individuums dar. Wie Wilson [268] ausführt, handelt es sich bei einem Bedürfnis um eine subjektive Erfahrung in der Psyche einer Person. Ein Bedürfnis ist für einen Beobachter nicht direkt erkennbar, vielmehr kann auf Bedürfnisse einer Person nur aus deren Handlungen oder Berichten geschlossen werden. Dies gilt gleichermaßen für ein Informationsbedürfnis im engeren Sinne wie auch ein Bedürfnis im Allgemeinen.

Definition: Bedürfnis

Das Bedürfnis stellt ein Konzept aus der Psychologie dar, das generell einen oder mehrere psychische Zustände kennzeichnet. Nach [47] lässt sich ein Bedürfnis folgendermaßen definieren:

> In der Psychologie stellt ein Bedürfnis den Zustand eines physiologischen oder psychischen Mangels dar. Dieser als Mangel empfundene Erlebniszustand ist üblicherweise mit einem Streben nach Behebung bzw. Befriedigung verbunden.
> Ein Bedürfnis lässt sich als eine autonom entstehende Antriebskraft im Inneren des Menschen auffassen, die zu einem wesentlichen Teil durch Sozialisation erlernt ist. Kennzeichnend für ein Bedürfnis sind sowohl aktivierende wie auch kognitive Kräfte. Ein Bedürfnis ist auch dadurch gekennzeichnet, dass es zwar handlungswirksam ist, aber kein spezifisches Antriebsempfinden auslöst. Das heißt, von Haus aus ist ein Bedürfnis auf kein konkretes Objekt zur Befriedigung eines Bedürfnisses ausgerichtet.

Arten von Bedürfnissen

Die Psychologie unterscheidet verschiedene Arten von Bedürfnissen. So sind primäre Bedürfnisse meist biologischen Ursprungs, wie z.B. Hunger und Durst, und damit einem Menschen angeboren. Sekundäre Bedürfnisse, wie z.B. Sicherheit und soziale Anerkennung, haben ihren Ursprung in psychologischen und sozialen Aspekten, zudem werden diese erst im Lauf der Entwicklung erlernt. In diesem Zusammenhang definierte Maslow [158] fünf Bedürfnisebenen, die von Grund- über Sicherheits- bis zu Entwicklungsbedürfnissen reichen (vgl. Abbildung 2.4). Ein Individuum wird dabei immer bestrebt sein, zuerst die Bedürfnisse niederer Ebenen zu befriedigen, bevor Bedürfnisse einer höheren Ebene entstehen. Weitere Autoren haben sich zudem mit Ursachen und

2.1 Modelle des Information Retrievals

Auslöser für Bedürfnisse beschäftigt, Morgan und King [177] z.B. haben drei Motivtypen als Auslöser von Bedürfnissen beschrieben. Neben physiologischen, unerlernten Motiven, wie bspw. neuen, bisher unbekannten Eindrücken oder Wahrnehmungen, zählen dazu auch soziale Motive.

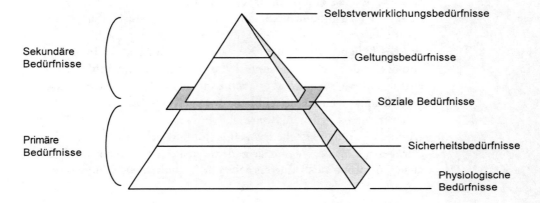

Abbildung 2.4
Maslowsche Bedürfnispyramide (nach Maslow [158])

Definition: Informationsbedürfnis

Wie auch bei anderen Arten von Bedürfnissen, so stehen bestimmte Motive hinter einem Informationsbedürfnis. Ein Motiv stellt das Bedürfnis nach Erkenntnis und Wissen dar, das durch menschliche Wesenszüge wie die Neugierde begründet wird.

Wilson [270] führt in seiner Studie unter anderem die Differenzierung eines Informationsbedürfnisses in drei Unterklassen auf. Je nach Wissenslage einer Person lässt sich ein Informationsbedürfnis somit

- als Bedürfnis nach neuer Information,
- als Bedürfnis nach Erklärung einer vorliegenden Information oder
- als Bedürfnis nach Bestätigung einer vorliegenden Information

einordnen.

Fügt man diesen kognitiven Zuständen noch die Bedeutung von Überzeugung und Werten hinzu, so lassen sich zwei weitere Unterklassen für die Differenzierung eines Informationsbedürfnisses aufführen:

- Das Bedürfnis der Erläuterung sowie
- das Bedürfnis der Bestätigung von vorliegenden Überzeugungen und Werten.

In diesen beiden Fällen ist für ein Individuum ebenfalls zusätzliche Information für die Erreichung des gewünschten Zieles von Nöten.

Analog zu anderen Bedürfnisarten lässt sich ein Informationsbedürfnis also folgendermaßen definieren:

Informationsbedürfnis

Ein Informationsbedürfnis stellt ein Bedürfnis dar, das aktuell vorhandene Wissen durch zusätzliche Information zu ergänzen, zu verifizieren oder zu modifizieren. Ein Informationsbedürfnis zieht entsprechende Informations- und evtl. auch Suchverhalten nach sich, die auf eine Befriedigung des Bedürfnisses abzielen. Während des Informations- und auch Suchverhaltens kann sich das ursprüngliche Informationsbedürfnis dabei verfeinern aber auch zu neuen Bedürfnissen entwickeln.

Die im Folgenden betrachteten Modelle des menschlichen Informationsverhaltens gehen teilweise ebenfalls auf die Motive und Hintergründe, die zum Entstehen von Informationsbedürfnissen führen, ein. Darüber hinaus betrachten sie zudem auch das aus einem wahrgenommenen Informationsbedürfnis folgende Verhalten eines Individuums.

Modelle von Wilson

Wilson präsentiert in [269] eine Reihe eigener Modelle, die er aus einem Ursprungsmodell über die Jahre hinweg immer wieder veränderte und anpasste. Sein erstes Modell von 1981 (Abbildung 2.5) zielt darauf ab, die verschiedenen Bereiche eines Informationsbedürfnisses und eines daraus resultierenden Suchverhaltens zu umreißen. Dieses Modell zeigt, dass ein Suchverhalten nach Information als Konsequenz aus einem gefühlten Bedürfnis eines Nutzers erwächst.

In Folge des Drangs, sein Bedürfnis zu befriedigen, nutzt er entweder formelle oder informelle Quellen, die wiederum entweder zu einem Erfolg oder einem Misserfolg im Finden relevanter Information führen. Im Erfolgsfall nutzt das Individuum die gefundene Information, die nun zu einer gänzlichen oder auch nur teilweisen Befriedigung des ursprünglichen Informationsbedürfnisses führen kann. Sollte die gefundene Information nicht dem Informationsbedürfnis gerecht werden, so muss das Individuum eine weitere Iteration durch diesen Suchprozess starten.

Erstes Modell von Wilson

Wilsons erstes Modell zeigt zudem, dass andere Personen in den Suchvorgang mit involviert sein können. Dabei erfolgt sowohl ein Informationsaustausch während der eigentlichen Suche als auch nach dem Finden relevanter Information.

Dieses erste Modell zeigte die generelle Bedeutung von Information im Kontext eines Informationsbedürfnisses sowie das daraus folgende Suchverhalten auf. Den hauptsächlichen Faktor in diesem Modell stellt das Informationsbedürfnis eines Nutzers dar. Ein Informationsbedürf-

2.1 Modelle des Information Retrievals

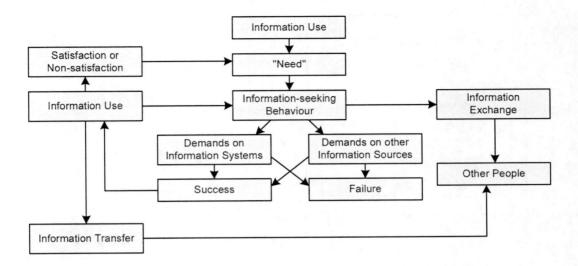

Abbildung 2.5
Wilsons erstes Modell für Informationsverhalten (aus Wilson [269])

nis allein ist somit die Triebfeder für den folgenden Prozess der Suche nach relevanter Information.

In einem zweiten Modell, das in Abbildung 2.6 abgebildet ist, stellt Wilson zwei entscheidende Aussagen in den Vordergrund. Die erste Aussage stellt ein Informationsbedürfnis nicht als primäres Bedürfnis dar, sondern sieht es vielmehr aus anderen, grundlegenderen Bedürfnissen erwachsen. Die zweite Aussage bezieht sich auf den Anfragenden im Prozess des Suchens, der in diesem Prozess mit einer Reihe von Hindernissen konfrontiert ist.

zweites Modell von Wilson

In Anlehnung an die Psychologie sieht Wilson die primären Bedürfnisse in physiologischen, affektiven oder kognitiven Faktoren. Jeder dieser Faktoren kann zudem durch den Kontext der eigenen Person, ihrer Rolle innerhalb einer Organisation, der Tätigkeit sowie der politischen, ökonomischen oder auch technologischen Umgebung begründet sein, um nur eine Auswahl an Faktoren zu nennen. Diese Faktoren stellen gleichzeitig den Ursprung für Hindernisse bei der Suche nach relevanter Information dar. Derartige Hindernisse können aus persönlichen, zwischenmenschlichen Faktoren oder aus der Umgebung des Anfragenden entstehen. Für den eigentlichen Vorgang der Suche nach Information bindet Wilson den Prozess nach Ellis [80] (vgl. Kapitel 2.1.2) in sein Modell ein.

Mit seinem zweiten Modell zeigt Wilson Faktoren auf, aus denen ein Informationsbedürfnis erwachsen kann und die gleichzeitig die Suche nach relevanter Information zu dessen Befriedigung behindern kön-

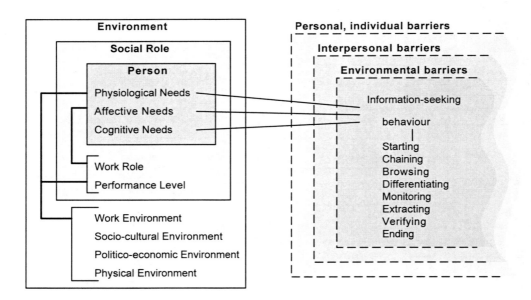

Abbildung 2.6
Wilsons zweites Modell für Informationsverhalten (aus Wilson [269])

nen. Des Weiteren stellt er eine Reihe von Hypothesen über das Informationsverhalten auf, die leicht überprüfbar sind. So ist es mehr als einleuchtend, dass Beschäftigte mit unterschiedlichen Tätigkeiten auch verschiedene Informationsbedürfnisse entwickeln.

revidiertes Modell für Informationsverhalten

Wilson präsentierte 1996 eine Revision seines Modells von 1981, das in Abbildung 2.7 dargestellt ist. Gleichwohl behält der damalige Modellrahmen seine Gültigkeit. Das Informationsbedürfnis entsteht weiterhin durch den Kontext, in dem sich eine Person befindet. Die Hindernisse bei der Suche nach relevanter Information finden sich nun in den so genannten »Intervening variables« wieder. Dadurch wird zum Ausdruck gebracht, dass der Einfluss dieser Faktoren auf die Suche nicht nur negative, sondern auch positive Auswirkungen haben kann. Das heißt, durch diese Faktoren kann eine Suche nicht nur behindert, sondern auch gefördert werden. Dem Suchverhalten nach Information wird ebenfalls mit neuen Bestandteilen in diesem Modell Rechenschaft getragen. Aktivierende Elemente bringen verschiedene Theorien in das Modell mit ein, die erklären sollen, warum bspw. manche Informationsbedürfnisse kein Suchverhalten auslösen (»Stress/Coping Theory«) oder warum einige Informationsquellen gegenüber anderen bevorzugt werden (»Risk/reward Theory«).

2.1 Modelle des Information Retrievals

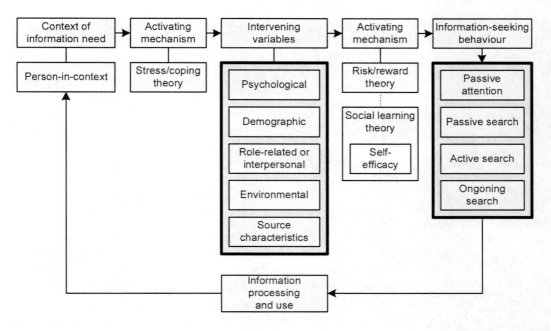

Abbildung 2.7
Wilsons revidiertes Modell für Informationsverhalten (aus Wilson [269])

Modell von Dervin

Ein weiteres Modell, welches das menschliche Informationsverhalten in Modellform abbildet, wird von Dervin [70] vorgestellt. Dervins Sense-Making-Theorie geht dabei von vier grundlegenden Elementen aus, die zusammen den Vorgang des »Sense-Making« ausmachen. Diese werden in Form von Phasen von einem Individuum durchschritten. Im Einzelnen sind dies:

- Eine **Situation** (»situation«) in Zeit und Raum, die einen Kontext definiert, der zu einem Informationsproblem führt.
- Eine **Lücke** (»gap«), welche die Differenz zwischen der kontextuellen Situation und der gewünschten Situation darstellt.
- Ein **Ergebnis** (»outcome«), das als Konsequenz aus dem Vorgang des Sinn Schließens hervorkommt.
- Eine **Brücke** (»bridge«), die als Lückenschluss zwischen Situation und Ergebnis fungieren soll.

Dervin selbst stellt diese Element, wie in Abbildung 2.8 dargestellt, in Form eines Dreiecks gegenüber.

Ein besseres Verständnis für dieses Modell erhält man, wenn die Brücken-Metapher mit in die Modellvisualisierung aufgenommen und

Sense-Making-Theorie

Brücken-Metapher

Abbildung 2.8
Sense-Making Dreieck (aus Dervin [70])

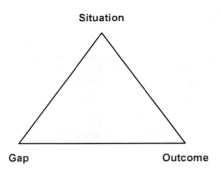

wie in Abbildung 2.9 dargestellt wird.

Die kontextuelle Situation einer Person führt somit zu einem Informationsproblem. Durch Erkennen der Lücke (»gap«) zwischen diesem Problem und einer gewünschten Situation wird ein Informationsbedürfnis geweckt. Dieses wird schließlich durch die Brücke hin zu einem Ergebnis geschlossen. Dieses Ergebnis stellt im Sinne des Information Retrievals die bezüglich des Informationsbedürfnisses gefundene relevante Information dar.

Als wichtiger Aspekt von Dervins Modell kann die Formulierung der entstehenden Lücke aus einer Situation gelten. Diese Lücke begründet letztlich ein Informationsbedürfnis und kann somit als Ausgangspunkt für die Untersuchung des Suchverhaltens dienen (vgl. Marchionini [157]).

Abbildung 2.9
Sense-Making Modell mit der Darstellung der Brücke (aus Dervin [70])

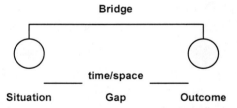

Modell von Ellis

Prozessmodell nach Ellis

Das Modell von Ellis [80] geht von verschiedenen Stufen aus, in die sich das Suchverhalten nach Information eines Menschen charakterisieren lässt. Allerdings sieht Ellis diese Stufen (»stages«) selbst eher als Wesensmerkmale (»features«) des Suchverhaltens an. Im Einzelnen sind dies die folgenden Wesensmerkmale:

- **Start (»starting«):** Eine Person beginnt den Prozess der Suche nach relevanter Information. Dies kann bspw. durch die Befragung eines sachkundigen Kollegen erfolgen.
- **Verketten (»chaining«):** Fußnoten, Zitate oder auch (Hyper-)Links in bekanntem Material werden weiterverfolgt. Dabei können auch Zitationsindizes zur Suche nach weiteren Quellen zum Einsatz kommen.
- **Stöbern (»browsing«):** Durchführung einer ungerichteten und nur halbstrukturierten Suche auf den verfügbaren oder erreichbaren Unterlagen und Materialien.
- **Differenzieren (»differentiating«):** Bekannte Unterschiede in Informationsquellen werden zur Filterung des bisher beschafften Materials eingesetzt.
- **Überwachung (»monitoring«):** Bekannte Informationsquellen für relevante Information werden nach neuen Entwicklungen oder allgemein neuen Inhalten hin beobachtet.
- **Auswählen (»extracting«):** Relevante Information wird aus einer Informationsquelle ausgewählt.
- **Überprüfen (»verifying«):** Die Information wird auf ihre Richtigkeit und Genauigkeit hin überprüft.
- **Ende (»ending«):** Mit einer letzten Suche wird der Prozess abgeschlossen.

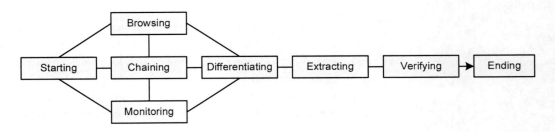

Abbildung 2.10
Prozessmodell nach Ellis (aus Ellis [80])

Die jeweilige Wechselbeziehung oder Interaktion zwischen den einzelnen Wesensmerkmalen hängt dabei von den jeweiligen Gegebenheiten der Informationssuche einer Person zu einem bestimmten Zeitpunkt im Verlauf der Informationssuche ab. Das heißt, dass die einzelnen Merkmale nicht als strenge Sequenz im Prozessverlauf, sondern vielmehr in verschiedenen Abfolgen, wiederholt oder auch parallel zueinander auftreten. So können Stöbern, Verketten und Überwachen wie auch Differenzieren in einer vielfältigen Wechselbeziehung zueinander stehen.

Dies bedeutet damit, dass Informationssuchende zwischen diesen Zuständen mehrfach hin- und herwechseln. Einige der Merkmale haben dennoch eine feste Position innerhalb des Prozessmodells. Dies sind neben Start und Ende, die Auswahl geeigneter Information und die Überprüfung, die am Ende einer Suche aufeinanderfolgend auftreten. Grafisch lässt sich damit das Prozessmodell nach Ellis, wie in Abbildung 2.10 dargestellt, visualisieren.

Als eine der Stärken von Ellis' Modell kann die dem Modell zugrundeliegende empirische Forschung gelten, die allerdings in einem Ingenieursumfeld angesiedelt ist.

Modell von Kuhlthau

Modell von Kuhlthau

Kuhlthau [142] entwickelte ihr Modell aus dem Studium der Informationsbeschaffung von Studierenden während des Schreibens von Studienarbeiten. Dabei stellt sie den Vorgang der Informationssuche in sechs Stufen dar:

- **Aktivierung (»initiation«):** Die Aktivierungsphase des Suchvorganges ist durch das Gefühl von Unsicherheit, Unbestimmtheit sowie generelle Gedanken über das Problemgebiet und die Suche nach Hintergrundinformation bestimmt. Die entscheidende Aufgabe in dieser Stufe ist die Erkenntnis eines Informationsbedürfnisses.
- **Auswahl (»selection«):** Der allgemeine Gegenstand der gesuchten Information wird für die folgende Suche fixiert.
- **Erforschung (»exploration«):** Es erfolgt die Suche nach Information zu diesem allgemeinen Gegenstand.
- **Präzisierung (»formulation«):** In einem weiteren Schritt folgen eine Fokussierung und Präzisierung des betrachteten Themengebietes.
- **Sammlung (»collection«):** Zu diesem eingeengten Themengebiet wird nun relevante Information gesammelt.
- **Darstellung (»presentation«):** Diese werden schließlich präsentiert, bspw. schriftlich dargelegt.

Im Vergleich zum Modell von Ellis ist Kuhlthaus Modell allgemeiner angelegt, was den Einfluss von Gefühlen auf die einzelnen Stufen angeht. Zu Beginn des Suchprozesses führen Unsicherheit zusammen mit einem Informationsbedürfnis zu Gefühlen, wie Zweifel, Verwirrung und Frustration. Während eines fortschreitenden und zunehmend erfolgreich verlaufenden Suchprozesses, in dem zunehmend mehr relevante Information gefunden und aufgesammelt wird, ändern sich die anfänglichen Gefühle in zunehmende Sicherheit, verbunden mit Erleichterung und Zufriedenstellung. Zudem entwickelt sich ein zunehmendes Gespür für die Richtung weiterer Nachforschungen.

Kuhlthaus' Modell lässt sich zudem als ein iterativer Prozess für die allmähliche Verfeinerung eines Problembereiches auffassen. Während des Verlaufs wird sukzessive nach verschiedenen Arten von Information im Umfeld des gestellten Problems gesucht. Die Ergebnisse einer Suche dienen jeweils zur weiteren Einengung der ursprünglichen Problemstellung sowie zu einer Fokussierung des weiteren Suchverhaltens.

Modell von Bates

Im Information Retrieval ist es durchaus die verbreitete Annahme, dass sich das Informationsbedürfnis einer Person über den Vorgang der Suche nach relevanter Information hinweg nicht verändert (vgl. Kapitel 2.1.1). Bates Berry-Picking-Modell [18] geht im Gegensatz dazu von der Grundannahme aus, dass sich aufgrund des Lesens und Lernens von Information, die bereits während des Vorganges der Informationssuche durch ein Individuum gefunden wurde, das Informationsbedürfnis wie auch die Anfragen an ein Information Retrieval System verändern. Weiterhin geht Bates davon aus, dass ein Informationsbedürfnis eines Nutzers bereits durch die Serie an Auswahl und Happen von Information befriedigt wird, die während des gesamten Suchvorganges dem Nutzer präsentiert wurde. Auch diese Annahme steht im Gegensatz zum klassischen Information Retrieval, das ein Informationsbedürfnis durch die Ergebnismenge einer Suche zu erfüllen sucht.

Berry-Picking-Modell nach Bates

2.1.3 Nutzerzentrierte Modelle der Suche nach Information

Die bisher dargestellten Modelle bilden das allgemeine menschliche Informationsverhalten ab. Es werden sowohl das generelle menschliche Verhalten bei der Suche nach Information als auch Aspekte rund um den eigentlichen Suchprozess betrachtet. Dabei kann der Suchprozess als ein Abschnitt des gesamten Informationsverhaltens betrachtet werden. Nutzerzentrierte Modelle der Suche nach Information betrachten hingegen primär den Suchprozess eines Individuums nach Information.

Modell von Ingwersen

Ingwersen [125] unterteilt die Forschung an kognitiven Ansätzen in der Informationswissenschaft in zwei Perioden. Die Periode zwischen 1977

zwei Perioden der Forschung an kognitiven Ansätzen

und 1991 charakterisiert er als nutzungs- und vermittlungsorientiert, während er ab 1992 einen ganzheitlichen Ansatz für die Betrachtung des interaktiven Information Retrievals sich verbreiten sieht.

Nach Ingwersen sind die folgenden vier Punkte im Information Retrieval entscheidend:

- Alle interaktiven Kommunikationsprozesse während eines Information Retrieval Prozesses können als kognitive Prozesse betrachtet werden. Diese können zudem in allen informationsverarbeitenden Komponenten eingebunden erscheinen.
- Nachrichten zwischen Individuen sind immer mit gewissen Annahmen und Intentionen unterlegt, die für die Wahrnehmung und das Verständnis in der Kommunikation entscheidend sind. Technische Übertragungssysteme können diese jedoch nicht immer übermitteln, so dass ein Teil der eigentlichen Nachricht verloren geht.
- Ungewissheit und Unberechenbarkeit sind inhärent für die Interaktion im Information Retrieval und haften allen Interpretationen an, die ein Sender oder Empfänger vornimmt.
- Wirkliches Information Retrieval ist zudem nur von einem individuellen Nutzer durchführbar, der sich in einem bestimmten Kontext befindet.

Das Modell von Ingwersen charakterisiert Suche und Retrieval von Information mit:

- dem Wahrnehmungsraum eines individuellen Nutzers. Dieser ist durch die Tätigkeit und Interessen eines Nutzers, seinen momentanen geistigen Zustand durch ein vorliegendes Problem oder zu erreichendes Ziel, Ungewissheit, ein Informationsbedürfnis sowie sein Informationsverhalten bestimmt.
- dem sozialen und organisatorischen Umfeld. Dieses wird durch den Bereich, in dem eine Person tätig ist, durch Strategie oder Ziele der Organisation sowie durch Aufgaben und Vorzüge definiert.

Im Modell von Ingwersen sind Ähnlichkeiten zu Modellen des Suchverhaltens nach Information zu finden. Dies sind bspw. der Wahrnehmungsraum eines Nutzers sowie dessen soziale und organisatorische Umgebung, die als Kontext einer Person bzw. Faktoren der Umgebung im Modell von Wilson zu finden sind (vgl. Kapitel 2.1.2).

Label-Effekt Weiterhin beschreibt Ingwersen in [125] den so genannten Label-Effekt. Dieser kennzeichnet das Verhalten von Nutzern bei der Anwendung von Information Retrieval Systemen, die trotz genauer Kenntnis ihres Informationsbedarfes, ihre erste Anfrage an ein System nur mit sehr wenigen Termen bezeichnen bzw. sogar nur einem einzelnen Ausdruck. Dies lässt auf zwei Hindernisse bei der Realisierung von Information Retrieval Systemen schließen.

- Zum einen erschwert die Kommunikation über verschiedene Mediengrenzen hinweg die korrekte Formulierung der gesuchten Information bzw. deren Einordnung in eine bestimmte Richtung. Konkret bedeutet dies, dass ein Nutzer dabei sein evtl. vages Informationsbedürfnis zuerst selbst gedanklich und sprachlich formulieren und dann in eine Sprache überführen muss, die von einem Information Retrieval System weiterverarbeitet werden kann. Durch das Fehlen von Kontextinformation während dieses Vorgangs erscheinen so häufig mehrere Informationsrichtungen möglich. Dieses Problem besteht im Übrigen bis heute bei allen gängigen Internetsuchmaschinen.
- Zum anderen können intermediäre Mechanismen nicht zwischen Nutzern mit detailliertem, wenig oder keinem Wissen über ihre Anforderungen an Information unterscheiden.

Als Folgerung lässt sich aus den Annahmen und Beobachtungen von Ingwersen der Schluss ziehen, dass ein Information Retrieval System durch geeignete Maßnahmen mehr über das Umfeld einer nach Information suchenden Person erfahren muss, um damit einem vorherrschenden Problem wie dem Label-Effekt entgegenzuwirken.

Modelle von Belkin

Belkin schlägt mit dem Anomalous-State-of-Knowlegde Modell (ASK-Modell) [23] vor, dass der Suchprozess nach Information mit einem Problem beginnt; dieses Problem sowie die zu seiner Lösung notwendige Information können von einem Individuum nicht klar erfasst werden. Dadurch muss ein nach Information Suchender einen iterativen Prozess durchschreiten, um seine Suchanfrage zu formulieren. Als eine Anforderung an ein Information Retrieval System fordert Belkin dementsprechend die Unterstützung interaktiver Suchprozesse.

Anomalous-State-of-Knowlegde Modell (ASK-Modell)

In einem weiteren Modell, dem so genannten Episodenmodell, betrachtet Belkin die einzelnen Aktionen eines Individuums während der Suche nach Information. Nach seiner Ansicht lässt sich der Suchvorgang durch folgende vier Kriterien erfassen:

Episodenmodell

- **Art der Interaktion** (»method of interaction«), die sich als Abfragen oder Suchen auffassen lässt.

- Das **Ziel der Interaktion** (»goal of interaction«), das entweder durch Lernen oder Auswählen charakterisiert wird,
- die **Art des Auffindens** (»mode of retrieval«), die entweder durch Wiedererkennen oder eine Ausführung erfolgt
- sowie die einbezogenen Quellen, bei denen es sich entweder um **direkte Information oder Metainformation** (»information, metainformation«) handelt.

Nach Belkin kann jede Strategie der Informationssuche durch eine Einordnung in diese insgesamt vier Dimensionen beschrieben werden. Die Idee hinter diesem Modell ist zudem die Erkenntnis, dass derselbe Nutzer eines Information Retrieval Systems während der Arbeit mit dem System unterschiedliche Suchverhalten zeigen bzw. zwischen diesen wechselt.

Belkin et al. [25] verfechten weiterhin die Auffassung, dass eine maschinelle Erfassung und Auswertung des Suchverhaltens eines Nutzers, zur Unterstützung bei dessen Suche wünschenswert ist. Dabei sollte aus dem anfangs gezeigten Suchverhalten eines Nutzers auf dessen Suchstrategie geschlossen werden. Ein entsprechendes Information Retrieval System sollte einen Nutzer mittels der erkannten Suchstrategie interaktiv durch den Suchprozess leiten.

Modell von Saracevic

Stratified Interaction Model

Saracevic präsentiert mit seinem Modell ein Schichteninteraktionsmodell (»stratified interaction model«) [225], das in Abbildung 2.11 wiedergegeben ist. Diesem Modell liegt die Annahme zu Grunde, dass ein Nutzer mit einem Information Retrieval System interagiert, um Information zu nutzen. Dabei ist die Verwendung der Information stets mit der geistigen und situationsanhängigen Anwendung eines Nutzer verbunden.

Die Hauptelemente im Schichtenmodell umfassen die Bereiche Nutzer und Computer, die jeweils in mehrere Schichten unterteilt werden. Den zentralen Punkt des Zusammentreffens und der Interaktion zwischen beiden stellt dabei die Oberfläche (»surface level«) der Schnittstelle (»interface«) eines Information Retrieval Systems dar. Gleichzeitig initiiert die Schnittstelle eine Reihe von Interaktionen bzw. Prozessen, die jedoch nicht auf der Schnittstelle selbst, sondern vielmehr zwischen den verschiedenen Schichten auf Nutzer- und Computer-Seite stattfinden. Auf der Nutzerseite sind dies physiologische, psychologische und kognitive Prozesse, denen auf der Computerseite physikalische und symbolische Prozesse gegenüberstehen.

2.1 Modelle des Information Retrievals

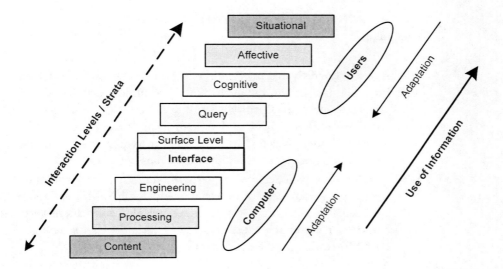

Abbildung 2.11
Saracevics Schichtenin-
teraktionsmodell (aus
Saracevic [225])

Die Schnittstelle bietet für die Kommunikation eine Oberfläche (»surface level«) an, welche für die im Folgenden aufgeführte Kommunikation eingesetzt wird.

- Nutzer führen über die Schnittstelle einen Dialog, in dem sie Äußerungen, wie bspw. Kommandos, abgeben und darauf entsprechende Antworten erhalten. Im Gegenzug zum klassischen Modell des Information Retrievals finden neben der Suche und dem Vergleich zahlreiche weitere Prozesse, wie bspw. das Verstehen von Anfragen, die Anbindung von Informationsquellen oder die Visualisierung von Ergebnissen, statt.
- Computer interagieren mit Nutzern über Prozesse. Dabei folgen jene einem bestimmten, ihnen eigenen Verständnis. Dabei geben sie Antworten auf Anfragen, können aber auch An- und Nachfragen an einen Nutzer stellen.

Beobachtenswerte Aspekte stellen auf der Ebene der Oberfläche die Handlungsweisen von Nutzern dar, um bestimmte Ziele zu erreichen. Weitere Fragestellungen ergeben sich aus den Tätigkeiten eines Computers und den dadurch erzielten Resultaten sowie der dabei erfolgten Zusammenarbeit mit einem Nutzer. Schließlich sind auch bestimmte Handlungsmuster von Interesse sowie die Frage, wie diese zur Verbesserung von Prozessen genutzt werden können.

Auf der Nutzerseite unterscheidet das Modell drei verschiedene Schichten:

- Auf der **kognitiven Ebene** interagiert ein Nutzer mit Texten in Informationsquellen, die auch Bilder und andere Daten mit einschließen, die er als kognitive Strukturen betrachtet. Interessante Aspekte auf dieser Ebene sind in kognitiven Prozessen und Ergebnissen zu finden, welche bspw. die Relevanz von Ergebnissen und den damit einhergehenden Wissenszuwachs betreffen.
- Auf der **affektiven Schicht** reagiert ein Nutzer mit unbestimmten Absichten, in denen sich Überzeugungen, Gefühle, Motivationen, wie auch Wünsche und Ängste widerspiegeln. Betrachtenswerte Faktoren in dieser Schicht sind alle Beweggründe, Überzeugungen oder Motivationen, die ein Nutzer hegt.
- Auf der **situativen Schicht** handelt ein Nutzer nach den Problemen, die sich aus einer direkten Situation als Informationsbedürfnis oder Fragestellung ergeben. Das Ergebnis einer entsprechenden Anfrage wird dabei zur vollständigen oder auch nur teilweisen Lösung des Problems verwandt. Dabei bewertet ein Nutzer die gefundene Information, typischerweise den Text, nach dessen Nützlichkeit für die eigene Problemlösung. Auf dieser Ebene stellen direkte Aufgaben und Problemstellungen einen beachtenswerten Aspekt dar.

Während der fortschreitenden Interaktion eines Nutzers mit einem Computersystem entstehen verschiedene Anpassungsvorgänge sowohl auf der Nutzer- wie auch der Computerseite. Diese Anpassungen sind beide in Richtung Schnittstelle hin ausgerichtet, wo sie sich schließlich treffen. Die Verwendung von Information ist nach Saracevic auf eine bestimmte Anwendung hin ausgerichtet und damit von der jeweiligen Situation eines Anwenders abhängig. Dabei spielen zahlreiche Rückkopplungsprozesse in den einzelnen Ebenen des Modells eine entscheidende Rolle, die zu einer Anpassung und Veränderung der Zielsetzungen führen.

Die Verschiedenartigkeit der Interaktion eines Individuums mit einem Information Retrieval System in Saracevics Modell spiegelt Ideen aus dem Modell von Belkin wider. Im Gegensatz zu diesem betrachtet Saracevics Modell auch die Seite eines entsprechenden Computersystems. Saracevic stellt mit seinem Modell die gegenseitigen Beziehungen zwischen einem Anwender und dem System heraus, die sich insbesondere in einer gegenseitigen Beeinflussung, bspw. in der angewandten Suchstrategie, widerspiegeln.

2.2 Einbeziehung des Kontextes im Information Retrieval

Im vorherigen Abschnitt wurden verschiedene Modelle des Information Retrievals aufgezeigt. Vor allem die klassischen Modelle des Information Retrievals (vgl. Kapitel 2.1.1) beschäftigen sich primär mit den dem Information Retrieval zugrunde liegenden Prinzipien, Prozessen und auch Verfahren. Zudem lassen sich mittels der aufgestellten Modelle Stärken und Schwächen einzelner Systeme evaluieren bzw. Anforderungen an diese stellen. Eine Ausdehnung des Diskurses auf die Entstehung des Informationsbedürfnisses ist vor allem in den Modellen des menschlichen Informationsverhaltens (vgl. Kapitel 2.1.2), welche das generelle Verhalten von Menschen im Umfeld der Suche nach Information beleuchten, zu finden. Die nutzerzentrierten Modelle (vgl. Kapitel 2.1.3) machen den eigentlichen Suchprozess zum Kern ihrer Betrachtung.

Die klassischen Modelle des Information Retrievals gehen, wie oben dargestellt, fast ausschließlich von einem gefestigten bis statischen Informationsbedürfnis eines Anwenders aus. So beschränkt sich etwa das Modell von Robertson (vgl. Kapitel 2.1.1) auf die Betrachtung eines nur kleinen Teiles des gesamten Suchprozesses, nämlich das eigentliche Matching zwischen einer Anfrage und den Repräsentationen der indexierten Dokumente. Aktuelle Bedürfnisse, sein Suchverhalten, die Situation, in der einem Nutzer das Informationsbedürfnis erwächst sowie dessen Wissenslücken bleiben dabei unbetrachtet.

gefestigtes bis statisches Informationsbedürfnis

Dementsprechend richtet sich das Augenmerk der klassischen Modelle auf die Lieferung von zu einem gegebenen Informationsbedürfnis möglichst optimal passenden Ergebnissen. Dabei werden auch Aspekte der Formulierung eines Informationsbedürfnisses durch einen Anwender wie auch deren Reformulierung mittels Hilfe des Systems betrachtet. Die Überführung bzw. Optimierung eines Informationsbedürfnisses wird in eine vom Information Retrieval System verständliche Form hervorgehoben analysiert. So dient die Einführung von Rückmeldemechanismen bspw. mittels Relevance Feedback (vgl. Salton und Buckley [218]) zu einer schrittweisen Anpassung der systeminternen Anfragerepräsentation an das tatsächliche Informationsbedürfnis eines Nutzers.

Lieferung passender Ergebnisse zu einem Informationsbedürfnis

Eine Ausdehnung des Diskurses auf die Entstehung des Informationsbedürfnisses ist vor allem in den Modellen des menschlichen Informationsverhaltens wie auch teilweise in den nutzerzentrierten Modellen der Suche nach Information zu finden. Dabei werden vor allem Fragen nach dem Ursprung und den Motiven für Informationsbedürfnisse sowie das aus diesen resultierende Verhalten betrachtet.

Aus den im Vorherigen präsentierten Modellen des Information Retrievals lassen sich nun in Bezug auf die Einbeziehung des Kontextes eines Anwenders in den Vorgang des Information Retrievals im Allgemeinen und eine Realisierung von entsprechenden kontextbasierten Information Retrieval Systemen im Speziellen verschiedene Schlussfolgerungen aber auch Anforderungen ableiten. Diese werden im Folgenden betrachtet. Eine anschließende Diskussion betrachtet darauf aufbauend die Möglichkeiten für die Nutzung von Kontextinformation.

Unterstützung bei der Erfassung und Formulierung des Informationsbedürfnisses

Belkin [24] und Dervin [70] kommen zu dem Schluss, dass ungenügende Ergebnisse, die ein Nutzer mit einem Information Retrieval System erzielt, eher auf ein schlechtes Systemdesign als auf Fehler oder Unzulänglichkeiten des Nutzers selbst zurückzuführen sind. Dementsprechend fordern beide, dass sich Information Retrieval Systeme an den Bedürfnissen der Nutzer zu orientieren haben. Konkret beziehen sich beide vor allem auf die Möglichkeiten eines Nutzers seinen Informationswunsch gegenüber dem System zu formulieren. Die allgemein erkannte Problematik, in der ein Anwender ein manifestiertes Informationsbedürfnis erst in eine für ein Information Retrieval System geeignete Anfrage überführen muss, begegnet bspw. Saracevic [224] mit der Einführung eines Rückkopplungsmechanismus. Ähnlich kommt Wilson in einer Schlussfolgerung aus seinen Modellen zu der Forderung, dass Information Retrieval Systeme derart konstruiert sein sollen, dass sie mögliche Fehler eines Nutzers reduzieren und gleichzeitig dessen Effizienz bei der Suche nach relevanter Information unterstützen sollen (vgl. Wilson [269]).

Orientierung an den Bedürfnissen der Nutzer

Rückkopplungsmechanismus

Die Unterstützung bei der Formulierung einer Anfrage bei Information Retrieval Systemen reicht von der Gestaltung der Nutzeroberfläche (vgl. Hearst [106]), der Art der Anfragesprache bis hin zu Mechanismen, eine gestellte Anfrage bspw. mittels Relevance Feedback (vgl. Salton und Buckley [218]) weiter zu verfeinern.

Relevance Feedback

Unterstützung verschiedener und wechselnder Suchverhalten und Suchstrategien

Ellis [80] zeigt mit seinem Prozessmodell, dass das Suchverhalten eines nach Information Suchenden zwischen verschiedenen Wesensmerkmalen wechselt und somit keiner strengen Sequenz einzelner Prozessschritte folgt. Kuhlthau [142] stellt in ihrem Modell die Informationsbeschaffung als iterativen Prozess dar, dessen einzelne Prozessschritte jeweils eigene Suchcharakteristika aufweisen.

Bates [18] kommt ebenfalls zu der Erkenntnis, dass sich das Suchverhalten eines Nutzers während des Suchvorganges verändert. Dabei werden die Änderungen im Suchverhalten sowohl durch die gefundene Information und deren Auswertung beeinflusst als auch durch die Funktionalitäten eines Information Retrieval Systems, die ein Nutzer erst durch deren fortlaufende Nutzung erfährt und anzuwenden lernt. In diesem Zug führen Bates [19] und Belkin [24] auf, dass eine Befriedigung eines Informationsbedürfnisses durch einen Nutzer in hohem Maße von der richtigen Interaktion und Handhabung eines Information Retrieval Systems abhängt.

Interaktion und Handhabung eines Information Retrieval Systems

Aus diesen Modellen leitet sich die Forderung an Information Retrieval Systeme ab, verschiedene Suchstrategien zu unterstützen. Dies ist z.B. neben der Bearbeitung von Anfragen und dem Liefern entsprechender Suchergebnisse auch die Klassifikation von Inhalten (vgl. Ferber [88]). Ein entsprechendes Klassifikationsschema vorausgesetzt, werden die Inhalte einer oder mehreren Klassen aus diesem Schema zugeordnet. Häufig sind entsprechende Klassifikationen in Form eines Baumes strukturiert, wobei auf tiefer liegenden Ebenen entsprechende Elemente weiter verfeinern oder unterteilen. Den Wurzeln im Bibliothekswesen folgend werden thematisch zusammengehörige Inhalte einem Nutzer auch in räumlicher Nähe präsentiert. Ein weiterer Ansatz stellt das so genannte Browsing (vgl. Baeza-Yates und Ribeiro-Neto [17]) dar. Dabei kommen Hypertextdokumente zum Einsatz, die durch so genannte Links untereinander verbunden sind. Ähnlich den Zitaten in normalen Dokumenten kann so einem Verweis durch entsprechende Techniken direkt auf das referenzierte Dokument gefolgt werden.

Unterstützung verschiedener Suchstrategien

Minimierung des Suchaufwands, Minimierung des Aufwands für eine Anfragestellung

Einen erheblichen Anteil an einer erfolgreichen Befriedigung eines Informationsbedürfnisses hat nicht zuletzt der Aufwand, der von einem Anwender aufgewendet werden muss. Implizit wird dieser Suchaufwand in allen prozess- oder vorgangsorientierten Modellen, wie bspw. bei Ellis [80], Bates [18] oder Belkin [24] betrachtet, indem als Anforderungen an ein Information Retrieval System sowohl eine entsprechende Flexibilität als auch Reaktionsschnelle gefordert wird.

Minimierung des Aufwands

Diese eben aufgeführten Modelle gehen jedoch immer von einem bereits begonnenen Suchverhalten aus. Wilson führt in seinem erweiterten Modell [270] eine aktivierende Stufe vor Beginn eines eigentlichen Suchverhaltens ein. Neben der Risiko- und Belohnungstheorie (risk/reward theory) fließen hier auch Faktoren, wie bspw. die Selbstwirksamkeit (self-efficacy) mit ein. In empirischen Untersuchungen kommen Pirolli und Card [194] zu der Erkenntnis, dass in Arbeitsumgebungen mit hohem Informationsgehalt, Anwender kontinuierlich zwischen dem Nutzen einer potentiell auffindbaren Information und dem dazu notwendigen Aufwand abwägen. Pirolli und Card schlagen daher vor, den für die Durchführung einer Suche notwendigen Zeitaufwand zu minimieren.

2.3 Integration von Kontext im Information Retrieval

Die im vorherigen Abschnitt aufgestellten Forderungen an das Information Retrieval im Allgemeinen bzw. ein Information Retrieval System im Speziellen können durch die Integration des Kontextes erfolgreich umgesetzt werden.

Unterstützung bei der Erfassung und Formulierung des Informationsbedürfnisses

Ausgangspunkt für eine Anfrage ist ein Informationsbedürfnis. Dieses Informationsbedürfnis wird von einer Person meist nur vage und unscharf umrissen wahrgenommen. Fällt es den meisten Personen bereits schwer dieses Informationsbedürfnis zu fassen und verbal klar zu beschreiben, so treten in Verbindung mit Information Retrieval Systemen weitere Probleme der intermediären Kommunikation auf. Ein Nutzer muss sein Informationsbedürfnis nicht nur verbal ausdrücken und somit sich der Vagheit, Unschärfe und Unsicherheit der natürlichen Sprache unterwerfen (vgl. Kapitel 1.2.2), er muss darüber hinaus auch sein Informationsbedürfnis in einer bestimmten, vom Information Retrieval System vorgegebenen Anfragesprache formulieren.

Unterstützung bei Erfassung und Formulierung eines Informationsbedürfnisses

Eine der oben aufgestellten Forderungen an ein Information Retrieval System ist die Unterstützung bei der Erfassung und Formulierung des Informationsbedürfnisses. Grundlage einer derartigen Unterstützung wäre zunächst die Erfassung eines Informationsbedürfnisses einer bestimmten Person. Nach Wilson [270] können Informationsbedürfnisse selbst jedoch nicht beobachtet werden, sondern nur die zu deren Befriedigung getätigten Aktionen. In diesem Fall handelt es sich also um das Suchverhalten, das ein Anwender in der Nutzung eines Information Retrieval Systems zeigt. Auf der anderen Seite folgt Belkin in seinem Anomalous-State-of-Knowlegde Modell (vgl. Kapitel 2.1.3), dass ein Informationsbedürfnis bereits während des Begreifens einer bestimmten Problemsituation erwächst. Damit lässt sich folglich aus der aktuellen Beschäftigung und dem Umfeld einer Person auf deren Informationsbedürfnis schließen.

Ingwersen untersucht in [125] den Einfluss des Kontextes eines Individuums auf die eigentliche Nachfrage nach Information. Der Kontext ist dabei durch Tätigkeit und Interessen eines Nutzers, seinen momentanen geistigen Zustand, ein vorliegendes Problem oder zu erreichendes Ziel, Ungewissheit, ein Informationsbedürfnis sowie seinem Informationsverhalten bestimmt. Darüber hinaus wird der Kontext durch das soziale und organisatorische Umfeld beeinflusst.

Einfluss des Kontextes

Wilson hat in seinem ersten Modell des menschlichen Informationsverhaltens [269] die Ursprünge eines Informationsbedürfnisses in den verschiedenen Determinanten des Umfeldes eines Anwenders begründet. Dies sind unter anderem Eigenschaften der Person selbst, ihrer Rolle innerhalb einer Organisation, der Tätigkeit sowie der politischen, ökonomischen oder auch technologischen Umgebung. Ein Nutzer wird jedoch erst dann ein Suchverhalten zeigen, wenn er ein gefühltes Bedürfnis nach Information verspürt. Mit seinem zweiten Modell des menschlichen Informationsverhaltens geht Wilson [269] detaillierter auf die Einflussfaktoren und Mechanismen ein, die zum einen zu einem Informationsbedürfnis führen und zum anderen bei dessen Befriedigung zum Einsatz kommen. Auch hier stellt die Person selbst sowie deren Umfeld und Tätigkeit wichtige Einflussgrößen dar, die sowohl das Entstehen eines Informationsbedürfnisses wie auch das Verhalten zu deren Befriedigung determinieren (vgl. Kapitel 2.1.2).

Ursprung eines Informationsbedürfnisses

Einflussfaktoren eines Informationsbedürfnisses

In diesem Sinne gilt es zunächst den Kontext eines Anwenders in allen seinen Dimensionen zu erfassen. In einem zweiten Schritt gilt es aus der erfassten Kontextinformation auf ein Informationsbedürfnis eines Nutzers zu schließen. Das ermittelte Informationsbedürfnis sollte dann in die Formulierung der Anfrage entsprechend einfließen.

Unterstützung verschiedener und wechselnder Suchverhalten und Suchstrategien

Die Integration von Kontext in das Information Retrieval soll, über die Funktion der Erfassung eines Informationsbedürfnisses hinaus, sowohl verschiedene als auch wechselnde Suchverhalten unterstützen. Veränderungen im Suchverhalten sind bspw. durch die neu hinzugewonnene Information bedingt, die zudem auch zu einer Anpassung des ursprünglichen Informationsbedürfnisses führen kann. Für eine Integration von Kontext in den Vorgang des Information Retrievals bedeutet dies, dass als Kontext, der bisher die der Suche vorangegangene Tätigkeit wie auch das Umfeld eines Anwenders umfasst, auch der Suchvorgang selbst und seine Ergebnisse mit betrachtet werden müssen.

Integration von Kontextinformation

Über die Unterstützung einer klassischen Suchfunktion hinaus, ergibt sich zudem die Forderung der Integration der Kontextinformation in weitere Methoden des Information Retrievals. Wie bereits in Kapitel 1.2.4 dargelegt, sollte sich eine Erfassung von Kontextinformation nicht auf die Anfragestellung und Anfragebearbeitung beschränken. Methoden und Vorgehen wie Klassifizierung, Browsing oder Information Filtering (vgl. Baeza-Yates und Ribeiro-Neto [17]) lassen sich ebenso um die aus dem Kontext gewonnene Information erweitern. So können bspw. Dokumente nicht nur nach deren Inhalten klassifiziert werden, sondern nach bestimmten Eigenschaften des Kontextes, in denen sie entstanden sind. Als Beispiel seien nur etwaige Projektrahmen, in denen Dokumente verfasst werden oder die Anforderungen, die für die Entstehung eines neuen Dokumentes Voraussetzung waren, aufgeführt.

Analog können bei einer Methode wie dem Browsing zu existierenden Verweisen in Dokumenten weitere Verweise automatisiert ergänzt werden, die aus dem Kontext der Entstehung eines Dokumentes gewonnen werden. Abhängigkeiten zwischen Dokumenten oder deren gemeinsame Entstehungshistorie sind dafür nur Beispiele.

Minimierung des Aufwands für eine Anfragestellung und Minimierung des Suchaufwands

Minimierung des Suchaufwands

Eine Minimierung für eine Anfragestellung sowie des Suchaufwands als Gesamtheit lässt sich durch den Einsatz eines kontextbasierten Information Retrieval Systems auf zwei Wegen erreichen. Zum einen kann die Erkennung eines aktuellen Informationsbedürfnisses dazu dienen, automatisch Suchanfragen zu formulieren und auszuführen. Die resultierenden Suchergebnisse können, eine entsprechende Präsentationsmethode vorausgesetzt, den Anwender auf verfügbare Information hinweisen ohne ihn jedoch bei der Ausübung seiner Tätigkeit zu stören oder zu unterbrechen.

Zum anderen kann die Einbeziehung eines ermittelten Informationsbedürfnisses in manuell gestellte Suchanfragen eines Nutzers dazu dienen, diese Anfragen zu verfeinern, um somit entweder mehr relevante Information zu finden oder auch die Qualität der Suchergebnisse zu erhöhen. Dies würde somit einer Steigerung der im Information Retrieval verwendeten Qualitätskriterien Recall und Precision entsprechen.

Berücksichtigung von Kontext innerhalb des Vorganges des Information Retrievals

Erfassung und Formulierung von Anfragen

Die Berücksichtigung von Kontext innerhalb des Vorganges des Information Retrievals kann zudem an den verschiedenen einzelnen Schritten geschehen. So wurde die Berücksichtigung bei der Erfassung und

Formulierung von Anfragen bereits aufgeführt. In Bezug auf die eingesetzten Methoden und Verfahren zur Durchführung einer Ähnlichkeitssuche spielt der Kontext nur insofern eine Rolle, wenn in diesem Punkt neue Methoden oder Verfahren zum Einsatz kommen. Geht man bspw. von einem auf dem Vektorraummodell basierenden Information Retrieval System aus, so würde Information über den Kontext eines Anwenders in einer Anpassung der Anfragevektoren zum Einsatz kommen, die verwendeten Methoden zur eigentlichen Ähnlichkeitssuche könnten jedoch beibehalten werden.

Bei der Präsentation der Suchergebnisse kann, wie schon im Gliederungspunkt »Unterstützung verschiedener und wechselnder Suchverhalten und -strategien« angedeutet wurde, der Kontext eines Anwenders zur Beeinflussung der Präsentation dienen. Über eine einfache Auflistung der Ergebnisse hinaus, können durch Methoden wie Klassifizierung, Browsing oder eine besondere grafische Ergebnispräsentation einem Anwender die gefundenen Ergebnisse erschlossen werden.

Präsentation von Suchergebnissen

2.4 Zusammenfassung

In diesem Kapitel wurde zunächst eine Reihe von Modellen des Information Retrievals dargestellt, die sowohl die Entstehung eines Informationsbedürfnisses als auch das daraus folgende Suchverhalten behandeln. Aus diesen Modellen wurden zunächst auf abstrakter Ebene Eigenschaften und Forderungen in Hinblick auf eine Integration des Kontextes in den Vorgang des Information Retrievals betrachtet.

Der Kontext einer Person soll im Rahmen des Information Retrievals vordergründig zur Erfassung eines aktuellen Informationsbedürfnisses herangezogen werden. Damit lassen sich zum einen manuell formulierte Suchanfragen entsprechend verfeinern, mit dem Ziel, die Qualität der Suchergebnisse oder auch die Menge an für den Anfragesteller gefundener relevanter Information zu erhöhen. Zum anderen lassen sich mittels des ermittelten Informationsbedürfnisses automatisiert Anfragen formulieren und entsprechende Suchen ausführen. In beiden Fällen wird zudem das Ziel einer Minimierung des Suchaufwandes verfolgt.

Neben der Erfassung des Kontextes im Rahmen der Anfragestellung wurde zudem aufgezeigt, dass auch der Kontext, in dem zu indexierende Dokumente erstellt wurden, von Relevanz ist. Über die Anfragebeantwortung hinaus kann so verfügbare Kontextinformation auch für weitere Methoden des Information Retrievals zum Einsatz kommen.

3 Verwandte Ansätze

Ansätze zur Nutzung von Kontextinformation im Information Retrieval oder verwandten Forschungsgebieten sind nicht ausschließlich neu. Dies zeigen neben verschiedenen Forschungsprojekten und -systemen mittlerweile auch erste kommerzielle Produkte.

In diesem Kapitel wird eine Reihe von Ansätzen und Systemen präsentiert, die sowohl dem Forschungsbereich des Information Retrievals wie auch verwandten Gebieten entstammen. Ihnen allen gemeinsam ist die Zielsetzung, einen Anwender in seiner Tätigkeit durch das Finden und Präsentieren entsprechend relevanter Information zu unterstützen.

Die im Folgenden besprochenen Ansätze setzen jeweils auf verschiedene Quellen für die Gewinnung von Kontextinformation über die aktuelle Arbeitsumgebung oder die Aufgaben, die eine Person zu einem bestimmten Zeitpunkt vollführt. Ebenfalls verwenden sie verschiedene Quellen für die Gewinnung von relevanter Information oder Dokumenten, die einem Benutzer in seiner aktuellen Arbeitssituation nützlich sein könnten.

Um die Übersichtlichkeit zu erleichtern, werden die einzelnen Ansätze oder Systeme thematisch gruppiert präsentiert. Neben der Präsentation werden dabei für jedes System die folgenden Kriterien untersucht, soweit für diese in der Literatur entsprechende Veröffentlichungen existieren:

thematische Gruppierung der Ansätze

- **Akquise von kontextbasierter Information.** In diesem Punkt werden die beiden Fragen beantwortet, wie zum einen Information über den Kontext eines Anwenders gewonnen wird und zum anderen welche Inhalte diesen Kontext charakterisieren.
- **Nutzermodell.** An dieser Stelle soll geklärt werden, ob es ein Modell für die ermittelte Kontextinformation gibt. Zudem ist von Interesse, wie eine Speicherung dieser erfolgt. Darüber hinaus wird der Umfang der herangezogenen Kontextinformation betrachtet, bspw. ob über die Erfassung der aktuellen Tätigkeit eines Anwenders hinaus auch Präferenzen oder Wissen in den Kontext mit einfließen.

- **Suche.** Kern des kontextbasierten Information Retrievals ist eine Ähnlichkeitssuche. Dabei wird hier die Art der Daten betrachtet, auf der eine Suche erfolgt. Neben den dafür zum Einsatz kommenden Methoden, werden auch die eingesetzten Techniken der Suchmaschine, bspw. zum Aufbau eines Index und die dafür gewonnen Features, betrachtet.
- **Durchführung der Suche.** Kontextbasiertes Information Retrieval dient unter anderem zur Unterstützung der Anfragestellung eines Nutzers. Dementsprechend wird in diesem Punkt die Art und Weise der Ausführung einer Suche beleuchtet, so bspw. ob eine Suche manuell oder proaktiv ausgeführt wird. Darüber hinaus wird die Präsentation der Ergebnisse und die Möglichkeiten eines Anwenders betrachtet, mit diesen weiterzuarbeiten, z.B. um Suchergebnisse weiter zu verfeinern oder diese in die aktuelle Tätigkeit zu übernehmen.
- **Ergebnisqualität.** Als letzter Punkt werden qualitative und quantitative Aussagen über die jeweils vorgestellten Ansätze oder Systeme betrachtet und zusammengefasst, soweit diese verfügbar sind.

3.1 Empfehlungen für lokale Dokumente

Unterstützung beim Lesen und Verfassen von Dokumenten

Dieser Typus von kontextbasierten Information Retrieval Systemen unterstützt einen Anwender beim Lesen und Verfassen von Dokumenten dadurch, dass er zu den aktuell in einem Anwendungsprogramm betrachteten Dokumenten ähnliche Dokumente findet. Eine entsprechende Anwendung erfasst dazu den Inhalt des aktuell von einem Nutzer bearbeiteten Dokumentes und überführt dessen Inhalt in eine Anfrage an ein Information Retrieval System. Die Ergebnisse dieser Suche werden daraufhin dem Nutzer präsentiert. Ziel dieser Systeme ist es, dem Nutzer zur Erfüllung seiner Tätigkeit Verweise auf für ihn nützliche Dokumente aufzuzeigen und ihn somit bei seinen Aufgaben zu unterstützen.

Tätigkeit im Hintergrund

Eine wichtige Eigenschaft dieser Systeme ist zudem ihre Tätigkeit im Hintergrund. Das bedeutet, dass sowohl die Erfassung der Kontextinformation wie auch die Durchführung der Suche vollautomatisch und ohne Interaktion mit dem Nutzer erfolgen. Einzig für die Präsentation der Ergebnisse wird zumeist ein kleiner Randbereich der Bildschirmarbeitsfläche belegt, um so den Anwender durch die Darstellung der gefundenen Ergebnisse zum einen in seiner Tätigkeit möglichst wenig zu unterbrechen zum anderen aber ihm dennoch die einfache Möglichkeit zu eröffnen, die gefundenen Ergebnisse zur Kenntnis zu nehmen.

3.1 Empfehlungen für lokale Dokumente

Remembrance Agent

Der Remembrance Agent [211] stellt einen Repräsentanten des oben beschriebenen Typus von kontextbasierten Information Retrieval Systemen dar. Er integriert sich in den Texteditor Emacs [97] und liefert zu dem Dokument, das ein Benutzer gerade bearbeitet oder liest, kontinuierlich ähnliche Dokumente aus einem lokal vorgehaltenen Archiv von Dokumenten (siehe Abbildung 3.1).

Remembrance Agent

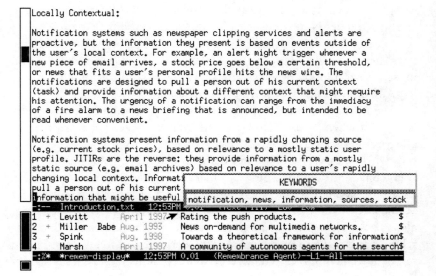

Abbildung 3.1
Remembrance Agent integriert in den Texteditor Emacs (aus Rhodes [210])

Zur Bestimmung der Kontextinformation verwendet der Remembrance Agent lediglich eine Textpassage, die sich aus einer bestimmten Anzahl von Zeichen vor und hinter der aktuellen Cursorposition zusammensetzt. Bei bestimmten Dokumentformaten unterstützt die Anwendung die Extraktion einzelner Felder. Dies ist bspw. bei E-Mails der Fall, in denen die Adressaten, die Betreffzeile sowie der eigentliche Nachrichtentext getrennt behandelt werden. Die gewonnene Textpassage wird ab einer vorgegebenen Länge einer Stoppworteliminierung und Stammformreduktion unterzogen.

aktuelle Textpassage als Kontext

Die resultierende Anfrage wird nun in einem weiteren Schritt an das eigentliche Information Retrieval System Savant weitergeleitet. Dieses System vermag eine Vielzahl von textbasierten Dokumentformaten wie bspw. HTML zu indexieren. Wie bereits oben aufgeführt, werden bestimmte Formate, wie bspw. E-Mails, in einzelne Felder untergliedert und sind damit nach Feldern getrennt durchsuchbar. Technisch basiert Savant auf dem Vektorraummodell, setzt jedoch eine von der weit ver-

Savant

breiteten tf-idf-Formel (vgl. bspw. Baeza-Yates und Ribeiro-Neto [17]) abweichende Berechnung der Termgewichte ein (vgl. Rhodes [210]).

Die Präsentation der Ergebnisse erfolgt in einem eigenen Teilfenster innerhalb des Emacs Texteditors, absteigend nach deren jeweiligen Relevanzwerten sortiert. Jedes Ergebniselement wird dabei in einer Zeile mit dessen Relevanzwert, Titel und einem kurzen Ausriss aus dem Inhalt dargestellt. Zeigt der Nutzer Interesse für ein Ergebnis, so erhält er durch Überfahren der entsprechenden Ergebniszeile mit dem Mauszeiger eine Auflistung der vom System als relevant erachteten Begriffe des entsprechenden Dokumentes (vgl. Abbildung 3.1). In einem weiteren Schritt kann der Nutzer das betreffende Dokument im Texteditor selbst öffnen. Ein Ziel dieser Realisierung war die möglichst unaufdringliche Art (»non-intrusive manner«), dem Benutzer gefundene Ergebnisse zu präsentieren, ihn aber gleichzeitig schrittweise und mit möglichst wenig Aufwand an die Ergebnisse heranzuführen.

Die Aktualisierung des gesamten Vorganges erfolgt in fest vorgegebenen zeitlichen Abständen. Der Remembrance Agent überprüft bspw. alle 5 Sekunden, ob eine Änderung des Kontextes vorliegt. Gegebenenfalls wird dann der Vorgang mit der Suche und Präsentation neuer Suchergebnisse fortgeführt. Eine Evaluierung kam unter anderem zu dem Ergebnis, dass Nutzer des Remembrance Agent für die Abfassung einer Studienarbeit die ca. 2,5-fache Anzahl an Dokumenten betrachteten, als eine Referenzgruppe, die nur Zugriff auf eine klassische Suchmaschine hatte. Zudem waren die Anzahl der zitierten Referenzen in den mit dem Remembrance Agent verfassten Dokumenten ebenfalls signifikant höher.

Watson

Watson Textpassage und Anwendungstyp als Kontext

Wie auch der Remembrance Agent so betrachtet Watson [53] vornehmlich die textuellen Inhalte und sucht zu diesen passende Dokumente. Im Gegensatz zum Remembrance Agent stellt Watson eine eigenständige, Windows-basierte Anwendung dar, die verschiedene Anwendungen zu überwachen vermag. Dies ist neben der Textverarbeitung Microsoft Word, dem Internet Browser Internet Explorer auch das E-Mail-Programm Outlook. Aus der von einem Nutzer aktuell verwendeten Anwendung versucht Watson dessen Aufgabe zu antizipieren. So unterscheidet das System, ob ein Anwender eine E-Mail oder ein Dokument verfasst oder im Internet recherchiert. Durch so genannte Application Adapter, die auf eine bestimmte Anwendung zugeschnitten werden, wird der Kontext eines Anwenders innerhalb der Zielanwendung erfasst. Dies ist bspw. bei Microsoft Word der Text, den ein Anwender aktuell verfasst (siehe Abbildung 3.2). Neben dem reinen Text werden

3.1 Empfehlungen für lokale Dokumente

zudem bestimmte Formatierungen, wie Überschriften und Hervorhebungen mit erfasst, aus denen sich eine Gewichtung des Inhaltes ableiten lässt. Darüber hinaus werden auch verfügbare Metadaten, wie der Name des Autors oder der Titel des Dokumentes mit abgefragt. Eine Art Mustererkennung vermag zudem bspw. Adressen zu erkennen und diese als solche für die weitere Verarbeitung zu kennzeichnen.

Information Extraction

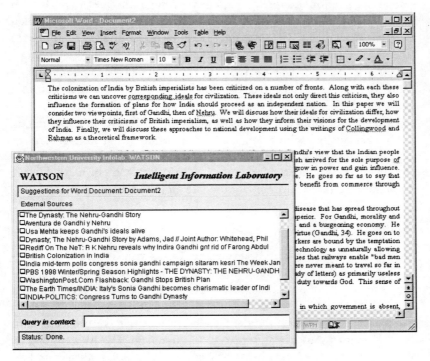

Abbildung 3.2
Ergebnisfenster von Watson mit gefundenen Dokumenten zu einem in Microsoft Word verfassten Text (aus Budzik und Hammond [53])

Für die Ermittlung der Anfragen nutzt Watson ein dem Vektorraummodell ähnliches Modell. Der aus einer überwachten Anwendung erfasste Text sowie Metadaten werden in ihre einzelnen Begriffe aufgespaltet, wobei Stoppworte entfernt werden. Aufgrund der Formatierung, Position und auch Herkunft werden die einzelnen Begriffe mit Gewichtungen versehen, welche die Relevanz innerhalb des Ausgangsdokumentes widerspiegeln sollen. Für die eigentliche Anfrage werden allerdings nur die 20 am höchsten gewichteten Begriffe weiterverwendet. Deren relative Reihenfolge untereinander wird analog zu deren Auftreten im Quelldokument aufrechterhalten.

Anfragestellung mittels Vektorraummodell

Die Anbindung von Information Retrieval Systemen erfolgt bei Watson über so genannte Information Adapter. Analog zu den Application Adaptern koppelt ein Information Adapter ein bestimmtes Information Retrieval System an, erlaubt den Zugriff auf dieses über eine einheitliche Schnittstelle und liefert Metadaten über das angebundene

Anbindung externer Information Retrieval Systeme

System. Mit dieser Hilfe kann Watson auf mehrere Retrieval Systeme, wie bspw. eine Internet-Suchmaschine und eine lokale Suche gleichzeitig zugreifen. Ein eigenes Retrieval System wurde hingegen nicht implementiert. Je nach Anwendung, die ein Nutzer aktuell verwendet, kann zudem eine bestimmte Menge von Information Adaptern für die Anfrageweiterleitung selektiert werden. Neben der Weiterleitung der von einem Application Adapter erhaltenen Anfrage an eine Auswahl von Information Adaptern, obliegt es dem Watson System, die erhaltenen Ergebnisse zu einem Gesamtergebnis zu vereinen und evtl. Duplikate zu entfernen. Die Präsentation der Ergebnisse erfolgt im Anwendungsfenster von Watson. Die Ausführung einer Suche erfolgt ebenfalls wie beim Remembrance Agent in zeitlich festgelegten Abständen automatisch.

Eine Evaluierung des Watson Systems im Vergleich mit der Nutzung der Internetsuchmaschine Altavista durch erfahrene Anwender kam zu dem Ergebnis, dass Watson in 15 von 19 Fällen zu einem gegebenen Dokument besser oder mindestens genauso gut wie ein menschlicher Anwender weitere relevante Dokumente zu finden vermag [53].

Implicit Query

Implicit Query

Unterstützung beim Verfassen von E-Mails

Aktuell erlebt dieser hier besprochene Typus von Systemen eine Renaissance im Zusammenhang mit so genannten Desktop-Suchmaschinen, wie aktuelle Forschungen bei Microsoft Research zeigen. Implicit Query [76] beschränkt sich dabei auf die Unterstützung beim Verfassen von E-Mails, da dieser Tätigkeit nach Ansicht der Autoren ein häufig wechselnder Aufgabenkontext zu Grunde liegt. Die Anwendung ist als Plug-In für Microsofts E-Mail-Programm Outlook realisiert und erfasst den Inhalt einer vom Anwender aktuell betrachteten oder verfassten Nachricht (siehe Abbildung 3.3). Als Retrieval System kommt die als Stuff I've Seen bezeichnete Desktop-Suchmaschine [75] aus der selben Forschungsabteilung zum Einsatz, die, auf dem Vektorraummodell basierend, lokal vorgehaltene Dokumente, aber auch E-Mails und im Cache des Webbrowsers enthaltene Webseiten erfasst. Die zu einer Anfrage gefunden Ergebnisse werden in einer so genannten Sidebar, einem Fenster neben dem eigentlichen Fenster des E-Mail Programms angezeigt. Neben der sortierten Auflistung nach der Relevanz können die gefundenen Ergebnisse zudem nach deren Erstellungsdatum gruppiert werden.

In allen bisher dargestellten Systemen stellt die Erfassung des aktuellen Kontextes, die Ableitung einer Suchanfrage sowie die Durchführung der Anfragebearbeitung und die Darstellung der Ergebnisse einen zusammenhängenden Vorgang dar, der jeweils in sich abgeschlossen

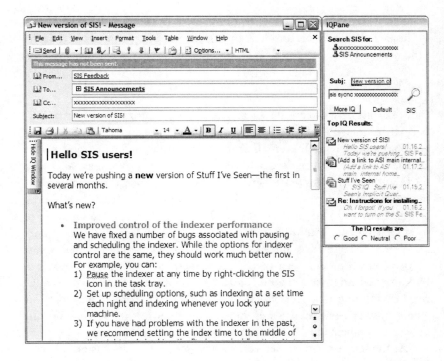

Abbildung 3.3
Ergebnisfenster von Implicit Query neben einem Fenster von Microsoft Outlook zum Verfassen von E-Mails (aus Dumais et al. [76])

ausgeführt wird. Bspw. werden aus der Historie der zeitlich zurückliegenden Kontexte oder Anfragen keine Rückschlüsse auf bestimmte Interessens- oder Tätigkeitsschwerpunkte eines Anwenders gezogen, die dann in Form eines Nutzerprofils in neue Anfragen oder die Auswahl der Datenquellen mit einfließen könnten.

3.2 Empfehlungen für Webseiten

Während bspw. Systeme wie Watson zu einem lokal bearbeiteten Dokument über Internet-Suchmaschinen ähnliche Webseiten zu finden vermögen, haben die im Folgenden präsentierten Empfehlungssysteme den Anspruch einen Anwender bei der Navigation im Internet unterstützen zu wollen. Diese Systeme überwachen im Hintergrund kontinuierlich die von einem Nutzer im Webbrowser betrachteten Seiten und deren Inhalte. Je nach System werden entweder über eine Internet-Suchmaschine ähnliche Seiten gesucht oder die in der aktuell betrachteten Seite enthaltenen Links nach deren Relevanz hin untersucht und entsprechend hervorgehoben.

Unterstützung bei der Navigation im Internet

Das Wachstum der via Internet zugänglichen Information förderte die Entwicklung einer Vielzahl von Empfehlungssystemen. So führen Montaner et al. [176] alleine 12 verschiedene Systeme auf. Die im Folgenden präsentierten Ansätze spiegeln eine repräsentative Auswahl der in dieser Kategorie vorzufindenden Ansätze und implementierten Technologien wider.

Letizia

Letizia

Unterstützung bei der Navigation zwischen verlinkten Internetseiten

Eines der ersten Systeme dieser Kategorie stellt Letizia von Henry Lieberman dar [149]. Dieses System soll einen Anwender bei der Navigation zwischen verlinkten Internetseiten unterstützen. Dabei wertet Letizia neben dem Inhalt der aktuell betrachteten Webseite auch die darin enthaltenen Verweise aus. Zusätzlich wird eine Historie der bisher vom Anwender besuchten Webseiten mitgeführt. Darüber hinaus erfasst Letizia Aktionen, wie die Speicherung der Adresse einer Seite in einer Favoritenliste und auch den Aufruf einer Seite aus dieser heraus. Für jede Seite wird mittels eines auf dem Vektorraummodell basierenden Verfahrens ein Termvektor berechnet. In diesen fließt bspw. der Dokumententitel wie auch die Texte von Verweisen mit einer besonderen Gewichtung ein. Zusätzlich werden diese Vektoren über alle von einem Nutzer besuchten Seiten hinweg zu einem Profil verdichtet und dauerhaft gespeichert.

heuristische Regeln

Auf einem einfachen Set von heuristischen Regeln basierend, versucht das System zudem das Verhalten eines Nutzers zu bestimmen. So wird zwischen dem Lesen von Seiten, dem Folgen von bestimmten Verweisen und der Durchführung einer aktiven Suche mittels einer Suchmaschine unterschieden.

Breitensuche

Statt des Einsatzes eines Information Retrieval Systems, das auf vorher indexierten Dokumenten operiert, führt Letizia von der aktuell aufgerufenen Seite und deren Darstellungsposition im Webbrowser aus eine Breitensuche über die in der Nähe enthaltenen Verweise durch (vgl. Lieberman [150]). Zu jeder durchsuchten Seite wird ebenfalls ein entsprechender Termvektor ermittelt. Auf Basis des aktuellen Profilvektors wird nun die Ergebnisliste laufend aktualisiert. Wechselt der Anwender nun von der aktuellen Webseite zu einer neuen, so werden die Breitensuche und der damit verbundene Empfehlungsprozess ebenfalls neu gestartet. Die Ergebnisse werden dem Nutzer in einem eigenen Fenster neben dem eigentlichen Fenster des Webbrowsers dargestellt.

WebWatcher

WebWatcher

Tourguide für Webseiten

WebWatcher [129] unterstützt wie auch Letizia Anwender bei deren Navigation durch Webseiten des World Wide Webs. WebWatcher verfolgt dabei die Idee eines Tourguides, der einen Nutzer bei seiner Tour über verschiedene Webseiten leitet. Zu Beginn einer Tour muss ein Anwender auf der Startseite des Systems eine kurze Beschreibung seines Informationswunsches formulieren. Ab diesem Zeitpunkt analysiert das System die vom Anwender aufgerufene Webseite und hebt als empfehlenswert erachtete Verweise durch entsprechende Markierungen in der Seite selbst hervor. Darüber hinaus bietet WebWatcher eine Volltextsuche über alle bisher besuchten Webseiten und die Möglichkeit, sich zu aktuellen Seite ähnliche Webseiten aus der Historie anzeigen zu lassen.

Das von WebWatcher eingesetzte Information Retrieval System basiert auf dem Vektorraummodell. Die Empfehlung von Verweisen auf der aktuell betrachteten Webseite erfolgt zu einem Teil durch die Bestimmung der Ähnlichkeit der Termvektoren des zu Beginn einer Tour formulierten Informationsbedürfnisses und dem Text des jeweiligen Verweises sowie dem Termvektor der hinter einem Verweis liegenden Seite. Als weiterer Einflussfaktor für eine Empfehlung kommt die Anzahl der tatsächlich von allen Nutzern mit ähnlichem Interesse gefolgten Links hinzu. Während der Tour können Nutzer zudem die Relevanz der aktuell besuchten Webseite bezüglich ihres ursprünglichen Informationswunsches mitteilen.

Vektorraummodell

Alle Touren der Nutzer erzeugen somit einen Graphen aus besuchten Webseiten als Knoten und den mit Gewichten belegten Links als gerichteten Kanten. Mittels Reinforcement Learning (vgl. z.B. Mitchell [175]) wird für jeden Verweis in einer aktuell betrachteten Webseite eines Nutzers ein Empfehlungswert berechnet. Verweise, deren Wert einen vorher festgelegten Schwellenwert übersteigen, werden entsprechend als empfohlene Verweise durch WebWatcher gekennzeichnet.

Reinforcement Learning

WebWatcher speichert im Gegensatz zu bspw. Letizia keine Interessenprofile für jeden einzelnen Nutzer. Vielmehr orientiert sich das System bei seinen Empfehlungen an der Gesamtheit der in der Vergangenheit vermittelten Touren und deren Einschätzung durch die Nutzer.

WebWatcher fungiert selbst als Proxy-Server und schaltet sich in die Netzwerkverbindung zwischen dem Webbrowser eines Nutzers und das Internet. Dadurch erhält WebWatcher die Anfrage zum Aufruf einer bestimmten Seite mitgeteilt, lädt diese Webseite vom eigentlichen Server, analysiert diese und fügt Empfehlungen sowie Befehle zur Steuerung des Systems durch Modifikation der Webseite direkt in diese ein. Darüber hinaus ist der Abruf ähnlicher Webseiten zur aktuell betrachteten möglich. Die Realisierung als Proxy-Server macht WebWatcher vom eigentlich eingesetzten Webbrowser unabhängig, zudem kann auf die Darstellung der Empfehlungen in einem eigenen Bildschirmfenster verzichtet werden.

Proxy-Server

Evaluierungen des Systems, die als Ausgangspunkt 1 777 Touren auf den Webseiten der Fakultät der Autoren betrachten, bestätigten auf der einen Seite die Qualität des gewählten Ansatz des Reinforcement Learning mit einer Precision von 44,6%. Auf der anderen Seite zeigt der Vergleich mit Expertenempfehlungen von 3 Verweisen aus 8 zufällig ausgewählten Webseiten mit einer Precision von 47,5% gegenüber dem von WebWatcher erreichten 42,9% zwar die gute Qualität des Systems, aber gleichzeitig – so die Schlussfolgerung der Autoren – auch die Schwierigkeit der Aufgabe für ein maschinelles System.

Syskill & Webert

Syskill & Webert

Ausgehend von manuell erstellten Indexseiten mit bspw. 400 Verweisen zu Webseiten der Biowissenschaften gibt Syskill & Webert [192] einem Anwender Hinweise auf weitere Webseiten, die seinem Interesse bzw. Informationsbedürfnis ähnlich sind. Wie auch WebWatcher ist dieses System als Proxy-Server zwischen den Webbrowser des Nutzers und das Internet geschaltet, um so die aufgerufenen Seiten zum einen analysieren und zum anderen die Seiten um Empfehlungen ergänzen zu können (siehe Abbildung 3.4).

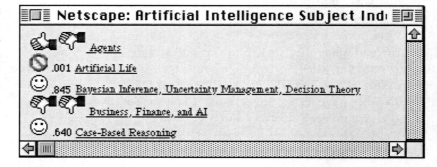

Abbildung 3.4 Ausschnitt einer von Syskill & Webert annotierten HTML-Seite (aus Pazzani et al. [192])

Naiver Bayessche Klassifikator

Das implementierte Retrieval System nutzt eine Kombination des Vektorraummodells und des Naiven Bayesschen Klassifikators [191]. Der textuelle Inhalt aufgerufener Webseiten wird in einen entsprechenden Termvektor überführt. Ein Anwender kann nun die Relevanz jeder betrachteten Webseite auf einer dreistelligen Skala bezüglich seines Informationsbedürfnisses bewerten. Ausgehend von der Bewertung einzelner Webseiten durch einen Nutzer und deren Termvektoren lassen sich über den Naiven Bayesschen Klassifikator die Wahrscheinlichkeiten für die Relevanz der anderen Seiten aus dem ursprünglichen Index berechnen. Die Präsentation einer Auswahl der als höchst relevant erachteten Webseiten wird vom System mit in die aktuell betrachtete Webseite integriert.

Die Erstellung des Interessenprofils findet bei Syskill & Webert für jeden einzelnen Nutzer getrennt statt. Die Erstellung eines initialen Interessensprofils für einen Nutzer erfolgt durch die Aufforderung an diesen, eine kurze Beschreibung für relevante als auch nicht relevante Begriffe seines Interesses abzugeben. In Evaluierungen erreichte Syskill & Webert, sicherlich auch im Hinblick auf den beschränkten Umfang der manuell erfassten Webseiten zu bestimmten Themengebieten, je nach Optimierung der zum Einsatz kommenden Algorithmen eine Precision zwischen 70 und 85 %.

3.3 Literaturrecherche in Bibliotheken

Die im bisherigen Verlauf präsentierten Kategorien von Empfehlungssystemen sind auf kein spezifisches Tätigkeitsgebiet hin ausgerichtet.

Metiore

Bueno und David präsentieren mit Metiore [54] ein System, das speziell die Bibliotheksrecherche unterstützt. Zu Beginn einer Recherchesitzung muss ein Anwender die Inhalte der gesuchten Publikationen kurz beschreiben. Allerdings werden die Inhalte der Beschreibung nicht weiter analysiert, sondern nur als beschreibendes Element für einen Datencontainer eingesetzt, in dem von nun an alle getätigten Suchanfragen, die jeweiligen Ergebnisdokumente sowie deren Bewertungen durch den Anwender abgelegt werden. *Metiore Bibliotheksrecherche*

Metiore verwendet ein Nutzermodell, das jeden einzelnen Anwender isoliert betrachtet. Auf Basis einer Suchanfrage, bspw. nach einem bestimmten Autor, werden aus der bibliographischen Datenbank die entsprechenden Einträge gesucht. Zu jeder der gefundenen Publikationen wird im Nutzermodell vermerkt, welche Terme diese enthält und wie die Publikation als Suchergebnis vom Anwender bewertet wurde. Die Bewertungsskala reicht dabei in fünf Stufen von »relevant« über »relevant und bekannt« bis zu »irrelevant«. Diese vom Nutzer für frühere Recherchen abgegebenen Bewertungen stellen die Basis für das Ranking der bisherigen Ergebnismenge dar. Ein auf dem Naiven Bayesschen Klassifikator basierendes Verfahren berechnet nun für jedes Dokument im Ergebnis die Wahrscheinlichkeit, dass dieses aufgrund der in ihm enthaltenen Begriffe und der vom selben Anwender früher getätigten Bewertungen auch zum aktuellen Informationsbedürfnis passt. Die hieraus resultierende Ergebnisliste wird zudem wieder in die Klassen der oben aufgeführten Bewertungsskala gruppiert und dem Anwender präsentiert, der diese nun wiederum bewerten kann. *Naiver Bayessche Klassifikator*

Die Evaluierung von Metiore mittels 20 Doktoranden und einem Publikationsbestand von 5 000 Werken hat bspw. ergeben, dass vom System als relevant erachtete Dokumente in 50 % der Fälle auch tatsächlich als relevant von den Anwendern eingestuft wurden. Insgesamt lag die Precision des Systems bei 63,3%. Der Einsatz eines anwenderspezifischen Nutzermodells führt zudem zwangsläufig zu einem ausgeprägten Effekt, der auch als Bootstrapping-Phase (vgl. Runte [215]) bekannt ist, dass erste Empfehlungen aufgrund des noch nicht justierten Nutzermodells weniger präzise sein können wie vergleichbare Ergebnisse zu einem späteren Zeitpunkt.

3.4 Filterung von Nachrichtentexten

Eine weitere Kategorie von Empfehlungssystemen widmet sich der Nachrichtendomäne. Diese umfasst sowohl die im so genannten Usenet geführten Nachrichtengruppen, die vergleichbar einem Forum die Diskussion zwischen den einzelnen Teilnehmern erlauben, als auch die von Agenturen oder Publizisten über verschiedene Quellen im Internet veröffentlichten Nachrichten.

Information Filtering

Die hier vertretenen Systeme setzen dabei zumeist Techniken aus dem Information Filtering (IF) ein. Im Gegensatz zum klassischen Verständnis des Information Retrievals, bei dem zu einer gegebenen Suchanfrage aus einer Kollektion von vorher bekannten Dokumenten entsprechend dieser Anfrage ähnliche Dokumente gesucht werden, nutzt ein Information Filtering System eine einmal gegebene Anfrage zu fortwährender Filterung eines Stromes von Dokumenten, der kontinuierlich auf zur Anfrage ähnliche Dokumente hin geprüft wird.

GroupLens

GroupLens

Collaborative Filtering

Einfache Empfehlungssysteme wie bspw. GroupLens [206], das auf den Nachrichtengruppen des Usenets operiert, bestimmen mittels Methoden des Collaborative Filterings Nachrichten, die für einen bestimmten Nutzer von Interesse sein könnten. Ausgangspunkt ist dabei die Bewertung von Nachrichten durch die Leser auf einer vorgegebenen Skala von bspw. »interessant« bis »uninteressant«. Für die Bestimmung der Relevanz neuer Nachrichten für einen bestimmten Anwender werden zunächst auf Basis seiner bisher getätigten Bewertungen ähnliche Anwendergruppen gesucht. Aus deren Bewertungen für die in Bezug auf den Ausgangsanwender neue Nachricht wird nun wiederum die Relevanz dieser Nachricht für den Anwender bestimmt. Die bei diesem System zum Einsatz kommenden Methoden des Collaborative Filterings sind ebenfalls bei Empfehlungssystemen im Bereich des E-Commerce vorzufinden und werden in Kapitel 3.9 näher betrachtet.

News Dude

Einen deutlichen Schritt weiter gehen Billsus und Pazzani mit ihrem News Dude genannten System eines intelligenten Informationsagenten [36]. Mit dem Ziel, diesen Informationsagenten als Teil eines portablen Systems zu entwickeln, soll das System auf dem IP-Protokoll basierend Nachrichten aus dem Internet abrufen und sie seinem Träger mittels Sprachsynthesizer vorlesen. Angeleitet durch das Verhalten des Anwenders während des Nachrichtenvortrags passt das System die weitere Auswahl der Nachrichten an die individuellen Informationswünsche jenes an.

News Dude

Als Nutzerschnittstelle kommt neben dem Sprachsynthesizer eine Spracherkennung zum Einsatz. Das System selbst besteht aus mehreren voneinander unabhängig operierenden Komponenten, die zum einen Nachrichten des Portalanbieters Yahoo [277] empfangen und in einem Zwischenspeicher ablegen. Zum anderen werden die empfangenen Nachrichten von einer Empfehlungskomponente auf Basis des Nutzermodells kontinuierlich auf für einen Anwender relevante Nachrichten hin abgesucht und in eine Prioritätswarteschlange abgelegt. Aus dieser werden wiederum von der Nutzerschnittstelle die vorzutragenden Nachrichten entnommen.

Sprachsynthesizer und -erkennung als Nutzerschnittstelle

Ausgangspunkt für die Empfehlung der Nachrichtentexte stellt ein Modell der Informationswünsche jedes Anwenders dar. Billsus und Pazzani setzen in ihrem System einen so genannten Multistrategie-Lernansatz, das heißt den Einsatz mehrerer unterschiedlicher Nutzermodelle zur Abbildung und Speicherung der Nutzerinteressen ein. Die Motivation des gewählten Ansatzes begründet sich aus den Forderungen, dass der Agent das Interesse eines Nutzers für unterschiedliche Themengebiete abzubilden in der Lage sein muss. Zudem muss das Nutzermodell flexibel genug bleiben, um sich auch auf kurzfristige Änderungen der Interessen eines Anwenders einstellen zu können. Darüber hinaus muss das Modell auch in Betracht ziehen, dass sich die Interessenlage eines Nutzers durch die Interaktion mit vorangegangener Information verändern kann. Unter anderem bedeutet dies auch, dass ein Anwender bereits gehörte Nachrichten nicht ein weiteres Mal vorgetragen bekommen möchte.

Multistrategie-Lernansatz

Die Realisierung des Nutzermodells in Form eines Multistrategie-Lernansatz findet in einem hybriden Nutzermodell seine Implementierung [35]. Dabei kommen für die Modellierung der kurzfristigen und langfristigen Interessen jeweils eigene Modelle zum Einsatz. Die Modellierung der kurzfristigen Interessen eines Anwenders erfolgt auf den letzten 100 bewerteten Nachrichten und basiert auf dem Vektorraummodell. Mittels des Nearest Neighbor Algorithmus (vgl. z.B. Mit-

hybrides Nutzermodell

Modellierung kurzfristiger Interessen

chell [175]) werden zu einer neu zu bewertenden Nachricht zunächst andere Nachrichten im Nachrichtenspeicher ermittelt, die sich in einem bestimmten Distanzbereich befinden. Nachrichten, die diesen Distanzbereich überschreiten, werden als irrelevant und jene, die diesen unterschreiten, als bereits bekannt klassifiziert. Aus den Bewertungen der Nachrichten im Distanzbereich wird die Bewertung der neuen Nachricht nun abgeleitet. Ist keine Bewertung möglich, bspw. wenn für die Nachrichten im Distanzbereich keine Bewertungen vorliegen, so wird die Bewertung an das langfristige Modell weitergereicht.

Modellierung langfristiger Interessen

Die Modellierung der langfristigen Interessen eines Anwenders erfolgt mittels des Naiven Bayesschen Klassifikators (vgl. z.B. Mitchell [175]), der in dieser Einsatzform von Pazzani und Billsus bereits bei Syskill & Webert [191] gewürdigt wurde. Aufgabe des Naiven Bayesschen Klassifikators ist hier die Bestimmung der Relevanzwahrscheinlichkeit eines Nachrichtentextes für einen bestimmten Nutzer und eine Reihe von vorgegebenen Sachgebieten. Statt des Vektorraummodells kommen allerdings boolesche Merkmalsvektoren der Nachrichten zum Einsatz. Das verwendete Vokabular wurde auf 200 handselektierte Begriffe beschränkt. Zudem werden nur Nachrichten einer Klassifikation zugeführt, die mindestens über drei Begriffe des Vokabulars verfügen.

Das hybride Nutzermodell wird nun durch Hintereinanderschaltung des kurzfristigen und langfristigen Modells erreicht. So wird versucht, für eine neue Nachricht zuerst über das kurzfristige Modell eine Relevanzbewertung für einen bestimmten Nutzer zu ermitteln. Ist dies aus den oben aufgeführten Gründen nicht möglich, so wird eine Relevanzbewertung durch das langfristige Modell angestoßen. Scheitert auch diese Bewertung, so wird eine Nachricht mit einem empirisch ermittelten Standardrelevanzwert versehen. Alle bewerteten Nachrichten werden für einen Nutzer in eine Prioritätswarteschlange einsortiert.

Einstellung des Nutzermodells

Die Einstellung des Nutzermodells auf die Interessen eines Anwenders erfolgt über die Bewertung der vorgetragenen Nachrichtentexte. Da die Konzeption des Systems keine grafische Nutzeroberfläche vorsieht, erfolgt die Bewertung über die Spracherkennung in einem zweistufigen Verfahren. Ein Nutzer kann zum einen den Vortrag einer Nachricht zu jedem Zeitpunkt unterbrechen und eine Bewertung der Nachricht als »interessant« oder »uninteressant« abgeben. Zusätzlich kann ein Nutzer zu einer Nachricht weitergehende Information wünschen. In den eigentlichen Bewertungswert einer Nachricht fließt nun neben der Bewertung auch die relative Zeit mit ein (»time-coded feedback«), die eine Nachricht vom Anwender tatsächlich angehört wurde. Über diese Bewertung hinaus kann das System für jede vorgetragene Nachricht erklären, warum diese als relevant erachtet wurde. Über die Spracheingabe kann ein Anwender daraufhin die für die Relevanzbewertung der

time-coded feedback

vorgetragenen Nachricht verantwortlichen Bewertungen nachträglich anpassen (»concept feedback«).

concept feedback

Die Evaluierung des Systems erfolgte mittels eines Prototypen, der zwar auch über eine Web-Schnittstelle verfügte, aber Nachrichten wie im Konzept vorgesehen durch einen Sprachsynthesizer vortragen und Befehle über eine Spracherkennung entgegennehmen konnte. Über die Web-Schnittstelle konnten zehn Testpersonen zu Beginn aus einer Reihe von vorgegebenen Interessensgebieten wählen, die zum Aufbau initialer Nutzermodelle genutzt wurden. Nach einer vier- bis achttägigen Trainingsphase mit ca. 300 Testnachrichten pro Testanwender erreichte das System eine mit dem F1-Maß (vgl. bspw. van Rijsbergen [264] oder Lewis und Gale [146]) ermittelte Genauigkeit bei der Zuordnung relevanter Nachrichten von bis zu 77,1 % unter Einsatz des so genannten Concept-Feedbacks.

3.5 Softwareentwicklung

Die Softwareentwicklung ist aufgrund immer umfangreicherer Projekte durch den Einsatz verschiedener Vorgehensweisen und Methoden gekennzeichnet. Neben dem Einsatz von Entwicklungsprozessen zur Strukturierung der Vorgehensweise spielt gleichzeitig die Wiederverwendung von Softwarekomponenten eine entscheidende Rolle in der Zielerreichung einer effizienten Projektdurchführung. Gerade der Aspekt der Wiederverwendung von Softwarekomponenten kann dabei helfen, die Qualität als auch die Produktivität von Softwareentwicklungen zu steigern.

Eines der dabei induzierten Probleme stellt das Auffinden passender Komponenten in firmeneigenen Repositories oder auch in der Vielzahl von verfügbaren Quellen von Open Source Projekten dar.

CodeBroker

Ye und Fischer präsentieren mit dem System CodeBroker [279] ein kontextbasiertes Information Retrieval System für die Suche nach Softwarekomponenten. Dieses System integriert sich analog zum Remembrance Agent (vgl. Kapitel 3.1) in den universellen Texteditor Emacs [97], der hier allerdings als integrierte Entwicklungsumgebung für die Softwareentwicklung dient (siehe Abbildung 3.5). Die im Texteditor vom Anwender in der Programmiersprache Java erstellten Quelltexte werden vom System erfasst und für die Suche nach ähnlichen Softwarekomponenten in einem Repository entsprechend aufbereitet. Gefundene ähnliche Softwarekomponenten werden in einem eigenen,

CodeBroker

Suche nach Softwarekomponenten

am unteren Rand des Programmfensters eingeblendeten, Bereich dargestellt. Ein Anwender kann diese Ergebnisse nun entweder durch weitere manuelle Anfragen verfeinern sowie die gefundenen Ergebnisse betrachten oder auch in seinen aktuell in Bearbeitung befindlichen Quelltext übernehmen.

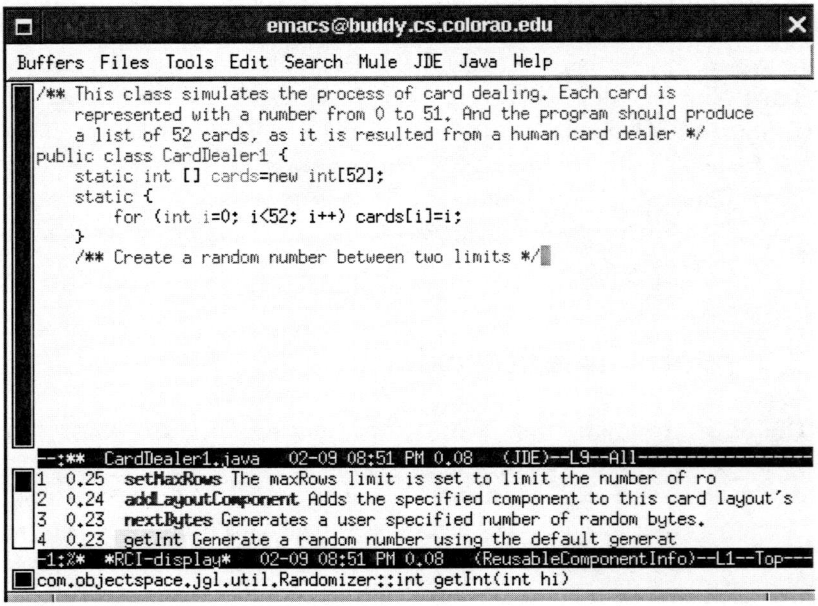

Abbildung 3.5
CodeBroker integriert in den Texteditor Emacs (aus Ye [278])

Der Kontext eines Nutzers wird zum einen durch dessen aktuelle Tätigkeit innerhalb des Quelltextes eines Softwareprojektes gewonnen. Von der aktuellen Cursorposition im Quelltext ausgehend, werden die Inhalte von Kommentaren zu Klassen oder Methoden wie auch die Signaturen einer Methode erfasst. Verfasst ein Anwender den Kommentar zu einer Klasse, so werden aus dem Repository Klassen gefunden, die ähnliche Kommentare beinhalten. Analoges geschieht bei der Bearbeitung von Kommentaren zu Methoden. Ist zu einer Methode bereits eine Signatur vorhanden, so fließt diese in die Suchanfrage mit ein.

Modellierung der Nutzerinteressen

Neben dieser Beschreibung des aktuellen Tätigkeitskontextes verwendet CodeBroker zum anderen zwei Modelle zur Modellierung der Nutzerinteressen bzw. seiner Tätigkeitsschwerpunkte. Zum einen werden in Form einer Historie, hier als Diskursmodell bezeichnet, alle die Bereiche im Repository vermerkt, die ein Anwender bereits kennen gelernt und für nicht relevant erachtet hat. Diese Historie wird zu Beginn einer Arbeitssitzung, also bei jedem neuen Start der Entwicklungsumgebung zurückgesetzt. Im so genannten Nutzermodell werden zum anderen im Gegensatz dazu all die Komponenten vermerkt, die dem Entwickler während seiner früheren wie auch aktuellen Tätigkeit vertraut wurden bzw. sind. Zu Beginn des Einsatzes von CodeBroker erstellt das System ein initiales Nutzermodell, in dem es frühere Quellcodes des Anwenders analysiert. Dieses Nutzermodell kann analog zum Diskursmodell im Verlauf von einem Anwender modifiziert werden, im Unterschied zum Diskursmodell fügt das System zum Nutzermodell selbstständig alle von einem bestimmten Anwender erstellten Klassen hinzu. Darüber hinaus werden alle Zeitpunkte zu einer Komponente vermerkt, zu denen ein Entwickler diese wiederverwendet hat.

Für die Bearbeitung von Suchanfragen auf einem Repository von Softwarekomponenten wird zunächst über die mittels des Dokumentationswerkzeuges JavaDoc [253] erzeugten HTML-Dokumente ein Index angelegt. Der von Fischer und Ye implementierte Ansatz [278] kombiniert dabei sowohl textbasierte wie auch strukturbasierte Ansätze. Textbasierte Ansätze verwenden die Beschreibung, die entweder mit den Komponenten verbunden ist (bspw. via JavaDoc [253]) [91] oder von einer externen Quelle [152] stammt. Strukturbasierte Systeme, wie bspw. in [107] beschrieben, erzeugen eine Wissensrepräsentation aus den in einem Repository enthaltenen Komponenten. Dabei werden sowohl die textuellen Beschreibungen zu Methoden und Klassen als auch die Signaturen von Methoden erfasst. Die Texte werden mittels des Vektorraummodells in entsprechende Termvektoren überführt. Der Einsatz der Latent Semantic Analysis (vgl. z.B. Deerwester et al. [69]) soll zudem die konzeptuelle Ähnlichkeit von verschiedenen Begriffen herstellen und somit ähnlich dem Einsatz eines Thesaurus die Anzahl der zu einer Anfrage gefundenen Treffer erhöhen. In der Signatur werden zu einer Methode die Art und Anzahl der Parameter sowie deren Rückgabewert erfasst.

Nutzung der Dokumentation von Softwarekomponenten

Eine Suche nach ähnlichen Softwarekomponenten erfolgt entweder in bestimmten zeitlichen Abständen oder immer dann, wenn ein Anwender im aktuellen Quelltext einen Kommentar abgeschlossen hat bzw. sich im – zumeist noch leeren – Rumpf einer Methode befindet. Je nach Position des Entwicklers in einem Quelltext werden entweder nur die textuellen Bestandteile von Kommentaren seiner Arbeit oder auch die Signatur einer gerade begonnenen Methode in die Suchanfrage mit aufgenommen. Ein mittels Vektorraummodell und Signaturähnlichkeit bestimmtes Zwischenergebnis wird zunächst über die Einträge im Nutzermodell neu gewichtet und schließlich mit den Einträgen des Diskursmodells gefiltert. Wie zu Beginn bereits dargestellt, können die präsentierten Ergebnisse von einem Anwender entsprechend weiterverwendet werden. Darüber hinaus kann ein Nutzer die automatisch formulierte Anfrage manuell reformulieren.

Auslösen einer Suche

Für die Evaluierung kam ein Repository zum Einsatz, das aus insgesamt 673 Klassen und 7 338 Methoden des Java Development Kits 1.1.8 sowie weiteren Klassenbibliotheken gebildet wurde. Fünf Probanden sollten mit Hilfe des Systems zu insgesamt 12 unterschiedlichen Aufgabenstellung Anwendungen erstellen. In den 12 Programmen wurden 57 eindeutige Komponenten wieder verwendet, wovon 20 (= 35%) von CodeBroker vorgeschlagen wurden. Von diesen 20 vorgeschlagenen Komponenten waren insgesamt 9 (= 45%) den Probanden vorher unbekannt. In einem Fall hatte ein Proband eine vage Vorstellung von der Existenz entsprechender Komponenten, hätte diese aber ohne das System nicht gefunden. Darüber hinaus wurden 8 Komponenten durch die Reformulierung von automatisch gestellten Anfragen gefunden.

3.6 Online-Hilfe bei Anwendungsprogrammen

Der Einsatz neuer Anwendungsprogramme stellt für die Nutzer einen mehr oder minder hohen Einarbeitungsaufwand dar. So müssen neben dem Kennenlernen der Anwendung und der durch diese bereitgestellten Funktionen auch die Umsetzung bestimmter Aufgaben mit dieser erlernt werden. Bei der zunehmenden Vielfalt an bereitgestellten Funktionen heutiger Anwendungsprogramme sind diese in einführenden Schulungen den Anwendern weder umfassend noch gar vollständig vermittelbar.

Zwar sind für viele Anwendungen umfangreiche Dokumentationen verfügbar, die zum Teil auch die exemplarische Umsetzung häufig wiederkehrender Aufgaben erklären. Deren Nutzung scheitert aber häufig entweder an einer nicht existierenden Suchfunktionalität, bspw. bei papierbasierten Handbüchern, oder an den prinzipiellen Schwächen (vgl. etwa Kapitel 2.1.1) eingesetzter Suchmaschinen auf elektronischen Hilfstexten.

Lumière-Projekt

Lumière-Projekt

Assistenzsystem für Office-Anwendungen

Im Rahmen des Lumière-Projektes entwickelten Horvitz et al. [114] einen Prototypen eines benutzer- und kontextadaptiven Assistenzsystems für eine Office-Anwendung. Dieser Prototyp wurde später, allerdings in funktional reduzierter Art, in die Produktion der Microsoft Office-Anwendungen integriert und ist bis heute in diesen enthalten. Dieses Assistenzsystem soll einen Nutzer bei der Durchführung seiner Tätigkeit innerhalb der Office-Anwendung unterstützen, indem es ihm entsprechende Hilfstexte empfiehlt, ohne dass dazu eine explizite Anforderung seitens des Anwenders erfolgen muss.

Grundlage für die Unterstützung eines Anwenders bei seiner Tätigkeit mit entsprechenden Hilfstexten ist zunächst die Erfassung und Modellierung verschiedener Einflussfaktoren. Dies sind neben den Bedürfnissen eines Nutzers auch seine Ziele, die er zur Erfüllung einer Aufgabe zu erreichen versucht sowie seine Kompetenz im Umgang mit dem Anwendungsprogramm. Horvitz et al. definieren dazu drei Typen, um diese Einflussfaktoren zu klassifizieren. Neben Maßnahmen sind dies bestimmte Zustände bzw. Ereignisse, die beide jeweils interagieren können. Maßnahmen und Zustände führen jeweils zu bestimmten Zielen. Zwischen diesen Einflussfaktoren bestehen Abhängigkeiten in Form von Wahrscheinlichkeiten, so dass sich diese als gerichteter Graph bzw. als so genanntes Einflussdiagramm darstellen lassen, dessen Kanten mit entsprechenden Wahrscheinlichkeiten belegt sind. Die strukturelle Ähnlichkeit mit Bayesschen Netzen nutzen Horvitz et al. zur Berechnung bedingter Wahrscheinlichkeiten nach dem Modell der Bayesschen Netze. Um auch zeitliche Veränderungen in den Einflussfaktoren modellieren zu können, kommen zudem eine Variante der Bayesschen Netze, so genannte Dynamische Bayessche Netze (vgl. Wittig [273]) zum Einsatz. Diese führen neben den bisherigen Zustandsknoten noch weitere Knotentypen ein. So werden verschiedene temporale Zustände in Teilen eines Bayesschen Netzes durch entsprechende temporale Knoten, die in nur einer Zeitscheibe Gültigkeit haben, oder dynamische Knoten, deren Zustand sich im Lauf der Zeit verändern kann, dargestellt. Knoten, deren Zustände im Verlauf der Zeit konstant bleiben, werden durch statische Knoten repräsentiert.

Bayessche Netze

Dynamische Bayessche Netze

Umfangreiche Nutzerstudien in Form von so genannten Wizard of Oz-Experimenten führten unter anderem zu der Erkenntnis, dass durch die reine Betrachtung der Nutzerinteraktion auf die Aufgabe, die eine Testperson zu absolvieren hatte, geschlossen werden konnte. Auch wurden aus diesen Experimenten günstige Zeitpunkte für eine Hilfestellung durch ein automatisches Assistenzsystem gewonnen. Die in den Teststudien mit mehr als 25 000 Stunden Umfang gewonnenen Ergebnisse wurden schließlich in ein Nutzermodell in Form eines Dynamischen Bayesschen Netzes überführt. Zur Abbildung der Interaktion eines Anwenders werden so genannte Evidenzklassen verwendet. So bezeichnet bspw. die Klasse »Introspektion« eine plötzliche Pause oder signifikante Reduzierung der Interaktionsgeschwindigkeit eines Anwenders. Laut Horvitz et al. kann aus den durchgeführten Studien mit hoher Wahrscheinlichkeit auf eine nötige Hilfestellung für den Anwender geschlossen werden.

Wizard of Oz-Experimente

Die Überführung der von einem Anwender tatsächlich beobachten Interaktion, also bspw. von Mausbewegungen oder Menüauswahl mit dem Anwendungsprogramm wird mit Hilfe einer eigenen Sprache, der Lumière Events Language beschrieben. Die Erkennung entsprechender Interaktionen und deren Überführung in Evidenzklassen erfolgt mittels Markov-Ketten.

Der Prototyp des Lumière Projektes wurde in Microsofts Tabellenkalkulation Excel realisiert. Das eingesetzte Nutzermodell deckte etwa 40 Problembereiche der Tabellenkalkulation ab. Erfasste Mausklicks, Tastatureingaben sowie Aufrufe von Menüpunkten und Dialogen wurden nach dem oben beschriebenen Verfahren zunächst in Evidenzklassen überführt und dienten als Eingabe des Bayesschen Netzes. Kontinuierlich wurde so für die 40 Problembereiche ein jeweiliger Wahrscheinlichkeitswert ermittelt. Durch Überschreiten einer bestimmten, voreingestellten Schwelle wurde ein entsprechender Hilfetext dem Anwender angeboten. Zusätzlich wurde dieses Hilfesystem zur Verbessung der Ergebnisse manuell gestellter Suchanfragen eingesetzt, indem eine manuell gestellte Suchanfrage als weitere Variable mit in das Bayessche Netz aufgenommen wurde.

3.7 Workflow-Managementsysteme

Workflow-Managementsysteme dienen zur automatisierten Ausführung von Geschäftsprozessen innerhalb von Unternehmen oder öffentlichen Einrichtungen und über deren Grenzen hinweg. Mit deren Einsatz verbinden vor allem Unternehmen Ziele wie eine Vereinheitlichung und gleichzeitige Verbesserung der Qualität von Prozessen, eine schnellere Bearbeitung von Geschäftsvorfällen bei gleichzeitiger Kostenreduktion sowie eine Erhöhung der Verfügbarkeit von Information.

Die Grundlage für den Einsatz eines Workflow-Managementsystems stellt die Erfassung und Modellierung eines oder mehrerer Geschäftsprozesse dar. In diesem Zuge werden zudem die einzelnen Aufgaben und Handlungen und deren Abfolge und Abhängigkeiten detailliert beschrieben sowie die zuständigen Aufgabenträger und deren Rollen bestimmt.

Ziel einer Integration eines kontextbasierten Information Retrievals in Workflow-Managementsysteme ist die Unterstützung der Mitarbeiter bei der Ausführung einer bestimmten Aufgabe innerhalb des Workflows. Dazu wird vom System zu einer aktuellen Aufgabe relevante Information bereitgestellt.

KnowMore

Im Rahmen des KnowMore-Projektes [2] wurde vom Deutschen Forschungszentrum für Künstliche Intelligenz (DFKI) ein Ansatz realisiert, der auf die Unterstützung von Anwendern, die innerhalb von Workflows an wissensintensiven Aufgaben arbeiten, abzielt. Die Mitarbeiter sollen dabei proaktiv, das heißt also ohne eine explizite oder detaillierte Anfrage stellen zu müssen, mit entsprechender Information versorgt werden, welche die Ausführung ihrer aktuellen Aufgabe unterstützen soll. Um dies zu ermöglichen, wird in KnowMore ein erweitertes Workflow-Modell eingesetzt, welches Informationsagenten unterstützt. Herkömmliche deklarative Beschreibungen einer Workflow-Aktivität werden um eine Unterstützungsspezifikation erweitert. In dieser werden entsprechende Informationsbedürfnisse in Form generischer Anfragen zusammen mit den für die spätere Bearbeitung zuständigen Informationsagenten spezifiziert. Zum Zeitpunkt einer Workflowausführung instanziiert und bearbeitet der Agent die ihm zugeordnete generische Anfrage und versorgt so den jeweiligen Anwender mit für diesen relevanter Information.

KnowMore-Projekt

Unterstützung bei wissensintensiven Aufgaben innerhalb von Workflows

Die in konventionellen Workflow-Managementsystemen verfügbaren Daten geben zwar Auskunft über Workflowinstanzen, ausgeführte Aufgaben, erzeugte oder veränderte Dokumente und die jeweiligen Anwender, es fehlt jedoch gänzlich an einem Repräsentationskonzept für wissensintensive Aufgaben. Mittels einer Erweiterung des Workflow-Modells ermöglicht Maus [159] die Beschreibung der für eine Aufgabe benötigten Information in Abhängigkeit der konkreten Aufgabeninhalte sowie der für eine Suche nach relevanter Information zu nutzenden Informationsagenten. Der Kontext eines Anwenders lässt sich somit aus der Beschreibung der für eine konkrete Aufgabe benötigten Information, den im Workflow-Managementsystem bereits existierenden Instanzinformation sowie dem Workflow zugrundeliegenden Geschäftsprozessmodell zusammenfassen.

Erweiterung des Workflow-Modells

Die Erfassung und Speicherung der Kontextinformation erfolgt in einem so genannten Organizational Memory Information System (OMIS) mittels einer eigenen Beschreibungsalgebra [147], das zudem auch die Inhalte von verschiedenen anderen Informationssystemen innerhalb einer Organisation integriert [3]. Zur einheitlichen Beschreibung der erfassten Information kommen Repräsentationsschemata in Form von verschiedenen Ontologien zum Einsatz [159].

Organizational Memory Information System (OMIS)

Die Ausführung einer Suche erfolgt vom Workflow-Managementsystem ausgehend bei Erreichen einer als wissensintensiv gekennzeichneten Aufgabe. Dazu wird der im erweiterten Workflow-Modell angegebene Informationsagent mit der ebenfalls im erweiterten Modell

Nutzung generischer Anfragen abgelegten generischen Anfrage gestartet, um so relevante Information aus den verschiedenen Informations- und Wissensquellen des OMIS zu suchen. Ein Informationsagent kann somit als Information Retrieval System gesehen werden.

ontologiebasierte Suchheuristik Für die Suche nach relevanter Information nutzt der Informationsagent eine ontologiebasierte Suchheuristik (vgl. Liao et al. [148]). Dazu werden zu textuellen Inhalten im Kontext eines Anwenders entsprechende Konzepte in den innerhalb des OMIS verfügbaren Ontologien identifiziert. Mittels dieser Konzepte wird nun eine Suchanfrage auf den verfügbaren Inhaltsquellen des OMIS gestartet. Konnten keine Ergebnisse gefunden werden, so wird eine Anfrageerweiterung durchgeführt, welche über eine entsprechende Graphtraversierungsstrategie innerhalb der Ontologie nächstliegende Konzepte mit in eine folgende Anfrage einbezieht.

Die Ergebnisse eines Suchlaufes werden dem Anwender in Form einer entsprechend generierten Webseite in einem Browserfenster neben der eigentlichen Workflow-Anwendung präsentiert. Von dieser Webseite aus kann der Anwender auf die darin aufgeführte Information, wie bspw. Dokumente oder auch Beiträge in Diskussionsforen, zugreifen.

3.8 Integration in Portalsysteme

Portalsysteme fassen verschiedene Informationsquellen, Anwendungssysteme sowie ganze Prozesse zu einer zentralen Sicht zusammen. Dabei bieten Portalsysteme eine konsolidierte und personalisierbare Benutzeroberfläche, die einen Zugriff auf die einzelnen Informationsquellen ermöglicht. Die jeweiligen Anwendungen werden dabei in eigenen Fensterbereichen, so genannten Portlets dargestellt. Ein Anwender kann aus einer für ihn bereits getroffenen Auswahl an Portlets nun eine weitere, eigene Auswahl treffen und diese nach seinen Bedürfnissen zu einer personalisierten Portalseite zusammenstellen. Ein Ausprägungsbeispiel für Portalsysteme sind Kundenprozess-Portale [14], welche die verschiedenen kundenzentrierten Prozesse eines Unternehmens in einem System bündeln und auf die spezifischen Anforderungen eines bestimmten Kunden hin diesem über das Internet anbieten. Ein weiteres Beispiel für Portale stellen Wissensmanagementportale bzw. Wissensportale [15] dar, die einen zusammenfassenden Zugriff auf verschiedenen Informationsquellen innerhalb oder auch außerhalb eines Unternehmens ermöglichen.

3.8 Integration in Portalsysteme

InWiss

Priebe et al. [199] präsentieren mit ihrem InWiss-System einen Ansatz für die Integration von kontextbasiertem Information Retrieval in ein Wissensportal. Gerade bei Wissensportalen beschränken sich die heute verfügbaren Portalsysteme auf die Integration verschiedener Informationsquellen und deren gemeinsame Darstellung. Eine Interaktion zwischen den einzelnen Portlets ist jedoch nicht gegeben. Nach Suche und Auswahl einer bestimmten Information in einem Portlet müssen die anderen Portlets ebenfalls nach ähnlicher Information durchsucht werden. Zwar existieren in verschiedenen Portalsystemen globale Suchfunktionen, die jedoch wiederum nicht den aktuellen Arbeitskontext eines Anwenders berücksichtigen (vgl. bspw. Kremer [139]).

InWiss Wissensportal

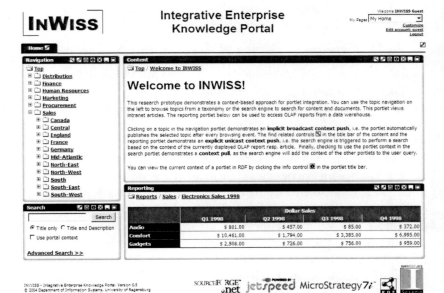

Abbildung 3.6
Startseite des INWISS Wissensportals (aus Priebe [197])

Die prototypische Realisierung eines Finanzinformationsportals basiert auf dem Open Source Portalframework Jetspeed [10] und bindet ein OLAP-System des Unternehmens Microstrategy [173] an (siehe Abbildung 3.6). Aktionen eines Anwenders im entsprechenden OLAP-Portlet, z.B. die Auswahl der Produktumsätze in einer bestimmten Region, haben die Auswahl entsprechender Nachrichten und deren Präsentation in einem weiteren Portlet zu Folge. Zudem ist eine manuelle Suche auf Nachrichtentexten möglich, welche zur Anfragekonkretisierung den Kontext des OLAP-Portlets mit einbeziehen kann.

Der Ansatz von Priebe et al. verfolgt zum einen die Erfassung der Interaktion eines Anwenders innerhalb von Portlets und zum ande-

Context Bus ren deren Austausch über einen so genannten Context Bus, an den sich Portlets in einem Publish-/Subscriber-Verfahren anbinden können. Dazu müssen existente Portlets entsprechend angepasst oder erweitert werden. Auf diese Weise implementierte Portlets können somit auf bestimmte Interaktionen innerhalb anderer Portlets oder die darin angezeigten Daten reagieren und gegebenenfalls dazu relevante Information anzeigen. Der Context-Bus soll dabei als generische Lösung in die Portalplattform integriert werden.

Die Beschreibung der Aktionen eines Anwenders sowie die von einem Portlet dargestellten Daten, die zusammen die Kontextinformation über einen Benutzer zu einem bestimmten Zeitpunkt darstellen, erfolgt mittels des Resource Description Frameworks (RDF) und entsprechenden Ontologien [198]. In der prototypischen Realisierung kommt als Ontologie für Nachrichtentexte DublinCore [74] und für die Repräsentation der Aktionen eines Anwenders in einem OLAP-Portlet eine weitere Ontologie zum Einsatz, welche das den Ursprungsdaten zugrunde liegende Datenschema beschreibt. Die Verbindung verschiedener Ontologien erfolgt über ein Mapping der entsprechenden Konzepte.

Die Suche nach ähnlichen Informationselementen basiert auf der einem Portlet übermittelten Kontextinformation. Die Ähnlichkeitssuche hat nun die Aufgabe für ein spezifisches Portlet auf Basis der in RDF beschriebenen Kontexte eines oder mehrerer anderer Portlets ähnliche Information aus der Informationsquelle des spezifischen Portlets *vage Ähnlichkeitssuche* zu suchen. Die von Priebe et al. implementierte Ähnlichkeitssuche [200] *auf RDF-Daten* nutzt vage Ähnlichkeitskriterien auf RDF-Daten und liefert eine nach der Relevanz absteigend sortierte Ergebnisliste. In Anlehnung an die Grundidee des Vektorraummodells im Information Retrieval ermöglicht der Ansatz auch das Auffinden von nur teilweise zu einer Anfrage passenden Datensätzen in einem RDF-Repository. Das von Priebe et al. vorgestellte Ähnlichkeitsmaß leitet sich aus der Übereinstimmung der in einer Anfrage gegebenen RDF-Statements und den in den durchsuchten RDF-Daten gefundenen Statements mit identischen Prädikaten und Objekten ab. Die prototypische Implementierung basiert auf Sesame (vgl. Kapitel 7.2.2) und nutzt als Anfragesprache SeRQL (vgl. Kapitel 7.2.1), um Teilanfragen auszuführen, aus diesen das eigene Ähnlichkeitsmaß zu berechnen und ein Ergebnisranking zu ermitteln.

3.9 Empfehlungssysteme in E-Business und E-Commerce

Als kontextbasierte Retrieval Systeme im weiteren Sinne können ebenfalls Empfehlungssysteme im E-Business und E-Commerce angesehen werden. Hier gilt es, einem Kunden während seines Besuches eines Shop-Systems zumeist Produktempfehlungen zu geben. Diese Empfehlungen sollen dem speziellen Produktbedürfnis bzw. Kaufinteresse eines bestimmten Shopbesuchs entsprechen, die ein Kunde durch die Suche im Produktkatalog wie auch durch eine bereits getätigte Produktauswahl zeigt bzw. bei früheren Besuchen gezeigt hat. Darüber hinaus sollen einem Kunden auch Empfehlungen gemacht werden, die für ihn von generellem Interesse sind, um damit bspw. neue Bedürfnisse zu wecken (vgl. auch Schafer et al. [227]).

Auf dem Gebiet der Empfehlungssysteme haben sich vor allem Systeme durchgesetzt, die auf dem Ansatz des Collaborative Filterings basieren (vgl. Shardanand und Maes [237] sowie Runte [215]). Der Ansatz des Collaborative Filterings geht zunächst von einer großen Anzahl von Personen aus, die über bestimmte Objekte persönliche Präferenzen geäußert haben. Soll nun für eine bestimmte Zielperson eine individuelle Empfehlung über interessante Objekte abgegeben werden, so werden in einem ersten Schritt aus der Gesamtmenge aller Personen diejenigen mit ähnlichen Präferenzen ermittelt. In einem zweiten Schritt werden die Präferenzen dieser Personen verwendet, um eine oder mehrere Empfehlungen für die Zielperson abzuleiten.

Amazon

Einen der bekanntesten E-Commerce-Anwender von Empfehlungssystemen stellt Amazon [9] dar. Das bei diesem Anwender zum Einsatz kommende System stammt vom Unternehmen Netperceptions [179] und wird mittlerweile auch von Unternehmen wie eBay [77] bei verschiedenen Konzerntöchtern verwendet. Die Ursprungstechnologie hinter dem von Netperceptions angebotenen System wurde im GroupLens-System (vgl. Kapitel 3.4) am Massachusetts Institute of Technology (MIT) und der Universität von Minnesota entwickelt.

Die Ansätze des Collaborative Filterings lassen sich weiter in Ansätze des Active und Automated Collaborative Filtering unterscheiden. Das Verfahren des Active Collaborative Filtering geht davon aus, dass sich die einzelnen Anwender persönlich kennen und sich gegenseitig aktiv Empfehlungen geben. Laut Runte [215] kann dieses Verfahren eher als Hilfsmittel zur Unterstützung von Social Networks gesehen werden. Im Gegensatz dazu versteht man unter Automated Collaborative Filtering alle die Systeme, die eine automatische Empfehlungsabgabe aufweisen. Je nach den dafür zum Einsatz kommenden Methoden und Algorithmen unterscheidet man weiter zwischen Modell- (Model Based) und Speicherbasiertem (Memory Based) Collaborative Filtering. Modellbasierte Methoden sind bspw. die klassischen Cluster-Verfahren,

Collaborative Filtering

mit denen sich die Gesamtheit der Personen in Käufergruppen einteilen lassen oder auch Bayessche Netze, mit denen sich Entscheidungsbäume über Kaufentscheidungen aufstellen lassen. Speicherbasierte Verfahren verwenden eine Matrix, die aus allen Objekten und Personen gebildet wird und die jeweiligen Präferenzen enthält. Eine Zielperson wird über einen Vektor mit entsprechenden Präferenzen repräsentiert, der neben historischen Transaktionsdaten auch aus Befragungen gebildet werden kann. Dieser Vektor stellt den Ausgangspunkt die Identifikation ähnlicher Personen, der so genannten Mentoren dar. Deren Präferenzen dienen schließlich zur Abgabe einer Empfehlungsprognose.

Der Vorteil der modellbasierten Verfahren liegt in der Möglichkeit, Teilschritte einer Empfehlung a priori berechnen zu lassen und somit eine individuelle Empfehlung mit weniger Rechenaufwand abgeben zu können. Dabei kommt es allerdings zu einem Verlust der Einzeldaten durch die vorgenommene Informationsverdichtung [215]. Speicherbasierte Verfahren umgehen dies durch die Neuberechnung jeder Empfehlung. Sie sind damit entsprechend rechenaufwendig, versprechen jedoch bessere Prognoseergebnisse [226]. Eine Schwachstelle aller Collaborative Filtering Ansätze stellt die so genannte *Kaltstart-Problematik* bzw. *Bootstrapping-Phase* dar. Da sich Empfehlungen immer auf andere Personen stützen, muss eine Mindestmenge an Personen mit erfasstem Profil vorhanden sein. Analoges gilt ebenso für neu gelistete Produkte, für die noch keine Präferenzen vorliegen.

3.10 E-Learning

Auf dem Gebiet des E-Learnings dominieren vor allem kursgesteuerte Lernsysteme. Die Lernaktivitäten werden dabei von einer vorgegebenen Kursstruktur bestimmt. Die in einem Kurs enthaltenen Lerneinheiten sind zudem in der Regel durch eine grobe Granularität und für einen kontinuierlichen Bearbeitungsaufwand von mehreren Stunden hin ausgerichtet. Neben anderen Formen des Lernens, wie bspw. dem selbstgesteuerten Lernen, bei dem der Lernende selbst aktiv nach entsprechenden Informationsquellen sucht, schlagen Schmidt und Winterhalter [231] einen entsprechenden Lernprozess vor.

Learning in Process

Eines der Ziele des »Learning in Process« genannten Vorgehens [230] ist es, Mitarbeiter während ihrer eigentlichen Tätigkeit durch kleine, modularisierte Lerninhalte weiterzubilden. Dabei sollen sich die jeweiligen Lerninhalte auf die aktuelle Tätigkeit eines Mitarbeiters beziehen und somit zu einer Verschränkung von Arbeit und Weiterbildung führen. Bei diesem so genannten kontextgesteuerten Lernen verfolgt ein entsprechendes Empfehlungssystem im Hintergrund die Tätigkeit eines Mitarbeiters und ermittelt gleichzeitig die dafür notwendigen Wissensanforderungen. Werden diese nicht durch die im System abgelegten Kompetenzen des Mitarbeiters abgedeckt, stellt das System aus einem Pool von Lerneinheiten ein spezielles Lernprogramm zusammen und empfiehlt dieses dem Mitarbeiter.

Nach [229] erfolgt die Erfassung der Kontextinformation aus einer Reihe von Informationssystemen im Unternehmen, zu denen bspw. Workflow-Managementsysteme, Systeme der Personalverwaltung sowie Verzeichnisdienste zählen können. Sowohl die Beschreibung des Benutzerkontextes, seiner Kompetenzen als auch die Inhalte der jeweiligen Lernobjekte soll mit Hilfe einer ontologiebasierten Modellierung erfolgen. Die Suche nach geeigneten Lernobjekten soll zum einen aus der Differenz der für die aktuelle Tätigkeit ermittelten Wissenskompetenz und der bei einem Mitarbeiter vorhandenen Kompetenzen erfolgen, zum anderen soll in die Empfehlung auch die Historie bereits absolvierter Lernobjekte mit einfließen.

3.11 Zusammenfassung

In diesem Kapitel wurde eine Reihe von Ansätzen und Systemen präsentiert, die sowohl dem Forschungsbereich des Information Retrievals wie auch verwandten Gebieten entstammen. Die besprochenen Ansätze und Systeme stellen dabei allerdings nur eine Auswahl aus einer Fülle von Projekten und Produkten dar. Weitere Übersichten und Besprechungen sind bspw. auf dem Gebiet der Empfehlungssysteme (»Recommender Agents«) bei Montaner et al. [176], Sarwar [226] sowie Terveen und Hill [257] zu finden. Speziell für den Bereich von Empfehlungssystemen im E-Commerce finden sich weitergehende Betrachtungen bei Burke [55], Kobsa et al. [136] und auch Schafer [227].

Als Abgrenzung zu den präsentierten Ansätzen und Systemen sowie als gleichzeitige weitere Motivation für den in dieser Arbeit verfolgten Ansatz lassen sich unter anderem die folgenden Punkte aufführen.

- **Die gezeigten Systeme sind jeweils auf einen bestimmten Anwendungsfall hin ausgerichtet.** Dies stellt im einzelnen Fall kein Negativum dar, da unter anderem die zum Einsatz kommenden Algorithmen für den jeweiligen Einsatzzweck speziell ausgewählt und teilweise optimiert wurden. Allerdings lassen sich damit viele Ansätze nur schwerlich auf andere Anwendungsdomänen übertragen.

- Zahlreiche der betrachteten Systeme unterstützen nur bestimmte Bereiche im gesamten Prozess des Information Retrievals. So beschäftigen sich die meisten Ansätze und Systeme mit einer automatischen Erzeugung von Suchanfragen bzw. der Filterung von vorliegenden Dokumenten. Weitere Möglichkeiten des Einsatzes von Kontextinformation im Rahmen des gesamten Prozesses des Information Retrievals, bspw. schon bei der Indexierung von Dokumenten oder auch zur besonderen Ergebnispräsentation (vgl. Kapitel 2.3) finden dabei entweder kaum oder nur eingeschränkt Beachtung.
- **Die Betrachtung des Kontextes erfolgt zumeist nur sehr eingeschränkt.** Eine große Anzahl von Systemen erfasst den Kontext allein oder hauptsächlich über eine textuelle Repräsentation der Inhalte, die ein Anwender aktuell verfasst (vgl. Kapitel 3.1–3.5 und 3.7). Darüber hinaus versuchen nur wenige Systeme mit entsprechendem Aufwand aus den Aktionen eines Anwenders auf seine aktuelle Tätigkeit zu schließen (vgl. Kapitel 3.6). Zum Teil muss bei der Konfiguration eines Systems auch die Beschreibung der erwarteten Tätigkeit sowie dazu relevanter Informationsquellen manuell vorgenommen werden (vgl. Kapitel 3.7).
- **Fast alle gezeigten Ansätze sind als in sich abgeschlossene Systeme realisiert.** Eine Erfassung und Aufzeichnung des Kontextes erfolgt nur mit eigenen Methoden und durch das eigene System. Insbesondere findet kaum ein Austausch mit anderen Systemen statt. Eine Ausnahme mögen sicherlich Systeme aus dem Bereich E-Commerce im kommerziellen Einsatz (vgl. Kapitel 3.9) darstellen, über die jedoch kaum entsprechende Unterlagen vorliegen.
- **Der eigentliche Suchvorgang beschränkt sich zumeist auf im System fest vorgegebene Quellen, wie bspw. bestimmte Dokumentarchive.** Nur einige wenige Systeme, wie bspw. InWiss (vgl. Kapitel 3.8) oder KnowMore (vgl. Kapitel 3.7), sehen mehrere, zudem frei konfigurierbare Suchquellen in ihren Ansätzen vor.

Die hier aufgeführten Punkte, die eine Abgrenzung zu bestehenden Ansätzen und Systemen darstellen, werden in den nun folgenden Kapiteln bei der Darstellung entsprechender Konzepte und Methoden aufgegriffen.

Teil II

Erfassung, Beschreibung und Nutzung von Kontextinformation im Information Retrieval

4 Erfassung und Beschreibung von Kontextinformation

Wie in Kapitel 1.2.4 eingeführt wurde, ist der Prozess des Wissenstransfers im Information Retrieval durch Unsicherheit und Vagheit in den einzelnen Schritten gekennzeichnet. Für ein ganzheitliches Verständnis des Information Retrievals sowie die Verbesserung und Optimierung der erzielbaren Ergebnisse mit entsprechenden Systemen ist es daher essentiell, die einzelnen Verarbeitungsschritte während des Vorganges des Information Retrievals nicht isoliert, sondern als einen Gesamtprozess zum Wissenstransfer zu verstehen. In diesem Sinne sollte ein Information Retrieval System eine gegebene Anfrage nicht für sich allein betrachten und versuchen diese zu beantworten. Vielmehr muss es das Ziel sein, das hinter einer Anfrage stehende Informationsbedürfnis eines Anwenders zu befriedigen.

Prozess des Wissenstransfers

Der in dieser Arbeit verfolge Ansatz, mehr über das Informationsbedürfnis einer Person zu erfahren und dieses entsprechend optimal befriedigen zu können, sieht die Betrachtung des Kontextes vor, in dem sich eine Person befindet. Dazu zählt unter anderem die Tätigkeit, die eine Person aktuell ausführt und aus der ihr ein Informationsbedürfnis erwachsen ist oder noch erwächst. Darüber hinaus lässt sich eine Reihe weiterer Kontextinformation aus dem Umfeld einer Person gewinnen, die sowohl zur Erschließung als auch zur Verfeinerung eines existierenden oder nur latent vorhandenen Informationsbedürfnisses genutzt werden kann.

Kontext

In diesem Kapitel werden zunächst verschiedene Quellen für die Erfassung von Information über den Kontext einer oder mehrerer Personen betrachtet und diskutiert. Im zweiten Teil wird ein Ansatz zur einheitlichen Beschreibung von Kontextinformation präsentiert. Der dritte Teil dieses Kapitels stellt schließlich ein Modell eines Nutzermodells vor, das die Breite und Heterogenität erfassbarer Kontextinformation in Dimensionen einordnet und zu einem übergreifenden und einheitlichen Kontext- sowie Nutzermodell vereint.

4.1 Erfassung von Kontextinformation

Wie in Kapitel 2.1.2 dargestellt, lässt sich das Informationsbedürfnis einer Person nicht direkt beobachten. Vielmehr können nur das aus einem Informationsbedürfnis abgeleitete Verhalten und Handlungen einer Person beobachtet werden. Gleichzeitig aber ist das Informationsbedürfnis durch Eigenschaften der Person selbst, ihrer Umgebung sowie den aktuellen Aufgaben und ausgeführten Tätigkeiten, allgemein dem Kontext einer Person, motiviert. Zu diesen Eigenschaften zählen, wie in Kapitel 2.1.2 aufgeführt wurde, unter anderem:

Faktoren zur Bildung eines Informationsbedürfnisses

- psychologische, kognitive und affektive Faktoren
- Erfahrungen und Kenntnisse einer Person
- aktuelle wie auch vergangene Aufgaben und Tätigkeiten einer Person
- die Einordnung einer Person in eine Organisation
- das Arbeitsumfeld
- die politische, ökonomische und technische Umgebung

Diese und weitere Faktoren, die zum einen zur Bildung eines Informationsbedürfnisses führen und zum anderen ein entsprechendes Informationsverhalten nach sich ziehen, gelten im Allgemeinen, wie die Betrachtung der verschiedenen Autoren in Kapitel 2.1 gezeigt hat. Der mit dieser Arbeit verbundene Ansatz einer technischen Erschließung und Erfassung entsprechender Information über den Kontext einer Person schließt eine bestimmte Grundvoraussetzung über die Arbeitsumgebung dieser mit ein.

Einsatz eines Softwaresystem zur Tätigkeitsverrichtung

So wird hier davon ausgegangen, dass eine entsprechende Person zur Verrichtung ihrer Tätigkeit, in deren Rahmen bestimmte Informationsbedürfnisse auftreten können, ein technisches System einsetzt, das zur Ableitung von Information über die aktuell verrichtete Tätigkeit in der Lage ist bzw. diesbezüglich angepasst werden kann. Bei diesem technischen System wird es sich um ein entsprechendes Softwaresystem handeln. Diese Grundvoraussetzung ist im Übrigen auch bei allen in Kapitel 3 vorgestellten verwandten Ansätzen vorzufinden. Bei der von einer Person verrichteten Tätigkeit wird es sich zumeist um eine so genannte wissensintensive Tätigkeit handeln. Das bedeutet, dass zur Verrichtung einer Tätigkeit ein bestimmtes Maß an Kenntnissen, Methoden und Erfahrungen erforderlich ist, so dass die mit dieser Tätigkeit verbundenen Ziele erreicht werden können.

wissensintensive Tätigkeit

4.1.1 Erfassung des aktuellen Kontextes eines Benutzers

Der Kontext eines Anwenders während der Ausübung seiner Tätigkeit mit Hilfe eines entsprechenden Anwendungssystems lässt sich zum einen aus der von ihm vollführten Benutzerinteraktion mit einem Anwendungssystem ableiten. Zum anderen umfasst der Kontext auch die vorliegenden und zu einer Aktion führenden sowie die durch Benutzerinteraktion geschaffenen bzw. veränderten Daten.

Die durch Benutzerinteraktion ausgeführte Tätigkeit lässt sich nun in verschiedene, zudem systemtechnisch motivierte Granularitätsstufen untergliedern. Die einzelnen Granularitätsstufen sowie die dazu erfasste Information werden im Folgenden aufgeführt.

- **Nachrichten auf Anwendungs- und Systemebene.** Eine Nachricht in diesem Sinne wird von einer atomaren Funktion eines Anwendungssystems versendet, die von einem Benutzer direkt oder indirekt ausgeführt worden sein kann. Dies sind bspw. die Auswahl bestimmter Menüpunkte, die Durchführung von Dialogen oder die Ausführung von Programmoperationen. Je nach Typus des Anwendungssystems kann auch die Art der Nachrichten variieren. Für eine Kundenverwaltung einer Branchensoftware bzw. einem Customer Relationship Management System (CRM-System) können derartige Nachrichten die Auswahl eines bestimmten Kunden und die Ausführung bestimmter Aktionen auf dessen Datenbestand mitteilen. In einem Informationssystem für Rechtsanwälte bspw., das die Erstellung von Verträgen unterstützt, können Nachrichten auf Systemebene über den eingegebenen Text eines Paragraphen und die darin hervorgehobenen Wörter Auskunft geben. In einer Entwicklungsumgebung für Software können einzelne Nachrichten das Hinzufügen von textuellen Bestandteilen zum Quellcode oder dessen Überarbeitung aufzeigen.

atomare Funktion eines Anwendungssystems

Nachrichten auf Systemebene sind somit Nachrichten, die bspw. von einer grafischen Benutzeroberfläche an Anwendungen versandt werden und somit über Tastaturaktionen und Mausbewegungen Auskunft geben. Innerhalb von Anwendungsprogrammen werden die von der grafischen Oberfläche empfangenen Nachrichten dann typischerweise in die Ausführung von Menüpunkten oder Operationen, wie bspw. das Markieren von Text mit der Maus, überführt.

grafische Benutzeroberfläche

Derartige Nachrichten auf Anwendungs- oder Systemebene setzen sich aus mehreren Bestandteilen zusammen. Neben dem Nachrichtentyp, einer Nutzerkennung und einem Zeitstempel können eine Liste von Attribut/Wert-Paaren mit eingeschlossen sein. Dabei kann ein Attributwert ein atomarer Wert, ein Text oder ein komplexes Objekt sein. Dies können, den oben aufgeführten Beispielen folgend, Kundennummern und -daten, Textblöcke oder Bestandteile von Quellcode sein. Über die Weitergabe von Referenzen auf Methoden, so genannte Callback-Methoden, erlaubt man einer die Nachrichten weiterverarbeitenden Stufe bei Bedarf auf Daten der Anwendungssysteme zugreifen zu können. Ziel bei der Erzeugung von Nachrichten eines Anwendungssystems muss es immer sein, dass eine Nachricht genügend Information enthält, um Rückschlüsse über den Arbeitskontext des Benutzers zu ermöglichen.

▪ **Benutzeraktionen.** Im Allgemeinen beschreiben Benutzeraktionen die aktuelle Tätigkeit, die ein Benutzer in einem Anwendungssystem vollführt, auf einer höheren Abstraktionsebene, als dies die Nachrichten auf Anwendungs- und Systemebene ermöglichen. Für das oben eingeführte Beispiel eines Customer Relationship Management Systems würde dies bspw. bedeuten, dass »ein Benutzer *X* die aktuellen Umsätze eines Kunden *K* abruft«, für ein Informationssystem für Rechtsanwälte, dass »ein Benutzer *Y* eine Gewährleistungsklausel für einen Kfz-Zulieferbetrieb *Z* verfasst«, und für eine Softwareentwicklung, dass »ein Benutzer *S* eine Methode *M* mit einer Beschreibung *B* in einer Quellcodedatei *D* einfügt«. Die in den jeweiligen Beispielen gegebenen Variablen sind dann durch entsprechende eindeutige Identifikatoren zu ersetzen. Eine Benutzeraktion kann sich aus mehreren Nachrichten auf Anwendungs- und Systemebene zusammensetzen. Dabei drückt eine Benutzeraktion, die mit einer Reihe von Menüpunkten oder Operationen getätigte Aktion aus, die mit einem konkreten Ziel auf Seiten des Benutzers verbunden ist. Dies kann bspw. das Formatieren einer Textzeile als Überschrift ersten Grades in einem Text oder etwa auch das Einfügen einer Methode in einen Quellcode sein.

Eine Benutzeraktion setzt sich auf der technischen Ebene aus einem Aktionstyp, einer Nutzerkennung, einem Zeitstempel, der das Auftreten der Aktion kennzeichnet, und ebenfalls einer Liste von Attribut/Wert-Paaren zusammen. Die Attributwerte bestehen hier typischerweise aus textuellen Beschreibungen oder strukturierten Dokumenten. Als letztere lassen sich Kundendatensätze, Vertragspassagen oder auch Quellcode abbilden.

▪ **Informationsbedürfnisse.** Während die bisherigen Granularitätsstufen Hinweise auf den Kontext eines Anwenders gaben, so ist es auch möglich, dass ein Informationsbedürfnis direkt geäußert wird. Dabei wird ein Informationsbedürfnis gewöhnlich durch einen Text in natürlicher Sprache, einen booleschen Ausdruck oder eine Menge von Schlüsselwörtern repräsentiert, welche die gesuchte oder die für relevant erachtete Information beschreibt. Analog zu den bisher beschriebenen Nachrichten auf Anwendungs- und Systemebene und den Benutzeraktionen setzen sich auch Informationsbedürfnisse neben einem Zeitstempel und einer Nutzerkennung aus einer Liste von Attribut/Wert-Paaren zusammen. Vordefinierte Attribute ermöglichen eine Beschreibung des Anfragetextes, boolescher Ausdrücke oder auch die Auflistung von Schlüsselwörtern. Darüber hinaus kann ein Informationsbedürfnis als dringend oder latent eingestuft werden. Beispiel für ein dringendes Informationsbedürfnis ist ein von einem Anwender manuell eingegebener Suchbegriff, während ein latentes Informationsbedürfnis einen ständigen Informationsbedarf aufzeigen kann.

Zwischen den hier aufgeführten Granularitätsstufen einer Erfassung der Benutzerinteraktion lassen sich Übergänge in Form von Transformationen bilden. So kann aus einer Reihe von Nachrichten auf der Systemebene, die z.B. ein Anwendungssystem liefert, auf eine bestimmte Benutzeraktion geschlossen werden. Dabei geht es bspw. darum eine bestimmte Abfolge von Nachrichten als eine Benutzeraktion zu deuten. So kennzeichnet bspw. in zahlreichen Anwendungsprogrammen die Folge von Tastenkombinationen »Strg+O <Dateiname> Return« das Laden einer Datei aus dem Dateisystem. Bei der Überführung von Nachrichten auf Systemebene in Benutzeraktionen gilt es also, bestimmte Muster in den Nachrichten zu erkennen und daraus Benutzeraktionen zu bilden. Zu diesem Zweck ist bspw. ein System auf Basis regulärer Ausdrücke zur Beschreibung von Nachrichtenmustern und deren Transformation in Benutzeraktionen vorstellbar. Darüber hinaus sind in der Literatur verfeinerte Methoden zur Mustererkennung, wie bspw. der Einsatz von Markov-Ketten zu finden. Die Praktikabilität zur Mustererkennung auf der Ebene von Systemnachrichten haben nicht zuletzt Horvitz et al. [114] (vgl. Kapitel 3.6) gezeigt.

Übergänge in Form von Transformationen

Erkennung von Nachrichtenfolgen als Benutzeraktionen

Es gilt allerdings festzustellen, dass die Realisierung eines entsprechenden Transformationssystems für Nachrichten auf Systemebene in Benutzeraktionen sehr stark von einer konkreten Realisierung eines kontextbasierten Information Retrieval Systems abhängt. So ist zum einen die mit einem kontextbasierten Information Retrieval System verfolgte Intention zu betrachten. Geht es bspw. darum, Nutzer in der Tätigkeit selbst mit einer Anwendung zu unterstützen, also diesen konkrete Hilfestellungen zur Ausführung bestimmter Operationen zu geben, so ist in diesem Fall eine Transformation von Systemnachrichten in erwartete Benutzeraktionen notwendig (vgl. Horvitz et al. [114], Kapitel 3.6). Zum anderen sind auch die Möglichkeiten der Integration in ein Anwendungssystem und dessen Anbindung an ein kontextbasiertes Information Retrieval System zu berücksichtigen. Können von einem Anwendungssystem nur Systemnachrichten aufgezeichnet werden, so ist eine Transformation essentiell, ist hingegen eine Integration in ein Anwendungssystem möglich, so dass Benutzeraktionen direkt erfasst werden können, kann auf eine Berücksichtigung von Systemnachrichten und eine entsprechende Transformation verzichtet werden. Die technischen Möglichkeiten der Integration und Anbindung eines kontextbasierten Information Retrieval Systems werden im Folgenden noch gesondert betrachtet.

Die Überführung von Benutzeraktionen im Speziellen und einer vorliegenden Kontextinformation im Allgemeinen in ein Informationsbedürfnis ist unter anderem Gegenstand von Kapitel 5.

4.1.2 Erschließung des Kontextes in Anwendungssystemen

Im Folgenden werden anhand von verschiedenen Arten von Softwaresystemen und deren Architektur die Möglichkeiten ausgelotet, wie Information über den Kontext einer Person erschlossen und darüber hinaus erfasst werden kann.

Klassische Client-Anwendungen

In diese Kategorie von Anwendungssystemen fallen Anwendungen wie bspw. Office-Programme, die unter anderem eine Textverarbeitung, Tabellenkalkulation und auch Terminplanung umfassen. Zumeist ist auch ein Programm für die Verwaltung von E-Mails in diesen Paketen mit enthalten. Ebenfalls zu dieser Kategorie lassen sich kleine Branchensoftwareprodukte wie bspw. zur Lager-, Auftrags- und Kundenverwaltung, aber auch hochkomplexe Softwareentwicklungsumgebungen zählen.

Ausführung auf dem PC eines Anwenders

All diesen Anwendungen gemeinsam sowie für diese Kategorie von Anwendungssystemen typisch ist, dass die Programme zum größten bis alleinigen Teil auf dem Personal Computer des Anwenders ausgeführt werden. Betrachtet man das einer Mehrschichtenarchitektur zugrundeliegende Architekturschema (vgl. bspw. Sommerville [243, Chapter 12: Distributed Systems Architectures]), so werden bei klassischen Client-Anwendungen die Präsentationsschicht, die Anwendungslogik und die Datenhaltung auf dem Personal Computer eines Anwenders ausgeführt. Zudem sind meist alle diese drei Bereiche in einem Programm vereint, wie das Beispiel eines Office-Programms zeigt. Dienen entsprechende Programme zur Anbindung an eine Datenbank oder einen Applikationsserver, so spricht man häufig auch von einem Fat-Client (vgl. unter anderem Sommerville [243, Chapter 12: Distributed Systems Architectures]).

Möchte man diese Art von Anwendungsprogrammen mit einer kontextbasierten Suche erschließen, so müssen aus den entsprechenden Programmen Nachrichten auf Anwendungs- und Systemebene, Benutzeraktionen oder Informationsbedürfnisse erfasst und an ein kontextbasiertes Information Retrieval System weitergeleitet werden. Ein Anwendungsprogramm, das relevante Information über den Kontext eines Benutzers liefern soll, muss daher um entsprechende Nachrichtenmechanismen sowie eine Schnittstelle zu einem kontextbasierten Information Retrieval System ergänzt werden. Die Möglichkeit heutiger Anwendungsprogramme, mittels Plug-In- oder Scripting-Mechanismen erweitert zu werden, kommt dieser Forderung entgegen. Beispielsweise lassen sich kommerzielle Office Anwendungen wie Microsoft Office [172] oder auch Open Source Produkte wie OpenOffice [254] mittels entsprechender Skriptsprachen wie Visual Basic for Applications (VBA) [170] oder Star- bzw. OpenOffice Basic [255] um neue Funktionalitäten erweitern. Darüber hinaus bieten zahlreiche Anwendungssysteme auch Schnittstellen, welche die Integration oder Anbindung externer Programme ermöglichen. Stellvertretend seien an dieser Stelle nur die via Component Object Model (COM) [165] bereitgestellten Schnittstellen von Microsoft Office oder die im Java-Umfeld vorzufindenden Open APIs von Softwareentwicklungsumgebungen wie IBM Eclipse [116] oder Borland JBuilder [43] und Borland Together [44] genannt.

Erfassung und Weiterleitung von Nachrichten, Benutzeraktionen oder Informationsbedürfnissen

Nutzung von Plug-In- oder Scripting-Mechanismen

Während die Erschließung von kontextbasierter Information durch die oben dargestellten Mechanismen und Schnittstellen in Anwendungsprogrammen mit verschiedensten Aufgabenbereichen als praktikabel erscheint, hängen Art und Qualität der Inhalte der generierbaren Nachrichten stark vom jeweiligen Aufgabengebiet eines konkreten Anwendungsprogramms ab. Bei einer Office-Suite, die ein sehr weites Aufgabenfeld abdeckt, lassen sich meist nur Nachrichten auf der Anwendungsebene aus der Benutzerinteraktion ableiten, so bspw. die Hervorhebung einer bestimmten Textstelle. Die damit verbundenen Ziele sind aus der Officeanwendung selbst meist nicht abzuleiten. Im Gegensatz dazu lassen sich bei einem Anwendungssystem, das ganz spezielle und wohldefinierte Anwendungsgebiete abdeckt, Benutzeraktionen und sogar direkte Informationsbedürfnisse eines Anwenders ableiten. Exemplarisch soll an dieser Stelle auf Managementinformationssysteme (MIS, vgl. bspw. Meier [162]) verwiesen werden. So lässt sich aus einem derartigen System für die leitende Managementebene eines Un-

Art und Qualität der Inhalte generierbarer Nachrichten

ternehmens aus dem Abruf von Börsenkursen konkurrierender Unternehmens ein Informationsbedürfnis ableiten, das eine automatisierte Suche nach aktuellen Wirtschaftsnachrichten oder sogar Marktstudien in bestimmten Bereichen und Geschäftsfeldern erlaubt.

Klassische Client-Anwendungen können somit Quelle von Nachrichten sowohl auf Anwendungs- und Systemebene, von Benutzeraktionen und auch von Informationsbedürfnissen sein. Die technische Erfassung im entsprechenden Anwendungsprogramm sowie die Beschreibung können mittels eines Plug-Ins oder einer anderweitigen Anbindung an das jeweilige Anwendungsprogramm realisiert werden.

Client-Server-Anwendungen

Bei Client-Server-Anwendungen findet eine Verteilung der logischen Schichten Darstellung, Anwendungsprozesse und Datenhaltung eines Anwendungsprogrammes auf zwei oder mehrere Computersysteme statt (vgl. bspw. Sommerville [243, Chapter 12: Distributed Systems Architectures]). Nicht zuletzt mit der weiten Verbreitung des Internets und der Möglichkeit über dieses Anwendungen einer Vielzahl von Nutzern bereitzustellen, erschließen Client-Server-Anwendungen auf breiter Front neue Anwendungsgebiete.

Bedeutung der Architektur

Für eine Integration eines kontextbasierten Information Retrieval Systems in eine Client-Server-Anwendung gilt es zunächst neben dem abzudeckenden Aufgabengebiet der Anwendung selbst vor allem deren Architektur näher zu betrachten. So sind bspw. komplexe betriebliche Anwendungssysteme, wie Enterprise Resource Planing Systeme (ERP-Systeme) von SAP [223] oder Microsoft [167] aber auch Customer Relationship Management Systeme (CRM-Systeme) z.B. von Siebel [238] in Form einer Client-Server-Architektur realisiert. Neben einer getrennten Datenhaltung in Form von relationalen Datenbanken sind die Anwendungslogik und Teile der Darstellungsschicht in so genannten Applikationsservern implementiert. Bei der beim Anwender zum Einsatz kommenden Client-Anwendung kann es sich je nach Integrationsgrad entweder um einen Fat- oder einen Thin-Client handeln (vgl. bspw. Sommerville [243, Chapter 12: Distributed Systems Architectures]). Ein Fat-Client stellt dabei ein Client-Anwendungsprogramm im klassischen Sinn dar (vgl. Kapitel 4.1.2, Klassische Client-Anwendungen), das neben der Darstellungsschicht die Anwendungslogik zur Gänze oder zumindest in weiten Teilen implementiert. Im Gegensatz dazu sorgt ein Thin-Client nur für die Darstellung der Benutzeroberfläche einer Anwendung und nimmt Benutzereingaben entgegen. Einen typischen Fall für einen Thin-Client stellt ein Webbrowser dar, in dem eine internetbasierte Anwendung via HTML präsentiert und ausgeführt wird. Gerade letzteres präsentiert einen aktuell zu verfolgenden Trend in der Entwicklung von Client-Server-Anwendungen, wie SAP NetWeaver [223] oder Siebel CRM [238] zeigen. Zahlreiche Varianten so genannter Portalsysteme unterstreichen diesen Trend.

Da es sich bei so genannten Fat-Clients um vollwertige Anwendungen im Sinne der im vorherigen Abschnitt dargestellten klassischen Client-Anwendungen handelt, gelten für diese auch die selben technischen Möglichkeiten bezüglich der Erfassung kontextbasierter Information über einen Anwender sowie der Integration und Anbindung eines kontextbasierten Information Retrieval Systems. Unter Umständen muss jedoch bei einer teilweisen Verlagerung der Anwendungslogik auf den Server auch eine Integration in diesen mit in Betracht gezogen werden, wenn auf diese Weise zusätzliche, relevante Information über den Kontext eines Anwenders gewonnen werden kann. *Fat-Client*

Im Fall einer Client-Server-Architektur, die auf so genannte Thin-Clients aufsetzt, muss eine Erfassung von Information über den Kontext eines Anwenders auf Ebene des Applikationsservers selbst erfolgen. Wie Architekturen von ERP-Systemen wie SAP NetWeaver oder von CRM-Systemen wie Siebel zeigen, basieren diese heute auf offenen, in der Industrie weit verbreiteten und anerkannten Standards wie der Java 2 Enterprise Edition (J2EE) [249]. Analoges lässt sich für zahlreiche Portalsysteme bspw. von IBM wie Websphere Portal [118] oder das mittlerweile darauf aufbauende Lotus Notes [117] feststellen. Gerade der Einsatz offener Architekturen und komponentenbasierter Implementierung ermöglicht auch im Hinblick einer Integration eines kontextbasierten Information Retrieval Systems die Erschließung kontextbasierter Information zu einem Anwender. Beim Einsatz von Portalsystemen, die zudem auch die architektonische Grundlage für internetbasierte ERP- und CRM-Systeme darstellen, lassen sich durch eigene Komponenten die jeweils von einem Benutzer aufgerufenen Fenster und deren Inhalte ermitteln (vgl. bspw. [10]). Auch die von einem Anwender ausgeführten Aktionen lassen sich je nach Architektur entweder direkt auswerten oder durch entsprechende Erweiterungen (vgl. bspw. Priebe [197]) erfassen. *Thin-Client*

Analog zu klassischen Client-Anwendungen können auch Client-Server-Anwendungen, insbesondere bei Einsatz von Fat-Clients, Nachrichten sowohl auf Anwendungs- und Systemebene, von Benutzeraktionen und auch von Informationsbedürfnissen generieren. Basiert ein Client-Server-System auf Thin-Clients, so wird eine Erfassung der Kontextinformation innerhalb des Applikationsservers erfolgen. Da hier schon eine Abstraktion auf Benutzeraktionen erfolgt ist, werden die entsprechend ableitbaren Nachrichten auch Benutzeraktionen oder Informationsbedürfnisse enthalten.

Server-Anwendungen

Wie bereits in Kapitel 1.2.4 erörtert wurde, gilt es den Vorgang des Information Retrievals mit seinen einzelnen Verarbeitungsschritten zu betrachten. In diesem Sinne spielt für die Einbeziehung von Information über den Kontext einer Person nicht nur deren aktuelle Tätigkeit, sondern auch deren Umfeld eine entscheidende Rolle.

Server-Anwendungen als Quelle für Kontextinformation

Quellen für derartige Information finden sich in zahlreichen Server-Anwendungen. So lässt sich bspw. Information über die organisatorische Eingliederung einer Person in einem Unternehmen sowie deren Rollen und Aufgaben aus einem unternehmensweiten Verzeichnisdienst entnehmen. Auch wenn für diesen Verzeichnisdienst eine Reihe von verschiedenen Systemen wie X.500 [63] oder Active Directory [166] zum Einsatz kommen können, erlaubt ein Standard wie LDAP [280] einen Zugriff auf verschiedenste Verzeichnisdienste (vgl. z.B. auch Ahmedi et al. [6]). Wird innerhalb einer Organisation ein Workflow-Managementsystem (WFMS) eingesetzt, welches die Bearbeitung von Aufgaben steuert und kontrolliert, so können aus den in dessen Repository abgelegten Modellierungsdaten Hinweise über die von einer Person auszuführenden Tätigkeiten extrahiert werden (vgl. bspw. Maus [159] sowie Kapitel 3.7).

Verwaltung von Dokumenten

Weitere nützliche Quellen zur Extraktion und Gewinnung von Kontextinformation sind Serversysteme zur Verwaltung von Dokumenten im Allgemeinen. Darunter fallen bspw. Dokumentenmanagementsysteme (DMS), Content-Managementsysteme (CMS) oder auch Repositories wie CVS [64] oder das als Nachfolger gehandelte Subversion [248] zur Verwaltung von Quellcode in Softwareentwicklungsprozessen. All diesen Systemen gemeinsam ist die sowohl implizit wie auch teilweise explizit erfolgende Erfassung von Metadaten über die in diesen verwalteten Dokumenten. So werden bspw. neben dem ursprünglichen Verfasser auch alle weiteren Personen erfasst, die Änderungen an einem Dokument vornehmen. Dazu werden zumindest das Datum der Änderung und ein vom Bearbeiter manuell einzugebender Kommentar aufgezeichnet. Neben der Rückverfolgung der Historie mit den einzelnen Versionen eines Dokumentes und den jeweiligen Autoren lassen sich meist auch die vorgenommenen Änderungen selbst ermitteln.

Kenntnisse, Erfahrungen, Interessen und Präferenzen

Für die Erfassung von Kenntnissen, Erfahrungen, Interessen und auch von persönlichen Präferenzen lassen sich entweder spezialisierte Skill-Management-Werkzeuge oder auch erweiterte Human-Resource-Systeme einsetzen (vgl. bspw. Gronau und Uslar [99] sowie Lehner [145]). Vor allem Skill-Management-Werkzeuge sind mittlerweile in vielen, projektorientiert arbeitenden Unternehmen, wie z.B. Unternehmensberatungen, zu einem wichtigen Werkzeug für die Auswahl und Zusammenstellung von Projektteams geworden.

Die technische Anbindung der bisher beschriebenen Server-Anwendungen kann zumeist über entsprechende Schnittstellen erfolgen. So verfügen Workflow-, wie auch Dokumenten- und Content-Managementsysteme fast immer über entsprechende APIs, die eine Anbindung von externen Programmen ermöglichen. Gleiches gilt im Übrigen für Skill-Management-Werkzeuge oder Human-Resource-Systeme, wobei letztere meist als Teil einer umfangreicheren ERP-Anwendung vorzufinden sind. Da zudem die meisten der hier aufgeführten Arten von Server-Anwendungssystemen relationale Datenbanken für die Speicherung ihrer Daten einsetzen, kann über diese fast immer ein Zugriff auf die in ihnen abgelegten Daten hergestellt werden.

Nutzung entsprechender Schnittstellen

4.2 Beschreibung der Kontextinformation

Der Beschreibung des Kontextes fällt für dessen spätere Auswertung im Rahmen eines kontextbasierten Information Retrieval Systems eine erhebliche Bedeutung zu. So steigt und fällt die Qualität in der Erschließung eines aktuell vorliegenden Informationsbedürfnisses bei einem Anwender mit der Qualität der vorliegenden Information über dessen Arbeitskontext. Neben einer Erfassung der eigentlichen Kontextinformation muss ein entsprechendes Augenmerk auf deren Beschreibung gerichtet werden.

Darüber hinaus werden je nach Zielsetzung eines kontextbasierten Information Retrieval Systems entsprechend unterschiedliche Sichtweisen und Detaillierungsgrade in der Auswertung des Kontextes einer Person eine Rolle spielen, wie bereits auch die in Kapitel 3 besprochenen Ansätze gezeigt haben. Dementsprechend muss ein Beschreibungsrahmen für Kontextinformation diese verschiedenen Sichtweisen und Detaillierungsgrade unterstützen.

Wie ebenfalls schon in Kapitel 3 dargelegt wurde, sind in der Vergangenheit eine Reihe von Ansätzen und Systemen in der thematischen Nähe von kontextbasierten Information Retrieval Systemen entstanden. Die Beschreibung der Daten, welche den Kontext eines Anwenders umfassen, erfolgt dabei fast ausnahmslos in eigenen, proprietären Datenformaten. Für die persistente Speicherung kommen entweder eigene Lösungen zum Einsatz, die teilweise jedoch auf relationalen Datenbanken aufsetzen. Der Zugriff auf die gespeicherten Daten und deren Auswertungen richten sich entsprechend nach dem eingesetzten Speichersubsystem und sind zumeist ebenfalls als eigenständige Lösung realisiert.

Nutzung offener Standards zur Beschreibung von Kontextinformation

Eine der Zielsetzungen dieser Arbeit ist die Schaffung eines Beschreibungsrahmens zur Erfassung und Beschreibung von kontextbasierter Information. Anders als vergleichbare Ansätze sollen dabei offene Standards zum Einsatz kommen. Ein Vorteil eines auf offenen Standards basierenden Systems ist dessen leichtere Erweiterbarkeit um zusätzliche Funktionalitäten. Ein derartiges System erlaubt zudem eine einfache Integration in andere Systeme. Die Anwendung offener Standards ermöglicht zudem die Anwendung und Integration verschiedener, bereits existierender und anerkannter Werkzeuge und Softwareprodukte. Die Nutzung von offenen Standards gestattet häufig erst entsprechende Erweiterungen oder eine Integrationen in andere Systeme und kann zudem zu einer Reduktion von Entwicklungs- und Integrationskosten führen (vgl. bspw. Krechmer [138]).

Der im Folgenden präsentierte Ansatz zur Beschreibung von Kontextinformation von Personen und eines darauf aufbauenden Information Retrievals basiert auf Technologien und Methoden, die im Rahmen des Semantic Webs entwickelt wurden.

4.2.1 Semantic Web

Semantic Web

Der Begriff des Semantic Webs entstammt dem Vorschlag von Tim Berners-Lee [26, 28], das heute bekannte Internet bzw. World Wide Web derart zu erweitern, dass die darin verfügbare Information nicht nur menschlichen Lesern verständlich wird, sondern vielmehr auch für Maschinen verstehbar wird. Wenn es gelänge, so Tim Berners-Lees Vision, dass Maschinen Bedeutung, Inhalte und den Kontext von im World Wide Web verfügbaren Inhalten verstehen lernen, dann könnten jene mit diesen Inhalten arbeiten und bspw. selbstständig weitergehende Information suchen oder über den Inhalt eines Dokumentes mit anderen Maschinen in eine Kommunikation treten.

Eine direkte Folge der Forderung nach maschineller Verstehbarkeit von Dokumentinhalten ist die Anreicherung von Inhalten mit Metadaten. Diese übernehmen die Aufgabe, das in den Inhalten enthalte Wissen in eine maschinenverständliche Form zu bringen und gleichzeitig damit die Möglichkeit für Maschinen zu eröffnen aus dieser Information weitere Rückschlüsse zu ziehen.

Für die Realisierung des Semantic Webs schlägt Berners-Lee die in Abbildung 4.1 dargestellte Schichtenarchitektur vor. In den einzelnen Schichten kommen dabei bewährte Methoden und standardisierte Technologien zum Einsatz, die im Folgenden kurz vorgestellt werden. Die Standardisierung der Architektur des Semantic Webs sowie der dabei zum Einsatz kommenden Methoden und Technologien erfolgt zumeist durch das World Wide Web Consortium (W3C, [275]).

4.2 Beschreibung der Kontextinformation

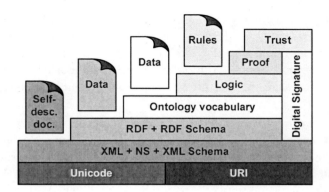

Abbildung 4.1
Architektur des Semantic Webs (aus Berners-Lee [30])

Eine der grundlegenden Technologien für die Realisierung des Semantic Webs stellt der Einsatz von *Unicode* für die Repräsentation von Daten dar. Unicode erlaubt nicht nur die Abbildung westlicher Alphabete und die in diesen enthaltenen Schriftzeichen sowie von Zahlen, sondern schließt auch die zahlreichen und verschiedenartigen asiatischen Alphabete mit ihren umfangreichen Schriftzeichen mit ein. Eine weitere Basistechnologie stellt die Verwendung von *Uniform Resource Identifer* (URI) [31] dar, auf die im weiteren Verlauf noch näher eingegangen werden soll.

Für die Repräsentation der Metadaten kommt das *Resource Description Framework* (RDF) [135] zum Einsatz. Dieses wiederum nutzt die *Extensible Markup Language* (XML) [274, 45] als Repräsentationsmedium. Beide Technologien sowie ihre Unterschiede in Bezug auf ihre Anwendung für das Semantic Web werden in den folgenden Abschnitten noch ausführlich dargelegt.

Über diesen Schichten liegt die Ebene der *Ontologie*. Ontologien sollen dabei helfen, Beziehungen zwischen den einzelnen Elementen herzustellen. Daneben erlaubt die darüber liegende Schicht die Definition von Regeln zwischen den Elementen der Ontologie bzw. auch für deren Beziehungen. Für die Beschreibung von Ontologien wurde vom W3C die *OWL Web Ontology Language*, kurz als OWL bezeichnet, vorgeschlagen und standardisiert [161, 67, 190].

Für die weiteren Schichten des Semantic Webs sind bisher nur abstrakte Vorschläge oder Forschungsansätze existent. So soll die Logik-Schicht maschinelles Schließen auf den Metadaten, deren Beziehungen und Regeln ermöglichen. Die beiden weiteren Schichten *Trust* und *Proof* tragen dem Charakter des World Wide Webs Rechnung, dass zwar ein mannigfaltiges Angebot an Information bereit gestellt wird, der jeweilig verfügbaren Information je nach deren Quelle mehr oder weniger Vertrauen entgegengebracht werden kann. So stellen zwar

Unicode

Uniform Resource Identifer (URI)

Resource Description Framework (RDF)
Extensible Markup Language (XML)

Ontologie

OWL Web Ontology Language

Logik

Trust
Proof

Verschlüsselung und digitale Signaturen eine bewährte Möglichkeit dar, die Quelle wie auch die Information selbst zu sichern, allerdings ist deren Anwendung im World Wide Web nicht zwingend vorgeschrieben. Darüber hinaus sagt die Anwendung von Verschlüsselung und digitalen Signaturen nichts über die Vertrauenswürdigkeit der Quelle selbst etwas aus.

Das Semantic Web will hier dem Beispiel des World Wide Web folgen und keine alleinige Instanz für die Verifizierung und Zertifizierung von Inhalten und Quellen schaffen, vielmehr soll jeder Informationsnachfragende selbstständig entscheiden können, welcher Quelle er – mehr oder weniger – sein Vertrauen schenken will. Die Verbindung von Verschlüsselung mit digitalen Signaturen sowie der Einsatz von bspw. Beweissprachen soll nun im Semantic Web die Möglichkeit eröffnen, Information zu verifizieren. Dies kann bspw. dadurch erfolgen, dass ein Abgleich zwischen mehreren Informationsquellen erfolgt.

Die für das Semantic Web präsentierte Architektur will dabei den Prämissen des heutigen Internets folgen. Das heißt, dass auch weiterhin wichtige Eigenschaften des World Wide Web wie bspw. die Heterogenität der Systeme sowie die von diesen bereitgestellte Information sowie die in diese entgegengebrachte Glaubwürdigkeit erhalten bleiben sollen. Darüber hinaus soll die Architektur weitere Eigenschaften wie die verteilte Speicherung und Bereithaltung von Information und auch die Flexibilität, mit der verschiedene Informationen bspw. verknüpft werden können, unterstützen.

4.2.2 Das Resource Description Framework

Abbildung von Metadaten

Das Resource Description Framework (RDF) [156] stellt eine allgemeine Sprache für die Abbildung von Information im World Wide Web dar. Insbesondere ist RDF dafür gedacht, Metadaten über Ressourcen im Internet abzubilden. Bei Ressourcen muss es sich nicht zwingend um Dokumente im klassischen Sinn wie Textdokumente oder Bilder handeln. Vielmehr können über RDF beliebige Objekte erfasst werden, wie bspw. Waren mit ihrem Preis und ihrer Verfügbarkeit in einem Online-Shop.

Aussagen über Ressourcen

RDF-Aussage

Die grundlegende Eigenschaft des Resource Description Frameworks ist es Aussagen (»statements«) über Ressourcen zu machen.

Folgendes Beispiel stellt eine in einer natürlichen Sprache gestellte Aussage dar:

4.2 Beschreibung der Kontextinformation

- Die Webseite `http://cobair.org/index.html` hat einen Autor, dessen Name »Karlheinz Morgenroth« ist.

In dieser Aussage wird eine Internetadresse, ein so genannter Uniform Resource Locator (URL) [32] verwendet, um eine Webseite bzw. Ressource im World Wide Web eindeutig zu identifizieren. Weiterhin wird der Begriff »Autor« gebraucht, um eine Eigenschaft der Ressource anzugeben, die hier mit dem Wert »Karlheinz Morgenroth« belegt wird.

RDF nutzt eine spezielle Terminologie für die einzelnen Bestandteile einer Aussage. So wird die beschriebene Ressource, in unserem Beispiel die Webseite, als Subjekt (»subject«) bezeichnet. Der Teil der Aussage, der eine Eigenschaft oder Charakteristik der Ressource kennzeichnet wird als Prädikat (»predicate«) und der Teil, der den Wert dieser Eigenschaft beschreibt als Objekt (»object«) benannt.

Subjekt

Prädikat
Objekt

Um nun eine natürlichsprachliche Aussage in ein maschinenverständliches Format überführen zu können, sind zwei weitere Anforderungen nötig:

1. Es werden maschinenverständliche Identifikatoren benötigt, die eine eindeutige und unmissverständliche Kennzeichnung von Subjekt, Prädikat und Objekt einer Aussage ermöglichen. Insbesondere soll hier die Vagheit natürlicher Sprachen vermieden werden, die in einer Interpretation häufig zu Mehrdeutigkeiten führt.
2. Es muss ein maschinenlesbares Format zur Darstellung der Identifikatoren eingesetzt werden, das zudem einen einfachen Austausch zwischen verschiedenen Systemen ermöglichen.

Für beide Anforderungen existieren bereits bewährte Mechanismen, auf die RDF zurückgreift und die im Folgenden betrachten werden.

Uniform Resource Identifier

In RDF werden Aussagen über Ressourcen getroffen, die eindeutig identifiziert werden müssen. Im obigen Beispiel ist dies die Adresse der Webseite, die durch Angabe der URL eindeutig gekennzeichnet wird. Diese Eigenschaft für Ressourcen im World Wide Web weitet das Resource Description Framework auf alle zu bezeichnenden Entitäten aus und nutzt dafür so genannte Uniform Resource Identifier.

Uniform Resource Identifier (URI) [31] stellen eine Übermenge der bekannten Internetadressen des World Wide Web, als Uniform Resource Locator (URL) [32] benannt, dar. Eine weitere Spezialisierung sind in den Uniform Resource Names (URN) [242] zu finden. Entsprechend einer URL im World Wide Web kann ein URI jedoch nicht nur Objekte oder Ressourcen im Internet bezeichnen, sondern viel mehr für die

Uniform Resource Identifier (URI)

eindeutige Benennung jeglicher Entitäten dienen, die selbst über keine eigene Resource im World Wide Web verfügen. So können URIs für die eindeutige Identifikation von Waren in einem E-Commerce-System und auch Personen in einer Organisation dienen. Der Aufbau eines URI lässt sich dabei wie folgt darstellen:

Beispiel 4.1
Schematischer Aufbau eines URI (nach Berners-Lee et al. [31])

```
<Schema>:<Schema-spezifischer-Teil>
```

Ein URI setzt sich damit aus dem verwendeten Schema und einem diesem Schema entsprechenden weiteren Bestandteil zusammen. Wie schon mehrfach erwähnt, stellt eine URL eine Spezialisierung eines URIs dar. Die URI bzw. URL-Schemata für die Protokolle HTTP und FTP lassen sich gemäß [32] z.B. wie folgt darstellen:

```
<Schema>://[<Benutzer>[:<Passwort>]@]<Server>[:<Port>]/<Pfad>?<Anfrage>
```

Beispiel 4.2
Schematischer Aufbau einer URL (nach Berners-Lee et al. [32])

Beim Abruf einer Webseite mit der URL `http://morgenroth.org/cobair/index.html` kommt somit das HTTP-Protokoll zum Einsatz. Die Webseite liegt in der Datei `index.html` im Verzeichnis `cobair` auf dem Server `morgenroth.org`.

In RDF werden Uniform Resource Identifier dazu verwendet, um sowohl Subjekte, Prädikate und Objekte eindeutig zu kennzeichnen.

Modell des Resource Description Frameworks

RDF verwendet URIs für die Identifikation von Ressourcen. Für die eigentliche Repräsentation der in RDF modellierten Inhalte kommt bei der Ablage in Dateiform neben anderen Repräsentationsformen wie Notation 3 (N3, [27]) zumeist XML [21] zum Einsatz.

Oben wurde diese Beispielaussage bereits eingeführt:

- Die Webseite `http://cobair.org/index.html` hat einen Autor, dessen Name »Karlheinz Morgenroth« ist.

RDF-Aussage

Als RDF-Aussage lassen sich die Bestandteile dieser Aussage folgendermaßen auf URIs abbilden:

- Subjekt: `http://cobair.org/index.html`
- Prädikat: `http://purl.org/dc/elements/1.1/creator`
- Objekt: `http://morgenroth.org/karlheinz/`

4.2 Beschreibung der Kontextinformation

Dabei findet als Prädikat ein URI Verwendung, der im Rahmen der Dublin Core Initiative [74] spezifiziert und als Standard allgemein anerkannt ist. Die Prädikate nach Dublin Core sind dabei unter der URL `http://purl.org/dc/elements` verfügbar. Als URI für das Objekt wird die URL der Webseite des Autors verwendet.

Dublin Core Initiative

Die in RDF modellierten Aussagen lassen sich auch als Knoten und Kanten in einem Graphen auffassen (vgl. auch Manola und Miller [156]). Wie in Abbildung 4.2 dargestellt, werden in dieser Notation die Subjekte und die Objekte durch Knoten und das Prädikat durch eine benannte und gerichtete Kante zwischen zwei Knoten dargestellt.

Darstellung als RDF-Graph

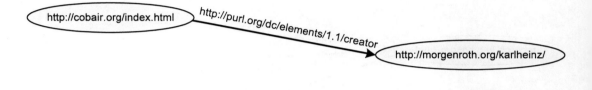

Abbildung 4.2
eine einfache RDF-Aussage als Graph dargestellt

Eine Sammlung von Aussagen wie:

- Die Webseite `http://cobair.org/index.html` hat einen Autor, dessen Name »Karlheinz Morgenroth« ist.
- Die Webseite `http://cobair.org/index.html` hat ein Erstellungsdatum mit dem Wert »22.7.2004«.
- Die Webseite `http://cobair.org/index.html` hat als Sprache den Wert »Deutsch«.

lässt sich entsprechend als Ansammlung von Knoten und Kanten in Form eines Graphen wie in Abbildung 4.3 darstellen.

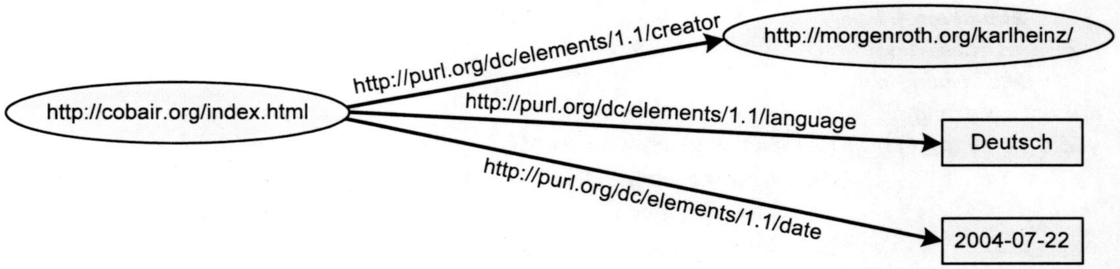

Abbildung 4.3
mehrere RDF-Aussagen als Graph dargestellt

Wie aus dem obigen Beispiel zu ersehen ist, können in RDF als Objekte nicht nur URIs zum Einsatz kommen. Handelt es sich um ein-

Literal fache Textwerte einer Eigenschaft, so können diese direkt angegeben werden. Man spricht hier dann von einem Literal. Im Beispiel werden das Erstellungsdatum und die Sprache durch entsprechende Literale repräsentiert.

Die Aussagen können in RDF zudem verbunden werden. Auf diesem Weg ist es möglich Beziehungen zwischen Ressourcen abzubilden. Das in Abbildung 4.4 dargestellte Beispiel zeigt eine weitere Detaillierung der Beschreibung als RDF-Graph.

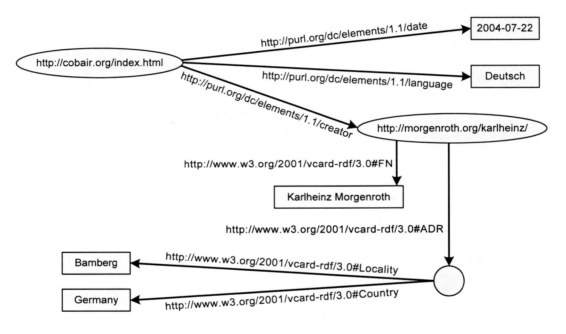

Abbildung 4.4
weitere Detaillierung der Beschreibung in RDF unter Nutzung des vCard-Standards [115]

Hier werden zum Autor weitere Metadaten, nämlich das Land und der Ort angegeben. Der Autor ist hier also gleichzeitig Objekt der einen und Subjekt einer zweiten Aussage. Auf diese Art lassen sich komplexe Beziehungen zwischen verschiedenen Ressourcen abbilden.

Kollektionen von Ressourcen

Reifikation

Zur Abbildung von Kollektionen von Ressourcen enthält RDF zudem Konstrukte wie unsortierte Sammlungen (bag), sortierte Aufzählungen (sequence) und Alternativen (alternative). Zudem unterstützt RDF die Formulierung von Aussagen über andere Aussagen (Reifikation).

RDF-Schema

Elementarer Bestandteil von RDF sind URIs, über die bestimmte Konzepte eindeutig benannt werden können. Mit RDF-Schema [46] steht nun ein einfaches Typschema zur Verfügung, das die Definition und Beschreibung von Konzepten in RDF ermöglicht. Neben der Definition von einzelnen Konzepten, die in RDF-Schema als Klassen benannt werden, können diesen Eigenschaften zugeordnet werden. Ein Vererbungsmechanismus ermöglicht es, verschiedene Konzepte und deren Eigenschaften weiterzuvererben und diese damit bspw. detaillierter zu spezifizieren.

RDF-Schema

RDF-Schema bietet somit die Möglichkeit zur Definition von Ontologien an. Der in RDF-Schema verfügbare Beschreibungsrahmen für Ontologien ermöglicht jedoch nur grundlegende Beschreibungsformen. Weitergehende Ausdrucksmöglichkeiten, bspw. für die Beschreibung von bedingten Beziehungen zwischen einzelnen Konzepten, sehen entsprechende Sprachen zur Beschreibung von Ontologien, wie die Web Ontology Language (OWL, vgl. Kapitel 4.2.3) vor.

Abbildung von RDF in XML

Wie bereits oben erwähnt, lassen sich mittels des Resource Description Frameworks beschriebene Inhalte in XML repräsentieren [21]. Vor allem bei der Speicherung in Dateien kommt neben anderen Formaten wie N3 zumeist XML zum Einsatz. Weitergehende Möglichkeiten der Ablage von RDF-Daten werden in Kapitel 7.2 betrachtet.

Das in Abbildung 4.3 eingeführte Beispiel von RDF-Aussagen zu einer Webseite lässt sich in XML nun wie folgt darstellen:

```xml
<?xml version="1.0" encoding="ISO-8859-1"?>
<rdf:RDF xmlns:rdf="http://www.w3.org/1999/02/22-rdf-syntax-ns#"
     xmlns:dc="http://purl.org/dc/elements/1.1/">

  <rdf:Description rdf:about="http://cobair.org/index.html">
    <dc:creator rdf:resource="http://morgenroth.org/karlheinz/"/>
    <dc:date>22.07.2004</dc:date>
    <dc:language>Deutsch</dc:language>
  </rdf:Description>

</rdf:RDF>
```

Beispiel 4.3
Überführung des Beispiels aus Abbildung 4.3 in XML

Becket et al. [21] definieren eine Syntax für die Abbildung der RDF-Graphen in XML. Die einzelnen Knoten und Kanten eines RDF-Graphen werden als Elemente, Attribute, Elementinhalte und Attributwerte in XML abgebildet. Die URIs für Eigenschaften und Objekte werden mittels des Mechanismus der Namensräume dargestellt und zugleich differenziert. In diesem Beispiel kommen als Prädikate Elemente aus dem Dublin Core Modell zum Einsatz. Der Basis-URI wird zu Beginn des XML-Dokumentes als Namensraum definiert und dem Präfix »dc« zugeordnet. Im Folgenden kann so eindeutig auf Elemente des Dublin Core Modells referenziert werden, indem das Präfix vor die entsprechenden Elemente gesetzt wird.

Namensraum

Präfix

Vergleich von RDF vs. XML

Wie gezeigt wurde, wird zur Repräsentation von RDF XML eingesetzt. Dies führt unweigerlich zu der Fragestellung, welche Vorteile RDF gegenüber XML besitzt bzw. ob XML nicht mit vergleichbaren Eigenschaften aufwarten kann und somit den Einsatz von RDF obsolet machen würde.

Wie bereits erläutert wurde, ermöglicht RDF zunächst das Beschreiben von Metadaten zu bestimmten Ressourcen. Dazu kann festgestellt werden, dass RDF einen Standard bietet, der die Beschreibung von Metadaten definiert, während XML dies in dieser Form nicht vorsieht. XML bietet vielmehr einen allgemeinen Rahmen zur Beschreibung von strukturierten Daten (vgl. Berners-Lee [29]).

RDF: Beschreibung von Metadaten

XML: Beschreibung von strukturierten Daten

Weiterhin führt Fensel [86] zahlreiche Kriterien für eine Differenzierung zwischen RDF und XML in Bezug auf die Beschreibung von Ontologien, die als Basis für die mittels RDF beschriebenen Ressourcen zum Einsatz kommen, auf.

So lässt sich zwar durch eine Document Type Definition (DTD) [45] oder XML-Schema [84, 261, 37] in XML auch ein Typschema mit Klassen definieren und beschreiben, das mit einer Ontologie verglichen werden kann. Auch existieren vor allem in XML-Schema Mechanismen zur Zuordnung von Eigenschaften zu einzelnen Klassen sowie der Vererbung von Klassen. Nach Fensel [86] existieren jedoch eine Reihe von gravierenden Unterschieden zwischen einer Document Type Definition und einer Ontologie im Allgemeinen, von denen hier nur eine Auswahl aufgeführt ist:

DTD und XML-Schema vs. Ontologie

- Eine DTD beschreibt die lexikalische Hierarchie der Elemente in einem XML Dokument. Diese Hierarchie kann, muss sich aber nicht mit der Hierarchie einer Ontologie decken lassen. Zudem verfügen DTDs über keinen Mechanismus, der so genannte »Ist-

eine« Beziehungen in Ontologien – typischerweise ein zentraler Beziehungstyp – abzubilden vermag.
- DTDs verfügen über keinen Mechanismus zur Vererbung von Elementen. Vererbung stellt jedoch eine wesentliche Charaktereigenschaft von Ontologien dar.
- DTDs besitzen nur sehr eingeschränkte Fähigkeiten, die Semantik von Elementen zu beschreiben.
- DTDs definieren die Reihenfolge, in denen Elemente in einem Dokument auftreten. Für Ontologien spielt eine Reihenfolge der Attributbeschreibungen keine Rolle.

XML-Schema bietet im Gegensatz zur DTD eine Reihe von Verbesserungen an. Neben der Vererbung von Elementen und deren Eigenschaften können weiter gehende Aussagen über die Struktur von XML-Dokumenten getroffen werden, bspw. über die Kardinalität von Assoziationen. Zudem können Typen und Bedingungen für die Wertebereiche von Eigenschaften definiert werden. Dennoch bleibt auch laut Fensel [86] hier eine Reihe von Limitierungen bezüglich der Modellierung von Ontologien mittels XML-Schema, von denen hier ebenfalls nur eine Auswahl aufgeführt ist:

- In XML-Schema müssen Vererbungen explizit definiert werden. In Ontologien können sich Vererbungen aus der Definition eines Konzeptes ableiten.
- XML-Schema sieht keine Mehrfachvererbung vor.
- XML-Schema bietet zudem nur eingeschränkte Möglichkeiten Konzepte auf Basis von bestimmten Eigenschaftswerten zu definieren, bspw. »Studenten sind Personen mit einer Immatrikulationsnummer und einem Alter < 40« (nach Fensel [86]).

Auch wenn sich die Funktionalität des Resource Description Frameworks mit den von XML und XML-Schema gebotenen Mechanismen nachbilden lassen, so gilt es letzten Endes festzuhalten, dass mit XML und RDF verschiedene Zielsetzungen verfolgt werden.

verschiedene Zielsetzungen

4.2.3 Die Web Ontology Language

Einen weiteren wichtigen Bestandteil der Architektur des Semantic Webs stellen Ontologien dar. Ontologien enthalten Wissen über einen bestimmten Anwendungsbereich, eine Domäne und definieren insbesondere ein Vokabular, mit dem einzelne Bestandteile dieser Domäne beschrieben werden. Das durch eine Ontologie erfasste und beschriebene Wissen repräsentiert meist zudem einen gemeinsamen Konsens der

Fachvertreter einer Domäne [87]. Der Einsatz einer Ontologie vermeidet damit all die Probleme, die durch Vagheit und Unschärfe einer natürlichen Sprache auftreten können.

Definition: Ontololgie

Ontologie Der Begriff der Ontologie entstammt der Philosophie, wo sie die Disziplin beschreibt, die sich primär mit dem Sein beschäftigt. Einer der in diesem Umfeld am meist zitierten Autoren, Gruber [100], definiert eine Ontologie folgendermaßen:

> An ontology is an explicit, formal specification of a shared conceptualization.

Konzeptualisierung Als Konzeptualisierung bezeichnet Gruber ein abstraktes Modell eines Phänomens, das die relevanten Konzepte dieses Phänomens erfasst und beschreibt. Dabei werden die Typen von Konzepten und die Beziehungen und Regeln zwischen diesen explizit definiert. Diese Definition sollte zudem in einer maschinenlesbaren Form vorliegen.

formaler Beschreibungsrahmen
explizite Erfassung der Semantik
Ontologien bieten zunächst einen formalen Beschreibungsrahmen, der Erfassung, Beschreibung, Austausch und Wiederverwendung von Wissen unterstützt. Ontologien ermöglichen eine explizite Erfassung der Semantik von sowohl strukturierter als auch unstrukturierter Information. Damit wird auf vielfältige Art und Weise eine qualitativ höherwertige Verarbeitung von Information in entsprechenden Informationssystemen möglich, da unter anderem durch den Einsatz von Ontologien das in Daten enthaltene Wissen für Maschinen erschlossen werden kann. Die zunehmende Bedeutung des Einsatzes von Ontologien zeigt sich in einer Reihe von Anwendungsgebieten, wie Wissensmanagement oder auch dem E-Commerce (vgl. bspw. Fensel [86]).

Entsprechend den unterschiedlichen Einsatzgebieten unterscheidet Fensel [86] folgende Arten von Ontologien:

- **Domänenontologien** erfassen das Wissen, das für einen bestimmten Anwendungsbereich gültig ist, bspw. für das Gebiet der medizinischen Chirurgie oder des Software-Engineerings.
- **Metadatenontologien** definieren ein Vokabular für die Annotation von Inhalten mit Metadaten. Eines der bekanntesten Beispiele stellt Dublin Core [74] dar.
- **Generische oder allgemeingültige Ontologien** versuchen allgemeines Wissen und Begriffe, wie bspw. »Zeit« oder »Raum« zu erfassen und zu beschreiben. Ein Beispiel für eine derartige Ontologie stellt Cyc [65] dar.

- **Repräsentationsontologien** betrachten keinen bestimmten Anwendungsbereich. Vielmehr werden in ihnen beschreibende Elemente definiert und in gegenseitige Beziehung gesetzt. Ein Beispiel dafür wäre die formale Beschreibung der Ontologiesprache OWL. In diesem Sinne können Repräsentationsontologien auch als Meta-Ontologien bezeichnet werden.
- **Methoden- und aufgabenbezogene Ontologien** beschreiben Konzepte und Begriffe, die im Rahmen von Methoden oder bestimmter Tätigkeiten auftreten. Methoden- und aufgabenbezogene Ontologien können somit Handlungen und Schlussfolgerungen des in Domänenontologien bereitgestellten Wissens umfassen.

Innerhalb der Architektur des Semantic Webs wurde nun für die Beschreibung von Ontologien vom W3C die OWL Web Ontology Language, kurz als OWL bezeichnet, vorgeschlagen und standardisiert [161, 67, 190]. Dabei basiert OWL auf dem Resource Description Framework und bietet bspw. im Vergleich zu RDF-Schema eine deutlich umfassendere Sprachunterstützung zur Formulierung von Ontologien mit komplexen Beziehungen zwischen den Konzepten.

Statt der Definition eines umfassenden Komplettstandards, der alle Sprachelemente enthält, wurde OWL in drei Teilstandards aufgeteilt, die sich jeweils gegenseitig einschließen [161]:

Standards der OWL

- **OWL Lite** unterstützt die Erstellung hierarchischer Klassifikationen und einfacher Bedingungen. So werden bspw. nur die einschränkenden Kardinalitäten 0 und 1 unterstützt.
- **OWL DL** bietet den maximalen Sprachumfang, garantiert zugleich eine operationale Vollständigkeit (garantierte Berechenbarkeit von Ableitungen) und Entscheidbarkeit (Berechnungen enden mit endlicher Zeit).
- **OWL Full** umfasst ebenfalls den maximalen Sprachumfang, bietet aber die Freiheit des Resource Description Frameworks. Allerdings kann damit eine Berechenbarkeit nicht mehr gewährleistet werden.

Durch diese Aufteilung können bspw. auch Systeme entwickelt werden, die zwar nur einen Teil der Gesamtmenge an Sprachelementen implementieren, aber dennoch zu einem der Teilstandards kompatibel sind.

4.2.4 Beschreibung des Kontextes

Der in dieser Arbeit präsentierte Ansatz sieht eine Beschreibung des Kontextes einer Person mit Techniken und Methoden des Semantic Webs vor. Im Einzelnen sind dies:

Semantic Web

- Beschreibung des erfassten Kontextes eines Benutzers mittels des Resource Description Frameworks. Die in Kapitel 4.1.1 dargestellten Arten von Benutzerinteraktion werden mittels RDF beschrieben. Dabei werden die Nachrichten auf Anwendungs- und Systemebene, Benutzeraktionen und auch Informationsbedürfnisse durch entsprechende RDF-Aussagen beschrieben. Neben der eigentlichen Benutzerinteraktion gilt es dabei auch die von einer Person bearbeiteten sowie weitere, ihr vorliegende Daten oder Dokumente zu berücksichtigen und entsprechend zu beschreiben, da diese ebenfalls einen wichtigen Bestandteil des Kontextes darstellen.

- Anwendung von Ontologien für die eindeutige Bezeichnung der mittels RDF zu beschreibenden Kontextinformation. Das Resource Description Framework setzt zur eindeutigen Bezeichnung URIs ein, die einer Ontologie entstammen können. Im Rahmen des Semantic Webs ist zur Beschreibung von Ontologien die Web Ontology Language (OWL) vorgesehen, die entsprechend auch in dem hier präsentierten Ansatz zur Anwendung kommt. Zunächst finden in OWL bereitgestellte Ontologien in der Beschreibung der erfassten Kontextinformation ihre Anwendung. Darüber hinaus bieten die in Ontologien beschriebenen Beziehungen zwischen den einzelnen Konzepten weitere Möglichkeiten für die Auswertung der erfassten und in RDF beschriebenen Kontextinformation, wie auch in Kapitel 5 noch ausführlich dargestellt werden wird.

Bei den zum Einsatz kommenden Ontologien wird es sich typischerweise um Domänenontologien bzw. methoden- und aufgabenbezogene Ontologien handeln. Zum einen gilt es bei Kontextinformation bestimmte vorliegende Daten und Dokumente und das in diesen enthaltene Wissen über eine oder mehrere Ontologien zu beschreiben. Zum anderen müssen auch die Aktionen eines Benutzers sowie damit verbundene Aufgaben und etwaige umgesetzte Methoden entsprechend bezeichnet werden.

Abfrage von Kontextinformation

Die Erfassung und damit auch die Beschreibung des Kontextes einer Person obliegt, wie schon in Kapitel 4.1 dargestellt, einer entsprechenden Komponente, die entweder in Client- oder Server-Anwendungen zu integrieren ist.

Abfrage und Beschreibung des Kontextes

Die Abfrage und Beschreibung des Kontextes kann dabei je nach Anwendungsfall entweder in regelmäßigen zyklischen Abständen oder nur im konkreten Bedarfsfall erfolgen. So kann bspw. bei der Integration in eine klassische Client-Anwendung auf jede durch einen Anwender ausgeführte Operation mit der Beschreibung dieser als Kontextinformation reagiert werden. Erlaubt die Architektur einer Anwendung jedoch keine Einbindung in den Aufruf von einzelnen Operationen, so kann in zyklischen Abständen der Zustand der Anwendung erfasst und aus dessen Änderung eine Benutzerinteraktion abgeleitet werden.

Die Erfassung und Beschreibung der Kontextinformation kann somit entweder einem Push- oder Pull-Konzept folgen:

Beschreibung der Kontextinformation

- **Push-Konzept.** Die um eine kontextbasierte Suchfunktionalität erweiterte Anwendung stößt dabei durch die Benutzerinteraktion die Erfassung und Beschreibung der Kontextinformation selbst an.
- **Pull-Konzept.** Eine Erweiterung für die Realisierung einer kontextbasierten Suche fragt in zyklischen Abständen den Status einer Anwendung ab und leitet daraus eine entsprechende Kontextinformation ab. Durch die kontinuierliche Abfrage des Status einer Anwendung, bspw. welche Fenster mit welchen Inhalten aktuell geöffnet sind, und dessen Vergleich mit vorherigen Abfragen kann somit die Benutzerinteraktion antizipiert werden.

Die Realisierung des Push-Konzeptes ist sicherlich im Sinne einer direkten Erfassung und auch Reaktion auf die Tätigkeit eines Anwenders mit einem Softwaresystem wünschenswert. Jedoch ist eine derartige Erweiterung einer Anwendung aus den verschiedensten Gründen, die bspw. durch die Architektur oder die mögliche Integrationstiefe von Erweiterungen bedingt sind, nicht immer möglich. Das Push-Konzept wird somit vorrangig bei entsprechend erweiterbaren Client- und auch Client-Server-Anwendungen einzusetzen sein.

Die Realisierung des Pull-Konzeptes ist für alle Anwendungen möglich, die durch Integration oder Erweiterung eine Abfrage der in ihnen vorgehaltenen Daten und Statusinformation ermöglichen. Dies betrifft somit Client- und auch Client-Server-Anwendungen. Darüber hinaus kann dieses Konzept auch bei reinen Server-Anwendungen, wie Verzeichnisdiensten oder Systemen zur Ablage von Dokumenten zum Einsatz kommen.

Vor allem bei der Erfassung und Beschreibung der in verschiedenen Serversystemen enthaltenen Kontextinformation zeigt sich hier ein Vorteil im Einsatz von Methoden und Techniken des Semantic Webs. Verschiedenste Inhalte, die zudem aus vollkommen unterschiedlichen Softwaresystemen stammen, können durch den Einsatz des Resource Description Frameworks einheitlich beschrieben werden. Die Anwendung

einheitliche Beschreibung

eindeutige Bezeichnung

von Ontologien ermöglicht an dieser Stelle die datenquellenübergreifende eindeutige Bezeichnung von strukturierten Inhalten, die bspw. in relationalen Datenbanken oder in XML abgelegt sind. Selbst bei primär unstrukturierten Inhalten, wie sie in Textdokumenten enthalten sind, erlaubt der Einsatz von RDF und Ontologien zumindest eine einheitliche Beschreibung deren Metadaten. Ein unstrukturierter Text kann in diesem Fall als ein Literal behandelt werden.

Formulierung der Kontextinformation

Zeitpunkt

Die Beschreibung des Kontextes erfolgt jeweils zu einem bestimmten Zeitpunkt. Dabei wird entweder der zu einem gewissen Zeitpunkt aktuelle Kontext, bspw. die Ausführung einer Operation auf einem Dokument durch einen Anwender, oder der über eine bestimmten Zeitdauer vorherrschende Kontext, bspw. das Betrachten eines Dokumentes durch einen Benutzer, mittels RDF ausformuliert. Die in dieser Formulierung enthaltenen Elemente, also die getätigten Aktionen eines Anwenders sowie Typ und Inhalt von Daten und Dokumenten, auf die sich die Aktionen bezogen haben, werden durch den Einsatz entsprechender Ontologien eindeutig bezeichnet.

Anstelle eines festen Schemas für eine konkrete Formulierung von Kontextinhalten mittels RDF sollen an dieser Stelle vielmehr die Beschreibungsinhalte aufgeführt werden, die für eine Weiterverarbeitung und spätere Auswertung der Kontextinformation notwendig erscheinen. Eine konkrete Definition eines Schemas bzw. einer Ontologie als fixer Beschreibungsrahmen erscheint schon deshalb nicht sinnvoll, da je nach Art der Anwendung, die durch ein kontextbasiertes Information Retrieval System unterstützt werden soll, sich auch unterschiedliche Anforderungen an die im Kontext aufzuführenden Elemente ergeben werden.

Die Beschreibung eines Kontextes sollte somit die folgenden Bestandteile immer enthalten:

- Jede Beschreibung eines Kontextes wird mit einem **eindeutigen URI** gekennzeichnet. Dadurch ist später eine eindeutige Zuordnung der zu einem Kontext gehörigen Aktionen und Daten möglich. Die Erzeugung eindeutiger URIs kann bspw. durch die Kombination eines bestimmten URI-Schemas und einer UUID oder GUID, einer global eindeutigen Identifikationsnummer (vgl. z.B. [260]), erreicht werden, bspw.:
  `cobair:2278f940-8e58-11d9-9669-0800200c9a66`
- Die Beschreibung des Kontextes muss den **Anwender** beinhalten, dessen Kontext beschrieben wird. Im Rahmen des Resource De-

scription Frameworks kann ein Anwender durch einen URI gekennzeichnet werden, der sich bspw. aus seiner E-Mail Adresse ableitet: `user:karlheinz@morgenroth.org`
- Je nachdem, ob sich eine Beschreibung eines Kontextes auf einen Zeitpunkt oder eine Zeitdauer bezieht, muss eine entsprechende **Zeitangabe** mit in die Kontextbeschreibung aufgenommen werden. Die Angabe von Zeitpunkten und -dauern erfolgt in RDF in Form eines Literals.
- Weiterhin muss die Beschreibung eines Kontextes sowohl die von einem Anwender ausgeführte **Interaktion mit einer Anwendung** als auch die **Daten oder Dokumente** beinhalten, auf denen diese Aktion ausgeführt wurde. Diese Beschreibung erfolgt durch eine Reihe von verknüpften RDF-Aussagen.

Eine Benutzerinteraktion muss dabei nicht immer eine aktiv vorgenommene Handlung einer Person darstellen. So kann bspw. auch das reine Vorliegen von bestimmten Inhalten als solches vermerkt werden. Analog können auf diese Weise auch bestimmte Eigenschaften und Fähigkeiten einer Person dargestellt werden.

Kann ein entsprechendes kontextbasiertes Information Retrieval System auf Daten oder Dokumente selbstständig zugreifen, so brauchen diese zudem nicht explizit in RDF beschrieben werden. Es genügt dann vielmehr die eindeutige Referenzierung dieser durch einen entsprechenden URI.

In Kapitel 4.4 werden einige Beispielkontexte sowie deren Formulierung mittels RDF und entsprechender Ontologien präsentiert. Ein umfassendes Beispiel wird zudem in Kapitel 8 betrachtet.

4.3 Bildung eines einheitlichen Nutzermodells

Die mit verschiedenen technischen Maßnahmen erfassten Daten sowohl über den aktuellen Arbeitskontext einer Person als auch über deren zurückliegende Aktivitäten sowie weitere Eigenschaften, wie bspw. die Einordnung innerhalb einer Organisation, führen zu einer Fülle an Information, die ohne eine besondere Strukturierung kaum nutzbringend anwendbar wäre.

Notwendigkeit der Strukturierung der Kontextinformation

Um diese Fülle an verfügbarer Information sinnvoll für die Erschließung eines Informationsbedürfnisses verwenden zu können, gilt es diese zunächst anhand eines Modells zu gliedern. Abbildung 4.5 gibt einen Überblick über das in Anlehnung an Modellvorschläge von Klemke [134] und van Elst et al. [263] entworfene Kontextmodell. Im Unter-

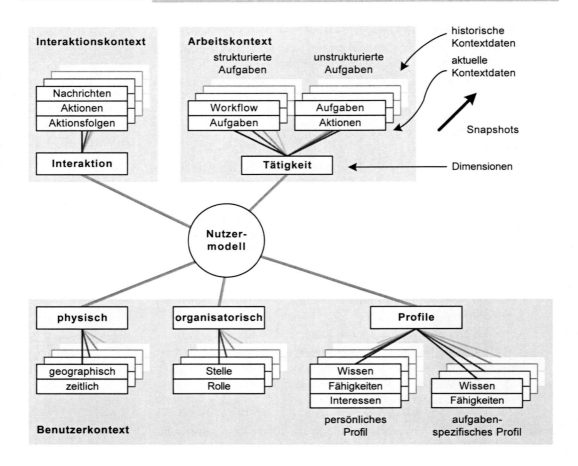

Abbildung 4.5
Einheitliches Nutzermodell für Kontextinformation

Dimensionen

schied zu jenen Vorschlägen berücksichtigt dieses Modell eine Reihe verschiedener Dimensionen und unterscheidet zudem Aspekte, die sich über die Zeit hinweg invariant verhalten, von Aspekten, die ein sehr dynamisches Verhalten an den Tag legen. Da sowohl verschiedene inhaltliche wie auch zeitliche Dimensionen in einem Modell vereint sind, wird dieses Modell als einheitliches Nutzermodell für Kontextinformation bezeichnet.

einheitliches Nutzer- und Kontextmodell

Dieses einheitliche Nutzer- und Kontextmodell differenziert grundlegend zwischen einem Benutzerkontext, einem Arbeitskontext und einem Interaktionskontext:

- **Benutzerkontext.** Der Benutzerkontext umfasst sowohl den physischen und organisatorischen Kontext eines Benutzers als auch ein Profil des Benutzers. Diese einzelnen Aspekte werden im Folgenden als Dimensionen bezeichnet.

Der physische Kontext beinhaltet beispielsweise die geographischen Daten über den Arbeitsplatz eines Mitarbeiters wie auch dessen typische An- und Abwesenheitszeiten. *physische Dimension*

Der organisatorische Kontext beinhaltet sowohl die Stelle, die eine Person innerhalb der Organisation besetzt, als auch die einzelnen Rollen, die sie ausfüllt. Dies schließt bspw. eine Stellenbeschreibung wie auch die erwarteten Fähigkeiten und das Wissen eines entsprechenden Stelleninhabers mit ein. Der organisatorische Kontext beinhaltet auch Information über die Beziehungen zu anderen Personen innerhalb der Organisation. Darüber hinaus enthält diese Kontextdimension Information über die einzelnen Organisationseinheiten selbst, also beispielsweise über die Abteilung, in der ein Mitarbeiter tätig ist, und auch über die Ziele, die in einem bestimmten Unternehmensteil verfolgt werden. Diese Information kann häufig aus einem Verzeichnisdienst innerhalb des Unternehmens gewonnen werden (vgl. bspw. Ahmedi et al. [6]). *organisatorische Dimension*

Ein Benutzerprofil enthält Information über die Wissensgebiete und Fähigkeiten einer Person. Im präsentierten Modell wird unterschieden zwischen dem persönlichen Profil, das von einer Person selbst vorgegeben werden kann und beispielsweise persönliche Präferenzen und Interessen enthält, und einem aufgabenspezifischen Profil, das Information über Wissensgebiete und Fähigkeiten widerspiegelt (vgl. bspw. Gronau und Uslar [99] sowie Lehner [145]). Dieses aufgabenspezifische Profil bestimmt sich aus den Aufgaben und Tätigkeiten, die ein Benutzer in der Vergangenheit ausgeführt hat. *Benutzerprofile*

Diese verschiedenen Teildimensionen des Benutzerkontexts haben gemein, dass sie sich über die Zeit nur sehr langsam verändern. Dabei ist zu erwarten, dass sich die den einzelnen Teildimensionen jeweils zugeordneten komplexen Werte bzw. Objekte nur in Zeiträumen von Monaten oder Jahren ändern werden. *langsame Veränderung*

Arbeitskontext. Der Arbeitskontext charakterisiert die aktuelle Tätigkeit, die eine Person ausführt. Dabei lässt sich diese Tätigkeit entweder durch die wohl definierten Aufgaben in einem Workflow oder durch die ausgeführten Aufgaben und Aktionen beschreiben, welche eine unstrukturierte Tätigkeit mit sich bringt. Im ersten Fall wird eine konkrete Beschreibung der einzelnen Aufgaben oder der gesamten Tätigkeit vorliegen, während im zweiten Fall typischerweise nur sehr vage Information über die Tätigkeit verfügbar sind. Trotzdem ist die Information über den aktuellen *strukturierte Aufgaben*

unstrukturierte Aufgaben

Arbeitskontext von herausragender Bedeutung für die Konkretisierung des Informationsbedürfnisses einer Person.

Die technische Sicht auf den Arbeitskontext schließt die aktuell verwendeten Module eines Anwendungssystems mit ein, die eine Person zur Ausübung ihrer Tätigkeit verwendet. Dies sind beispielsweise ein Customer Relationship Management System (CRM-System) oder eine integrierte Softwareentwicklungsumgebung (IDE).

häufige Änderung

Es ist anzunehmen, dass sich der Arbeitskontext einer betrachteten Person deutlich häufiger ändern wird, als dies vom Benutzerkontext zu erwarten ist.

Interaktionskontext. Die aktuellen Interaktionen eines Benutzers mit den von ihm eingesetzten Anwendungssystemen spiegelt der Interaktionskontext wider. Diese Interaktionen werden, wie in Kapitel 4.1.1 dargestellt, durch Nachrichten auf Anwendungs- und Systemebene, Benutzeraktionen und auch Informationsbedürfnisse repräsentiert. Dabei repräsentieren diese Nachrichten Menübefehle oder Dialoge, die ein Benutzer während der Arbeit mit einem Anwendungssystem ausführt bzw. verwendet. Dies kann bspw. das Öffnen eines Kunden in einem CRM-System oder die Festlegung einer Verkaufsstrategie in Hinblick auf etwaige Konkurrenten sein. Auch das Hervorheben eines Wortes in einem Textdokument oder die Ausführung einer bestimmten Formatierungsoperation stellen relevante Nachrichten dar.

Nachrichten auf Anwendungs- und Systemebene

Um diese Nachrichten für ein kontextbasiertes Information Retrieval System verwertbar zu machen, müssen sie mit weiterer Information angereichert werden. So muss die Nachricht, dass eine Textstelle hervorgehoben wurde, auch den Textinhalt mit erfassen. Soll eine Transformation von Nachrichten auf Anwendungs- und Systemebenen zu Benutzeraktionen erfolgen, so sind zudem im Interaktionskontext entsprechende Modelle, wie bspw. Aktionsfolgen, abzulegen.

sehr häufige Änderung

Der Interaktionskontext ändert sich dynamisch innerhalb von Minuten bis hinunter zu Sekunden.

Neben den aktuellen Werten der einzelnen Kontextdimensionen ist auch deren Veränderung über die Zeit für die Bestimmung eines Kontextes von Interesse. In jeder Dimension des Kontextmodells werden die zeitlichen Aspekte durch die Bildung von so genannten Snapshots abgebildet. Jeder Snapshot hält die Information einer Dimension in dem Zeitpunkt fest, in dem sie erzeugt wurde. Snapshots können dabei entweder periodisch für sich kontinuierlich verändernde Dimensionen erzeugt werden oder nur dann, wenn eine Werteänderung in einer Di-

Snapshots

mension erfolgt. Das Ergebnis ist eine Liste von Snapshots, welche die Veränderung über die Zeit abbilden.

Die Historie der einzelnen Dimensionen kann nun auf verschiedene Arten ausgewertet werden:

Auswertung der Historie

- Eine Serie von Ereignissen innerhalb des Interaktionskontextes ermöglicht eine bessere Aussage über die Aktion eines Benutzers als ein einzelnes Ereignis. Zudem ermöglicht die Identifikation von bestimmten Ereignisserien auf der Anwendungsebene die Ableitung von Benutzeraktionen. Beispielsweise lässt eine bestimmte Serie von Menü- und Dialogereignissen in einer Softwareentwicklungsumgebung auf den Einsatz eines spezifischen Software Design Patterns in der Softwareentwicklung schließen. In diesem Fall könnte ein proaktives Information Retrieval System andere Quelldateien präsentieren, in denen ebenfalls dieses Design Pattern zum Einsatz gekommen ist.

    Identifikation bestimmter Ereignisserien

    Im Allgemeinen bedeutet dies nun, dass eine Serie von Ereignissen auf Anwendungsebene die Ableitung von Benutzeraktionen ermöglicht. Wie bereits in Kapitel 4.1.1 beschrieben wurde, verfolgt einen derartigen Ansatz bspw. das Lumière-Projekt [114], das unter anderem eine auf temporaler Logik aufbauende Beschreibungssprache einsetzt, um entsprechende Ableitungsregeln zu definieren.

    Wenn man diesen Ansatz konsequent verfolgt, gelangt man von einzelnen Ereignissen über Ereignisserien zu Aktionen und über Aktionen und die Betrachtung ihrer zeitlichen Abfolge wiederum zu typischen Aktionsfolgen. Dies spiegelt sich in Abbildung 4.5 im Bereich des Interaktionskontextes wider.

- Der Kontext eines Benutzers lässt sich nicht nur aus den aktuellen Werten der einzelnen Dimensionen des Kontextmodells ableiten. Vielmehr ist auch der zeitliche Verlauf der einzelnen Werte in den Snapshots für die Bestimmung des Nutzerkontextes von Relevanz. Dabei kann aus den einzelnen Snapshots einer Kontextdimension durch entsprechende Gewichtung ein Gesamtwert ermittelt werden. Ein Ansatz kann nun bspw. darin bestehen, den bisher ermittelten Gesamtkontext mit einem Faktor $1 - w$ zu gewichten und mit dem aktuellsten Wert, gewichtet mit w, zu mitteln, wobei w beispielsweise ein Wert von 0,75 zugewiesen werden kann. Neben diesem Ansatz können auch weitere, ausgefeiltere Algorithmen zum Einsatz kommen, die beispielsweise ein allmähliches Vergessen nachbilden (vgl. bspw. Koychev [137]).

    zeitlicher Verlauf in Snapshots

    Nachbilden eines allmählichen Vergessens

- Einen weiteren Aspekt stellt die Möglichkeit dar, aus den einzelnen Snapshots die Erkenntnis zu ziehen, dass ein Benutzer in ver-

Erkennung verschiedener Tätigkeitsgebiete

schiedenen Arbeitskontexten arbeitet bzw. zwischen diesen wechselt. Beispielsweise erlaubt die Analyse der von einer Person zuletzt verfassten Dokumente den Rückschluss darauf, dass die Person sowohl Interesse an E-Learning-Themen als auch an verteilten Datenbanken zeigt. In diesem Fall sollte ein Information Retrieval System die beiden Interessensgebiete erkennen und trennen können.

Einbeziehung der Kontextinformation anderer Anwender

Neben den Daten, die im Kontextmodell eines Benutzers selbst abgelegt sind, stellen auch die Modelldaten anderer Benutzer eine zusätzliche Quelle dar, die zur Bestimmung des Kontextes einer Person herangezogen werden kann. Mittels Methoden des Collaborative Filtering (vgl. Kapitel 3.9) können dazu in einem ersten Schritt Personen identifiziert werden, die innerhalb einer Unternehmung entweder vergleichbare Stellen oder Rollen innehaben oder ähnliche Aufgaben ausführen. Über ein derartiges Ähnlichkeitskriterium können Cluster von Personen und deren Kontextmodellen gebildet werden, bei denen man davon ausgehen kann, dass die Personen in einem Cluster über ähnliche Wissensgebiete und Fähigkeiten verfügen bzw. ähnliche Tätigkeiten ausführen oder bereits getätigt haben (vgl. bspw. Shardanand und Maes [237]).

Ein derartiger Ansatz kann nun auf zwei Arten angewendet werden:

- Ein Cluster von Kontextmodellen kann für einen neuen Benutzer als initiales Kontextmodell angewendet werden, solange dieser Benutzer nicht genügend eigene Kontextinformation angesammelt hat.
- Ein Cluster von Kontextmodellen kann zudem als Organizational Memory (vgl. bspw. Abecker et al. [1]) angesehen werden, der das eigene Kontextmodell ergänzt und erweitert. In diesem Fall kann auf Wissen zurückgegriffen werden, das bereits von anderen Mitgliedern der Organisation angesammelt wurde. Dabei wird der Cluster von Kontextmodellen als gewichtete Erweiterung zum eigenen Kontextmodell hinzugefügt.

Auf weitere Möglichkeiten einer Analyse und Weiterverarbeitung der im Nutzermodell abgelegten Information sowie die Ableitung von Informationsbedürfnissen wird in Kapitel 5 eingegangen.

4.4 Beispiele für die Beschreibung des Kontextes

An dieser Stelle sollen drei Beispiele die Möglichkeiten der Beschreibung des Kontextes mittels RDF und in OWL vorliegenden Ontologien

4.4 Beispiele für die Beschreibung des Kontextes

sowie den Einsatz des Nutzermodells zu deren Gliederung verdeutlichen.

Abbildung 4.6
Beschreibung der Abgrenzungsstrategie und Auflistung der Konkurrenten in Siebel Professional [238]

Customer Relationship Management

Das erste Beispiel stellt in Abbildung 4.6 einen Ausschnitt aus einem Customer Relationship Management System dar. Ein Vertriebsmitarbeiter beschreibt in diesem Szenario zu einem abgegebenen Angebot die möglichen Konkurrenten und formuliert eine eigene Strategie, wie das eigene Angebot gegenüber konkurrierenden Angeboten attraktiver gestaltet werden kann.

Der Kontext in diesem Szenario setzt sich zunächst aus dem potentiellen Kunden und dem abgegebenen Angebot zusammen. Die aktuelle Benutzerinteraktion besteht aus der Formulierung einer Strategie in Bezug auf mögliche Konkurrenten (»Our Competitive Strategy«). Die jeweiligen Konkurrenten sind zudem gesondert aufgelistet (»Competitors«).

Eine exemplarische Beschreibung des erfassten Kontextes und der darin enthaltenen Benutzerinteraktion mittels des Resource Description Frameworks ist – in Ausschnitten – in Abbildung 4.7 als Graph dargestellt. Zur Beschreibung der Benutzerinteraktion kommen dabei zwei

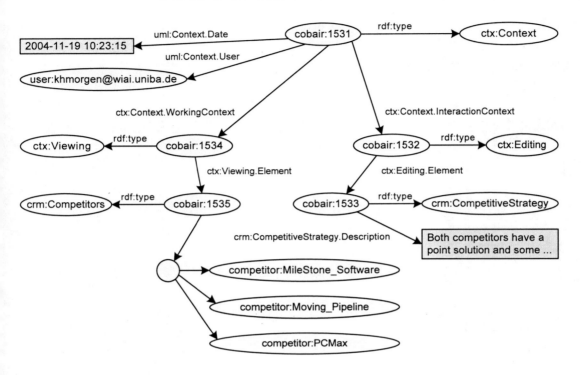

Abbildung 4.7
Ausschnitte aus der Beschreibung des Kontextes des in Abbildung 4.6 dargestellten Szenariums

in OWL verfasste Ontologien zur Beschreibung der Konzepte im Customer Relationship Management sowie der Erfassung von Kontextinformation zum Einsatz. Alle URIs, darunter auch die entsprechenden Konzepte der Ontologien, werden dabei in Abbildung 4.7 gemäß XML-Schema in Präfixnotation dargestellt. Zu erkennen ist die Unterscheidung zwischen dem Interaktionskontext (»Interaction Context«), der das aktuelle Verfassen der Strategiebeschreibung beinhaltet, und dem Arbeitskontext (»Working Context«), der alle weiteren Elemente enthält, die dem Anwender im Rahmen seiner Tätigkeit innerhalb des CRM-Systems angezeigt werden. Die in Abbildung 4.6 aufgelisteten Konkurrenten werden als Stammdaten betrachtet und sind einem kontextbasierten Information Retrieval System bspw. über eine entsprechende Anbindung an das CRM-System bereits bekannt. Somit müssen die aufgelisteten Konkurrenten nicht explizit über Metadaten beschrieben, sondern können über eindeutige URIs gekennzeichnet werden.

Eine direkte Reaktion eines kontextbasierten Information Retrieval Systems auf einen derartigen Kontext kann nun bspw. die Ermittlung von aktuellen Nachrichten und Wirtschaftsdaten der aufgeführten Konkurrenten sein. Darüber hinaus könnte ein entsprechendes kontext-

4.4 Beispiele für die Beschreibung des Kontextes

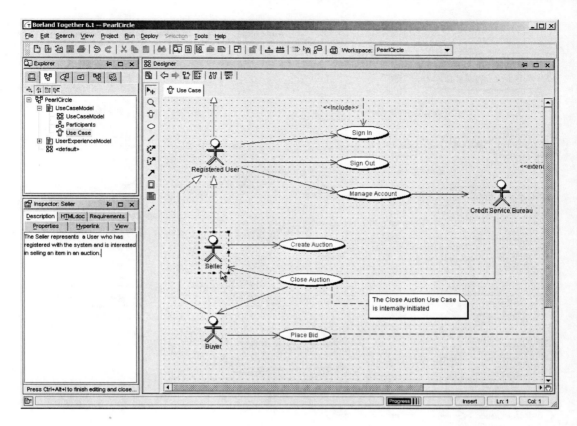

Abbildung 4.8
Erstellung eines Use Case Diagrammes in UML in einer integrierten Entwicklungsumgebung (Borland Together [44])

basiertes Information Retrieval System auf erfolgreich abgeschlossene Verkaufstransaktionen mit denselben Konkurrenten hinweisen, und somit die dort zum Einsatz gekommene Verkaufs- und Abgrenzungsstrategie aufzeigen.

Integrierte Softwareentwicklungsumgebungen

Ein weiteres Beispiel, auf das an dieser Stelle nur kurz eingegangen werden soll, da es in Kapitel 8 ausführlich dargestellt wird, ist die Kontexterfassung im Rahmen der Arbeit eines Softwareingenieurs mit einer integrierten Softwareentwicklungsumgebung (IDE). Wie in Abbildung 4.8 gezeigt, wird von einem Softwarearchitekten ein so genanntes Use Case Diagramm in UML erstellt. Der Erstellung des Use Case Diagramms ging eine textuelle Anforderungsanalyse voraus, die innerhalb der IDE mit dem Diagram verknüpft ist (in Abbildung 4.8 nicht sichtbar).

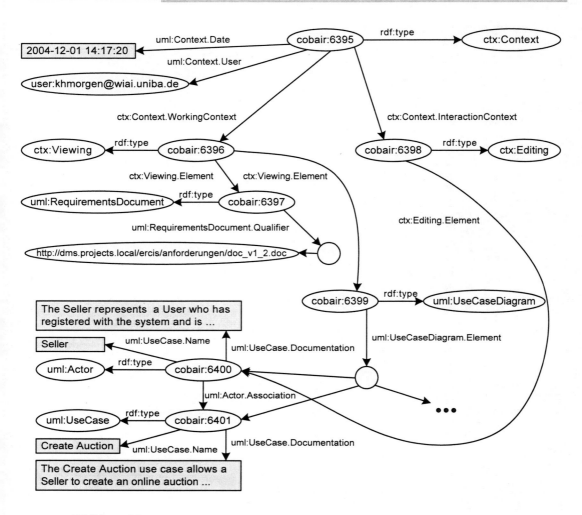

Abbildung 4.9
Ausschnitt aus der Beschreibung des Kontextes des in Abbildung 4.8 dargestellten Szenariums

In Abbildung 4.9 ist eine exemplarische Beschreibung des erfassten Kontextes und der darin enthaltenen Benutzerinteraktion – in Ausschnitten – als Graph dargestellt. Zur Beschreibung der Benutzerinteraktion kommen dabei wieder zwei in OWL verfasste Ontologien zur Beschreibung der Konzepte der Unified Modelling Language (UML) sowie der Erfassung von Kontextinformation zum Einsatz. Alle URIs sind wieder in Präfixnotation dargestellt.

Der Arbeitskontext (»Working Context«) umfasst hier das vorliegende Anforderungsdokument sowie das gesamte Use Case Diagramm. Der Interaktionskontext (»Interaction Context«) beinhaltet das aktuell vom Anwender bearbeitete Diagrammelement.

4.4 Beispiele für die Beschreibung des Kontextes

Ein entsprechend ausgelegtes kontextbasiertes Information Retrieval System kann nun auf Grund der vorliegenden Anforderungsanalyse ähnliche, bereits weiter fortgeschrittene Projekte ausfindig machen und deren Folgeergebnisse, insbesondere Use Case Diagramme dem Anwender präsentieren.

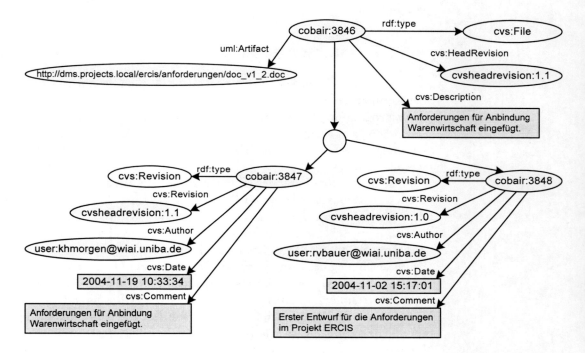

Abbildung 4.10
Ausschnitt aus der Beschreibung der in einem Versionsmanagementsystem gespeicherten Dokumente

Erfassung von Inhalten eines Versionsmanagementsystems

Neben der Erfassung des Arbeitskontextes von Personen innerhalb von Anwendungsprogrammen, gilt es auch die in verschiedenen Server-Anwendungen abgelegten Inhalte zu erfassen. Diese Inhalte können helfen, auf frühere Tätigkeiten und Fähigkeiten von Personen zu schließen.

Exemplarisch für alle Systeme, die eine Verwaltung und Versionierung von Dokumenten ermöglichen, ist in Abbildung 4.10 ein Ausschnitt aus einem RDF-Graphen mit der Beschreibung eines Dokumentes und seinen Versionen dargestellt. Dieses Dokument wird von einem CVS-Versionsmanagementsystem verwaltet und existiert bereits in zwei Versionen. Jede Version wird dabei mit den vom Versionsmanagementsystem aufgezeichneten Metadaten annotiert, darunter auch die Person, die das Dokument zu einem gegebenen Zeitpunkt wieder in das System eingespielt hat.

Die Beschreibung mittels des Resource Description Frameworks und unter Verwendung entsprechender Ontologien ermöglicht in diesem Fall die Ermittlung aller Dokumente, die eine bestimmte Person bearbeitet hat.

4.5 Zusammenfassung

In diesem Kapitel wurden zunächst mögliche Quellen für die Erfassung des Kontextes einer Person während ihrer Tätigkeit mit einem Anwendungsprogramm präsentiert. Insbesondere wurden zudem die technischen Möglichkeiten und deren Realisierbarkeit beleuchtet, wie in bestehende Anwendungen eine Erfassung des Arbeitskontextes integriert werden kann.

Für die Beschreibung der erfassten Kontextinformation wurde sodann das Resource Description Framework (RDF) in Verbindung mit dem Einsatz von Ontologien auf Basis der Web Ontology Language (OWL) vorgeschlagen. Der Kontext einer Person wird somit in Form der Annotation mit Metadaten beschrieben, während zur eindeutigen Bezeichnung der Kontextinhalte Ontologien zum Einsatz kommen. Gleichzeitig können verschiedenste Inhalte, die zudem aus heterogenen Systemen stammen können, durch den Einsatz des Resource Description Frameworks einheitlich beschrieben werden. Die Anwendung von Ontologien ermöglicht an dieser Stelle über verschiedene Datenquellen hinweg die eindeutige Be- und Kennzeichnung der einzelnen Elemente.

Um die Fülle und gleichzeitige Heterogenität der Kontextinformation sinnvoll gliedern zu können und damit eine Basis für deren spätere Verwendung in einem kontextbasierten Information Retrieval System zu erlauben, wurde ein einheitliches Nutzermodell eingeführt, das neben der Gliederung der Kontextinhalte in verschiedenen Dimensionen auch deren zeitliche Veränderung mit berücksichtigt.

5 Nutzung von Kontextinformation im Information Retrieval

Eines der Ziele eines kontextbasierten Information Retrievals ist die automatische Formulierung von Suchanfragen. Eine weitere Zielsetzung ist die Unterfütterung von manuell gestellten Suchanfragen durch ein ermitteltes Informationsbedürfnis (vgl. Kapitel 1.2.6). In diesem Sinne gilt es nun zunächst die gewonnene Information über den Kontext einer Person zur Erschließung eines Informationsbedürfnisses zu nutzen. In einem weiteren Schritt muss ein ermitteltes Informationsbedürfnis in eine Suchanfrage überführt werden, welche von einem Information Retrieval System zur Durchführung einer entsprechenden Anfragebearbeitung genutzt werden kann.

Während im vorherigen Kapitel Erfassung und Beschreibung von Kontextinformation dargestellt wurde, so werden in diesem Kapitel sowohl Wege und Methoden als auch ein Modell präsentiert und diskutiert, mit denen sich aus der erfassten Kontextinformation ein mögliches Informationsbedürfnis ableiten lassen. Neben der Ableitung eines möglichen Informationsbedürfnisses für einen Anwender wird zudem auch die Fragestellung betrachtet, wie sich mit einer bestimmten Signifikanz ein Informationsbedürfnis aus dem aktuellen Kontext eines Anwenders bestimmen lässt bzw. wie der Zeitpunkt für den Start einer automatischen Suche ermittelt werden kann.

Ableitung Informationsbedürfnis aus dem Kontext

Sowohl für eine Formulierung eines Informationsbedürfnisses als auch für die Formulierung von Suchanfragen soll zudem aufgezeigt werden, wie die im vorherigen Kapitel dargestellten langfristigen Komponenten eines Nutzermodells mit einbezogen werden können. Zu diesen gehören unter anderem bestimmte Kenntnisse sowie das in zurückliegenden Tätigkeiten erworbene Wissen und Erfahrungen. Abschließend werden in diesem Kapitel Ansätze zur Realisierung der eigentlichen Anfragebearbeitung vorgestellt.

5.1 Ableitung von Informationsbedürfnissen aus dem Kontext

Informationsbedürfnis aus aktueller Tätigkeit

Teilziel eines kontextbasierten Information Retrieval Systems ist es zunächst, aus der aktuellen Tätigkeit einer Person auf ein Informationsbedürfnis derer zu schließen. Wie in Kapitel 1.2.4 einführend und in Kapitel 2.1 ausführlich dargestellt wurde, spielen für die Bildung eines Informationsbedürfnisses eine Reihe weiterer Einflussfaktoren eine entscheidende Rolle.

In Kapitel 4.1 wurde bereits dargelegt, wie sich die Benutzerinteraktion in verschiedene Granularitätsstufen untergliedern lässt. Dabei wird die Annahme zugrunde gelegt, dass die Benutzerinteraktion mit einem oder mehreren Anwendungsprogrammen auch die aktuelle Tätigkeit einer Person widerspiegelt. Eine Erfassung von Kontextinformation bezüglich weiterer Einflussfaktoren ist, wie bereits in Kapitel 4.1.2 beschrieben wurde, durch die Auswertung der in verschiedenen Anwendungen verfügbaren Daten möglich.

Bildung von Profilen

Gliederung in Profile

Um die Fülle an verfügbarer Information sowohl über den aktuellen Arbeitskontext einer Person als auch über deren zurückliegende Tätigkeiten sinnvoll für die Erschließung eines Informationsbedürfnisses verwenden zu können, gilt es diese zunächst in Form von verschiedenen Profilen zu gliedern. Diese können, wie es der im weiteren Verlauf dargestellte Ansatz verfolgt, den im einheitlichen Nutzermodell enthaltenen Dimensionen entsprechen (vgl. Kapitel 4.3).

Filterung und Aggregation

Die Zielsetzung bei der Bildung von Profilen besteht somit darin, in Hinblick auf die Ermittlung eines Informationsbedürfnisses, entsprechend verwertbare Information aus dem Nutzermodell zu gewinnen. Damit ist die Hauptaufgabe bei der Bildung von Profilen in der Filterung und Aggregation der im Nutzermodell enthaltenen Kontextinformation zu sehen. Dabei wird zunächst eine Einteilung nach zeitlichen Dimensionen der Veränderungshäufigkeit verfolgt, die auch dem einheitlichen Nutzermodell zugrunde liegt. Für eine Ableitung von Informationsbedürfnissen und deren Verfeinerung sind jedoch auch andere Untergliederungen und Gruppierungen möglich, die im weiteren Verlauf noch aufgezeigt werden.

aktueller Kontext

Der erste Schritt in Bezug auf die Realisierung eines kontextbasierten Information Retrieval Systems ist zunächst die Ableitung eines Informationsbedürfnisses aus der erfassten Information über den aktuellen Kontext einer Person. Diese Kontextinformation findet sich im einheitlichen Nutzermodell in der Dimension des Interaktionskontext-

5.1 Ableitung von Informationsbedürfnissen aus dem Kontext

es wieder. In einem weiteren Schritt werden schließlich für die Verfeinerung des Informationsbedürfnisses auch die Bestandteile der sich an längerfristigen Änderungen orientierenden Dimensionen des Arbeits- und Benutzerkontextes aus dem Nutzermodell berücksichtigt.

5.1.1 Ableitung eines Informationsbedürfnisses aus der aktuellen Tätigkeit

Für die Ableitung eines Informationsbedürfnisses aus der aktuellen Tätigkeit eines Anwenders wird zunächst ein Nutzerprofil aus dem Interaktionskontext erstellt. In diesem Profil der aktuellen Tätigkeit werden die von einem Nutzer in einem bestimmten Zeitraum ausgeführten Aktivitäten mit einem Anwendungsprogramm erfasst. Grundlage für die Bildung eines Profils der aktuellen Tätigkeit sind dabei die in Kapitel 4.1.1 beschriebenen Nachrichtentypen, die im Interaktionskontext des einheitlichen Nutzermodells erfasst werden.

Nutzerprofil

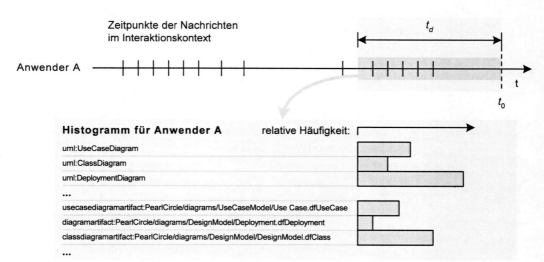

Abbildung 5.1
Zusammenfassung der in einer Reihe von Kontextinformation enthaltenen Konzepte zu einem Histogramm Zeitraum

Für die Erstellung eines Nutzerprofils NP eines Anwenders A über dessen aktuelle Tätigkeit werden die im Interaktionskontext IK des einheitlichen Nutzermodells NM gesammelten Nachrichten N über einen bestimmten Zeitraum hinweg für jeden Anwender getrennt berücksichtigt. Wie in Abbildung 5.1 dargestellt, erstreckt sich dieser Zeitraum vom typischerweise aktuellen Zeitpunkt t_0 ausgehend über eine bestimmte, entweder fest vorgegebene oder in bestimmten Grenzen variable Zeitdauer t_d in die Vergangenheit.

Die Zeitdauer t_d kann bspw. durch eine aktuell vorliegende Kontextinformation im Arbeitskontext bedingt sein, welche die Zeitdauer einer Tätigkeit grob oder bei Einsatz eines Workflow-Managementsystems sogar die Zeitdauer einer Tätigkeit genau beschreibbar macht. Auch ein Wechsel zwischen verschiedenen Anwendungen, der durch die eingehenden Nachrichten im Interaktionskontext erkennbar wird, kann zu einer Anpassung des betrachteten Zeitraums t_d genutzt werden.

Formal wird das Nutzerprofil NP für einen Anwender A zu dessen aktueller Tätigkeit durch die Menge der Nachrichten eines Anwenders A im Interaktionskontext IK des einheitlichen Nutzermodells NM repräsentiert, die vom aktuellen Zeitpunkt t_0 ausgehend in einer zurückliegenden Zeitraum t_d erfasst wurden:

$$NP_A = \{N_{A,i} \mid N_{A,i} \in NM_{IK}; t_0 \geq t(N_{A,i}) > t_0 - t_d\}$$

Für eine einfache Ermittlung eines Nutzerprofils können bspw. alle Nachrichten innerhalb des Interaktionskontextes für die vom aktuellen Zeitpunkt zurückliegenden 10 Minuten betrachtet werden.

Kumulierung Der eigentliche Aufbau eines Nutzerprofils der aktuellen Tätigkeit erfolgt durch Kumulierung der im betrachteten Zeitraum t_d eingegangenen Nachrichten innerhalb des Interaktionskontextes nach deren Typus und Inhalt. Diese sind, wie in Kapitel 4.2 dargelegt, durch die in der Beschreibung des Kontextes mittels des Resource Description Frameworks eingesetzten Konzepte aus Ontologien eindeutig identifizierbar. Liefert eine Anwendung in zyklischen Abständen Nachrichten über den Kontext eines Anwenders, so kann die Kumulierung bspw. durch Summierung und Bildung eines Durchschnittes der Nachrichtentypen und der darin behandelten Daten- oder Dokumenttypen oder -inhalten erfolgen. Dies entspricht somit zum einen der Bildung eines Histogramms nach auftretenden Nachrichtentypen und -inhalten. Zum anderen erfolgt durch die Aufsummierung und Durchschnittbildung innerhalb eines bestimmten Zeitraumes die Bildung eines gleitenden Durchschnittes.

Histogramm Analog zum Nutzerprofil lässt sich nun ein Histogramm dessen durch die jeweilige Anzahl der im Zeitraum t_d enthaltenen Benutzerinteraktionen und der entsprechenden Inhalte definieren. Konkret wird ein Histogramm dabei aus der absoluten oder relativen Häufigkeit der einzelnen Typen von Elementen gebildet, die in den Nachrichten während des betrachteten Zeitraumes t_d auftreten. Als Typen werden dazu die verschiedenen Ressourcen sowie Konzepte in den Nachrichtenbeschreibungen herangezogen.

In Abbildung 5.2 sind für einen Anwender zwei Histogramme für jeweils unterschiedliche Zeitpunkte t_1 und t_2 dargestellt. Die Bildung der Histogramme erfolgte jeweils vom aktuellen Zeitpunkt ausgehend für einen zurückliegenden Zeitraum t_d von 10 Minuten. Wie zu erkennen ist, hat die Person in Histogramm a) vorwiegend an der Erstellung von Use Case Diagrammen und in Histogramm b) an der Bearbeitung von Klassendiagrammen gearbeitet. Das diesem Beispiel zugrundeliegende Szenario wird in Kapitel 8 noch ausführlich erläutert.

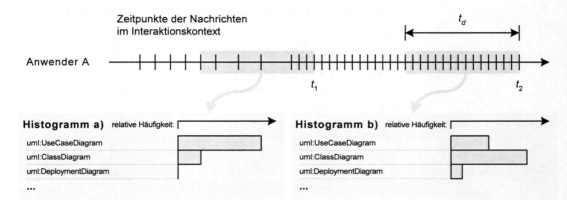

Abbildung 5.2
zwei Beispiele für Histogramme des Interaktionskontextes

Aus einem derartigen Histogramm können nun direkt die am häufigsten auftretenden Nachrichten und die dadurch repräsentierte Benutzerinteraktion entnommen werden. Darüber hinaus können Rückschlüsse auf die im Zeitraum t_d von einem Anwender am häufigsten bearbeiteten oder betrachteten Daten oder Dokumente gezogen werden.

Eine einfache und direkte Annahme für die Ermittlung eines Informationsbedürfnisses liegt nun darin, die einem Anwender aktuell entweder vorliegenden oder von diesem bearbeiteten Inhalte zur Ableitung eines Informationsbedürfnisses zu verwenden. Ohne den Kontext einer Person weiter auszuwerten, werden einem Anwender somit auf Basis der ihm vorliegenden Inhalte ähnliche Dokumente präsentiert.

vorliegende oder bearbeitete Inhalte

Für eine Suche wird damit aus den einem Anwender vorliegenden Daten oder Dokumenten eine entsprechende Suchanfrage formuliert und an ein Information Retrieval System zur Bearbeitung übergeben. Auf die Überführung der mittels des Resource Description Frameworks beschriebenen Kontextinformation wird in den Abschnitten 5.2 und 5.3 noch im Detail eingegangen. Das Auslösen von Suchanfragen kann in diesem einfachen Fall entweder in festen zyklischen Abständen erfolgen, bspw. entsprechend der Zeitdauer t_d oder wenn die Werte im Histogramm bestimmte absolute oder relative Abstandswerte zueinander

Auslösen von Suchanfragen

überschreiten. Durch eine derartige Schwellenwertregelung kann somit eine Fokussierung der Tätigkeit eines Anwenders in bestimmten Aktionen oder Inhalten aufgezeigt werden. Wenngleich dieser Ansatz direkt und einfach in der Umsetzung ist, so zeigen verschiedene vergleichbare Ansätze, wie sie in Kapitel 3 dargestellt wurden, dessen Praktikabilität.

Berücksichtigung des zeitlichen Verlaufs im Interaktionskontext

Veränderung in Histogrammen

Eine Erweiterung des bisher vorgestellten Ansatzes liegt in der Berücksichtigung der Veränderung zwischen zwei oder mehreren nacheinander erstellten Histogrammen. Zum einen können so Änderungen in der Tätigkeit wie auch in den von einem Anwender betrachteten Inhalten erschlossen werden. Zum anderen kann über den zeitlichen Verlauf die Dauer der Beschäftigung mit bestimmten Daten oder Dokumenten ermittelt werden.

Interaktionsmuster

Die in den Kapiteln 2.1.2 und 2.1.3 dargestellten Modelle des menschlichen Informationsverhaltens und der Suche nach Information geben hier eine Basis für eine weitergehende Erschließung eines Informationsbedürfnisses einer Person. So lassen sich aus den Modellen von Ellis und Kuhlthau (siehe Kapitel 2.1.2) verschiedene Interaktionsmuster ableiten, die auf ein vorhandenes Informationsbedürfnis schließen lassen. Technisch erfassbar sind dabei nach dem Modell von Ellis unter anderem das Stöbern nach bzw. im Modell von Kuhlthau das Erforschen verfügbarer Information zu einer gegebenen Aufgabe. Dieses von beiden Autoren beschriebene Verhalten lässt sich nun in mehreren aufeinander folgenden Histogrammen erkennen. Dabei wird die Annahme zugrunde gelegt, dass ein Anwender eine bestimmte vorgegebene Aufgabe ohne Unterbrechungen von Außen bearbeitet.

Histogrammreihe

So enthält die Histogrammreihe zunächst eine Abfolge von einzelnen Histogrammen, die jeweils ähnliche Benutzerinteraktionen und dabei behandelte Inhalte beschreiben. Es ist also davon auszugehen, dass sich ein Anwender intensiv mit einer Aufgabe beschäftigt. Der Zeitrahmen für diese Abfolge kann je nach der Art der Tätigkeit von wenigen Minuten bis zu mehreren Stunden dauern. Auf diese Folge von jeweils zueinander ähnlichen Histogrammen folgt dann eine Reihe von Histogrammen, die – im Idealfall – jeweils unterschiedliche Aktionstypen und betrachtete Inhalte kennzeichnen. Erfolgt die Suche nicht mit Hilfe eines Anwendungsprogramms, das, wie in Kapitel 4.1.2 beschrieben, entsprechende Kontextinformation liefert, so wird keinerlei oder nur eine sehr geringe Benutzerinteraktion mehr vermerkt werden.

In Abbildung 5.3 ist ein Intensitätsverlauf ausgewählter Benutzeraktionstypen und Inhaltstypen in den jeweiligen zu einem Zeitpunkt

5.1 Ableitung von Informationsbedürfnissen aus dem Kontext

gebildeten Histogrammen dargestellt. Der Abbildung liegt die Tätigkeit eines Softwarearchitekten zugrunde, der auf Basis einer Anforderungsanalyse ein Softwaredesign entwickeln soll. Dieses der Abbildung zugrundeliegende Szenario wird in Kapitel 8 noch ausführlich erläutert. Von Interesse ist an dieser Stelle die schwankende Intensität der gezeigten Benutzerinteraktion, die bei einem Einbruch auf ein erwachsenes Informationsbedürfnis hinweisen kann.

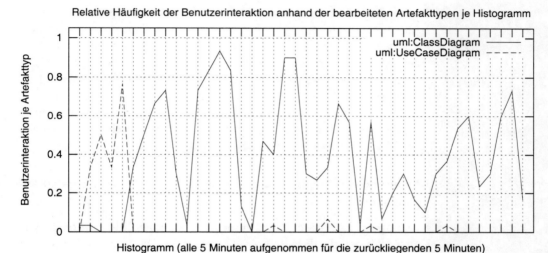

Abbildung 5.3
Intensitätskurven zweier ausgewählter Beschreibungselemente der durch einzelne, aufeinander folgende Histogramme repräsentierten Benutzerinteraktionen eines Softwarearchitekten

Generell lassen sich nun zwei Folgerungen daraus schließen, die für eine weitergehende Bestimmung eines Informationsbedürfnisses genutzt werden können.

- Folgt auf eine Reihe von zueinander ähnlichen Histogrammen eine Abfolge von zueinander unähnlichen Histogrammen, so kann bspw. auf eine Suchaktivität des Anwenders geschlossen werden. Für die Bestimmung des Informationsbedürfnisses sind dabei zum einen die der Tätigkeit zugrundeliegende Aufgabe bzw. deren Inhalte sowie die bisher von einem Anwender erstellten oder bearbeiteten Inhalte zu berücksichtigen.
- Folgt auf eine Reihe von zueinander ähnlichen Histogrammen eine Pause, so kann, unter der Annahme, dass der Anwender nur mit der Lösung der Aufgabe beschäftigt ist, ebenfalls auf ein Entstehen eines Informationsbedürfnisses auf Seiten des Anwenders geschlossen werden. Für die Bestimmung des Informationsbedürfnisses gilt Analoges zu dem ersten Fall. Sollte ein Anwender noch

keine Inhalte erstellt haben, so sind die in der vorliegenden Aufgabe enthaltenen Daten und Dokumente zu berücksichtigen.

Verhaltensmuster

Die Erkennung derartiger Reihen von Histogrammen bzw. von bestimmten Verhaltensmustern kann nun durch manuell formulierte Regeln erfolgen. Darüber hinaus können auch ausgefeiltere Algorithmen und Modelle, wie bspw. Markov-Ketten oder Hidden-Markov-Modelle (vgl. z.B. Behrends [22] sowie Rabiner und Juang [202]) zur Erkennung von bestimmten Abfolgen von Histogrammen zum Einsatz kommen. Bei Anwendung eines Hidden-Markov-Modells lassen sich die Ableitungsregeln durch einen entsprechenden Lernprozess ermitteln, das heißt, es kann auf eine explizite Ausformulierung verzichtet werden. Der Lernvorgang kann durch die Benutzer selbst gesteuert werden, indem diese während der Lernphase das Vorliegen und die Inhalte ihres jeweiligen Informationsbedürfnisses dem System kundgeben. Ein anderer, deutlich aufwendiger zu realisierender Weg ist die Durchführung von umfangreichen Nutzerstudien, mit dem Ziel ein entsprechendes Modell zu erstellen (vgl. z.B. Horvitz et al. [114]).

Ableitung von Aufgaben und Tätigkeitsbeschreibungen für den Aufgabenkontext

Aufgaben und Tätigkeitsinhalte

Analog zur Ermittlung eines aktuell vorliegenden Informationsbedürfnisses können die dargestellten Ansätze auch dazu genutzt werden, aus den einzelnen Benutzerinteraktionen auf vorliegende Aufgaben und Tätigkeitsinhalte einer Person zu schließen. Dies ist immer dann besonders von Interesse, wenn keinerlei explizite Kontextinformation über Aufgaben- und Tätigkeitsinhalte erfassbar ist.

Wie in Kapitel 8 noch ausführlich erläutert werden wird, kann bspw. im Umfeld des Software Engineering bei Einsatz eines Softwareentwicklungsprozesses aus den vorliegenden Dokumenten und bearbeiteten Inhalten sowohl auf die aktuelle Phase des Prozessverlaufes als auch auf die Tätigkeitsinhalte geschlossen werden.

5.1.2 Einfluss der früheren Tätigkeiten und weiterer Faktoren auf Informationsbedürfnisse

frühere Tätigkeiten

Während im vorherigen Abschnitt die Ableitung eines Informationsbedürfnisses aus der aktuellen Tätigkeit einer Person dargestellt wurde, wird im Folgenden der Einfluss der früheren Tätigkeiten auf ein aktuelles Informationsbedürfnis aufgezeigt. Darüber hinaus werden verschiedene Möglichkeiten der Einbeziehung derartiger historischer Kontextinformation, die im einheitlichen Nutzermodell auch als Snapshots

5.1 Ableitung von Informationsbedürfnissen aus dem Kontext

bezeichnet werden, in die Ermittlung eines Informationsbedürfnisses erläutert.

Das aus dem aktuellen Kontext, der vom aktuellen Zeitpunkt aus gesehen eine Zeitspanne von mehreren Minuten bis Stunden zurück betrachtet, abgeleitete Informationsbedürfnis kann direkt zur Formulierung einer Suchanfrage eingesetzt werden. Allerdings spiegelt eine derartige Suchanfrage nur die Aktionen und Inhalte einer gegenwärtigen Tätigkeit wider. Bedingt die Ausführung einer Aufgabe bestimmte Fähigkeiten und Kompetenzen, über die ein Anwender verfügt, so ist davon auszugehen, dass diese sowohl das Entstehen als auch die Inhalte der Informationsbedürfnisse beeinflussen werden. Im Hinblick darauf geben die Modelle des menschlichen Informationsverhaltens einen Ansatz zur Berücksichtigung entsprechender Kontexte (vgl. Kapitel 2.1.2). Insbesondere Wilson (siehe Kapitel 2.1.2) konkretisiert sowohl in seinem zweiten als auch im revidierten Modell die Einflussfaktoren auf das Entstehen eines Informationsbedürfnisses und deren Inhalte.

Für die Ableitung und Formulierung eines Informationsbedürfnisses bedeutet dies, dass neben der aktuellen Tätigkeit auch weitere Einflussfaktoren der Umgebung und der Vergangenheit mit berücksichtigt werden müssen. Diese sind bspw.

weitere Einflussfaktoren

- die Inhalte zurückliegender Tätigkeiten einer Person,
- die organisatorische Einordnung dieser sowie
- Fähigkeiten, Kompetenzen und Interessen.

Die Erfassung entsprechender Information kann, wie in Kapitel 4.1 dargelegt wurde, durch die Auswertung der in verschiedenen Anwendungen erfassten Daten erfolgen. Die auf diese Art und Weise ermittelte erweiterte Kontextinformation, kann, wie in Kapitel 4.3 gezeigt wurde, im einheitlichen Nutzermodell in den jeweiligen Dimensionen eingeordnet werden. Die oben aufgeführten Faktoren finden sich somit in den Dimensionen des Arbeits- und Benutzerkontextes wieder.

Für eine Nutzung dieser erweiterten Kontextinformation muss diese zunächst in einem oder mehreren Profilen zusammengefasst und verdichtet werden. Dabei bietet sich zunächst eine Zusammenfassung zu jeweils einem Profil pro Dimension des einheitlichen Nutzermodells an. Diese Profile spiegeln somit für eine bestimmte Person

Bildung von Profilen

- die zurückliegende Tätigkeit,
- Wissen, Fähigkeiten und Interessen,
- die organisatorische Einordnung in einem Unternehmen sowie
- etwaige physische Faktoren, wie der Sitz einer Unternehmensabteilung, wider.

Da innerhalb des einheitlichen Nutzermodells für alle Dimensionen sowohl aktuelle wie auch historische Kontextinformation erfasst ist, erscheint es zunächst für die Bildung eines Profils auch hier sinnvoll, nur die Kontextinhalte aus einer bestimmten zurückliegenden Zeitspanne zu berücksichtigen. Diese Zeitspanne richtet sich nach den typischen Veränderungsraten in den einzelnen Dimensionen (vgl. Kapitel 4.3). In Hinblick auf die Ermittlung und Verfeinerung eines Informationsbedürfnisses für eine Person soll dabei jedes Profil einen nutzbaren Anteil dazu beitragen.

Entsprechend der Dimensionen des einheitlichen Nutzermodells ergeben sich die folgenden Profile:

- **Profil des physischen Benutzerkontextes.** Das Profil des physischen Benutzerkontextes enthält physische Kontextinformation aus der entsprechenden Dimension des Nutzermodells wie die geographische Lage eines Benutzers sowie auch zeitliche Angaben, bspw. über die Anwesenheit einer bestimmten Person an einem Ort. Die zeitliche Veränderung dieser Kontextinformation ist zumeist sehr langsam. Es sind allerdings Anwendungsdomänen denkbar, in denen sich der physische Benutzerkontext häufig bis sehr häufig ändern kann. Dies ist bspw. der Fall innerhalb von Unternehmensberatungen, in denen Berater zahlreiche Kunden vor Ort besuchen, wie auch beim Einsatz eines kontextbasierten Information Retrieval Systems für orts- oder situationsbezogene Dienste von Mobilfunkkunden.

  Geht man von einer geringen Änderungsrate des physischen Benutzerkontextes aus oder wird historische Kontextinformation hier als irrelevant erachtet, so genügt die Betrachtung des aktuell vorliegenden Kontextes. Bei einer hohen Änderungsrate ist, wie im weiteren Verlauf noch ausführlich dargestellt wird, der Einsatz einer Filterung auf der innerhalb einer zurückliegenden Zeitspanne erfassten Kontextinformation sowie eine anschließende Aggregation nötig.

- **Profil des organisatorischen Benutzerkontextes.** Ein Profil des organisatorischen Benutzerkontextes enthält Kontextinformation aus der gleichlautenden Dimension des Nutzermodells über die Stelle, die eine Person innerhalb einer Organisation innehat, bzw. die Rollen, die diese ausübt. Die Änderungsrate innerhalb dieser Kontextdimension ist ebenfalls als sehr langsam anzusehen. Für die Bestimmung eines entsprechenden Profils kann daher die aktuell vorliegende Information in dieser Kontextdimension betrachtet werden. Bei Personen, die mehrere Rollen ausüben, können zwei Strategien zum Einsatz kommen. Zum einen kann über das Profil der aktuellen Tätigkeit versucht werden, auf die aktuelle Rolle zu schließen in deren Kontext ein Mitarbeiter eine momentane Aufgabe erfüllt. Zum anderen können auch alle Rollen, die einer Stelle und damit einer Person zugeordnet sind, zu einem Gesamtprofil zusammengefasst werden.

- **Persönliches Profil.** Das persönliche Profil einer Person umfasst deren Wissen, Fähigkeiten und auch Interessen. Wie in Kapitel 4.3 dargestellt wurde, kann bei dieser Profilinformation innerhalb des Nutzermodells zum einen zwischen den von einer Person selbst angegebenen Eigenschaften und zum anderen aus den von ihr für zurückliegende Tätigkeiten benötigten Eigenschaften in Hinblick auf bestimmte Fähigkeiten und Wissen unterschieden werden. Die Änderungsrate der manuell zu einer Person vorgegebenen Fähigkeiten, deren Wissen und darüber hinaus gehende Interessen ist sicherlich schwach ausgeprägt und dürfte maximal im Wochen- bis Monatsrhythmus Schwankungen unterliegen. Die tatsächlich für die Ausübung ihrer Tätigkeit benötigten und damit angewandten Fähigkeiten werden je nach Heterogenität des Tätigkeitsfeldes zu breiten oder engen Schwankungen in der Änderungsrate der aufgabenbezogenen Kontextinformation in dieser Dimension führen.

    Wissen, Fähigkeiten, Interessen

    Änderungen im Wochen- bis Monatsrhythmus

    Die Bildung eines persönlichen Profils kann entweder nur aus den manuell vorgegebenen Eigenschaften erfolgen, aus den manuell und den in zurückliegenden Tätigkeiten gezeigten oder nur aus den in zurückliegenden Tätigkeiten gezeigten Eigenschaften.

- **Profil der zurückliegenden Tätigkeit.** Das Profil der zurückliegenden Tätigkeit wird aus der Dimension Tätigkeit des Arbeitskontextes im Nutzermodell gebildet. Ziel dieses Profils ist es, die zurückliegende Tätigkeit einer Person und die von ihr bearbeiteten Inhalte abzubilden. Im Gegensatz zum Profil der aktuellen Tätigkeit soll mit dem Profil der zurückliegenden Tätigkeit nicht eine bestimmte ausgeführte Tätigkeit beschrieben werden, sondern vielmehr das Tätigkeitsgebiet und dessen Inhalte in einer allgemeineren Form. Die Qualität eines derartigen Profils steht und fällt mit der Art von Aufgaben, die eine bestimmte Person ausführt. Sind diese eher von unstrukturierter Natur, wie bspw. das Verfassen von Dokumenten mittels einer Textverarbeitung, so kann ein Profil am ehesten durch die Inhalte gebildet werden. Handelt es sich allerdings um strukturierte Aufgaben, wie man sie bspw. bei allen Tätigkeiten vorfindet, denen ein bestimmter Prozess zugrunde liegt, so kann die zurückliegende Tätigkeiten dazu genutzt werden, um neben der Aufgabenstellung auch die Inhalte zu erfassen, die während der Ausführung der Aufgabenstellung in

    Arbeitskontext

hohe Änderungsrate

entsprechende neue oder veränderte Dokumente überführt werden sollen (vgl. auch Kapitel 8).

Da der Arbeitskontext durch eine hohe Änderungsrate gekennzeichnet ist, ist es sinnvoll, für die Bildung eines Profils der zurückliegenden Tätigkeit nur eine entsprechende zurückliegende Zeitspanne zu betrachten. Auf eine Filterung und Aggregation der Inhalte wird im Folgenden noch detailliert eingegangen.

Filterung und Aggregation

Zeitfenster

Herrscht innerhalb einer Dimension des einheitlichen Nutzermodells eine starke Änderungsrate vor bzw. werden in dieser Dimension eine Vielzahl von einzelnen Informationsblöcken erfasst, so muss zur Bildung eines Profils, wie bereits angedeutet wurde, eine entsprechende Filterung und Aggregation erfolgen. Typischerweise erfolgt die Filterung auf Basis eines Zeitfensters, das eine bestimmte, entweder fix vorgegebene oder variable Zeitspanne überbrückt. Diese Zeitspanne beginnt entweder ab dem aktuellen Zeitpunkt oder erst von dem Zeitpunkt t_d in der Vergangenheit aus, der nicht mehr für die Bildung des Profils der aktuellen Tätigkeit betrachtet wird.

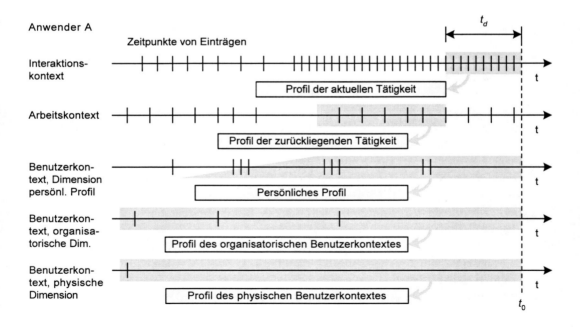

Abbildung 5.4
Bildung von Profilen aus Kontextinformation der Vergangenheit

5.1 Ableitung von Informationsbedürfnissen aus dem Kontext

In Abbildung 5.4 ist die exemplarische Betrachtung von unterschiedlichen Zeitspannen für die Ermittlung der einzelnen Profile dargestellt. Während das Profil der aktuellen Tätigkeit wie im vorherigen Abschnitt vorgestellt, aus den während der Zeitspanne t_d erfassten Nachrichten abgeleitet wird, erfolgt die Bildung des Profils der zurückliegenden Tätigkeit aus einem weiter zurückreichenden Zeitraum. Das persönliche Profil wird aus einer größeren, in die Vergangenheit zurückgehenden Zeitspanne abgeleitet. Die beiden Profile des organisatorischen und physischen Benutzerkontextes werden schließlich aus allen erfassten Kontexteinträgen erstellt. Neben der Anwendung von einfachen Zeitfenstern zur Filterung können, wie in Abbildung 5.4 zur Bildung des persönlichen Profils angewandt, auch komplexere Fensterfunktionen zum Einsatz kommen.

Die eigentliche Bildung eines Profils erfolgt in mehreren Schritten. Diese sind im Einzelnen:

Schritte zur Profilbildung

- Filterung der für ein Profil als relevant erachteten Kontextinformation aus einer oder mehreren Dimensionen des einheitlichen Nutzermodells.
- Selektion der durch den Filter ausgewählten Kontextinformation.
- Aggregation der Kontextinformation zu einem Profil.

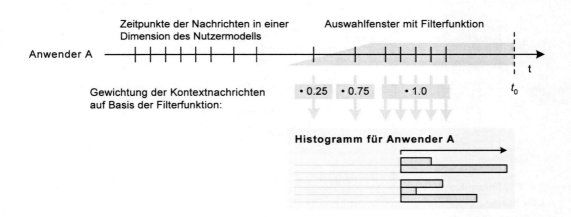

Abbildung 5.5
Filter als Auswahlfenster mit einer Filterfunktion

Neben der bereits dargelegten Filterung, bspw. auf Basis einer bestimmten Zeitspanne, erfolgt in einem weiteren Schritt nun die Extraktion der durch den Filter selektierten Kontextinformation. Dazu werden die jeweiligen RDF-Beschreibungen aus dem Nutzermodell

Extraktion

Gewichtungsfunktion

ausgewählt. Die in diesen RDF-Beschreibungen enthaltenen Konzepte werden in einem Histogramm nach ihrer Vorkommenshäufigkeit aggregiert. Kam als Filter bspw. eine Gewichtungsfunktion zum Einsatz (siehe Abbildung 5.5), welche einen Teil des zeitlichen Bereichs über eine Gewichtung unscharf maskiert, so fließen an dieser Stelle die entsprechenden Gewichtungen mit in die Werte des Histogramms mit ein. Ein derartiges Histogramm wird somit auf Basis der relativen Vorkommenshäufigkeit der einzelnen Konzepte gebildet.

Abschwächung älterer Kontextbeschreibungen

Ein anderer Weg der Abschwächung älterer Kontextbeschreibungen ist in Abbildung 5.6 dargestellt. Hier erfolgt eine Abstraktion der Konzepte über die entsprechende Ontologie im abschwächenden Bereich der Filterfunktion. Dies bedeutet, dass innerhalb dieses abschwächenden Bereichs der Filterfunktion nicht die in der jeweiligen Kontextinformation enthaltenen Konzepte, sondern deren übergeordnete Konzepte in der Vererbungshierarchie der jeweiligen Ontologie in das Modell aufgenommen werden. Damit werden ältere Kontextinhalte in einer abstrakteren Form erfasst. Ein weiteres Verfahren zur Abstraktion, das gleichzeitig den menschlichen Prozess des Vergessens zu simulieren versucht, ist bspw. bei Koychev [137] beschrieben.

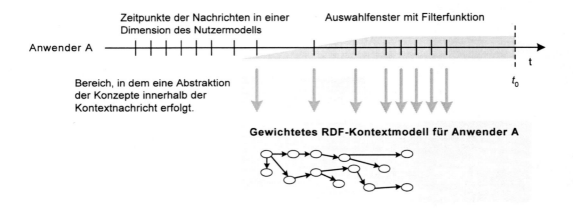

Abbildung 5.6
Durchführung einer Abstraktion über entsprechende Ontologien für den unscharfen Bereich der Filterfunktion

Verbindungen von Aussagen

Wenngleich die einfache Ermittlung von Vorkommen und Häufigkeitsverteilungen auf Basis von Histogrammen bereits verwertbare Aussagen über die Tätigkeitsinhalte einer Person ermöglicht, so führt diese Art der Aggregation allerdings zu einem Verlust der Verbindungen innerhalb und zwischen den einzelnen Kontextbeschreibungen. Gerade der Einsatz des Resource Description Frameworks zu deren Beschreibung ermöglicht die Herstellung von zahlreichen Verbindungen und so-

5.1 Ableitung von Informationsbedürfnissen aus dem Kontext

mit das Ziehen von Rückschlüssen aus den einzelnen Kontextbeschreibungen, bspw. auf alle von einer Person bearbeiteten Dokumente.

Um diese Beziehungen zu erhalten, erfolgt parallel zur Bildung von Histogrammen eine Aggregation der jeweils in RDF formulierten Kontextbeschreibungen in einem neuen RDF-Modell. Im Gegensatz zur Spezifikation von RDF (vgl. Klyne und Carroll [135]) unterstützt dieses RDF-Modell allerdings Gewichtungen für die Prädikate. Abbildung 5.7 demonstriert die Bildung eines gewichteten RDF-Modells anhand eines Beispiels. Die Gewichte der Prädikate werden dabei durch Ermittlung der durchschnittlichen Vorkommenshäufigkeit der entsprechenden RDF-Aussagen in allen drei Eingangsmodellen gebildet. In Kapitel 7 wird auf gewichtete RDF-Modelle im Detail noch eingegangen.

gewichtetes RDF Modell

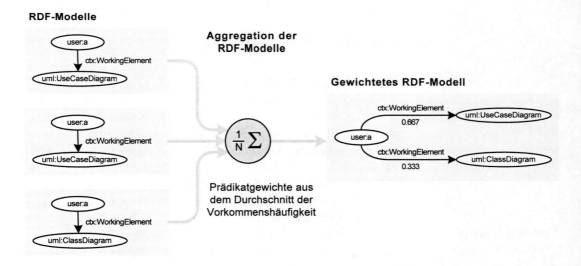

Abbildung 5.7
Bildung eines gewichteten RDF-Modells aus drei RDF-Modellen

Durch den Einsatz eines gewichteten RDF-Modells können zum einen die durch eine Filterfunktion eingeführten Gewichte auch in das RDF-Modell übernommen werden. Zum anderen kann die Vorkommenshäufigkeit von bestimmten Aussagen durch entsprechende Gewichte ausgedrückt werden, bspw. indem, wie in Abbildung 5.7 beispielhaft dargestellt, über die Vorkommenshäufigkeit der einzelnen Aussagen ein Durchschnitt gebildet und dieser als Prädikatgewicht eingesetzt wird.

Freiheitsgrade in der Erstellung der Profile

Wie bei der Vorstellung der einzelnen Profile aufgezeigt wurde, sind zu deren Bildung zahlreiche Freiheitsgrade gegeben. Dies betrifft sowohl die Auswahl der für ein bestimmtes Profil betrachteten Dimensionen im Nutzermodell als auch die Zeitspanne, für die aus dem Nutzermodell Kontextinformation zur Bildung eines Profils herangezogen werden soll.

Analyse der Anforderungen

Für eine konkrete Realisierung eines kontextbasierten Information Retrieval Systems bedeutet dies, dass zunächst eine genaue Analyse der Gegebenheiten, der besonderen Eigenschaften und auch der Anforderungen an ein kontextbasiertes Information Retrieval System innerhalb einer Anwendungsdomäne erfolgen muss. Aus dieser Analyse müssen dann entsprechende Regeln für die Bildung der einzelnen Profile abgeleitet werden. Eine exemplarische Realisierung für das Anwendungsgebiet des Software Engineerings wird in Kapitel 8 betrachtet.

Einflussnahme der Profile bei der Ermittlung des Informationsbedürfnisses

Die Einflussnahme der Profile bei der Ermittlung bzw. Verfeinerung eines Informationsbedürfnisses hängt ebenfalls stark von dem Anwendungsgebiet ab, für das ein kontextbasiertes Information Retrieval System realisiert werden soll. So ist bspw., wie bereits oben angeführt wurde, der physische Benutzerkontext für ein kontextbasiertes Information Retrieval System mit dem Ziel, Mobilfunkkunden interaktiv zu unterstützen von anderer Relevanz im Vergleich zu einer Realisierung eines Systems für Softwareentwickler, wie es in Kapitel 8 vorgestellt wird.

Einflussnahme der Profile

Motiviert durch das revidierte Modell von Wilson (siehe Kapitel 2.1.2) ist in Abbildung 5.8 die Einflussnahme der Profile auf das Entstehen eines latenten und eines erwarteten tatsächlichen Informationsbedürfnisses als grafisches Modell visualisiert. Da mit diesem Modell ein vorhandenes Informationsbedürfnis einer Person erschlossen, bzw. dieses Informationsbedürfnis sogar vor seiner Wahrnehmung durch eine Person antizipiert werden kann, wird dieses entsprechend als erwartetes tatsächliches Informationsbedürfnis bezeichnet. Diesem Modell, wie auch verschiedenen in Kapitel 2.1 dargestellten Modellen des Information Retrievals, liegt somit die Annahme zugrunde, dass sich ein Informationsbedürfnis aus der aktuellen Beschäftigung einer Person in Abhängigkeit von ihrem Wissen, ihren Kenntnissen und Fähigkeiten sowie dem näheren und weiteren Umfeld entwickelt.

latentes Informationsbedürfnis

In diesem Modell ist somit davon auszugehen, dass je nach Anwendungsgebiet ein Profil einen mehr oder weniger starken Anteil am Entstehen eines zunächst latenten Informationsbedürfnisses haben

5.1 Ableitung von Informationsbedürfnissen aus dem Kontext

wird. Dieser Anteil wird durch entsprechende aktivierende Gewichtungen ($w_{\text{Profil},A}$) dargestellt. Im Gegenzug wirken die Profile gleichzeitig als Hemmschuh für das Entstehen eines erwarteten tatsächlichen Informationsbedürfnisses, bspw. dann, wenn eine Person zur Verrichtung der aktuellen Tätigkeit genau über die dazu erforderlichen Kenntnisse und Fertigkeiten verfügt. Der Einfluss der einzelnen Profile auf diese Hemmung lässt sich somit als entsprechend hemmende Gewichtung ($w_{\text{Profil},H}$) einsetzen. Unterschreitet die Gesamthemmung eine bestimmte Schwelle, so wird aus dem bisher latenten nun ein erwartetes tatsächliches Informationsbedürfnis. Dieser Hemmungsmechanismus wird im folgenden Abschnitt noch detaillierter betrachtet.

aktivierendes Element
hemmendes Element
erwartetes tatsächliches Informationsbedürfnis

Hemmungsmechanismus

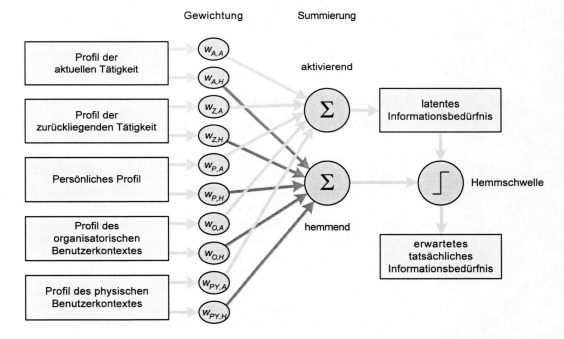

Abbildung 5.8
Modell der Einflussnahme der einzelnen Profile zum Entstehen eines Informationsbedürfnisses

Von hoher Relevanz auf das Informationsbedürfnis ist das Profil der zurückliegenden Tätigkeit. Dieses erlaubt zum einen eine Abschätzung, wie lange und intensiv eine Person sich mit einer Tätigkeit beschäftigt. Zum anderen kann darüber aber auch ein Eindruck über die Tätigkeitsinhalte einer Person im Allgemeinen gewonnen werden.

Über das Profil des organisatorischen Benutzerkontextes wie auch das Profil mit persönlichem Wissen sowie den Fähigkeiten und Interessen können Rückschlüsse auf besondere Wissensgebiete gezogen werden. Dies kann dafür genutzt werden, ein aus der aktuellen Tätigkeit vermutetes Informationsbedürfnis zu konkretisieren, wenn die Inhalte der aktuellen Benutzerinteraktion zum Interessensgebiet passen. Da in diesem Fall auf Seiten des Anwenders ein bestimmtes Vorwissen und auch besondere Kenntnisse vorausgesetzt werden können, ist die Schwelle, die zu einem tatsächlichen Informationsbedürfnis bei der betrachteten Person führt, höher anzusehen. Passen im anderen Fall die Inhalte, die aktuell von einem Nutzer bearbeitet werden, bspw. nicht zu dessen organisatorischer Stellenbeschreibung im Profil des organisatorischen Benutzerkontextes oder auch zu seinen Kenntnissen im persönlichen Profil, so ist die Schwelle für das Entstehen eines Informationsbedürfnisses niedriger anzusetzen. Wenngleich sich für diese Heuristik keine absoluten Schwellenwerte angeben lassen, so kann doch in Verbindung mit empirisch ermittelten Maßen und Heuristiken, wie in Kapitel 8 noch ausführlich dargelegt wird, eine durchaus praktikable Lösung gefunden werden.

Heuristik

5.2 Formulierung des Informationsbedürfnisses

Wie bereits in Kapitel 4.2 dargelegt, erfolgt die Beschreibung des erfassten Kontextes eines Benutzers mittels des Resource Description Frameworks. Dabei werden Ontologien für die eindeutige Bezeichnung der mittels RDF beschriebenen Kontextinformation eingesetzt. Im vorherigen Abschnitt wurden Wege aufgezeigt, wie aus der im Nutzermodell erfassten Kontextinformation verschiedene Profile gewonnen werden können. Dabei kann ein Profil sowohl durch ein Histogramm als auch durch ein gewichtetes RDF-Modell repräsentiert werden. In beiden werden die relativen Häufigkeiten des Auftretens der in der Kontextbeschreibung enthaltenen Konzepte abgebildet. Gegenüber dem Histogramm bleiben beim Aufbau gewichteter RDF-Modelle allerdings die Verbindungen zwischen den einzelnen Konzepten erhalten.

Der Einfluss der einzelnen Profile auf die Bestimmung eines Informationsbedürfnisses wurde ebenfalls bereits im vorherigen Abschnitt beschrieben und mittels des in Abbildung 5.8 dargestellten Modells konkretisiert. Dieses Modell kann nun auch zur Formulierung eines Informationsbedürfnisses herangezogen werden. Dabei wird zunächst ein latentes Informationsbedürfnis aus der in den Profilen enthaltenen Information gebildet.

Grundlage für die Formulierung eines Informationsbedürfnisses sind die gewichteten RDF-Modelle der jeweiligen Profile. Diese werden gemäß den Aktivierungsgewichten des in Abbildung 5.8 dargestellten Modells entsprechend gewichtet und zu einem neuen, ebenfalls gewich-

5.2 Formulierung des Informationsbedürfnisses

teten RDF-Modell eines latenten Informationsbedürfnisses zusammengeführt.

Die Überführung eines latenten Informationsbedürfnisses zu einem erwarteten tatsächlichen Informationsbedürfnis erfolgt durch das Unterschreiten der Hemmschwelle im Modell. Die Ermittlung eines erwarteten tatsächlichen Informationsbedürfnisses kann somit auch zum Auslösen eines automatischen Suchvorganges genutzt werden.

Auslösen eines automatischen Suchvorganges

Für die Realisierung dieser Hemmschwelle und eines entsprechenden Auslösemechanismus sind nun mehrere Lösungswege denkbar:

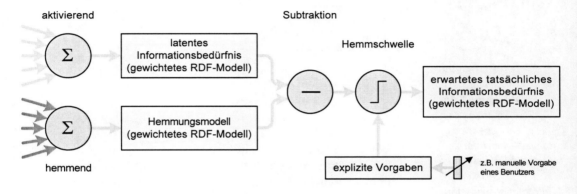

Abbildung 5.9
Ermittlung des erwarteten tatsächlichen Informationsbedürfnisses durch Subtraktion des Hemmungsmodells vom Modell des latenten Informationsbedürfnisses

- Geht man etwa, wie bspw. im Modell von Dervin (siehe Kapitel 2.1.2), von der Grundannahme aus, dass ein Informationsbedürfnis vorrangig immer dann auftritt, wenn die Inhalte der Tätigkeit einer Person mit deren Vorkenntnissen und den zurückliegenden Tätigkeiten divergieren, so wird zunächst analog zum gewichteten RDF-Modell eines latenten Informationsbedürfnisses ebenfalls ein gewichtetes RDF-Modell über die Hemmungsgewichte gebildet. Wie in Abbildung 5.9 dargestellt, wird nun dieses Hemmungsmodell vom Modell des latenten Informationsbedürfnisses subtrahiert, das heißt die entsprechenden Gewichtungswerte der Prädikate der in den beiden RDF-Modellen identisch vorkommenden RDF-Aussagen werden jeweils subtrahiert.

Die eigentliche Überführung zu einem erwarteten tatsächlichen Informationsbedürfnis erfolgt durch das Überschreiten einer Hemmschwelle durch bestimmte Prädikatengewichte. Die Hemmschwelle wie auch die Auswahl der dabei zu betrachtenden Prädikate und damit verbundenen Aussagen im RDF-Modell ist allerdings explizit festzulegen. Diese können z.B. in empirischen

Überschreiten einer Hemmschwelle

Versuchen ermittelt werden. Darüber hinaus ist auch denkbar, die Hemmschwelle durch den Anwender manuell einstellbar zu machen.

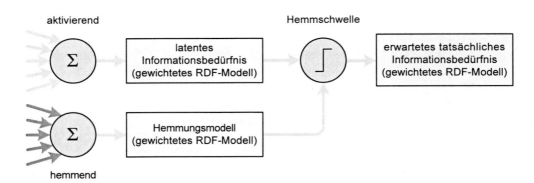

Abbildung 5.10
Ermittlung des erwarteten tatsächlichen Informationsbedürfnisses aus dem latenten Informationsbedürfnis

Subtraktion

- Ein Vorgehen, bei dem ein Hemmungsmodell vom Modell eines latenten Informationsbedürfnisses subtrahiert wird, bringt den immanenten Nachteil mit sich, dass bestimmte Inhalte des latenten Informationsbedürfnisses im erwarteten tatsächlichen Informationsbedürfnis immer unterdrückt werden. Da das Hemmungsmodell aber gerade auch Information über Wissen und Fähigkeiten einer Person enthält, können für eine spätere Formulierung einer Suchanfrage somit wichtige Bestandteile verloren gehen.

Ein alternatives Vorgehen besteht nun darin, wie in Abbildung 5.10 dargestellt ist, das Hemmungsmodell nur für das Auslösen der Hemmschwelle zu nutzen, bspw. auf Basis der jeweils zu einem Profil ermittelten Histogramme. Damit wird bei Auslösen der Hemmschwelle das latente in ein erwartetes tatsächliches Informationsbedürfnis überführt. Dem Vorteil, möglichst viel Information aus dem latenten Informationsbedürfnis zu erhalten, steht nun allerdings ein möglicher Nachteil gegenüber, dass aus Sicht einer Person zu filternde, da bekannte Inhalte nun im erwarteten tatsächlichen Informationsbedürfnis erhalten bleiben.

Auslösen der Hemmschwelle

explizite Regeln
Heuristik

- Neben der Nutzung der Profile kann zudem auch die in Kapitel 5.1.1 über explizit formulierte Regeln oder bspw. ein Hidden-Markov-Modell realisierte Heuristik für das Auslösen der Hemmschwelle berücksichtigt werden. Wie in Abbildung 5.11 verdeutlicht, ist dies als zusätzliche Option zu einem der im Vorherigen beschriebenen Auslösemechanismen zu sehen.

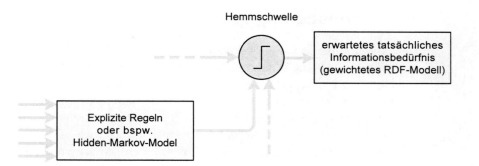

Abbildung 5.11
Einfluss auf die Hemmschwelle durch ein System von expliziten Regeln oder bspw. ein Hidden-Markov-Modell

Die hier vorgestellten Mechanismen zur Realisierung der Hemmschwelle sind, wie bereits angedeutet wurde, nicht als jeweils exklusive Lösungswege zu sehen. So sind neben einem reinen subtraktiven Vorgehen mit einer fixen Hemmschwelle und einer auf einem Hemmungsmodell basierenden Schwelle auch Kombinationen dieser beiden Vorgehen denkbar, bei denen bspw. nur bestimmte Inhalte des latenten Informationsbedürfnisses je nach Zustand des Hemmungsmodells unterdrückt werden.

Darüber hinaus ist auch die Anwendung verschiedener Modelle aus dem Gebiet der Künstlichen Intelligenz (KI) denkbar. Neben den Zuständen der Profile lassen sich auch die Veränderungen in diesen als Ausgangspunkt für die Ermittlung eines Informationsbedürfnisses heranziehen. Unter dieser Voraussetzung können bspw. KI-Modelle wie Neuronale Netze, Bayessche Netze oder auch die oben bereits erwähnten Hidden-Markov-Modelle sowohl zur Ermittlung der Hemmschwelle bzw. deren Auslösung als auch zur Anpassung des erwarteten tatsächlichen Informationsbedürfnisses Verwendung finden. Diese Modelle benötigen jedoch zunächst eine Lernphase. Diese kann bei einem kontextbasierten Information Retrieval System dadurch realisiert werden, dass für eine größere Anwendergruppe zunächst manuelle Suchanfragen und gleichzeitig die gegenwärtigen Profilinhalte für das Anlernen einer Hemmschwelle durch das Modell genutzt werden. Nach Abschluss der Lernphase kann dann das Modell selbständig die Hemmschwelle determinieren. Schließt man in die Betrachtung zusätzlich, etwa durch Relevance Feedback, die von den Anwendern nach deren Relevanz bewerteten Suchergebnisse mit ein, so kann ein Modell zusätzlich auch Einfluss auf bestimmte Profilinhalte nehmen und somit noch weitergehend auf die tatsächlich vorliegenden Informationsbedürfnisse trainiert werden.

Künstliche Intelligenz

Lernphase

5.3 Formulierung von Anfragen

Den Ausgangspunkt für die Formulierung von Suchanfragen stellt das im vorherigen Abschnitt dargestellte Modell eines erwarteten tatsächlichen Informationsbedürfnisses dar, welches durch ein gewichtetes RDF-Modell repräsentiert wird. Dieses RDF-Modell kann jedoch noch eine Reihe von Inhaltselementen in Form von RDF-Aussagen enthalten, die für eine direkte Ableitung von Suchanfragen eher hinderlich bzw. sogar unnütz sind. Diese können, wie in Kapitel 4.2.4 aufgeführt wurde, unter anderem die jeweilige Zeitangabe einer Kontextbeschreibung oder auch die Kennung des betreffenden Anwenders sein.

Bevor eine Ableitung von Suchanfragen aus dem Modell eines erwarteten tatsächlichen Informationsbedürfnisses erfolgt, bietet es sich daher an, dieses durch einen weiteren Verarbeitungsschritt in ein eigentliches *Suchmodell* zu überführen. Für diese Verarbeitungsschritte sind nun die folgenden Operationen denkbar:

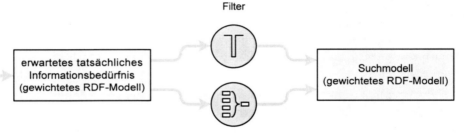

Abbildung 5.12
Ableitung eines Suchmodells aus dem Modell eines erwarteten tatsächlichen Informationsbedürfnisses

- **Filterung von bestimmten Elementen.** Wie oben bereits erwähnt und in Abbildung 5.12 visualisiert, können durch eine Filterfunktion aus dem gewichteten RDF-Modell eines erwarteten tatsächlichen Informationsbedürfnisses bestimmte Inhalte in Form von RDF-Aussagen entfernt werden. So ist es bspw. durchaus sinnvoll, jegliche Zeitangaben und Personenkennungen zu entfernen, da eine abgeleitete Suchanfrage auch entsprechende Information von anderen Personen finden soll, die darüber hinaus zu anderen Zeiten entstanden sein können.

Filterung
Für die Durchführung einer Filterung wird dazu ein neues, so genanntes Suchmodell, wiederum in Form eines gewichteten RDF-Modells, erstellt. In dieses werden bis auf die ausgefilterten RDF-Aussagen alle anderen im Modell eines erwarteten tatsächlichen

Informationsbedürfnisses enthaltenen RDF-Aussagen übernommen. Der Filter selbst kann somit bspw. auf Basis von bestimmten Regeln realisiert werden, welche die auszufilternden RDF-Aussagen beschreiben. Dazu können unter anderem auch Anfragesprachen für RDF, wie sie in Kapitel 7.2.1 näher beleuchtet werden, eingesetzt werden.

- **Aggregation und Transformation von bestimmten Elementen.** Trotz obiger Überlegung sind auch Anwendungsszenarien für ein kontextbasiertes Information Retrieval denkbar, bei denen bspw. zeitliche Aussagen aus dem Modell des erwarteten tatsächlichen Informationsbedürfnisses für die Ableitung von Suchanfragen sinnvoll erscheinen. Dies können neben relativen zeitlichen Beziehungen zwischen einzelnen Elementen im Modell des erwarteten tatsächlichen Informationsbedürfnisses auch ganz einfache absolute Zeitspannen sein, in denen bestimmte Kontexte aufgetreten sind. Um jedoch derartige zeitliche Aussagen für die Ableitung von Suchanfragen nutzbar zu machen, müssen die einzelnen Angaben von Zeitpunkten jeweiliger Kontextbeschreibungen in eine Angabe einer Zeitspanne überführt werden.

Dies kann nun, wie in Abbildung 5.12 ebenfalls dargestellt, durch eine Kombination von Aggregation bestimmter Inhalte und deren Transformation in einen oder mehrere neue Inhalte erfolgen. Dieser abstrakte Mechanismus ist nicht nur für die Überführung von Zeitpunkten in eine Zeitspanne, sondern für alle die Fälle von Interesse, bei denen eine Reihe von einzelnen Inhaltselementen aggregiert oder auch abstrahiert werden sollen. So können bspw. auch aus den in der Vergangenheit von einem Anwender bearbeiteten Dokumenten eine abstrakte Zusammenfassung der Dokumenttypen oder auch deren Inhalte erzeugt werden.

Aggregation/Transformation bestimmter Inhalte

- **Bildung von Anwendergruppen.** Neben einer Filterung bzw. Aggregation und Transformation von bestimmten Elementen aus dem gewichteten RDF-Modell eines erwarteten tatsächlichen Informationsbedürfnisses in ein Suchmodell sind darüber hinaus auch andere Methoden und Verfahren an dieser Stelle für den Aufbau eines Suchmodells denkbar. Eine Möglichkeit besteht darin, durch ein an Collaborative Filtering (siehe Kapitel 3.9) angelehntes Vorgehen zunächst ähnliche Anwender zu identifizieren. In diesem ersten Schritt kann zur Identifikation einer ähnlichen Benutzergruppe das Profil der aktuellen Tätigkeit und optional zusätzlich auch eines der in Kapitel 5.1.2 vorgestellten Profile genutzt werden. In einem zweiten Schritt können dann verschiedene Profile der identifizierten Nutzer zu einer Erweiterung des Suchmodells eingesetzt werden. Dabei sind vor allem die Kontextbe-

Collaborative Filtering

schreibungen bzw. die daraus folgenden Profile von Interesse, welche zeitlich auf die als ähnlich identifizierten folgen.

Ein derartiger Ansatz versucht somit vom aktuellen Kontext eines Anwenders ausgehend zunächst in der Vergangenheit liegende ähnliche Kontexte anderer Personen zu identifizieren, um dann allerdings die jeweils zeitlich darauf folgenden Kontexte mit in das Suchmodell einzubeziehen. Geht man bei einem Anwender von einer aktuell vorliegenden Aufgabe aus, so versucht dieses Vorgehen mögliche Lösungen anderer Personen mit ähnlicher Aufgabenstellung zu identifizieren.

Formulierung einer Suchanfrage

Die eigentliche Formulierung einer Suchanfrage aus dem Suchmodell, das, wie dargestellt, durch ein gewichtetes RDF-Modell repräsentiert wird, erfolgt nun in Hinblick auf ein oder mehrere jeweils zur Verfügung stehende Information Retrieval Systeme. Dabei werden im Folgenden zwei grundlegende Szenarien unterschieden. Zum einen die Anbindung von Information Retrieval Systemen, die auf dem Vektorraummodell basieren oder zumindest textuelle Anfragen entgegennehmen, und zum anderen die Suche in einem RDF-Repository, in dem, wie in Kapitel 4.1 und 4.4 beschrieben, neben Kontextbeschreibungen auch Dokumente und deren Inhalte erfasst werden.

Vektorraummodell

■ **Formulierung von Suchanfragen mittels Vektorraummodell.** Eine Suchanfrage wird im Vektorraummodell durch einen Termvektor repräsentiert (vgl. z.B. Ferber [88, 3.6 Das Vektorraummodell]). Um aus dem gewichteten RDF-Modell des Suchmodells einen Termvektor abzuleiten, sind verschiedene Vorgehensweisen denkbar. Eine Möglichkeit ist es, zunächst alle im gewichteten RDF-Modell vorkommenden Konzepte, die innerhalb einer Ontologie beschrieben werden, durch die entsprechende textuelle Beschreibung jedes Konzeptes in der Ontologie zu repräsentieren. Das heißt aus den jeweiligen Beschreibungstexten der einzelnen Konzepte wird zunächst jeweils ein Termvektor gebildet. Literale werden so ebenfalls in einen Termvektor überführt. Bei der Überführung der Texte in entsprechende Termvektoren können zudem die im Information Retrieval üblichen Verfahren wie Stoppworteliminierung oder Stammformreduktion angewandt werden (vgl. bspw. Baeza-Yates and Ribeiro-Neto [17, 7.2 Document Preprocessing]). Die Gewichtungen im Modell übertragen sich nun entsprechend auf die jeweiligen Termvektoren. Schließlich lässt sich das gesamte Modell zu einem Termvektor zusammenfassen.

Behandlung von Literalen

Kann einem Information Retrieval System nicht direkt ein Termvektor als Anfrage übergeben werden, so kann aus dem Termvektor zunächst eine entsprechende Anzahl der am höchst gewichtetsten Terme extrahiert werden. Diese Terme werden dann als Anfrage an eine Suchmaschine weitergegeben (vgl. z.B. auch Kapitel 3.1, Watson).

- **Formulierung von Suchanfragen mittels RDF.** Da das Suchmodell als gewichtetes RDF-Modell vorliegt, bietet sich eine Formulierung der Suchanfrage mittels des Resource Description Frameworks an. Folgt man dem in Kapitel 4 beschriebenen Vorgehen zur Erfassung von Kontextinformation, können die Inhalte zahlreicher und verschiedener Datenquellen in einer Organisation erfasst und einheitlich mittels des Resource Description Frameworks beschrieben werden. Die Erfassung und Speicherung der RDF-Daten übernimmt in diesem Fall ein entsprechendes RDF-Repository (vgl. auch Kapitel 7.2.2).

  gewichtetes RDF-Modell

  Durch eine derartig intensive Erfassung können diese Daten nicht nur als Quelle für die Formulierung von kontextbasierten Suchanfragen dienen, sondern vielmehr auch als Ziel für derartige Suchanfragen genutzt werden. Ziel einer Suchanfrage ist es nun, zu den im Suchmodell beschriebenen Inhalten ähnliche Inhalte im RDF-Repository zu finden.

  Wie in Kapitel 7 noch ausführlich dargestellt wird, kann dazu zum einen auf eine Reihe von in den vergangenen Jahren präsentierten Ansätzen und Systemen von RDF-Repositories und entsprechenden Anfragesprachen zurückgegriffen werden. Da diese jedoch durchweg weder die im Information Retrieval üblichen vagen Anfragen noch nach Relevanz sortierte Ergebnislisten zu liefern vermögen, wird in Kapitel 7 ein eigener Ansatz für die Realisierung von Suchanfragen mittels RDF präsentiert.

Eine Formulierung von Suchanfragen mittels RDF bringt nicht nur den Vorteil mit sich, dass das Suchmodell direkt zur Formulierung herangezogen werden kann. Vielmehr bleiben auch die Beziehungen zwischen den einzelnen RDF-Aussagen innerhalb des Modells erhalten. Darüber hinaus bietet die Suchanfrage mittels RDF auch die Möglichkeit nicht nur zum Suchmodell ähnliche Inhalte in einem RDF-Repository zu finden.

Beziehungen zwischen den einzelnen RDF-Aussagen

Hat bspw. ein Anwender gerade die Tätigkeit an einem neuen Dokument begonnen und liegt ihm dazu eine entsprechende Aufgabenbeschreibung oder bestimmte Anforderungen vor, so finden sich diese entsprechend mittels RDF beschrieben auch im Suchmodell wieder (vgl. Kapitel 4.4). Die in einem RDF-Repository als ähnlich identifizierten RDF-Aussagen können nun auch dazu verwendet werden, nicht nur ähnliche Situationen mit ähnlichen Aufgabenstellungen anderer Anwender zu identifizieren, sondern auch die daraus resultierenden Dokumente.

Bei einer Formulierung der Suchanfrage mittels des Vektorraummodells gehen die expliziten Beziehungen zwischen den einzelnen RDF-Aussagen im Suchmodell jedoch verloren. Implizit nehmen diese trotzdem Einfluss durch die jeweiligen Termvektoren der entsprechenden Konzepte bzw. die Inhalte von Literalen. Damit büßt die Suchanfrage zwar immer noch gegenüber der Formulierung mittels RDF an Informationsgehalt ein. Allerdings ist so die Anbindung eines vorhandenen Information Retrieval Systems möglich bzw. die Einbindung von externen Systemen, wie bspw. von Internet Suchmaschinen.

5.3.1 Automatische Formulierung von Suchanfragen

Das im bisherigen Verlauf präsentierte Modell einer Ableitung von Informationsbedürfnissen aus der Kontextinformation sowie die daraus folgende Formulierung des Informationsbedürfnisses sehen einen Mechanismus vor, der unter bestimmten Gegebenheiten ein erwartetes tatsächliches Informationsbedürfnis aufzeigt. Dieses ist gleichzeitig die Quelle für die Formulierung von Suchanfragen.

Formulierung einer Suchanfrage

Den Anstoß für die Formulierung einer Suchanfrage und damit auch für die Ausführung einer entsprechenden Suche stellt somit der in Kapitel 5.2 dargestellte Hemmungsmechanismus dar. Die Ausführung einer eigentlichen Suchanfrage kann jedoch auch erst dann erfolgen, wenn sich entweder die Suchanfrage oder das Suchmodell gegenüber der bzw. dem zuletzt betrachteten Suchanfrage oder -modell um ein bestimmtes Maß verändert hat. Als Maß kann bspw. eine relative Anzahl von RDF-Aussagen dienen, die zwischen einem aktuellen und einem zuletzt betrachteten Suchmodell bzw. einer Suchanfrage differieren. Bei einer Suchanfrage in Form eines Termvektors kann als Maß der Abweichung das Skalarprodukt oder das Kosinusmaß (vgl. bspw. Salton [217]) dienen.

Mit diesem Vorgehen werden unter anderem zwei Ziele verfolgt:

- Einem Anwender werden nur dann neue Ergebnisse präsentiert, wenn es auch eine neue Suchanfrage gibt. Wie bereits in Kapitel 2.3 aufgeführt wurde, soll ein Anwender durch die automatische Ausführung von Suchanfragen und die Präsentation der Ergebnisse möglichst nicht in seiner eigentlichen Tätigkeit unterbrochen werden.
- Die Anzahl der Ausführungen von Suchanfragen und damit die Belastung von entsprechenden Information Retrieval Systemen wird reduziert. Dies ist insbesondere auch von Interesse, wenn

externe Systeme wie bspw. Internet-Suchmaschinen angebunden werden, die pro Nutzer nur eine bestimmte Anfragelast erlauben.

Mit einer automatischen Formulierung von Suchanfragen kann somit eine kontinuierliche Abfrage von zur aktuellen Tätigkeit relevanter Information erreicht werden. Das bedeutet zudem, dass ein Anwender sein Informationsbedürfnis nicht erst formulieren muss, bevor er eine Suchanfrage an ein Information Retrieval System absetzen kann. Darüber hinaus können automatische Suchanfragen bereits dann ausgelöst werden, wenn ein Anwender selbst noch kein tatsächliches Informationsbedürfnis verspürt bzw. bei ihm die aktionshemmende Unsicherheit für die Formulierung einer Suchanfrage zu hoch ist.

kontinuierliche Abfrage

5.3.2 Unterstützung von manuellen Suchanfragen

Neben der automatischen Ausführung von Suchanfragen können von einem Anwender manuell gestellte Suchanfragen durch Information über den Kontext unterfüttert werden. Wie oben ausgeführt wurde, wird ein Suchmodell allerdings erst dann erzeugt, wenn die in Kapitel 5.2 dargestellte Hemmschwelle erreicht bzw. überschritten wurde. Ist dies bei Auslösung einer manuellen Suchanfrage durch einen Anwender nicht der Fall, wird diese Hemmschwelle durch Auslösen der Suchanfrage ebenfalls aktiviert, so dass ein entsprechendes Suchmodell erzeugt werden kann.

manuell gestellte Suchanfragen

Für manuell formulierte Suchanfragen muss zudem eine besondere Behandlung betrachtet werden, je nachdem in welcher Form eine spätere Formulierung der Suchanfrage erfolgen wird:

- Erfolgt die Formulierung der Suchanfrage mittels des Vektorraummodells, werden sowohl die von einem Anwender eingegebene Anfrage als auch der Inhalt des Suchmodells jeweils in einen Termvektor überführt. Beide Termvektoren werden daraufhin z.B. durch Addition zu einem einzigen Vektor verschmolzen, wobei noch eine optionale Gewichtung vorgenommen werden kann, bspw. um den Termvektor des Suchmodells im Verhältnis zur manuell gestellten Anfrage mit geringerer Relevanz einfließen zu lassen. Weitere Behandlungen des Termvektors hängen von der jeweiligen Implementierung ab und können z.B. eine Normierung der Vektorlänge vorsehen (vgl. bspw. Salton und Buckley [219]). Die Ableitung einer Suchanfrage erfolgt dann wie bereits weiter oben beschrieben.

  Suchanfrage mittels Vektorraummodell

- Geschieht die Formulierung der Suchanfrage mittels RDF, so können die Terme einer manuellen Suchanfrage bspw. in Form eines Literals eingebunden werden. Allerdings besteht im Resource

  Suchanfrage mittels RDF

Description Framework eine Aussage aus den drei Komponenten Subjekt, Prädikat und Objekt. Wie in Kapitel 7 noch ausführlich dargelegt werden wird, können für eine RDF-Aussage als Anfrage bspw. an Stelle von Subjekt und Prädikat jeweils so genannte Wildcards zum Einsatz kommen, während das Literal mit der manuellen Suchanfrage an die Stelle des Objekts gesetzt wird.

Identifikation von Konzepten

Innerhalb des Resource Description Frameworks wird jedoch ein Großteil der Aussagen über Konzepte getroffen, die einer oder mehreren Ontologien entstammen. Sollen nun mittels einer textuellen Anfrage auch entsprechende Inhalte gefunden werden, die über Konzepte beschrieben werden, muss die Anfrage ebenfalls durch entsprechende Konzepte repräsentiert werden. Einen ersten Schritt dahin stellt die Identifikation von zu einer Anfrage passenden Konzepten aus einer oder mehreren Ontologien dar. Wie bspw. Kiryakov et al. [133] oder auch Ozcan und Aslandogan [187] zeigen, können zu einem Text entsprechende Konzepte von Ontologien identifiziert werden. Die einfachste Form einer Identifikation von Konzepten basiert dabei auf dem Vektorraummodell. Sie vergleicht den gegebenen Text einer Suchanfrage mit den textuellen Beschreibungen der einzelnen Konzepte in deren Ontologie (vgl. bspw. Volz et al. [266]). Eine bestimmte feste Anzahl der ähnlichsten Konzepte oder mindestens diejenigen Konzepte, deren Ähnlichkeit ein bestimmtes Maß überschreitet, werden nun entsprechend der Anfrage zugeordnet. Die resultierenden Konzepte können dann analog zum oben beschriebenen Vorgehen für ein Literal in das Suchmodell integriert werden.

Suche ähnliche Dokumente zu diesem

- Wird eine manuelle Anfrage aus einem Dokument gebildet, bspw. über eine Funktion »Suche ähnliche Dokumente zu diesem«, so können zu dessen Beschreibung mittels des Resource Description Frameworks die in Kapitel 4 gezeigten Mechanismen und Vorgehen genutzt werden. Eine derartige Anfrage kann sodann direkt mit in das Suchmodell integriert werden. Auch hier ist bspw. eine entsprechende Höhergewichtung der Inhalte der manuellen Anfrage denkbar.

Nach der Einarbeitung der manuellen Suchanfrage eines Anwenders in das Suchmodell bei einer Formulierung der Suchanfrage mittels RDF oder direkt in einen Anfragevektor bei einer auf dem Vektorraummodell basierenden Formulierung, kann die eigentliche Anfragebearbeitung gestartet werden.

Ziel der Unterstützung manuell gestellter Suchanfragen ist die Erhöhung entweder einer oder der beiden im Information Retrieval angewandten Qualitätskriterien Precision und Recall (vgl. z.B. Baeza-Yates und Ribeiro-Neto [17, 3.2 Retrieval Performance Evaluation]):

- **Erhöhung des Recalls.** Der Recall bezeichnet das Verhältnis der tatsächlichen relevanten Elemente im Suchergebnis zu der Gesamtanzahl dieser innerhalb der von einem Information Retrieval System erfassten Kollektion von Dokumenten: *Recall*

$$\text{Recall} = \frac{\text{gefundene relevante Dokumente}}{\text{relevante Dokumente insgesamt}}$$

Ein zu geringer Recall ist bei einer manuellen Suchanfrage bspw. dann der Fall, wenn eine Person entweder aus Unkenntnis einer speziellen Begrifflichkeit oder auch mangels Sprachfertigkeit nicht die Suchbegriffe anwendet, die in den für das eigentliche Informationsbedürfnis relevanten Dokumenten enthalten sind. Für grundlegende Problembereiche, wie bspw. die Behandlung von Flexionsformen oder Synonymen in natürlichen Sprachen sind verschiedene Lösungsmöglichkeiten wie der Einsatz von Stemmern oder Thesauri erprobt (vgl. z.B. Baeza-Yates und Ribeiro-Neto [17, 7.2 Document Preprocessing]).

Durch die Unterfütterung einer manuellen Suchanfrage lässt sich nun der Recall erhöhen, indem die Suchanfrage durch die im Suchmodell enthaltene Information erweitert wird. Das bedeutet, dass sowohl der in einer Anfrage enthaltene Inhalt als auch der Inhalt aus dem Kontext mit in der Suche betrachtet wird. Durch die Anwendung des Resource Description Frameworks zum einen und den Einsatz von Ontologien zum anderen lassen sich Anfragen ähnlich dem Einsatz eines Thesaurus stufenweise erweitern, indem bei einer zu geringen Anzahl von Ergebnissen die Konzepte im Suchmodell durch die jeweils in der Ontologie eine Hierarchiestufe höher stehenden Konzepte ersetzt werden. Durch den Einsatz des Resource Description Frameworks und von Ontologien können zudem die oben angesprochenen Probleme im Umgang mit natürlichen Sprachen umgangen werden.
- **Erhöhung der Precision.** Mit Precision wird das Verhältnis der relevanten Elemente im Ergebnis eines Information Retrieval Systems zur Gesamtzahl der gefundenen Elemente bezeichnet: *Precision*

$$\text{Precision} = \frac{\text{gefundene relevante Dokumente}}{\text{gefundene Dokumente insgesamt}}$$

Eine zu geringe Precision deutet bspw. darauf hin, dass eine manuelle Suchanfrage nicht spezifisch genug formuliert wurde. An dieser Stelle kann nun der Einsatz des Suchmodells helfen, eine

Suchanfrage derart zu erweitern, dass sie ein aktuell vorliegendes Informationsbedürfnis eines Anwenders besser widerspiegelt. Der Grad der Spezialisierung lässt sich in diesem Fall ebenfalls durch den Einsatz von Ontologien in gewissem Maße steuern, indem bspw. zu im Suchmodell gegebenen Konzepten deren hierarchisch übergeordnete oder auch untergeordnete Konzepte eingesetzt werden. Auch hier kann der Einsatz von RDF und Ontologien zur eindeutigen Bezeichnung helfen, die Problematik einer entsprechend spezifischen Formulierung von Suchanfragen zu unterstützen.

schrittweise Vorgehensweise

Neben einer gesonderten Betrachtung der beiden vorgestellten Fälle zur jeweiligen Erhöhung von Recall und Precision ist auch eine Kombination beider Vorgehensweisen zur gemeinsamen Steigerung von Recall und Precision denkbar. Im praktischen Einsatz bietet sich zudem eine schrittweise Vorgehensweise an, bei der zunächst durch Einsatz des Suchmodells eine Erhöhung der Precision zu erreichen versucht wird. Unterschreitet die Anzahl der Ergebnisse eine bestimmte Schranke, so kann dann zusätzlich durch eine Erweiterung der beinhalteten Konzepte eine Erhöhung des Recalls versucht werden. Wie in Kapitel 7 noch im Detail dargestellt wird, kann der Vorgang einer Erweiterung oder Einschränkung der einzelnen Konzepte auch in die Anfragebearbeitung mit integriert werden.

5.4 Zusammenfassung

Ausgangspunkt für die Ermittlung eines Informationsbedürfnisses stellt das einheitliche Nutzermodell dar. In diesem Kapitel wurden nun Wege und Methoden aufgezeigt, wie von diesem ausgehend zunächst verschiedene Profile der aktuellen und zurückliegenden Tätigkeit sowie darüber hinaus Profile mit persönlichen Kenntnissen und Fähigkeiten, einer organisatorischen als auch physischen Dimension gebildet werden können.

Das in seinen einzelnen Teilen präsentierte Modell erläutert zunächst die Ableitung eines latenten und daraus folgend erwarteten tatsächlichen Informationsbedürfnisses aus den einzelnen Profilen. Dabei wird vor allem deren aktivierender und gleichzeitig hemmender Einfluss auf die Bildung eines latenten Informationsbedürfnisses dargestellt. Aus diesem latenten Informationsbedürfnis wird nun ein erwartetes tatsächliches Informationsbedürfnis gewonnen. Für diesen Prozess wurden mehrere Varianten präsentiert, die sich zum einen in der Ableitung eines erwarteten tatsächlichen Informationsbedürfnisses von dessen latenten Vorgänger und zum anderen auch in der Bestimmung eines Auslösemechanismus unterscheiden.

Sowohl die Ableitung der Profile aus dem einheitlichen Nutzermodell wie auch das Modell in sich gewähren sehr viele Freiheitsgrade für eine konkrete Ausgestaltung. Wie in diesem Kapitel aufgezeigt wurde, kann für alle möglichen und denkbaren Anwendungsgebiete eines kontextbasierten Information Retrievals kein in allen Details jeweils festgezurrtes Modell vorgeschlagen werden. Die einzelnen Anwendungsbereiche enthalten dafür zu unterschiedliche Ausgangsbedingungen und auch Anforderungen. Das präsentierte Modell stellt somit eher einen Gestaltungsrahmen mit verschiedenen Empfehlungen für die Realisierung eines kontextbasierten Information Retrieval Systems dar. Gleichzeitig erlauben die vielen Freiheitsgrade eines derartigen Modells zahlreiche Möglichkeiten der Optimierung, sowohl in der Auswahl der heranzuziehenden Kontextinformation als auch für die konkrete Realisierung der einzelnen Komponenten des dargestellten Modells.

Ein kontextbasiertes Information Retrieval System kann sowohl zur automatischen Formulierung von Suchanfragen als auch zur Unterstützung von manuell gestellten Anfragen eines Benutzer dienen. Dabei wird, neben anderen Zielen, auch eine Steigerung von Recall oder Precision bzw. auch von beiden verfolgt. Für die eigentliche Anfragebearbeitung kann nun entweder ein bestehendes und bspw. auf dem Vektorraummodell basierendes Information Retrieval System eingesetzt werden oder, wie in Kapitel 7 noch detailliert betrachtet wird, eine direkte Anfragebearbeitung auf Basis des Resource Description Frameworks erfolgen.

Teil III

Das COBAIR-Framework – Ein Rahmen zur Realisierung kontextbasierter Information Retrieval Systeme

6 Das COBAIR-Framework

Die Entwicklung eines kontextbasierten Information Retrieval Systems stellt, wie jedes andere umfangreiche Softwareprojekt auch, entsprechende Anforderungen sowohl an alle Projektbeteiligten als auch an das Vorgehen bei der Realisierung eines derartigen Softwaresystems. Auf dem Gebiet des Software Engineering widmen sich zahlreiche Autoren, wie unter anderem Sommerville [243], sowohl einem planmäßigen Vorgehen zur Erstellung von umfangreichen Softwaresystemen als auch den dazu einzusetzenden Technologien und Methoden. Neben dem Einsatz von objektorientierten Programmiersprachen und einer komponentenbasierten Entwicklung haben sich so genannte Frameworks bei der Erstellung von umfangreichen Softwareanwendungen etabliert.

Frameworks

Im vorangegangenen Teil dieser Arbeit wurde ein Vorgehen präsentiert, wie aus verschiedenen Anwendungen der Kontext von Personen erschlossen, beschrieben und in einem einheitlichen Nutzermodell gegliedert und verwaltet werden kann. Im weiteren Verlauf wurde zudem gezeigt, wie aus ebendieser gewonnenen Kontextinformation auf ein Informationsbedürfnis einer Person geschlossen und daraus entsprechende Suchanfragen für ein Information Retrieval System abgeleitet werden können.

In diesem Kapitel wird nun das COBAIR-Framework für die Realisierung von kontextbasierten Information Retrieval Systemen vorgestellt. Neben den allgemein mit der Entwicklung und dem Einsatz von Frameworks verfolgten Zielen, auf die im Folgenden noch eingegangen werden wird, soll mit dem COBAIR-Framework vor allem die Handhabung von umfangreichen Datenmengen bei Erfassung, Verwaltung und Anfragebearbeitung auf Basis von Kontextinformation ermöglicht werden.

Handhabung umfangreicher Datenmengen

6.1 Einsatz von Frameworks bei der Softwareentwicklung

Frameworks repräsentieren zunächst eine objektorientierte Methodik der Wiederverwendung. Während Komponenten (vgl. bspw. Szyperski

objektorientierte Methodik der Wiederverwendung

[256] oder auch Griffel [98]) Bausteine darstellen, die eine bestimmte Funktionalität bieten und über standardisierte Schnittstellen angesprochen werden, beziehen sich Frameworks darüber hinaus auf das Design einzelner Teile oder die gesamte Architektur eines Softwaresystems. Während es bei der Wiederverwendung von Softwarekomponenten vorrangig um die Nutzung der durch eine Komponente bereitgestellten Funktionalität geht, wird mit dem Einsatz eines Frameworks die Übernahme eines bestimmten Designs oder einer Architektur für eine auf Basis eines Frameworks zu erstellende Software verfolgt (vgl. z.B. Wirfs-Brock und Johnson [271]).

Übernahme von Design oder Architektur

Definition: Framework

In der Literatur finden sich eine Reihe von Definitionen für den Begriff des Frameworks. Eine zusammenfassende Definition gibt Fayad et al. [85]:

> A framework is a reusable design of a system that describes how the system is decomposed into a set of interacting objects. Sometimes the system is an entire application; sometimes it is just a subsystem. The framework describes both the component objects and how these objects interact. It describes the interface of each object and the flow of control between them. It describes how the system's responsibilities are mapped onto its objects. [130] [271]
> The most important part of a framework is the way that a system is divided into its components. [71]

Architektur einer Anwendung

Nach Gamma et al. [95] diktiert ein Framework die Architektur einer zu erstellenden Anwendung. Ein Framework fasst dabei eine Reihe von Designentscheidungen für Softwaresysteme in einem bestimmten Anwendungsgebiet zusammen. Dabei definiert ein Framework die alles überragende Struktur eines Softwaresystems, die Aufgabenverteilung der verschiedenen Klassen und Komponenten innerhalb dessen sowie deren Zusammenspiel.

Der Entwurf eines Frameworks kann sowohl induktiv wie auch deduktiv erfolgen. Ein induktives Vorgehen leitet bspw. aus einer Reihe von erfolgreichen Entwicklungsprojekten einen allgemeinen Architekturrahmen, ein Framework ab, der für weitere Projekte als Ausgangsbasis dient. Ein deduktives Vorgehen bildet aus einer Reihe von speziellen Anforderungen und auch allgemeinen Konstruktionsregeln eine Rahmenarchitektur. Ein durch deduktives Vorgehen erstelltes Framework wird jedoch durch eine Erprobung im Praxiseinsatz noch induktiv modifiziert und verbessert werden müssen.

induktives Vorgehen

deduktives Vorgehen

Eigenschaften von Frameworks

Die Eigenschaften von Frameworks fassen Fayad et al. [85] in den folgenden Punkten zusammen:

- **Modularität.** Frameworks erhöhen die Modularität einer Architektur, indem sie veränderbare Implementierungen hinter stabilen Schnittstellen kapseln. Dadurch lässt sich zudem die Qualität eines Softwaresystems steigern, da sich Änderungen an Design oder Implementierung nunmehr lokal auswirken.
- **Wiederverwendung.** Die stabilen Schnittstellen eines Frameworks erhöhen die Wiederverwendung, indem sie eine Entwicklung von generischen Komponenten fördern, die auch in anderen, auf einem bestimmten Framework basierenden Systeme Verwendung finden können.
- **Erweiterbarkeit.** Ein Framework erhöht die Erweiterbarkeit durch die Einführung der so genannten Hook-Methoden (siehe Pree [195] oder auch Gamma et al. [95, Template Method]). Eine Anwendung kann an von einem Framework definierten Stellen eigene Methoden registrieren bzw. einhängen, die beim Eintreten von bestimmten Ereignissen aus dem Framework heraus aufgerufen werden. Hook-Methoden helfen so auf der einen Seite die stabilen Schnittstellen des Frameworks zu erhalten und erlauben auf der anderen Seite dennoch eine flexible Erweiterung eines Frameworks auf die spezifischen Anforderungen einer konkreten Realisierung.
- **Inversion of Control.** Die Architektur eines Frameworks ist meist durch eine Umkehr der Aufrufkontrolle gekennzeichnet. Innerhalb eines Frameworks erfolgt die Kontrolle über den Ablauf der einzelnen Operationen. Das bedeutet, dass ein Framework auf bestimmte Ereignisse entsprechend reagiert und bspw. die von einer konkreten Realisierung registrierten Hook-Methoden aufruft. Eine konkrete Realisierung eines Softwaresystems muss sich somit nicht mehr mit der Behandlung aller möglicher Ereignisse beschäftigen, sondern kann sich auf einzelnen, für eine spezifische Anwendung als relevant erachtete, beschränken.

Abgrenzung zu Design Patterns

Frameworks weisen eine Reihe von Ähnlichkeiten zu Design Patterns (vgl. z.B. Gamma et al. [95] oder Buschmann et al. [56]) auf. Dennoch lassen sich Frameworks von Design Patterns klar unterscheiden, wie bspw. Gamma et al. [95] herausstellt:

- Design Patterns sind mehr abstrakter Natur als Frameworks. Während Frameworks im Quellcode implementiert werden, sind Design Patterns typischerweise nur in Beispielen ausimplementiert. Frameworks liegen meist als mehr oder minder direkt ausführbare Programme oder Bibliotheken vor, die direkt zum Einsatz kommen können. Design Patterns werden bei jeder Verwendung neu implementiert.
- **Design Patterns sind kleinere architektonische Elemente als Frameworks.** Typische Frameworks umfassen nicht nur mehr Klassen als ein typisches Design Pattern, Frameworks machen sogar häufig Verwendung von Design Patterns. Eine gegensätzliche Aussage lässt sich dagegen nicht bewahrheiten.
- **Design Patterns sind weniger spezialisiert im Gegensatz zu Frameworks.** Frameworks sind meist auf eine spezielle Anwendungsdomäne zugeschnitten. Ein Framework für grafische Editoren lässt sich zwar für das Design betrieblicher Abläufe einsetzen, zur Simulation ebendieser Abläufe taugt es allerdings nicht. Im Gegensatz dazu lassen sich Design Patterns in nahezu jeder Anwendung einsetzen.

Wie fließend dennoch die Grenzen sind, zeigt eines der ersten in der Literatur aufgeführten Frameworks, das Model View Controller-Framework (vgl. Johnson und Foote [130] sowie Wirfs-Brock und Johnson [271]). Ebendieses Framework wird später von Buschmann et al. [56] allerdings als Design Pattern eingeführt.

Arten und Klassifikation von Frameworks

Wie bereits angedeutet, gibt es eine Vielzahl von Frameworks, die jeweils auf eine bestimmte Anwendungsdomäne abzielen. So existieren spezialisierte Frameworks zur Realisierung von ERP-Systemen (vgl. bspw. [223, SAP Composite Application Framework]) genauso wie sehr allgemein gehaltene Frameworks, die zur allgemeinen Erstellung von Programmen, unter anderem mit einer grafischen Oberfläche genutzt werden können (vgl. bspw. [250] oder [168]). Eine umfassende Übersicht über verschiedene Arten von Frameworks sowie deren Klassifikation ist bei Fayad et al. [85] und auch bei Pree [196] zu finden.

White- und Blackbox-Frameworks

Frameworks können zudem, je nachdem, wie eine Erweiterung technisch erfolgt, zwischen White- und Blackbox-Frameworks unterschieden werden (vgl. Johnson und Foote [130]). Während Whitebox Frameworks durch Ableitung entsprechender Klassen aus dem Framework in einem Softwaresystem angewendet werden, welches ein gewisses Verständnis der internen Vorgänge des Frameworks bedarf, erfolgt die Anwendung eines Blackbox-Frameworks über eigenständige Komponenten, die über definierte Schnittstellen und Hook-Methoden mit dem Framework kommunizieren.

Vorteile beim Einsatz von Frameworks

Die allgemeinen Vorteile, die beim Einsatz eines Frameworks für die Konstruktion eines Softwaresystems erwartet werden, lassen sich wie folgt zusammenfassen (vgl. bspw. auch Fayad et al. [85]):

- **Empfehlung einer Architektur.** Mit einem Framework wird eine Architektur für die Realisierung eines Softwaresystems anempfohlen, die sich typischerweise in zahlreichen Anwendungsentwicklungen als bewährt herausgestellt hat.
- **Unterstützung einer Wiederverwendung von Komponenten.** Der Einsatz eines Frameworks ermöglicht zudem eine leichtere Wiederverwendung von eigenen Komponenten aus früheren Projekten, wenn diese die Schnittstellen des Frameworks unterstützen. Auf der anderen Seite können einzelne Komponenten durch die von einem Framework geforderte Standardisierung der Schnittstellen leichter gegen andere Komponenten ausgetauscht werden.
- **Verkürzung der Entwicklungszeit.** Auch wenn umfangreiche Frameworks eine entsprechende Einarbeitungszeit benötigen, so wird bei umfangreichen Projekten und vor allem häufig wiederkehrenden Aufgabenstellungen eine deutliche Verkürzung der Entwicklungszeit durch die Wiederverwendung von Architektur- und Designelementen erreicht.
- **Erhöhung der Qualität.** Sowohl der Einsatz einer erprobten Architektur als auch die oben aufgeführten spezifischen Eigenschaften von Frameworks können zu einer Erhöhung der Qualität eines auf Basis eines Frameworks erstellten Softwaresystems führen.

Neben den Vorteilen ist allerdings auch eine Reihe von Nachteilen mit dem Einsatz von Frameworks verbunden. So steht unter anderem vor allem bei sehr umfangreichen Frameworks einer Verkürzung der Entwicklungszeit die Einarbeitungszeit gegenüber. Zudem sind etwaige Fehler in einem Framework und auch in eigenen Entwicklungsergebnissen schwieriger zu determinieren, da zum einen der Programmablauf durch das Framework gesteuert wird und zum anderen durch die Umkehr der Aufrufkontrolle (»Inversion of Control«) aus der Sichtweise eines Anwendungsentwicklers keine schrittweise Verfolgung eines Programmablaufs mehr möglich ist. Bei der zunehmenden Komplexität von heutigen Softwaresystemen überwiegen dennoch die Vorteile.

6.2 Framework für kontextbasierte Information Retrieval Systeme

Empfehlung für einen Architekturrahmen Basis einer Implementierung

Das COBAIR-Framework soll sowohl als Empfehlung für einen Architekturrahmen zur Realisierung kontextbasierter Information Retrieval Systeme aufgefasst werden als auch als eine direkte Basis für die Implementierung von entsprechenden Systemen dienen. Grundlage für die Entwicklung des Frameworks sind die in den vorangegangenen Kapiteln dieser Arbeit aufgeführten Anforderungen eines kontextbasierten Information Retrieval Systems sowie die zu seiner Realisierung präsentierten Techniken und Methoden. Im Einzelnen sind dies:

- Anbindung und Integration von bzw. in verschiedenste Client-, Client-Server- sowie Server-Anwendungen zur Erfassung von Information über aktuelle und historische Kontexte von Personen (Kapitel 4.1),
- Beschreibung der Kontextinformation mittels des Resource Description Frameworks und Einsatz von Ontologien zur eindeutigen Benennung der einzelnen Elemente (Kapitel 4.2),
- Verwaltung und Abfrage von Kontextinformation sowie Gliederung der Kontextinformation in einem einheitlichen Nutzermodell (Kapitel 4.3),
- Bildung von Nutzerprofilen und Ableitung von Informationsbedürfnissen einzelner Benutzer aus deren Kontextinformation (Kapitel 5.1),
- Formulierung eines erwarteten tatsächlichen Informationsbedürfnisses für einen Anwender (Kapitel 5.2) sowie
- Formulierung von Suchanfragen (Kapitel 5.3).

Verarbeitung großer Mengen an Kontextinformation

Neben diesen funktionalen Anforderungen an die einzelnen Komponenten eines Frameworks steht vor allem auch die Fähigkeit im Vordergrund, sehr große Mengen an Kontextinformation erfassen, verarbeiten und auf diesen Anfragen in akzeptabler Zeitdauer ausführen zu können. Darüber hinaus soll eine eigene Anfragebearbeitung, wie in Kapitel 5.3 aufgeführt, sowohl vage Anfragen unterstützen als auch die Lieferung der nach ihrer Relevanz gegenüber der Anfrage sortierten Ergebnisse erlauben.

Repräsentiert man zunächst die einzelnen Verarbeitungsschritte, wie diese in obiger Aufzählung aufgeführt sind, jeweils durch entsprechende Komponenten, so lässt sich eine erste Rahmenarchitektur, wie in Abbildung 6.1 dargestellt, bilden.

Die konkrete Realisierung eines entsprechenden kontextbasierten Information Retrieval Systems und eine damit verbundene Verteilung

6.2 Framework für kontextbasierte Information Retrieval Systeme

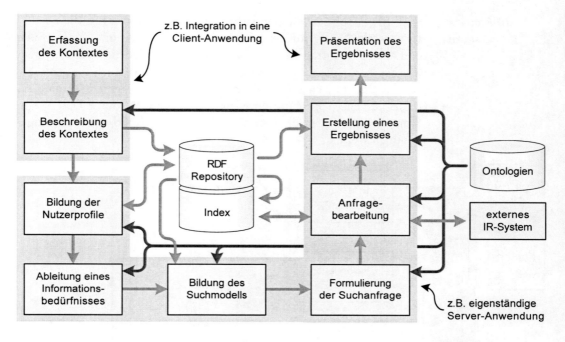

Abbildung 6.1
Komponenten des COBAIR-Frameworks

der einzelnen Komponenten hängt dabei auch von dessen Integration in ein Anwendungssystem ab. So liegt Abbildung 6.1 die Annahme zu Grunde, dass ein kontextbasiertes Information Retrieval System in eine klassische Client-Anwendung, bspw. als so genanntes Plug-In (vgl. Kapitel 4.1.2), oder eine Client-Server-Anwendung integriert wird. Im Bereich der Client-Anwendung wird dies zum einen die Erfassung und Beschreibung der Kontextinformation und zum anderen die Präsentation der gefundenen Ergebnisse sein. Das eigentliche kontextbasierte Information Retrieval System wird hier als eigenständige Server-Anwendung realisiert. Die Kommunikation zwischen Plug-In in der Client-Anwendung und der Server-Anwendung, die sowohl zum Austausch der Kontextbeschreibung als auch der Suchergebnisse dient, kann entweder über zwei unidirektionale oder eine bidirektionale Kommunikationsschnittstelle erfolgen (siehe auch Kapitel 6.2.2).

Integration in ein Anwendungssystem

Jede der in Abbildung 6.1 aufgeführten Komponenten hat dabei eine wohldefinierte Aufgabe und erhält, wie in den einzelnen Kapiteln des vorangegangenen Teiles dieser Arbeit dargestellt wurde, bestimmte Eingaben und erzeugt aus diesen wiederum entsprechende Ausgaben. Die einzelnen Komponenten und ihre jeweilige Funktion werden im weiteren Verlauf noch im Detail vorgestellt. Im Zentrum steht ein

Komponenten

6 Das COBAIR-Framework

RDF-Repository Indexstruktur

RDF-Repository sowie eine entsprechende Indexstruktur, die sowohl als zentrale Ablage für die erfasste Kontextinformation, Nutzerprofile und auch zur Anfragebearbeitung dienen. Verschiedene Komponenten, wie bspw. für die Beschreibung des Kontextes und auch die Anfragebearbeitung, nutzen zudem einen Pool mit bereitgestellten Ontologien. Basiert deren Repräsentation ebenfalls auf dem Resource Description Framework, können diese in das zentrale RDF-Repository mit aufgenommen werden.

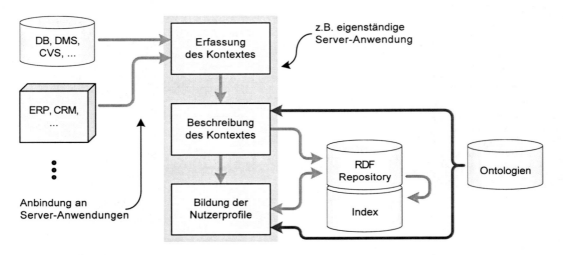

Abbildung 6.2 Komponenten des COBAIR-Frameworks für die Erfassung von Kontextinformation aus Server-Anwendungen

Soll neben Client- oder Client-Server-Anwendungen auch aus verschiedenen Server-Anwendungen, wie bspw. einer Datenbank oder einem Dokumentenmanagementsystem, Kontextinformation gewonnen werden (vgl. Kapitel 4.1.2), so sind die dazu einzusetzenden Komponenten in Abbildung 6.2 dargestellt. Dabei entfällt bei der reinen Erfassung von Kontextinformation sowohl die Ermittlung eines Informationsbedürfnisses für die einzelnen Personen als auch die Suchfunktionalität mit der Präsentation der Ergebnisse. Die erfasste Kontextinformation und etwaige Nutzerprofile werden aber über das zentrale RDF-Repository und den Index einer, wie oben dargestellten, Integration in eine Client-Anwendung bereitgestellt.

Architektur des Frameworks

Microkernel-Architektur

Das COBAIR-Framework selbst basiert, wie in Abbildung 6.3 visualisiert, auf einer Microkernel-Architektur (siehe Buschmann et al. [56]). Diese besteht aus einem schlanken Kern, der vornehmlich zur Regis-

6.2 Framework für kontextbasierte Information Retrieval Systeme

trierung und Verwaltung der einzelnen Komponenten während der Laufzeit dient. Darüber hinaus steuert der Kern die Kommunikation zwischen den einzelnen Komponenten und vermittelt in Funktion eines Brokers (siehe ebenda) bspw. den Zugriff auf das zentrale RDF-Repository. Um zu verhindern, dass der Kern gleichsam Engpass für die zwischen den einzelnen Komponenten ablaufende Kommunikation wird, vermittelt dieser über entsprechende Bridge-Komponenten eine direkte Verbindung zu einer gewünschten anderen Komponente (»Direct Communication Broker System«).

Bridge-Komponenten

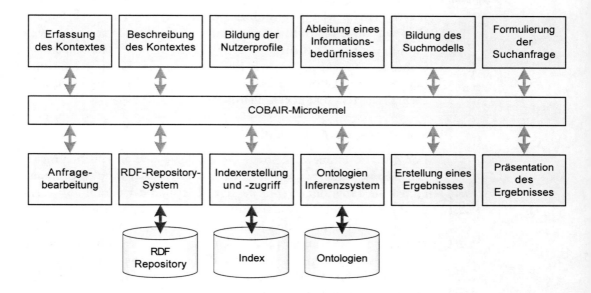

Abbildung 6.3
Microkernel-Architektur des COBAIR-Frameworks

Die gewählte Architektur des Frameworks bringt in Hinblick auf die Verarbeitung umfangreicher Mengen an Kontextinformation und einer hohen Nutzerzahl noch eine Reihe weiterer Vorteile mit sich. Dies sind unter anderem:

- **Asynchrone Entkopplung der einzelnen Komponenten.** Zwischen den einzelnen Komponenten fließen die Datenströme mit wenigen Ausnahmen unidirektional. Diese Tatsache kann zu einer asynchronen Entkopplung der einzelnen Komponenten genutzt werden.
- **Parallelisierung in der Verarbeitung.** Der unidirektionale Fluss an Daten sowie die Entkopplung kann, dem Paradigma einer Pipe bzw. Pipeline folgend (siehe Buschmann et al. [56]), zu einer par-

allelen Ausführung in den einzelnen Komponenten genutzt werden.
- **Verteilung auf mehrere Hardwaresysteme.** Je nach Realisierung der Bridge-Komponente kann ein kontextbasiertes Information Retrieval System auf mehrere Hardwaresysteme verteilt werden, so bspw. auch die Aufteilung in ein Client-Plug-In und eine entsprechende Server-Anwendung.

Skalierbarkeit Die zentralen Komponenten des RDF-Repositories und auch des Indexes lassen sich ebenfalls entsprechend skalierbar ausrichten. So setzen verfügbare RDF-Repositories, wie in Kapitel 7.2.2 noch besprochen wird, auf relationale Datenbanken auf, so dass zur Skalierung eines Repositories auf entsprechende Erfahrungen bei relationalen Datenbanken zurückgegriffen werden kann. Die zum Einsatz kommende Indexstruktur, die in Kapitel 7.3 noch im Detail vorgestellt wird, ist ebenfalls verteil- und hochskalierbar.

Realisierung des Frameworks

Java
J2SE
J2EE

Das gesamte Framework sowie die im Folgenden einzeln besprochenen Komponenten wurden in einer prototypischen Implementierung mittels der Programmiersprache Java [252] und der darauf aufbauenden Java 2 Platform, Standard Edition (J2SE) [250] realisiert. Das Framework nutzt dabei unter anderem verschiedene von der Java 2 Platform, Enterprise Edition (J2EE) [249] angebotene APIs für die Realisierung eines Microkernels, wie bspw. die Java Management Extensions (JMX) und Enterprise Java Beans (EJB). Als asynchrone Kommunikationsplattform zwischen verschiedenen Komponenten des Frameworks kommt der Java Message Service (JMS) zum Einsatz.

offene Architektur Das Framework mit seinen Basiskomponenten umfasst selbst über 300 Klassen und Schnittstellen (Interfaces). Durch eine offene Architektur ist es zudem selbst sehr flexibel an neue Anforderungen anpassbar. Schon aufgrund des eigentlichen Umfanges des Frameworks werden im weiteren Verlauf die einzelnen Komponenten mit den ihnen zugeordneten Aufgaben und Funktionen nur grundlegend besprochen. Auf einige spezielle Details der Implementierung in Zusammenhang mit einer konkreten Realisierung eines kontextbasierten Information Retrieval Systems wird in Kapitel 8 noch eingegangen.

6.2.1 Erfassung des Kontextes

Die Erfassung des Kontextes und eine entsprechende Implementierung richten sich, wie in Kapitel 4.1 dargelegt wurde, nach den Gegebenheiten eines oder auch mehrerer Systeme, aus denen ein aktueller oder

6.2 Framework für kontextbasierte Information Retrieval Systeme

historischer Kontext für einen oder mehrere Anwender erfasst werden soll. Dementsprechend ist für die Ausgestaltung einer Komponente außer einer konkreten Aufgabenstellung die Festlegung weiterer Merkmale oder gar von Schnittstellen nicht sinnvoll.

Zunächst gilt es die technischen Möglichkeiten einer Erfassung des Kontextes innerhalb eines Softwaresystems zu betrachten. Wie in Kapitel 4.1.1 dargestellt wurde, lassen sich Benutzerinteraktionen sowohl als Nachrichten auf Anwendungs- und Systemebene, als Benutzeraktionen und auch als direkte Informationsbedürfnisse darstellen. Zudem können zwischen diesen Granularitätsstufen auch Transformationen vorgesehen werden. Dies wird vornehmlich dann geschehen, wenn es gilt, Nachrichten auf Anwendungs- und Systemebene auf Benutzeraktionen abzubilden, bspw. wenn aus einer Reihe von Maus- oder Tastaturaktionen eine Benutzeraktion wie das Öffnen einer Datei abgebildet werden soll.

Erfassung des Kontextes

Im zweiten Schritt gilt es die Möglichkeiten einer technischen Integration oder auch Anbindung in bzw. an ein Softwaresystem zu prüfen. Wie bereits in Kapitel 4.1.2 aufgeführt wurde, bieten moderne Anwendungssysteme häufig durch so genannte Plug-In-Mechanismen die Erweiterung der bestehenden Anwendung um neue Funktionalitäten. Dabei kann aus Sicht eines Plug-Ins auf die internen Objekt- und Datenstrukturen einer Anwendung über entsprechende APIs zugegriffen werden. Die Registrierung so genannter Event-Handler (vgl. bspw. Gamma et al. [95, Observer]) erlaubt es einem Plug-In darüber hinaus beim Auftreten bestimmter Ereignisse innerhalb einer Anwendung, z.B. dem Einfügen neuer Elemente in einem Dokument durch einen Anwender, benachrichtigt zu werden. Client-Server-Anwendungen lassen sich häufig durch offene Architekturen je nach deren Ausgestaltung entweder auf der Seite des Clients oder auf Seite des Servers durch entsprechende Plug-Ins oder Module erweitern. Reine Server-Anwendungen bieten zumeist von Haus aus entsprechende Schnittstellen, bspw. für eine Enterprise Application Integration (EAI) an, die für den Zugriff auf die in ihnen gespeicherten Inhalte und zusätzliche Metadaten genutzt werden können. Die Erfassung der Inhalte und auch Metadaten wird dabei typischerweise nicht kontinuierlich, sondern in bestimmten zyklischen Abständen erfolgen, wenn eine Server-Anwendung über keinen entsprechenden Mechanismus zur Benachrichtigung bei Veränderung von Daten oder Dokumenten verfügt.

Anbindung an ein Softwaresystem

Plug-In-Mechanismen

Event-Handler

Die Erfassung eines Kontextes muss sich an den mit einem kontextbasierten Information Retrieval System verbundenen Zielen orientieren. Anhaltspunkte können zum einen die in Kapitel 4.1.1 getätigten Aussagen über die Granularität, die in Kapitel 4.2.4 gegebenen Hinweise auf die Inhalte sowie das in Kapitel 4.3 eingeführte einheitliche Nutzermodell geben.

6.2.2 Beschreibung des Kontextes

RDF

Ontologien

Die Beschreibung des Kontextes erfolgt wie in Kapitel 4.2 eingeführt wurde, mittels des Resource Description Frameworks (RDF). Zur eindeutigen Bezeichnung der mittels RDF beschriebenen Kontextinformation finden entsprechende Ontologien ihre Anwendung.

Eine entsprechende Komponente zur Beschreibung des Kontextes wird sehr eng mit der vorangestellten Komponente zur Erfassung des Kontextes kooperieren. Je nach Art der Integration in ein Anwendungssystem wird die Erfassung und auch Beschreibung des Kontextes entweder durch ein Anwendungssystem bzw. den Anwender durch seine Interaktion mit diesem angestoßen (Push-Konzept) oder es erfolgt in zyklischen Abständen eine Abfrage von Kontextinformation aus einer Anwendung und deren Beschreibung (Pull-Konzept, siehe auch Kapitel 4.2.4).

Interaktion

Daten, Dokumente

Wie bereits in Kapitel 4.2.4 dargestellt wurde, muss die Beschreibung eines Kontextes sowohl die von einem Anwender ausgeführte Interaktion mit einer Anwendung als auch die Daten oder Dokumente beinhalten, auf denen diese Aktionen ausgeführt werden. Eine Benutzerinteraktion muss dabei nicht immer eine aktive vorgenommene Handlung einer Person darstellen. Vielmehr ist auch das bloße Vorliegen von bestimmten Inhalten von Interesse, da auf deren Grundlage ausgeführte Handlungen basieren können. Für die Ausformulierung der Kontextinformation mittels RDF wurden ebenfalls in Kapitel 4.2.4 bereits einige essentielle Bestandteile, wie eine eindeutige Bezeichnung, eine Benutzerkennung oder Uhrzeit, aufgeführt.

Bei der Beschreibung des Kontextes in RDF sollen, wenn möglich alle innerhalb der Anwendung oder auch darüber hinaus einem Nutzer verfügbare und aktuell vorliegende Inhalte erfasst und beschrieben werden. Dabei können bestimmte Inhalte, wie bspw. vorliegende Dokumente, unterschiedlich gehandhabt werden.

- Die von einem Anwender bearbeiteten Inhalte werden mittels RDF beschrieben. Das bedeutet, dass sowohl die Inhalte wie auch die von einem Anwender darauf getätigten Aktionen jeweils mittels des Resource Description Frameworks in einzelne RDF-Aussagen formuliert werden. In Kapitel 4.4 wurden dazu entsprechende Beispiele gegeben.

- Liegen einem Anwender bestimmte Inhalte vor, die er selbst nicht direkt bearbeitet, so genügt eine eindeutige Referenzierung dieser in entsprechenden RDF-Aussagen, wenn die Inhalte selbst bereits mittels RDF beschrieben wurden und im zentralen RDF-Repository zu finden sind. Dies ist bspw. dann der Fall, wenn einem Nutzer verschiedene Dokumente aus einem Dokumentenmanagementsystem (DMS) als Ausgangspunkt für eine bestimmte Aufgabe vorliegen und aus dem DMS selbst entsprechende Kontextinformation gewonnen wird. In diesem Fall muss allerdings die eindeutige Kennzeichnung und Bezeichnung der jeweiligen Dokumente gewährleistet sein.

Die Kontextinformation lässt sich, wie in Kapitel 4.3 eingeführt, durch ein einheitliches Nutzermodell in verschiedene Kontexte und Dimensionen unterteilen. Diese Unterteilung erfolgt primär durch die bei der Beschreibung zum Einsatz kommenden Konzepte aus einer oder mehreren Ontologien. Dies bedeutet, dass schon bei der Beschreibung der Kontextinformation eine Einteilung in die entsprechenden Kontexte und Dimensionen des einheitlichen Nutzermodells vorzunehmen ist.

einheitliches Nutzermodell

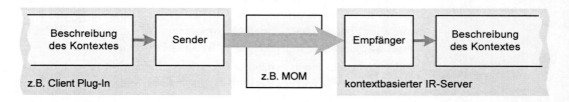

Abbildung 6.4
Einführung einer Schnittstelle zwischen Client-Plug-In und Information Retrieval Server

Wie auch schon für die Komponente zur Erfassung des Kontextes, erscheint es auch für eine Komponente zur Beschreibung des Kontextes nicht sinnvoll, feste Schnittstellen vorzugeben. Zum einen hängt auch hier eine konkrete Implementierung vom jeweiligen Anwendungsgebiet und einem spezifischen Anwendungssystem ab, wie bspw. schon den Abbildungen 6.1 und 6.2 entnommen werden kann. Zum anderen stellt das einzige Fixum die Ausgabe der Kontextbeschreibung im Resource Description Framework dar. In diesem Sinne wird eine Schnittstelle eher von der diese Beschreibung empfangenden Komponente determiniert.

Für die Realisierung eines kontextbasierten Information Retrieval Systems, das in eine Client-Anwendung integriert werden soll, bietet sich jedoch die Standardisierung der Schnittstelle zum entsprechenden kontextbasierten Information Retrieval System an, wie dies in Abbildung 6.1 bereits angedeutet ist. Die Kontextbeschreibung wird in dieser Abbildung sowohl an ein RDF-Repository als auch an die Komponente zur Bildung von Nutzerprofilen weitergeleitet. Entgegen der

Standardisierung von Schnittstelle

Darstellung in dieser Abbildung, bietet sich jedoch die Einführung einer einheitlichen Schnittstelle zwischen der Client-Integration und dem Information Retrieval Server an, wie dies in Abbildung 6.4 aufgezeigt wird. Die Verteilung der Kontextinformation erfolgt somit erst auf Serverseite. Für die Kommunikation eines Client-Plug-Ins mit dem Information Retrieval Server genügt somit nur die Kenntnis des Servers. Für die eigentliche Übertragung reicht ein verbindungsloses und nachrichtenorientiertes Protokoll, wie bspw. UDP, aus. Alternativ kann auch eine *Message Oriented Middleware* (MOM, vgl. z.B. Rao [205]) oder ein darauf aufsetzender Messaging Service, wie bspw. JMS [251], eingesetzt werden, der unter anderem eine sichere Übertragung garantieren kann.

Message Oriented Middleware

6.2.3 Speicherung der Kontextinformation

Wie an verschiedenen Stellen in dieser Arbeit bereits aufgeführt wurde, erfolgt die Beschreibung der Kontextinformation mittels des Resource Description Frameworks. Die für eine eindeutige Benennung der Konzepte zum Einsatz kommenden Ontologien werden mittels der Web Ontology Language (OWL), die ebenfalls auf RDF basiert, repräsentiert.

Die erfasste und beschriebene Kontextinformation ist, wie in Kapitel 5 dargestellt wurde, zugleich Grundlage für die spätere Ableitung eines Informationsbedürfnisses als auch Ziel von Suchanfragen. Zudem werden verschiedene Profile, wie in Kapitel 5.1 erläutert wurde, auch aus historischen Kontexten gebildet. Nicht nur aus diesen Gründen erfolgt eine Erfassung und Speicherung der einzelnen Kontextbeschreibungen, aber auch von daraus erstellten Profilen in einem zentralen RDF-Repository. Neben der reinen Speicherung muss dieses Repository zudem auch über entsprechende Abfragemechanismen verfügen, da unter anderem für die Bildung von Profilen auf historische Information zurückgegriffen wird. Wie in Kapitel 7.2 ausführlich dargestellt wird, sind dazu verschiedene und erprobte Repository-Systeme verfügbar, die zudem jeweils eine Anfragebearbeitung über spezielle Anfragesprachen bereitstellen. Die eigentliche Anfragebearbeitung innerhalb des Frameworks mittels vager Anfragen (siehe Kapitel 6.2.8) erfolgt, wie in Kapitel 7.3 noch im Detail dargestellt werden wird, auf einer eigenen Indexstruktur, welche jedoch auf Basis des RDF-Repositories gebildet wird.

zentrales RDF-Repository

Die Einbindung eines spezifischen RDF-Repository-Systems erfolgt nicht direkt, sondern, wie in Abbildung 6.5 dargestellt, über eine entsprechende Adapter-Struktur (vgl. Gamma et al. [95, Adapter]), welche zum einen die Schnittstellen eines entsprechenden Systems abstrahiert und gegenüber den anderen Komponenten im Framework stan-

6.2 Framework für kontextbasierte Information Retrieval Systeme

dardisiert. Zum anderen ist somit auch der Austausch des eigentlichen Repository-Systems möglich.

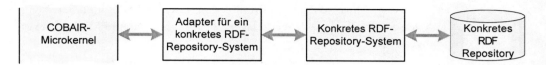

Abbildung 6.5
Anbindung eines RDF-Repository-Systems über einen Adapter

Die Einbindung eines RDF-Repositories in das Framework kann allerdings nicht konsequent unabhängig in Bezug auf die anderen Komponenten des Frameworks erfolgen. So muss ein entsprechendes System über bestimmte Eigenschaften verfügen. Dies sind vor allem:

Eigenschaften eines RDF-Repositories

- **Einheitliche Anfragesprache.** Wie in Kapitel 7.2 noch dargelegt werden wird, hat sich für RDF-Repositories, anders als bei relationalen Datenbanken mit SQL, noch keine einheitliche oder gar standardisierte Anfragesprache durchgesetzt. Da jedoch verschiedene Komponenten über die Anfrageschnittstelle Daten aus dem Repository abfragen, muss somit bei der Wahl eines geeigneten Systems auf die Unterstützung einer möglichst weitverbreiteten Anfragesprache gesetzt werden.
- **Unterstützung von Reifikation.** Sollen im RDF-Repository auch erstellte Nutzerprofile abgelegt werden, so muss das entsprechende System die Reifikation von RDF-Aussagen (siehe [156] und [105]) unterstützen; das bedeutet, es können in RDF Aussagen über andere Aussagen getroffen werden. Wie in Kapitel 5.1.2 dargestellte wurde, können Nutzerprofile als gewichtete RDF-Modelle abgebildet werden. Da die RDF-Spezifikation selbst dies nicht vorsieht, können die Gewichtungen jedoch als so genannte Reifikationen der jeweiligen RDF-Aussagen beschrieben werden.
- **Unterstützung umfangreicher Datenmengen.** Die Erfassung des Kontextes kann je nach Anwendungsszenario und auch der Anzahl der Nutzer ein hohes Aufkommen an Kontextbeschreibungen erreichen. Ein entsprechendes RDF-Repository-System muss daher in der Lage sein, ein entsprechend hohes Volumen zu bewältigen.
- **Unterstützung hoher Lasten.** Da das Repository eine zentrale Komponente innerhalb des Frameworks darstellt, muss dieses entsprechend skalierbar sein, um nicht zu einem zentralen Engpass innerhalb eines kontextbasierten Information Retrieval Systems zu werden.

6.2.4 Bildung von Nutzerprofilen

Die Vorstufe für die Ableitung von Informationsbedürfnissen stellt die Bildung von verschiedenen Profilen dar. In Kapitel 5.1.1 und 5.1.2 wurden bereits die dazu vorgeschlagenen Mechanismen und Methoden vorgestellt.

Eine entsprechende Komponente erhält als Eingabe die von einem Anwender durch seine Interaktion mit einer Anwendung erzeugte Kontextbeschreibung. Diese repräsentiert allerdings nur eine Quelle für die Bildung von Profilen. Die zweite Quelle bildet das RDF-Repository, in dem unter anderem auch historische Kontextbeschreibungen gespeichert sind. Wie in Kapitel 5.1.1 und 5.1.2 gezeigt wurde, können daraus entsprechende Profile gebildet werden. Wie ebenfalls an dortiger Stelle ausgeführt wird, bietet sich die Bildung entsprechender Profile für die einzelnen Kontexte und Dimensionen des einheitlichen Nutzermodells an.

Nutzerprofile

Aufgabe einer Komponente zur Bildung von Nutzerprofilen ist nun die Ableitung und Erstellung entsprechender Nutzerprofile, die für eine spätere Ermittlung eines Informationsbedürfnisses herangezogen werden können. Als Ausgabe wird diese Komponente somit sowohl Histogramme wie auch gewichtete RDF-Modelle erstellen. Diese können, wenn die Profile bspw. Ausgangspunkt für andere, zeitlich aber später zu erstellende Profile sind, durch die Komponenten im RDF-Repository abgelegt werden. Im Allgemeinen werden von der Komponente die ermittelten Profile an den Microkernel geliefert.

Histogramme gewichtete RDF-Modelle

Wie in Kapitel 5.1 erläutert wurde, erfolgt die Profilbildung für jeden Nutzer getrennt. Allerdings können dazu auch Kontextbeschreibungen anderer Nutzer herangezogen werden. Zudem sollen an ein kontextbasiertes Information Retrieval System auch verschiedene Quellen für die Erfassung und Beschreibung von Kontext angeschlossen werden können, bspw. eine Client-Anwendung, mit der Nutzer interagieren, sowie auch eine Server-Anwendung, in der Dokumente der Nutzer abgelegt sind. Für die Realisierung entsprechender Komponenten zur Bildung von Profilen bedeutet dies, dass je nach Ursprung oder auch Inhalt einer Kontextbeschreibung unter Umständen verschiedene konkrete Komponenten zu realisieren sind, die jeweils eigene Profile aus unterschiedlichen Quellen bilden. Für den Microkernel erfordert dies gleichzeitig die Fähigkeit zunächst mehrere, verschiedene Komponenten gleichzeitig zuzulassen und diese mit der jeweiligen Information zu versorgen.

Verwaltung verschiedener Kontextquellen

Da für jeden Anwender eigene Profile erstellt werden, bedeutet dies zudem, dass der Microkernel für jeden Anwender eine eigene Instanz einer entsprechenden Komponente erzeugen und verwalten muss, wenn man davon ausgeht, dass innerhalb der Komponente nutzerspezifische Zustände abgelegt sind. Dazu verfügt der Microkernel über eine entsprechende Instanzverwaltung der Komponenten, die sowohl für das Anlegen neuer Instanzen, deren Verwaltung und auch eine Bereinigung sorgt.

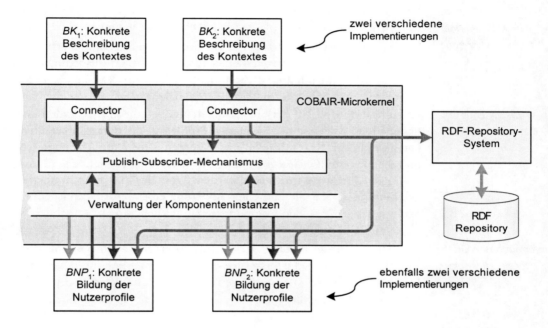

Abbildung 6.6
Anbindung verschiedener Ausprägungen von Komponenten zur Bildung von Profilen an den Microkernel

Wie in Abbildung 6.6 dargestellt, erfolgt dies durch einen entsprechenden Publish-Subcriber-Mechanismus (siehe Buschmann et al. [56]), über den zudem Filterbedingungen für die gewünschte Kontextinformation formuliert werden können. So kann eine Filterung oder auch ein Routing der gewünschten Kontextbeschreibungen bereits im Kern vorgenommen werden (vgl. auch Schmidt et al. [232, Reactor]).

6.2.5 Ableitung eines Informationsbedürfnisses

Ausgangspunkt für die Bildung eines Informationsbedürfnisses stellen eine Reihe von Profilen dar. Wie in Kapitel 5.1.2 und 5.2 gezeigt wurde, wird aus diesen zunächst ein latentes Informationsbedürfnis und später ein erwartetes tatsächliches Informationsbedürfnis gewonnen.

Eine Komponente für die Ableitung eines Informationsbedürfnisses wird vom Microkernel mit aktuellen Profildaten versorgt. Eine konkrete Realisierung kann sich somit auf die Implementierung der jeweiligen

Methoden und Algorithmen beschränken. Ausgabe einer Komponente zur Ableitung eines Informationsbedürfnisses ist ein gewichtetes RDF-Modell, in dem ein erwartetes tatsächliches Informationsbedürfnis beschrieben wird. Während eine entsprechende Komponente kontinuierlich mit Profildaten beliefert wird, ist diese auf der anderen Seite mit der Ermittlung eines erwarteten tatsächlichen Informationsbedürfnisses für das Auslösen einer darauf folgenden Suchanfrage verantwortlich.

kontinuierliche Belieferung mit Profildaten Auslösen einer Suchanfrage

Gerade zwischen der Bildung der Profile und der daraus erfolgenden Ableitung eines erwarteten tatsächlichen Informationsbedürfnisses gibt es eine starke inhaltliche Bindung. So gilt es auf der einen Seite die zu bildenden Profile und die dazu heranzuziehende Kontextinformation zu bestimmen. Auf der anderen Seite müssen die aktivierenden und hemmenden Einflüsse der jeweiligen Profile auf die daraus abzuleitenden gewichteten RDF-Modelle eines latenten Informationsbedürfnisses und die Hemmschwelle zur Bildung des erwarteten tatsächlichen Informationsbedürfnisses formuliert werden. Trotz der klaren Trennung bei der Bildung der Profile und einer Ableitung eines Informationsbedürfnisses müssen die beiden Komponenten inhaltlich und auch methodisch aufeinander abgestimmt werden.

aktivierende und hemmende Einflüsse

Wie schon die Bildung der Profile, so erfolgt auch die Ableitung eines Informationsbedürfnisses für jeden Nutzer eines kontextbasierten Information Retrieval Systems getrennt. Der Microkernel sorgt auch hier für ein Management der einzelnen Instanzen von Komponenten.

Informationsbedürfnis für einzelne Nutzer

6.2.6 Bildung eines Suchmodells

Die Quelle für die Bildung eines Suchmodells stellt, wie in Kapitel 5.3 erläutert wurde, ein gewichtetes RDF-Modell des erwarteten tatsächlichen Informationsbedürfnisses dar. Wie dort ausführlich dargelegt wurde, können zur Erstellung eines Suchmodells verschiedene Methoden einer Filterung sowie Aggregation und Transformation bestimmter Inhalte vorgenommen werden. Im Rückgriff auf die im RDF-Repository enthaltenen Kontextbeschreibungen können zudem auch Anwendergruppen auf Basis bestimmter Charakteristika gebildet werden, um somit bspw. ähnliche Aufgaben, die von anderen Personen bereits gelöst wurden, zu identifizieren.

Filterung, Aggregation und Transformation

Im bisherigen Verlauf wurde implizit von einer automatischen Formulierung von Suchanfragen ausgegangen, die innerhalb der Komponente der Ableitung eines Informationsbedürfnisses ausgelöst wird. Für die Unterstützung von manuellen Suchanfragen, wie in Kapitel 5.3.2 beschrieben wird, müssen die von einem Nutzer formulierten Anfragen an die Komponente zur Bildung eines Suchmodells weitergeleitet wer-

Unterstützung manueller Suchanfragen

den. Diese Komponente hat nun die Aufgabe, eine gestellte Suchanfrage mit in das Suchmodell zu integrieren.

Ziel und gleichzeitig Ausgabe einer Komponente zur Bildung eines Suchmodells ist die Erstellung eines gewichteten RDF-Modells individuell für jeden Anwender eines kontextbasierten Information Retrieval Systems. Auch hier sorgt das Framework durch ein entsprechendes Management der jeweiligen Instanzen dafür, dass für jeden Anwender eine eigene Instanz einer Komponente zur Bildung eines Suchmodells erzeugt und verwaltet wird. Darüber hinaus sorgt das Framework auch für ein entsprechendes Routing der gewichteten RDF-Modelle an die Instanzen für einen bestimmten Anwender.

gewichtetes RDF-Modell

6.2.7 Formulierung von Suchanfragen

Die Komponente zur Formulierung von Suchanfragen übernimmt die Überführung des Suchmodells in die Anfragerepräsentation eines Information Retrieval Systems, welches zur eigentlichen Suche eingesetzt wird. Wie in Kapitel 5.3 eingehend erläutert wurde, ist somit die Anbindung von Information Retrieval Systemen gegeben, die auf dem Vektorraummodell basieren. Es ist aber auch die Ansteuerung bspw. von Internet-Suchmaschinen möglich, die nur eine bestimmte Menge von Suchtermen entgegennehmen.

Anfragerepräsentation

Wie ebenfalls in Kapitel 5.3 eingeführt wurde, wird in dieser Arbeit eine Suchanfrage mittels RDF vorgeschlagen, auf die in Kapitel 7.3 noch ausführlich eingegangen werden wird. Dementsprechend kann somit für die Suchanfrage direkt das Suchmodell herangezogen werden.

Wie in Kapitel 5.3.1 erläutert wurde, kann es ebenfalls Aufgabe einer Komponente zur Formulierung einer Suchanfrage sein, nur dann Suchanfragen für einen bestimmten Anwender weiterzuleiten, wenn diese von einer zuletzt formulierten Suchanfrage um ein bestimmtes Maß abweichen. Unter der Annahme, dass sich in der Zeit zwischen identischen Suchanfragen die Inhalte der Indexe von angebundenen Information Retrieval Systemen nicht ändern, werden so einem Anwender nur dann neue Ergebnisse präsentiert, wenn auch eine neue Suchanfrage vorliegt. Zudem kann so die Belastung eines oder mehrerer Information Retrieval Systeme verringert werden.

Abweichung um bestimmtes Maß

6.2.8 Anfragebearbeitung

Die eigentliche Suche nach ähnlichen Dokumenten oder Inhalten, die ein bei einer Person ermitteltes Informationsbedürfnis befriedigen können, erfolgt durch eine eigene Komponente zur Anfragebearbeitung. Für die Suche nach entsprechenden Inhalten können verschiedene

Einbindung verschiedener IR-Systeme Internet-Suchmaschinen

Information Retrieval Systeme betrachtet und eingebunden werden. Dies beginnt etwa bei bereits existierenden Retrieval Systemen, die bspw. ein Intranet einer Organisation erfassen. Darüber hinaus können, wie bereits erwähnt, auch bekannte Internet-Suchmaschinen mit angebunden werden, bspw. um auch außerhalb der Grenzen einer Organisation nach passender Information zu suchen.

Aufgabe der Komponente zur Anfragebearbeitung ist es somit, eine Suchanfrage an ein Information Retrieval System weiterzuleiten und die von diesem gelieferten Ergebnisse in Empfang zu nehmen. Grundlage einer Anfragebearbeitung stellen dabei, wie im Gebiet des Information Retrievals üblich (vgl. Kapitel 1.2.2), vage Anfragen dar. Zugleich werden die Ergebnisse nach ihrer Relevanz gegenüber der Anfrage in einer sortierten Liste eingeordnet. Werden mehrere Information Retrieval Systeme zur eigentlichen Anfragebearbeitung eingebunden, so muss die Komponente zudem die verschiedenen Ergebnislisten zu einer Liste zusammenführen (vgl. bspw. Henrich und Robbert [109, 111]).

Suche auf dem RDF-Repository

Wie schon in Kapitel 5.3 angedeutet, bietet sich aufgrund einer umfassenden Erfassung und Zusammenführung von Kontextbeschreibungen sowie von Inhalten und Metadaten aus verschiedensten Datenquellen einer Organisation in einem RDF-Repository dieses gleichzeitig als Ziel für vorliegende Suchanfragen an. Wie in Kapitel 7.3 noch detailliert ausgeführt werden wird, erfolgt für die Bearbeitung vager Anfragen und der Lieferung sortierter Ergebnislisten der Aufbau einer eigenen Indexstruktur und Anfragebearbeitung.

6.2.9 Erstellung eines Ergebnisses

Präsentation von Suchergebnissen

Während in den meisten Fällen die Ergebnisse einer Anfragebearbeitung direkt einer Präsentation für einen Anwender zugeführt werden können, sind Anwendungsszenarien denkbar, in denen erst auf Basis der Suchergebnisse weitere, für einen Nutzer interessante Inhalte identifiziert werden können. Dies ist bspw. der Fall, wenn einer Person eine Aufgabenstellung vorliegt, die als Ausgangspunkt für eine Suche dient. Zunächst können somit ähnliche Aufgabenstellungen gefunden werden, die entweder derselben oder anderen Personen bereits vorlagen. Von primärem Interesse sind allerdings die Lösungen der jeweiligen Aufgaben und nicht die als ähnlich identifizierten Aufgabenstellungen selbst.

Weiterverwendung von Suchergebnissen

Generell kann es für die Präsentation von Suchergebnissen sinnvoll sein, weitere Information über das Umfeld einer Fundstelle zu ermitteln. Für ein Dokument sind dies bspw. Daten über Autor und Erstellungsdatum, über vorangegangene und auf diesem basierende Dokumente bis zu einem Projekt und den beteiligten Personen, in dessen Rahmen ein Dokument verfasst wurde. Gerade hierfür stellen die Verknüpfungen

6.2 Framework für kontextbasierte Information Retrieval Systeme

durch die Beschreibung mittels des Resource Description Frameworks ein mächtiges Werkzeug für das Aufdecken von Verbindungen zwischen einzelnen Informationsobjekten bereit.

Die Erfassung des Umfeldes einer Fundstelle obliegt damit der Komponente für die Erstellung eines Ergebnisses. Diese kann proaktiv bestimmte, für ein spezifisches Anwendungsgebiet besonders interessante Inhalte im Umfeld von Fundstellen erfassen und in die Ergebnisrepräsentation mit integrieren. In Verbindung mit einer Darstellung der Suchergebnisse kann einem Anwender aber auch interaktiv, bspw. durch Browsing, die Möglichkeit gegeben werden, das Umfeld von Fundstellen zu erforschen.

6.2.10 Präsentation der Anfrageergebnisse

Die Präsentation der Ergebnisse einer entweder automatisch formulierten oder manuellen und automatisch erweiterten Suchanfrage erfolgt durch eine eigene Komponente. Insbesondere bei der automatischen Formulierung von Suchanfragen ist es das Ziel, durch die Darstellung von Ergebnissen einen Anwender möglichst nicht in seiner aktuell ausgeführten Tätigkeit zu unterbrechen. Vielmehr soll die gefundene Information derart angeboten werden, dass ein Nutzer die angebotene Information zur Kenntnis nehmen kann, wenn es ihm beliebt. Rhodes [210] spricht in diesem Zusammenhang auch von »non-intrusive manner« (vgl. auch Kapitel 3.1). Die dazu möglichen und denkbaren Arten einer grafischen Darstellung sowie der Interaktion mit einem Anwender sind jedoch nicht Gegenstand dieser Arbeit. In Kapitel 8 und 9 wird allerdings kurz in Form eines Ausblicks darauf eingegangen.

»non-intrusive manner«

Die technische Realisierung einer entsprechenden Komponente wird sich, wie schon bei der Erfassung des Kontextes (siehe Kapitel 6.2.1) weitestgehend an den Gegebenheiten einer entsprechenden Anwendung orientieren, in die ein kontextbasiertes Information Retrieval System mit seiner Ausgabe integriert werden soll. Dies kann bei einer klassischen Client-Anwendung in Form eines Plug-Ins erfolgen oder bei einem Portalsystem in Form eines so genannten Portlets (vgl. Kapitel 4.1.2).

Realisierung als Plug-In

Die Kommunikation zwischen einem Plug-In in einer Client-Anwendung und einem als eigenständiger Server-Anwendung realisierten kontextbasierten Information Retrieval System kann, wie schon in Kapitel 6.2.2 vorgestellt, durch entsprechende Kommunikationsschnittstellen realisiert werden.

6.3 Zusammenfassung

Die Konstruktion eines kontextbasierten Information Retrieval Systems enthält, wie in diesem Kapitel aufgezeigt wurde, einige besondere Merkmale, die sich unter anderem aus der Eigenheit ergeben, aus möglichst vielen und unterschiedlichen Systemen und Datenquellen Information über den Kontext von Personen zu gewinnen. Einem kontextbasierten Information Retrieval System immanent ist das gemeinsame Auftreten mit einer anderen Anwendung oder einem Anwendungsgebiet, deren Anwender durch ein entsprechendes Retrieval System unterstützt werden sollen.

Das in diesem Kapitel präsentierte COBAIR-Framework soll die Konstruktion entsprechender kontextbasierter Information Retrieval Systeme erleichtern, indem es einen Architekturrahmen vorgibt, dem eine konkrete Realisierung folgen kann. Die in den vorangegangenen Kapiteln dieser Arbeit aufgezeigten einzelnen Verarbeitungsschritte sowie eine Reihe von Techniken und Methoden haben dabei direkt ihren Einzug in die einzelnen Komponenten des Frameworks gehalten. Das Framework ist aber dennoch flexibel genug ausgelegt, um in den einzelnen Komponenten auf spezielle Anforderungen eines spezifischen Anwendungsgebietes eingehen zu können.

Die verfügbare Implementierung des Frameworks erlaubt, wie in Kapitel 8 noch dargestellt werden wird, auch die direkte Anwendbarkeit zur Implementierung eines entsprechenden kontextbasierten Information Retrieval Systems. Wie bereits zu Beginn erwähnt, muss allerdings auch das vorgestellte COBAIR-Framework noch in weiteren und über diese Arbeit hinausgehenden Implementierungen seine vollständige Praxistauglichkeit beweisen.

7 RDF Query by Example

Eine der wesentlichen Komponenten eines kontextbasierten Information Retrieval Systems stellt die Anfragebearbeitung dar. Diese soll unter anderem auf Basis der gewonnenen Kontextinformation eines Anwenders entsprechend relevante Inhalte identifizieren. Die Kontextinformation enthält neben einer Beschreibung der Tätigkeit eines Anwenders auch deren Inhalte sowie Resultate, die durch die Tätigkeit einer Person entstanden sind.

Die Beschreibung der Kontextinformation erfolgt, wie in Kapitel 4.2 dargestellt, mittels Technologien des Semantic Webs. Insbesondere kommt dabei das Resource Description Framework (RDF) zum Einsatz. Zur eindeutigen Bezeichnung der Kontextinhalte werden eine oder mehrere Ontologien verwendet, die mittels der Web Ontology Language (OWL) abgebildet werden. Die Bildung eines einheitlichen Nutzermodells, das in Kapitel 4.3 eingeführt wurde, fußt zudem direkt auf dem Einsatz von verschiedenen Konzepten zur Untergliederung der gewonnenen und beschriebenen Kontexte.

Beschreibung der Kontextinformation mittels Semantic Web Technologie

Wie in Kapitel 5 aufgezeigt wurde, setzen sich die Anwendung des Resource Description Frameworks und der Einsatz von Ontologien in der Ableitung eines Informationsbedürfnisses zu einer Person fort. Das in Kapitel 6 präsentierte COBAIR-Framework, welches als Architekturrahmen die Entwicklung kontextbasierter Information Retrieval Systeme unterstützen soll, zeigt nochmals die zentrale Rolle des Resource Description Frameworks innerhalb des in dieser Arbeit präsentierten Ansatzes für die Realisierung kontextbasierter Information Retrieval Systeme auf. Gleichwohl können zur eigentlichen Anfragebearbeitung, wie in den Kapiteln 5.3 und 6 dargestellt wurde, auch bestehende Information Retrieval Systeme, die bspw. auf dem Vektorraummodell aufsetzen, zum Einsatz kommen. Allerdings bietet sich, wie ebenfalls in den Abschnitten 5.3 und 6 ausgeführt wurde, der Einsatz eines Retrieval Systems an, das auf den in RDF abgelegten Kontextbeschreibungen aufsetzt.

zentrale Rolle von RDF

Ausgehend von einer Aufstellung der Anforderungen an eine Anfragebearbeitung für den in dieser Arbeit präsentierten Ansatz eines kontextbasierten Information Retrievals und dem im vorherigen Kapitel vorgestellten COBAIR-Framework, wird in diesem Kapitel eine Methode für die Suche nach ähnlicher Kontextinformation vorgestellt, die auf Basistechnologien des Semantic Webs basiert. Im Gegensatz zu bekannten Anfragesystemen wird die Anfrage nicht in einer speziellen Anfragesprache gestellt, sondern es werden vielmehr Beispieldaten für die Anfrage selbst verwendet. Dieses Vorgehen erlaubt somit innerhalb des COBAIR-Frameworks die direkte Nutzung der gewichteten RDF-Modelle eines ermittelten Informationsbedürfnisses zur Anfragebearbeitung. Die in diesem Kapitel gezeigte prototypische Implementierung für ein Information Retrieval System auf Basis von RDF und OWL ist dabei speziell für die Handhabung umfangreicher Datenvolumina ausgelegt.

Suche nach ähnlicher Kontextinformation

Anfrage mittels Beispieldaten

Handhabung umfangreicher Datenvolumina

Neben der Anfragebearbeitung steht auch ein RDF-Repository im Zentrum des COBAIR-Frameworks. Dieses dient, wie in Kapitel 6 erläutert wurde, der zentralen Aufnahme der Kontextbeschreibungen und auch von Nutzerprofilen. Wie ebenfalls dort ausgeführt wurde, wirkt sich die Auswahl eines entsprechenden RDF-Repository-Systems auf die anderen Komponenten eines zu realisierenden Systems aus. Daher werden im weiteren Verlauf auch eine Reihe von Repository-Systemen sowie die von diesen unterstützten Anfragesprachen betrachtet. Diese Betrachtung dient gleichzeitig auch zur Abgrenzung der in diesem Kapitel präsentierten vagen Anfragebearbeitung von verschiedenen Anfragesystemen in RDF-Repository-Systemen.

RDF-Repository-System

Anfragesprachen für RDF

7.1 Anforderungen an eine Anfragebearbeitung

Die Anforderungen an eine Anfragebearbeitung leiten sich primär aus dem in Kapitel 5.2 und 5.3 vorgestellten Vorgehen zur Ermittlung eines Informationsbedürfnisses und der daraus hervorgehenden Bildung von Anfragen ab. Darüber hinaus steckt das in Kapitel 6 eingeführte Framework einen Rahmen für die Integration einer Anfragebearbeitung in einem entsprechenden kontextbasierten Information Retrieval System. Dieser Rahmen bezieht sich gleichermaßen auf die von einer Anfragebearbeitung angebotenen Schnittstellen, die bereitgestellte Funktionalität sowie Art und Inhalte, wie Ergebnisse ermittelt werden können.

Im Einzelnen führt dies zu den im Folgenden aufgeführten Anforderungen an eine Komponente zur Anfragebearbeitung:

Anforderungen an eine Anfragebearbeitung

- **Suche auf den im RDF-Repository abgelegten Daten.** Wie in den Kapiteln 4, 5.3 und 6 dargestellt wurde, stellt das zentrale RDF-Repository aufgrund einer umfassenden Erfassung von Kontextinformation aus verschiedenen Systemen, der einheitlichen Beschreibung der Inhalte sowie der gleichzeitigen Zusammenführung in einem Repository ein ideales Ziel für die Bearbeitung von Anfragen dar.

- **Anfragen mittels RDF-Beispieldaten anstatt durch eine Anfragesprache.** Wie ebenfalls in Kapitel 5.3 ausgeführt wurde, erfolgt in dem in dieser Arbeit präsentierten Ansatz eine stringente Ableitung einer Suchanfrage aus dem so genannten erwarteten tatsächlichen Informationsbedürfnis. Sowohl die Suchanfrage als auch das Informationsbedürfnis einer Person werden dabei durch gewichtete RDF-Modelle repräsentiert. Statt einer speziellen Anfragesprache sollte eine entsprechende Anfragebearbeitung entweder ein RDF-Modell oder – hier vorzugsweise – auch ein gewichtetes RDF-Modell als Anfrage entgegennehmen können. Dieses Vorgehen, Anfragen nicht durch eine spezielle Anfragesprache, sondern vielmehr durch das Ausformulieren eines Beispieldatensatzes zu formulieren, wird in der Literatur (siehe Zloof [282]) als »Query by Example« bezeichnet.

- **Nutzung vager Anfragebearbeitung.** Sowohl das Resource Description Framework wie auch das Semantic Web wurden – unter anderem – mit der Intention geschaffen, die mit der natürlichen Sprache verbundene Vagheit und Unsicherheit zu vermeiden bzw. sogar gänzlich zu umgehen. Dennoch ist die Anwendung einer vagen Anfragebearbeitung, wie diese auf dem Gebiet des Information Retrievals gebräuchlich ist, sinnvoll. In umfangreichen Ontologien sind zahlreiche, thematisch nahe zusammenliegende Konzepte vorzufinden. Liegt einer Anfragebearbeitung bspw. zum einen eine Ontologie von Weinarten zugrunde (siehe Smith et al. [241]) und zum anderen eine Suche nach Weinen aus »St. Emilion«, so schließt diese Anfrage implizit, allerdings mit einer geringeren Relevanz, auch Weine aus dem »Bordeaux« mit ein. Diese Relevanz sollte sich entsprechend auf eine zu erstellende Ergebnisliste auswirken.

- **Unterstützung von Volltextanfragen.** Durch die Möglichkeit innerhalb des Resource Description Frameworks natürlichsprachliche Texte in Form von Literalen aufzuführen, ergibt sich der Bedarf für eine entsprechende Unterstützung einer textbasierten Anfragebearbeitung. Insbesondere gilt es hier die Ähnlichkeit zwischen zwei Literalen zu klären.

- **Ermittlung sortierter Ergebnislisten.** Eine weitere elementare Eigenschaft eines Information Retrieval Systems ist die Bestimmung der Relevanz eines Dokumentes aus einer erfassten Dokumentenkollektion in Bezug zu einer gegebenen Anfrage. Als Ergebnis liefert ein Information Retrieval System eine nach der Relevanz der einzelnen Fundstücke – typischerweise absteigend – sortierte Liste.

- **Beitrag einzelner Dokumentteile zur Relevanzgewichtung eines Ergebnisses.** Information Retrieval Systeme berechnen für jedes Element einer Ergebnisliste einen entsprechenden Relevanzwert. Dieser Wert stellt aber einen Gesamtwert aus mehreren Einzelwerten dar, bspw. der Vorkommenshäufigkeit einzelner Begriffe einer Anfrage in dem jeweiligen Dokument. Soll nun z.B. die Relevanz einzelner Teile eines Dokumentes grafisch visualisiert werden, so müssen die entsprechenden Teilergebnisse abfragbar sein. Ein entsprechendes Information Retrieval System sollte daher nicht nur einen Gesamtrelevanzwert für die einzelnen Elemente einer Ergebnisliste liefern können, sondern auch das jeweilige Zustandekommen und den Beitrag von Dokumentteilen offenlegen können.

- **Weiterverwendung der Ergebnisse.** Gerade der Einsatz des Resource Description Frameworks zur Beschreibung des Kontextes erlaubt das Aufdecken zahlreicher Verbindungen, bspw. zwischen einzelnen Handlungen und den daraus resultierenden Ergebnissen. Liegt einer Person eine Aufgabenbeschreibung vor, so können zunächst ähnliche Aufgabenbeschreibungen durch eine entsprechende Anfragebearbeitung gesucht werden. Ziel ist aber, die daraus resultierenden Ergebnisse abzurufen. Hat eine Person bereits mit der Bearbeitung einer ihr vorliegenden Aufgabe begonnen, so kann dies für eine Eingrenzung der bereits vorhandenen Ergebnisse dienen.

  Dies bedeutet nun für ein auf dem Resource Description Framework operierendes Information Retrieval System, dass die gelieferten Ergebnisse die Nutzung der in RDF enthaltenen Verknüpfungen weiterhin erlauben muss. Eine Implementierung eines entsprechenden Information Retrieval Systems sollte nicht nur einzelne Knoten oder RDF-Aussagen pro Ergebnis liefern, sondern vielmehr ein RDF-Modell, aus dem sich das als relevant erachtete Umfeld eines Ergebnisses entnehmen lässt. Diese Anforderung ist analog zu der vorher aufgestellten Forderung nach der Ermittlung der einzelnen Beiträge zur Gesamtrelevanz eines Ergebnisses zu sehen.

- **Effiziente Bearbeitung von Anfragen.** Es ist ein wohlbekanntes Faktum, dass die Anwender eines Information Retrieval Systems nur einen kleinen Teil der jeweils von diesem angebotenen Ergebnissen überhaupt zur Kenntnis nehmen. Dabei werden die Ergebnisse, vom zuerst aufgelisteten beginnend, der Reihe nach betrachtet (siehe Silverstein et al. [239]). Auch wenn eine effiziente Anfragebearbeitung schon aus Sicht der Anwendbarkeit eines Systems geboten ist, so kann doch ebendieses Phänomen zu einer effizienteren Bearbeitung von Anfragen genutzt werden. Hierin werden nur so viele Ergebnisse geliefert, wie ein Anwender jeweils nachfragt.

Die hier aufgestellten Anforderungen an ein Information Retrieval System auf Basis des Resource Description Frameworks werden in der folgenden Betrachtung verschiedener auf RDF und OWL basierender Anfragesprachen und Repository-Systeme zum Teil aufgegriffen. In Kapitel 7.3 wird mit dem RDF Query by Example (RDF-QBE) Ansatz dann ein entsprechendes Information Retrieval System vorgestellt.

7.2 Anfragesprachen und Repository-Systeme für RDF und OWL

Mit der kontinuierlichen Entwicklung des Semantic Webs (siehe Kapitel 4.2.1) und des darin enthaltenen Resource Description Frameworks (siehe Kapitel 4.2.2) sowie der Web Ontology Language (siehe Kapitel 4.2.3) sind ebenfalls eine Reihe von Ansätzen und Systemen entstanden, die sich mit der Erfassung, Speicherung und auch Abfrage von Metadaten beschäftigen. Auch wenn in verschiedenen Forschungsgebieten, wie bspw. dem Bibliothekswesen, bereits vor der ersten Erwähnung des Semantic Webs zahlreiche Ansätze und Lösungen zur Ablage von Metadaten existierten, so entwickelte sich die durch das World Wide Web Consortium (W3C) [275] vorangetriebene Standardisierung im Rahmen des Semantic Webs zu einem Nährboden für eine Vielzahl von Anfragesprachen und Repository-Systemen.

Während die Standards sowohl Abbildung als auch Speicherformate auf Dateiebene spezifizieren, so befindet sich die Entwicklung von Repositories zur Aufnahme umfangreicher Kollektionen, entsprechender Schnittstellen und Sprachen allerdings noch weitestgehend in einem wissenschaftlichen Diskurs. Einzig für XML ist mit XQuery [38] bisher ein Standard für eine Anfragesprache geschaffen worden.

Zwar sieht der Entwurf des Semantic Webs eine Verwendung von XML für die Darstellung und Speicherung der in RDF abgelegten Metadaten vor, doch wie bereits in Kapitel 4.2.2 dargelegt, unterscheiden sich die XML und RDF zugrundeliegenden Modelle und Semantiken deutlich voneinander. Aus diesem Grund entstand der Bedarf nach eigenständigen Verwaltungs- und Speichersystemen für die Erfassung, Ablage und Abfrage von in RDF repräsentierten Metadaten. Unter an-

Verwaltungs- und Speichersysteme für Erfassung, Ablage und Abfrage von RDF-Daten

derem auch für die Formulierung komplexer Abfragen bietet sich die Definition einer Sprache an, wie auf dem Gebiet der Datenbanken SQL gezeigt hat. Entsprechend wurde auch für RDF ein Bedarf von verschiedenen Forschern und Instituten gesehen. Da im Rahmen dieser Arbeit primär das Resource Description Framework sowie die darauf aufbauenden Konzepte zur Abbildung von Ontologien im Mittelpunkt stehen, wird sich die weitere Betrachtung auf Speicher- und Anfragesysteme für RDF und darauf aufbauende Konzepte, wie z.B. OWL, beschränken.

Betrachtung von Speicher- und Anfragesysteme für RDF und OWL

Im Folgenden werden eine Reihe von Anfragesprachen sowie von Repositories mit integrierten Anfragesystemen präsentiert werden. Diese Übersicht, die sich an Magkanaraki et al. [155] orientiert, erhebt keinen Anspruch auf Vollständigkeit, soll aber die zur Zeit gebräuchlichsten und verbreitetsten Ansätze und Systeme zur Erfassung, Speicherung und Abfrage von Daten auf Basis des Resource Description Frameworks beschreiben. Die Betrachtung soll dabei auch in Hinblick auf die in Kapitel 6.2.3 aufgestellten Anforderungen an ein Repository-System für den Einsatz innerhalb des COBAIR-Frameworks erfolgen.

7.2.1 Anfragesprachen für RDF und OWL

Seit der Vorstellung des Resource Description Frameworks (RDF) wurde eine Reihe von Anfragesprachen vorgestellt und zum Teil auch in entsprechenden Anfragesystemen implementiert. Schon vor der Einführung und Standardisierung von OWL verfügten verschiedene Retrievalsysteme über die Fähigkeit, Anfragen nicht nur auf den Metadaten zu bearbeiten, sondern dabei auch deren semantische Beziehungen über eine oder mehrere Ontologien zu berücksichtigen.

RQL

RDF Query Language (RQL) typisierte deklarative Anfragesprache

Die RDF Query Language (RQL) wurde von Karvournarakis et al. [132] im Rahmen zweier EU Projekte entwickelt. RQL stellt eine typisierte deklarative Anfragesprache dar, die einem funktionalen Ansatz wie bspw. in OQL [59] folgt. Die Basis für RQL ist eine Menge von Basisanfragen und Iteratoren, die durch funktionale Komposition zu neuen Anfragen gruppiert werden können. RQL basiert auf dem Graphenmodell von RDF und unterstützt generalisierte Pfadausdrücke, die Variablen sowohl an Knoten und Kanten erlauben.

Anfragen bezüglich einem den RDF-Daten zugrundeliegenden Schema, das in [132] entweder mittels RDF-Schema oder einer in DAML+OIL formulierten Ontologie gebildet wird, ermöglichen eine Filterung nach bestimmten Konzepten und deren Einordnung in der Ableitungshierarchie durch Operatoren

7.2 Anfragesprachen und Repository-Systeme für RDF und OWL

wie bspw. subclassof()/superclassof() oder subpropertyof()/superproperty(). Anfragen bzw. Filterungen auf den Daten in RDF-Literalen werden durch verschiedene Vergleichsoperatoren sowie einen LIKE-Operator erlaubt, welcher zwei Strings unscharf auf deren Gleichheit prüft. Anfragen bezüglich des Schemas können frei mit Anfragen auf Daten kombiniert werden.

```
SELECT X, (SELECT $W, (SELECT @P, Y
                        FROM {X;$W}@P{Y})
            FROM    $W{X})
FROM   Resource{X}
WHERE  X like "www.museum.es"
```

Beispiel 7.1
Suche alle Beschreibungen von Ressourcen, deren URI »www.museum.es« enthält. (aus Karvournarakis et al. [132])

Das Ergebnis einer RQL-Anfrage stellt eine Liste von RDF-Statements dar, welche den in der Anfrage gestellten Bedingungen entsprechen.

SquishQL

Mit SquishQL stellen Miller at al. [174] eine einfache, auf Subgraphen Matching basierende, Anfragesprache für RDF vor. Die Syntax von SquishQL lehnt sich dabei an SQL [259] an. Die Formulierung von Anfragemustern bzw. der Teilgraphen erfolgt mittels Tripeln, welche gleichzeitig eine Kante des Anfragegraphen darstellen und sich gemäß dem RDF-Modell (siehe Kapitel 4.2.2) aus Subjekt, Prädikat und Objekt zusammensetzen. Die einzelnen Elemente eines Tripels können neben einer konkreten Belegung mit URIs und Literalen auch Variablen enthalten. Über die Definition eines Anfragegraphen hinaus erlaubt SquishQL die Formulierung von Filterbedingungen über die eingesetzten Variablen mittels boolescher Ausdrücke.

SquishQL Subgraphen Matching

Beispiel 7.2 zeigt eine einfache Anfrage in SquishQL, welche alle Titel für das mit seinem URI angegebene Dokument finden soll. Zudem sollen die Titel den Text »Apache« in beliebiger Groß- oder Kleinschreibung enthalten.

Wie im Beispiel anhand der Ähnlichkeitsanfrage zum Text »Apache« illustriert wurde, bietet SquishQL die Unterstützung durch reguläre Ausdrücke für Textanfragen. SquishQL nutzt diese als boolesche Ausdrücke und führt keine Gewichtung wie bspw. im Vektorraummodell durch. SquishQL liefert als Anfrageergebnis zudem immer eine unsortierte Liste von Ressourcen zurück.

reguläre Ausdrücke für Textanfragen

Beispiel 7.2
Beispielanfrage in SuiqshQL, die alle Titel des gegebenen Dokumentes finden soll (in Anlehnung an ein Beispiel in Miller et al. [174])

```
SELECT ?title
FROM http://example.com/xmleurope/presentations.rdf
WHERE
   (?doc, <dc:title>, ?title),
   (?doc, <rdf:type>, <foaf:Document>)
AND ?title LIKE '/Apache/i'
USING
   dc FOR <http://purl.org/dc/elements/1.1/>,
   foaf FOR <http://xmlns.com/foaf/0.1/>,
   rdf FOR <http://www.w3.org/1999/02/22-rdf-syntax-ns#>
```

RDQL

RDF Data Query Language (RDQL)

Die RDF Data Query Language (RDQL) [236] kann als eine Weiterentwicklung von SquishQL gesehen werden und wurde, wie auch SquishQL, ebenfalls von der Hewlett Packard Semantic Web Group entwickelt. RDQL wurde im Zusammenhang mit der Entwicklung am Jena Projekt (siehe Kapitel 7.2.2) implementiert und stellt neben der Anfragesprache auch eine Anfrage API bereit (siehe Seaborne [235]). Im direkten Vergleich zu SquishQL verfügt RDQL über die Unterstützung von Reifikation im RDF-Modell sowie die Formulierung von transitiven Anfragepfaden bzw. von Anfragepfaden mit unbekannter Länge, von denen aber Anfang und Ende bekannt ist.

```
SELECT ?resource, ?familyName
WHERE (?resource, <info:age>, ?age) ,
      (?resource, <vCard:N>, ?y) , (?y, <vCard:Family>, ?familyName)
AND ?age >= 24
USING  info  FOR <http://somewhere/peopleInfo#>,
       vCard FOR <http://www.w3.org/2001/vcard-rdf/3.0#>
```

Beispiel 7.3
Beispielanfrage in RDQL (aus Seaborne [234])

In Beispiel 7.3 ist eine Anfrage dargestellt, welche alle Ressourcen und deren zugehörigen Familiennamen von Kontaktadressen sucht, deren Alter größer oder gleich 24 ist. Als Ergebnis einer Anfrage wird eine unsortierte Ergebnisliste zurückgeliefert.

SparQL

RDQL stellt zudem die Grundlage für SparQL (SPARQL Protocol And RDF Query Language, siehe Prud'hommeaux und Seaborne [201] sowie Grant Clark [62]) dar, deren Spezifikation parallel zum Entstehen dieser Arbeit vom W3C aufgenommen wurde.

SeRQL

Die Sesame RDF Query Language (SeRQL) [5] wurde im Zuge der Weiterentwicklung des Sesame RDF-Repositories (siehe Kapitel 7.2.2) entworfen und implementiert. Die Entwicklung befindet sich allerdings immer noch in einem evolutionären Stadium. Die Konzeption von SeRQL lehnt sich stark an RQL an, behebt aber einige Defizite in der Syntax und bietet zudem Detailverbesserungen. So werden in SeRQL Variablen von URIs deutlich unterschieden, indem URIs in spitze Klammern gefasst werden. RQL verfügt nur über eine rudimentäre Unterstützung von Literalen in Anfragen. SeRQL erlaubt dagegen die spezifische Abfrage der Werte, der Sprache und des Datentyps eines Literals. Als Datentypen werden die Standarddatentypen von XML-Schema unterstützt. Die Angabe von Pfadausdrücken erfolgt im Vergleich zu RQL zudem in einer stringenteren Syntax.

Sesame RDF Query Language (SeRQL)

Anlehnung an RQL

Die in Beispiel 7.4 dargestellte einfach Anfrage in SeRQL liefert aus einem Repository alle die Autoren und Werke zurück, bei denen es sich um einen Konferenzbeitrag handelt, der als Schlüsselwörter »RDF« und »Querying« enthält und dessen Beschreibung in Englisch verfasst ist.

```
SELECT
  Author, Paper
FROM
  {Paper} <rdf:type> {<foo:Inproceeding>};
          <foo:keyword> {"RDF", "Querying"};
          <dc:author> {Author};
          <dc:description> {Descr}
WHERE
  isLiteral(Descr) AND lang(Descr) like "en*"
USING NAMESPACE
  dc  = <!http://purl.org/dc/elements/1.0/>,
  foo = <!http://www.foo.org/bar#>
```

Beispiel 7.4
Beispielanfrage in SeRQL (nach Beispielen in [5])

Neben der reinen Abfrage von Daten aus einem RDF-Modell in RQL bietet SeRQL zudem die Möglichkeit als Ergebnis ein neues RDF-Modell aus einer Abfrage konstruieren zu lassen. Wie andere Anfragesprachen auch, liefert SeRQL unsortierte Ergebnislisten. Darüber hinaus unterstützt SeRQL einen DISTINCT-Operator, der doppelte Elemente im Ergebnis zu eliminieren vermag, so dass sich die Mengeneigenschaft eines Ergebnisses herstellen lässt.

RDFQL

RDFQL

RDFQL ist eine von Intellidimension [126] entwickelte Anfragesprache für RDF-Daten und entsprechende RDF-Datenbanken, die sich im Stil an SQL anlehnt. Die Anfragen werden dabei auf RDF-Statements bezogen mittels Tripel aus Subjekt, Prädikat und Objekt gestellt. Dabei kann jedes Element eines Tripels entweder durch einen URI benannt werden oder eine Variable enthalten.

Einbettung in ECMA-Script

Ein interessanter Aspekt an RDFQL ist zudem die Einbettung der eigentlichen Anfragesprache in ECMA-Script [78], auch bekannt als JavaScript. Die damit erstellbaren Anfrageskripte werden auf dem Server ausgeführt und sind somit für die Weiterverarbeitung oder Ausgabe der Ergebnisse verantwortlich. In Beispiel 7.5 ist ein Skript aufgeführt, das aus einer Kontaktdatenbank bzw. Tabelle »contacts« alle Kontakte und deren Familiennamen ausgibt.

```
Session.namespaces["vCard"] = "http://www.w3.org/2001/vcard-rdf/3.0#";

var rs = (SELECT ?resource ?familyName
          USING contacts
          WHERE {?resource [vCard:N] ?y} AND
                {?resource [vCard:Familiy] ?familyName});
while (!rs.EOF) {
  Response.write(rs["name"] + " = " + rs["value"]);
  rs.moveNext();
}
```

*Beispiel 7.5
Beispielanfrage und Ausgabe des Ergebnisses in RDFQL*

Eine interessante Eigenschaft von RDFQL ist die automatische Ableitung von neuen RDF-Statements aus existierenden durch von den Nutzern vorgebbare Inferenzregeln. Über die Fähigkeiten einer reinen Anfragesprache hinaus sind zudem, wie auch in SQL, Befehle zum Einfügen, Löschen und Verändern von RDF-Daten und einzelnen Tabellen und Views verfügbar. Mittels ECMA Script können diese zudem mit selbst verfassten Funktionen kombiniert werden.

TRIPLE

TRIPLE

TRIPLE [240] stellt eine kombinierte Anfrage-, Inferenz- und Transformationssprache für das Semantic Web dar. TRIPLE basiert dabei

Horn Logik und F-Logik

auf Horn Logik und F-Logik und unterstützt Anfragen mit einer de-

7.2 Anfragesprachen und Repository-Systeme für RDF und OWL

klarativen Anfragesprache. TRIPLE ist dabei in zwei Schichten gegliedert. Die eine stellt eine syntaktische Erweiterung der Horn Logik dar und erlaubt die Unterstützung der RDF-Basiskonstrukte Ressource und RDF-Statements. Die zweite Schicht sieht Module für die semantische Erweiterung von RDF, wie bspw. RDF-Schema oder DAML+OIL, vor.

```
// namespace declarations
// rdf := "http://www.w3.org/1999/02/22-rdf-syntax-ns#".
// rdfs := "http://www.w3.org/TR/1999/PR-rdf-schema-19990303#".

// Definition der RDF Schema Semantik
FORALL Mdl @rdfschema(Mdl) {
  FORALL O,P,V  O[P->V] <- O[P->V]@Mdl.
  FORALL O,P,V  O[P->V] <- EXISTS S
    (S[rdfs:subPropertyOf->P] AND O[S->V]).
  FORALL O,P,V  O[rdfs:subClassOf->V] <-
    EXISTS W  (O[rdfs:subClassOf->W] AND W[rdfs:subClassOf->V]).
  FORALL O,P,V  O[rdfs:subPropertyOf->V] <-
    EXISTS W  (O[rdfs:subPropertyOf->W] AND W[rdfs:subPropertyOf->V]).
  FORALL O,T    O[rdf:type->T] <-
    EXISTS S  (S[rdfs:subClassOf->T] AND O[rdf:type->S]).
}

// Definition einer Klassenhierarchie von Kfz
@cars {
  // xyz := "http://www.w3.org/2000/03/example/vehicles#".
  xyz:MotorVehicle[rdfs:subClassOf -> rdfs:Resource].
  xyz:PassengerVehicle[rdfs:subClassOf -> xyz:MotorVehicle].
  xyz:Truck[rdfs:subClassOf -> xyz:MotorVehicle].
  xyz:Van[rdfs:subClassOf -> xyz:MotorVehicle].
  xyz:MiniVan[
    rdfs:subClassOf -> xyz:Van;
    rdfs:subClassOf -> xyz:PassengerVehicle].
}

// Anfrage nach allen Subklasse-Klassen-Beziehungen
FORALL X,Y <- X[rdfs:subClassOf->Y]@rdfschema(cars).
```

Beispiel 7.6
Beispielanfrage in TRIPLE (nach einem Beispiel in Decker und Sintek [68])

Im Unterschied zu anderen Anfragesystemen, die als semantische Basis RDF-Schema zugrunde legen, erlaubt TRIPLE die Semantik über die mittels RDF beschriebenen Daten durch von Nutzern selbst definierbare Regeln festzulegen. So lassen sich neben RDF-Schema auch bspw. die Semantiken von Topic Maps oder der UML in TRIPLE integrieren. Ist eine Definition der Semantik über Regeln nicht einfach möglich wie im Fall von DAML+OIL, erlaubt TRIPLE die Einbindung externer Module, wie z.B. Klassifikatoren für Beschreibungslogiken.

In Beispiel 7.6 ist die Definition von RDF-Schema als Regelsystem in TRIPLE sowie die exemplarische Definition einer Hierarchie von Pkw-Klassen dargestellt. Die abschließende Anfrage liefert alle Subklasse-Klassen-Beziehungen aus dem darüber definierten Kfz-Modell.

Über den Einsatz von so genannten Skolem-Funktionen in Regeln ermöglicht TRIPLE die Transformation eines oder mehrerer Modelle in ein neues Modell. Diese Funktionalität ist besonders für das Mapping und die Integration von Ontologien von Interesse. Wie auch in Beispiel 7.6 für die Anfrage zu sehen ist, ermöglicht TRIPLE keine Pfadangaben für die Anfrage in Form von RDF-Tripeln. Stattdessen müssen dafür Regeln in Horn-Logik definiert werden.

OWL-QL

OWL-QL Weiterentwicklung von DQL

Mit OWL-QL stellen Fikes et al. [89] eine Weiterentwicklung der DAML+OIL Query Language (DQL) [66] vor. Im Gegensatz zu den bisher dargestellten Anfragesprachen spezifiziert OWL-QL neben einer formalen Anfragesprache zudem ein Protokoll für eine dialogorientierte Kommunikation zwischen einem anfragenden Agenten (Client) und eine Frage beantwortenden Agenten (Server). OWL-QL wurde darüber hinaus so ausgelegt, dass es an verschiedene deklarative Sprachen für formale Logik anpassbar ist.

Für das Design von OWL-QL wurden unter anderem die im Folgenden aufgeführten Prämissen berücksichtigt, die ebenfalls Eigenschaften des Semantic Webs widerspiegeln.

- Da Server im Semantic Web nicht immer auf vollständige und konsistente Information zurückgreifen können, unterstützt OWL-QL die Übertragung von partiellen Anfrageergebnissen bzw. erlaubt es einem Client mögliche Ergebnismengen eines Servers zu limitieren.
- Für die Bearbeitung von Anfragen erlaubt OWL-QL einem Server die selbstständige Auswahl geeigneter Wissensbasen. Optional kann ein Client in seiner Anfrage die für eine Antwort zu berücksichtigenden Wissensbasen mit angeben.
- Die durch OWL-QL spezifizierte formale Anfragesprache wird nicht in einer konkreten Form vorgegeben, sondern vielmehr nur auf ihrer Meta-Ebene. Eine konkrete Implementierung bleibt so-

7.2 Anfragesprachen und Repository-Systeme für RDF und OWL

mit in ihrer syntaktischen Form von der Spezifikation unberührt und kann so lokalen Gegebenheiten angepasst werden.
- Wie OWL verfügt auch OWL-QL über eine formal definierte Semantik. Bei OWL-QL besteht diese semantische Beziehung zwischen der Anfrage, ihrer Antwort und der für diese verwendeten Wissensbasen.

Im Folgenden wird ein einfaches Beispiel aus Fikes at al. [90] für eine Anfrage und deren Antwort zuerst in KIF-Syntax und später in der entsprechenden von OWL-QL definierten Form dargestellt.

Die Anfrage eines Client-Agenten an einen Server-Agenten nach allen Besitzern eines roten Pkw lässt sich mittels KIF folgendermaßen formulieren:

Anfrage eines Client-Agenten

```
(owns ?p ?c) (type ?c Car) (has-color ?c Red)
```

*Beispiel 7.7
Anfrage eines Client-Agenten an einen Server-Agenten*

Die Antwort des Server-Agenten, die einen Besitzer auszeichnet, kann nun wiederum folgendermaßen in KIF formuliert werden:

```
(exists ?c (and (owns Joe ?c) (type ?c Car) (has-color ?c Red)))
```

*Beispiel 7.8
Antwort des Server-Agenten*

Wie bereits oben dargestellt, abstrahiert OWL-QL von einer konkreten Anfrage- und Antwortsprache. Anfragen und entsprechende Antworten werden sprachneutral via RDF in XML abgebildet. Für die Kommunikation selbst setzt OWL-QL auf SOAP [276] auf.

Eine Anfrage setzt sich, wie in Beispiel 7.9 dargestellt, aus mehreren Blöcken zusammen. Neben dem eigentlichen Anfragemuster (»queryPattern«) sind die in der Anfrage zu bindenden Variablen, für die ein Client Antworten erwartet, aufgeführt (»mustBindVars«), die für die Antwort zu nutzende Wissensbasis (»answerKBPattern«) sowie eine Größenbeschränkung für die erwartete Antwort (»answerSizeBound«).

Die entsprechende Antwort eines Server-Agenten auf die oben dargestellte Anfrage eines Client-Agenten würde in OWL-QL folgendermaßen repräsentiert werden. Die Antwort enthält neben einer Wiederholung des Anfragemusters die Antwort auf dieses. Darüber hinaus gibt in diesem Beispiel die Antwort des Servers den Hinweis, dass keine weiteren Antworten verfügbar sind (»continuation = none«).

Antwort eines Server-Agenten

OWL-QL stellt einen noch relativ neuen Ansatz dar, obgleich dieser auf Ideen von DQL basiert. OWL-QL berücksichtigt dabei zahlreiche

```
<owl-ql:query xmlns:owl-ql="http://www.w3.org/2003/10/owl-ql-syntax#"
              xmlns:var="http://www.w3.org/2003/10/owl-ql-variables#">
  <owl-ql:queryPattern>
    <rdf:RDF>
      <rdf:Description
        rdf:about="http://www.w3.org/2003/10/owl-ql-variables#p">
        <owns
          rdf:resource="http://www.w3.org/2003/10/owl-ql-variables#c"/>
      </rdf:Description>
      <Car rdf:ID="http://www.w3.org/2003/10/owl-ql-variables#c">
        <has-color rdf:resource="#Red"/>
      </Car>
    </rdf:RDF>
  </owl-ql:queryPattern>
  <owl-ql:mustBindVars>
    <var:p/>
  </owl-ql:mustBindVars>
  <owl-ql:answerKBPattern>
    <owl-ql:kbRef rdf:resource="http://joedata/joe.owl"/>
  </owl-ql:answerKBPattern>
  <owl-ql:answerSizeBound>5</owl-ql:answerSizeBound>
</owl-ql:query>
```

Beispiel 7.9
Ausformulierte Anfrage in OWL-QL

Prämissen, wie unter anderem Heterogenität, Flexibilität und die Verfügbarkeit nur partieller Information, die für das Semantic Web gefordert werden. Dies zeigt sich neben der formalen Definition einer Anfrage nur auf der Meta-Ebene auch in dem vorgeschlagenen Dialogprotokoll.

7.2.2 Repository-Systeme für RDF und OWL

Testbett, Entwicklungsplattform und produktiver Einsatz

Analog zur reinen Definition von Anfragesprachen für RDF und OWL wurden verschiedenen Systeme zur Erfassung, Speicherung und auch Abfrage von Metadaten auf Basis des Resource Description Frameworks entwickelt. Diese Repositories dienen als Testbett, Entwicklungsplattform aber auch für den produktiven Einsatz. Erst mit der gewonnenen Erfahrung von Anfragesprachen im realen Einsatz sowie deren Implementierung in entsprechenden Subsystemen zur Anfragebearbeitung zeigten sich Potentiale zur Optimierung und Erweiterung der bisher existierenden Anfragesprachen.

7.2 Anfragesprachen und Repository-Systeme für RDF und OWL

```xml
<owl-ql:answerBundle
  xmlns:owl-ql="http://www.w3.org/2003/10/owl-ql-syntax#"
  xmlns:var="http://www.w3.org/2003/10/owl-ql-variables#">
  <owl-ql:queryPattern>
    <rdf:RDF>
      <rdf:Description
        rdf:about="http://www.w3.org/2003/10/owl-ql-variables#p">
        <owns
          rdf:resource="http://www.w3.org/2003/10/owl-ql-variables#c"/>
      </rdf:Description>
      <Car rdf:ID="http://www.w3.org/2003/10/owl-ql-variables#c">
        <has-color rdf:resource="#Red"/>
      </Car>
    </rdf:RDF>
  </owl-ql:queryPattern>
  <owl-ql:answer>
    <owl-ql:binding-set>
      <var:p rdf:resource="#Joe"/>
    </owl-ql:binding-set>
    <owl-ql:answerPatternInstance>
      <rdf:RDF>
        <rdf:Description rdf:about="#Joe">
          <owns
            rdf:resource="http://www.w3.org/2003/10/owl-ql-variables#c"/>
        </rdf:Description>
        <Car rdf:ID="http://www.w3.org/2003/10/owl-ql-variables#c">
          <has-color rdf:resource="#Red"/>
        </Car>
      </rdf:RDF>
  </owl-ql:answer>
  <owl-ql:continuation>
    <owl-ql:none/>
  </owl-ql:continuation>
</owl-ql:answerBundle>
```

Beispiel 7.10
Ausformulierte Antwort des Server-Agenten

RDFSuite

Die RDFSuite [7] wurde im Rahmen zweier EU-Forschungsprojekte entwickelt und stellt einen Satz von Werkzeugen für das Management von Metadaten basierend auf RDF bereit. Zielanwendung bei der Entwicklung war die Verarbeitung und Bereitstellung von Metadaten im Rahmen großer Web-basierter Anwendungen, die im Beispiel des Open

RDFSuite Management von Metadaten

Directory Projects [184] einen Umfang von ca. 170 000 Konzepten und 700 000 URIs zum Zeitpunkt der Entwicklung der RDFSuite umfassten. Die RDFSuite setzt sich aus einzelnen Werkzeugen zur Erfassung, Validierung, Speicherung und Abfrage von RDF-Daten zusammen.

In Abbildung 7.1 sind diese einzelnen Werkzeugkomponenten der RDFSuite dargestellt. Die Erfassung der RDF-Daten erfolgt durch einen validierenden Parser (VRP), der bereits beim Erfassen von RDF-Daten deren Gültigkeit gegen die in RDF-Schema spezifizierte Bedingungen überprüft. Die Speicherung erfolgt für jedes RDF-Schema getrennt in einer entsprechenden Datenbank (RDF Schema Specific DataBase, RSS-DB). Dieses RDF-Repository nutzt wiederum eine objektrelationale Datenbank für die persistente Speicherung.

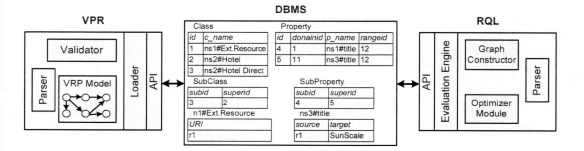

Abbildung 7.1
Architektur der RDF-Suite (aus Alexaki et al. [7])

RDF Query Language (RQL)

Als Anfragesprache kommt die bereits in Kapitel 7.2.1 vorgestellte RDF Query Language (RQL) zum Einsatz. Die Bearbeitung der in RQL gestellten Anfragen erfolgt in einem gesonderten Modul. Dabei werden die RQL-Anweisungen in entsprechende SQL-Anweisungen überführt und somit die von der objektrelationalen Datenbank zur Verfügung gestellten Optimierungsmöglichkeiten bei der Anfragebearbeitung verwendet.

Sesame

Sesame

Sesame [49] wurde im Zuge des EU-Projektes On-To-Knowledge als zentrale Repository Komponente für RDF-Daten von der Niederländischen Firma Aidministrator (nun Aduna [4]) entwickelt. Sesame setzt sich, wie in Abbildung 7.2 abgebildet, im Kern aus drei Modulen zusammen. Das Administrator-Modul dient der manuellen Erfassung und Konfiguration des RDF-Repositories. Das Export-Modul ermöglicht den Export der im Repository enthaltenen RDF-Daten in verschiedenen Formaten. Das Anfrage-Modul übernimmt die Bearbeitung der in

7.2 Anfragesprachen und Repository-Systeme für RDF und OWL

RQL gestellten Anfragen. Wie bereits bei der RDFSuite kommt zur eigentlichen persistenten Speicherung der Daten eine relationale Datenbank zum Einsatz. Im Gegensatz zur RDFSuite nutzt Sesame eine eigene Zugriffs- und Abbildungsschicht für die RDF- und RDF-Schemadaten, den so genannten Storage And Inference Layer (SAIL).

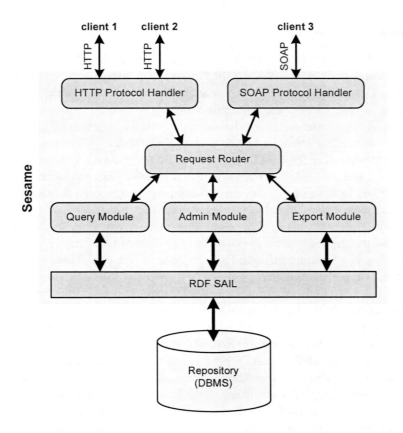

Abbildung 7.2
Architektur des Sesame-Systems (aus Broekstra et al. [49])

Ein weiterer Unterschied von Sesame und RDFSuite liegt in der Optimierung der Anfragen, die bei der RDFSuite in SQL überführt an die zum Einsatz kommende objektrelationale Datenbank delegiert werden. Sesame nutzt eine eigene Anfrageoptimierung bevor eine Anfrage mit einzelnen Zugriffen über die SAIL-Schicht ausgeführt wird. Dies erlaubt eine leichtere Austauschbarkeit der zugrundeliegenden relationalen Datenbank.

Optimierung von Anfragen

Die in Sesame implementierte Version der RDF Query Language (RQL, siehe Kapitel 7.2.1) umfasst auf der einen Seite nicht den gesamten Funktionsumfang der Spezifikation, enthält aber auf der anderen Seite einige Erweiterungen gegenüber dieser, wie bspw. das Matching von Strings mittels eines LIKE-Operators. Mit der fortschreiten-

RDF Query Language (RQL)

den Entwicklung von Sesame wurden zudem zwei zusätzliche RDF Anfragesprachen implementiert, die Sesame RDF Query Language (SeRQL) sowie RDQL (siehe Kapitel 7.2.1). Die Anbindung eines Clients an Sesame erfolgt, wie auch in Abbildung 7.2 dargestellt, entweder über HTTP oder SOAP.

Jena

Jena [58] wird von der Hewlett Packard Semantic Web Group entwickelt und stellt ein Toolkit für die Realisierung von Anwendungen basierend auf Technologien des Semantic Webs bereit. Kernelement von Jena ist eine API für die Manipulation von RDF-Graphen. Rund um diese API gruppieren sich ein RDF-Parser, eine Anfragebearbeitung auf Basis der Anfragesprache RDQL (siehe Kapitel 7.2.1) sowie verschiedenen Module zum Im- und Export der RDF-Daten in verschiedenen Formaten, wie z.B. N3, N-Triple oder XML. Die in Jena erzeugten RDF-Graphen lassen sich sowohl im Arbeitsspeicher wie auch persistent in einer relationalen Datenbank ablegen.

Wie die Abbildung 7.3 zeigt, ist der Kern von Jena in mehrere Schichten gegliedert, um die sich die einzelnen Module zur Erfassung, Anfragebearbeitung, Im- und Export sowie für die persistente Speicherung gruppieren. Wie bereits angeführt, stellt das Kernelement von Jena eine API zur Bearbeitung von RDF-Graphen bereit. Innerhalb der Modellschicht (»Model-Layer«) erfolgt der Zugriff auf verschiedene RDF-Modelle über deren RDF-Statements, die wiederum Ressourcen mit URIs und Literalen enthalten. Die mittlere Schicht eines erweiterten Graphenmodells (»EnhGraph Layer«) dient vornehmlich dazu, die Ableitungssemantiken von RDF-Schema und OWL in das Graphenmodell zu integrieren. Die eigentliche Schicht des Graphenmodells (»Graph Layer«) stellt letzten Endes die Elemente eines Graphen dar. Die Graphen werden in Jena als Tripel abgebildet, die jeweils drei Knoten für Subjekt, Prädikat und Objekt enthalten.

Die ebenfalls von der Hewlett Packard Semantic Web Group entwickelte Anfragesprache RDQL (siehe Kapitel 7.2.1) fand im Jena Toolkit ihre erste Implementierung. Dabei werden die in einer Anfrage enthaltenen Triple-Muster entsprechend ihrer Verknüpfung in eine Reihe von Vergleichen überführt und gegen die Tripel im Repository ausgeführt.

Jena verfügt darüber hinaus über eine integrierte Inferenzmaschine, welche die Semantiken von RDF-Schema und OWL-Lite unterstützt. Über eine Plug-In Architektur können jedoch komplexere Inferenzsysteme angebunden werden. Neben dem Jena Toolkit ist mit Joseki [235] ein Serversystem verfügbar, das Clients den Zugriff auf ein zentrales Repository via HTTP ermöglicht.

7.2 Anfragesprachen und Repository-Systeme für RDF und OWL

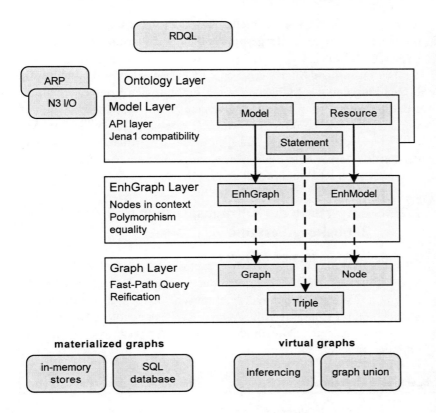

Abbildung 7.3
Architektur des Jena-Toolkits (aus Carroll et al. [58])

KAON

Der vom AIFB-Institut der Karlsruher Universität entwickelte KAON-Server [181] stellt einen ganzen Satz von Werkzeugen für die Realisierung von Anwendungen bereit, die Technologien und Methoden des Semantic Webs implementieren. Die Autoren führen mit ihrem System den Begriff des Semantic Webs Management Systems ein. Statt der Implementierung eines monolithischen Systems mit einem mehr oder weniger fest integrierten Sprach- und Funktionsumfang, verfolgen die Autoren den Ansatz einer Microkernel-Architektur (vgl. Buschmann et al. [56]), die ihre eigentliche Funktionalität erst durch entsprechende Komponenten erhält. Die KAON-API für RDF orientiert sich an einem Graphenmodell mit Ablage und Zugriff auf die Daten über Tripel. Es existieren sowohl Komponenten für eine hauptspeicherbasierte als auch eine persistente Ablage der RDF-Daten in einer relationalen Datenbank. Da für die Repräsentation von Ontologien verschiedene Sprachen verfügbar sind, ist das gesamte System so weit wie möglich sprachneutral ausgelegt. Die Abbildung der Semantiken von Ontologien sowie die Realisierung von Inferenzsystemen erfolgt über weitere

KAON-Server

Microkernel-Architektur

Komponenten. Ein experimentelles Anfragebearbeitungssystem erlaubt über eine proprietäre Anfragesprache die Formulierung komplexer Anfragen. (vgl. Volz [265]).

Der eigentliche Microkernel enthält Basismechanismen, die für die Einbindung und das Management der funktionalen Komponenten, wie z.B. die Registrierung oder das Management von Abhängigkeiten, notwendig sind. Die konkrete Implementierung nutzt dafür die Java Management Extension (JMX, [249]). Für den Zugriff von Clients bietet der KAON-Server eine Reihe von Konnektoren an, die neben lokalen Aufrufen auch RMI und SOAP unterstützen.

7.2.3 Bewertung der Anfragesprachen und Repository-Systeme

Anfragesprachen für RDF und OWL

Wie bereits aus den Darstellungen der einzelnen Anfragesprachen für RDF und OWL ersichtlich wurde, unterscheiden sich diese zum Teil erheblich in ihrer Charakteristik. Auch zeigen sich deutliche Unterschiede im zugrundegelegten Datenmodell wie auch dem gebotenen Funktionsumfang (Tabelle 7.1).

Anfragesprache	Standard	Datenmodell	Sprachanlehnung
RQL	RDF, RDF-Schema	Graphenmodell	OQL
SquishQL	RDF, RDF-Schema	Tripelmodell	SQL
SeRQL	RDF, RDF-Schema	Tripelmodell	SQL
RDQL	RDF, RDF-Schema	Tripelmodell	SQL
RDFQL	RDF, RDF-Schema	Tripelmodell	SQL
TRIPLE	RDF, RDF-Schema	Tripelmodell	F-Logik
OWL-QL	RDF, RDF-Schema, OWL	Tripelmodell	F-Logik

Tabelle 7.1
Grundlegende Charakteristiken von Anfragesprachen für RDF und OWL (vgl. Magkanaraki et al. [155])

RDF-Schema

Bis auf OWL-QL basieren alle anderen Anfragesprachen auf RDF-Schema. Dies wirkt sich insbesondere auf die Unterstützung von Ontologien aus, da RDF-Schema nur grundlegende Möglichkeiten der Bildung von Beziehungen zwischen verschiedenen Konzepten bietet. Die noch in der Entwicklung befindliche OWL-QL setzt zwar direkt auf OWL auf, doch sind für die Anfragesprache bisher kaum Sprachkonstrukte veröffentlicht worden.

Tripel

Ebenfalls fast alle Anfragesprachen verwenden als Datenmodell Tripel, die sich analog einem RDF-Statement aus Subjekt, Prädikat und Objekt zusammensetzen. Die Elemente dieser Tripel können entweder mit konkreten Benennungen, also URIs oder Literalwerten besetzt werden oder eine Wildcard-Funktion einnehmen. Unter anderem auch durch den Einsatz von Variablen lassen sich mehrere Tripel miteinander verknüpfen. Einzig RQL setzt auf ein Graphenmodell, das eine flexiblere Anfrage über komplexe RDF-Graphen erlaubt. Die Syntax von Anfragesprachen wie RQL lehnt sich an OQL oder bei SquishQL an SQL an und will somit einem Nutzer einen leichten Einstieg in deren Anwendung gewähren. Sprachen wie TRIPLE oder auch OWL-QL setzen auf F-Logik. Dabei verzichtet OWL-QL absichtlich auf die Spezifikation einer konkreten Anfragesprache mit einer eigenen Syntax.

Graphenmodell

Der Funktionsumfang der einzelnen Sprachen ist in Tabelle 7.2 gegenübergestellt. Bis auf wenige Ausnahmen unterstützen die vorgestellten Anfragesprachen die in RDF gemäß XML-Schema verfügbaren Datentypen für Literale bei der Formulierung von Anfragen. Nur SquishQL und TRIPLE beschränken Anfragen auf Zeichenketten (Strings) und Integer-Zahlen.

Funktionsumfang der Sprachen

Bei der Unterstützung von Anfragen gemäß einer den RDF-Daten zugrundeliegenden Ontologie unterstützen nur RQL, SeRQL, RDQL und TRIPLE auch transitive Anfragen bezüglich Klassen und deren Eigenschaften. Darüber hinaus ist je nach Sprache ein mehr oder weniger umfangreicher Satz an Vergleichsoperatoren verfügbar, die bspw. die Zugehörigkeit einer bestimmten Klasse zu einer Domäne überprüfbar machen. Aufgrund der bei RDF-Schema nur rudimentär ausgeprägten Unterstützung für die Abbildung komplexer Beziehungen in Ontologien, bieten die auf RDF-Schema basierten Anfragesprachen nur eine entsprechende Funktionalität. Diese dürfte bei OWL-QL naturgemäß umfangreicher ausfallen, allerdings sind bisher noch keine Details dazu veröffentlicht worden. Wie schon oben dargelegt wurde, übernehmen in den Repository-Systemen meist Module oder Ergänzungen eine erweiterte Unterstützung für die Anfragebearbeitung auf Ontologien.

Für die Formulierung von Bedingungen auf Ressourcen und Daten verfügen alle Anfragesprachen über die Möglichkeit, bestimmte Ressourcen an gegebene Klassen oder Eigenschaften zu binden. Darüber hinaus bieten die Sprachen für die Verknüpfung der einzelnen Anfrageblöcke boolesche Operationen an.

Formulierung von Bedingungen

Einen sehr interessanten Aspekt stellt die Bereitstellung von Mengenoperationen bei einigen der Anfragesprachen dar. Denn anders als es die Anlehnung der Syntax an Sprachen wie SQL oder OQL erwarten lässt, liefern die Anfragesprachen als Ergebnisse auf eine Anfrage häufig nicht eine Menge an RDF-Statements, sondern vielmehr eine unsortierte Liste zurück. Neben der Überprüfung, ob bestimmte RDF-Statements in einem Ergebnis enthalten sind, dienen Mengenope-

Mengenoperationen

	RQL	SuiqshQL	SeRQL	RDQL	RDFQL	TRIPLE	OWL-QL
Modellkonstrukte							
Datentypen	XML-Schema	Strings, Integer	XML-Schema	XML-Schema	XML-Schema	String, Integer	XML-Schema
Reifikation	✓		✓	✓		✓	
Anfrageunterstütztung von Ontologien							
Transitive Anfragen	✓		✓	✓		✓	
Filterbedingungen	✓	✓	✓	✓	✓	✓	✓
Anfrageunterstützung für Daten							
Typprüfung Klasse / Eigenschaft	✓	✓	✓	✓	✓	✓	✓
boolesche Filter	✓	✓	✓	✓	✓	✓	✓
Mengenoperationen	✓		✓			✓	
Arithmetische Operationen	✓		✓				
Kombinierte Anfragen							
Generalisierte Pfadanfragen	✓						
Geschachtelte Anfragen	✓						

Tabelle 7.2 Funktionsumfang von Anfragesprachen für RDF und OWL. (vgl. Magkanaraki et al. [155] sowie Haase et al. [103])

arithmetische Operationen

rationen vor allem als konstruktive Elemente der Anfragesprachen. Soll nämlich aus einem Ergebnis ein neues RDF-Modell erstellt werden, so gilt es doppelte Elemente zu eliminieren bzw. zu unterdrücken.

Weitere Besonderheiten der einzelnen Sprachspezifikationen sind arithmetische Operationen über Daten einer Anfrage. RQL bietet zudem als einzige Anfragesprache die Möglichkeit, generalisierte Pfadausdrücke für Anfragen zu verwenden und Anfragen zudem ineinander zu verschachteln (nested queries).

Repository-Systeme für RDF und OWL

Konzepte der Implementierung

Die vorgestellte Auswahl von Repository-Systemen zur Erfassung, Speicherung und Abfrage von RDF-Daten zeigt jeweils verschiedene Konzepte bei der Implementierung der Systeme (siehe Tabelle 7.3). Während RDFSuite, Jena und Sesame als monolithische Systeme mit einer fest implementierten Funktionalität ausgestattet sind, wurde der KAON-Server mit seiner Microkernel-Architektur von Haus aus für einen modularen Einsatz vorgesehen. Durch die überwiegende Implementierung der Systeme in Java sind diese weitestgehend vom Betriebssystem unabhängig.

System	Architektur	Implementierungssprache	Client-Anbindung	Anfragesprache(n)
RDFSuite	Monolith	C++ / Java	C++ / Java Methodenaufruf	RQL
Jena	Monolith	Java	Java Methodenaufruf	RDQL
Sesame	Monolith	Java	SOAP	RQL, RDQL, SeRQL
KAON-Server	Microkernel	Java	RMI, SOAP	KAON-Query (F-Logik)

Tabelle 7.3
Gegenüberstellung der Repository-Systeme für RDF und OWL (vgl. Magkanaraki et al. [155])

Während RDFSuite und Jena jeweils nur über direkte Methodenaufrufe von einem Client ansprechbar sind, verfügen sowohl Sesame als auch der KAON-Server bereits über standardisierte Schnittstellen nach SOAP und bieten somit die flexibelste Möglichkeit zur Anbindung von Clients, die sich zudem nicht direkt auf demselben System befinden müssen.

Schnittstellen

Wie bereits gezeigt wurde, stellen die hier präsentierten Systeme zum Teil Test- und Forschungsplattformen für die Implementierung von Anfragesprachen und einer entsprechenden Anfragebearbeitung dar. RDFSuite bietet als Anfragesprache RQL, während in Jena die ebenfalls von derselben Gruppe entwickelte RDQL vorzufinden ist. Sesame verfügt über die breiteste Unterstützung an Anfragesprachen, die neben RQL und RDQL nun auch eine eigene Sprachentwicklung, namens SeRQL umfasst. Die Implementierung von RQL weicht allerdings leicht von der bei Karvounarakis et al. [132] gegebenen Spezifikation ab. Der KAON-Server verzichtet zwar bewusst auf die Implementierung einer bestimmten Sprache, bietet aber als Lösung ein eigenes Anfragesystem namens KAON-Query an.

Anfragebearbeitung

Ein nicht unwesentlicher Aspekt für den produktiven Einsatz eines der vorgestellten Repository-Systeme stellt deren Wartung und Weiterentwicklung dar. Jedoch scheint die Weiterentwicklung mit dem Ende des Forschungsprojektes der RDFSuite und des KAON-Servers stehen geblieben zu sein. Das Jena-Toolkit wie auch Sesame wurden als Open Source Projekte freigegeben und werden darüber hinaus von Hewlett Packard (HP) bzw. Aduna fortlaufend weiterentwickelt.

Wartung und Weiterentwicklung

Bezugnehmend auf die Auswahlkriterien eines RDF-Repository-Systems für das COBAIR-Framework, die in Kapitel 6.2.3 aufgestellt wurden, ist festzustellen, dass zum gegenwärtigen Zeitpunkt sowohl das Jena-Toolkit als auch Sesame diese Kriterien erfüllen. Beide Systeme greifen unter anderem für die persistente Speicherung der RDF-Daten auf relationale Datenbanken zurück und nutzen deren Optimierungsmöglichkeiten für den Aufbau entsprechender Indexstrukturen, um somit eine effiziente Anfragebearbeitung zu gewährleisten.

7.3 Der Ansatz RDF Query by Example (RDF-QBE)

Anfrage mit RDF-Beispieldaten
Relevanzbewertung der Ergebnisse

Wie bereits in Kapitel 7.1 aufgezeigt wurde, erfordert die Komponente der Anfragebearbeitung innerhalb des COBAIR-Frameworks einige besondere Anforderungen. Eine dieser Anforderungen stellt die Anfrage in Form von RDF-Beispieldaten dar. Eine weitere wesentliche Anforderung ist die Bewertung der Ergebnisse nach deren Relevanz in Bezug zur Anfrage und die entsprechende Lieferung einer Ergebnisliste, deren einzelne Ergebnisse mit absteigender Relevanz sortiert sind.

Eigenschaften verfügbaren Anfragesprachen

Wie die Betrachtung der verfügbaren Anfragesprachen als auch der Repository-Systeme in Kapitel 7.2 zeigt, lehnen sich existierende Anfragesprachen an Sprachen wie SQL oder OQL an bzw. erwarten eine Anfrageformulierung in F-Logik. Dabei verfolgen die Anfragesprachen die Grundsätze des Faktenretrievals (vgl. Kapitel 1.2.2). Wollte man eines der ebenfalls in Kapitel 7.2 vorgestellten Repository-Systeme mit einer der von diesen bereitgestellten Anfragesprache für die Bearbeitung von Anfragen nutzen, die in Form von Beispieldaten vorliegen, so müsste eine derartige Anfrage zuerst auf deren Inhalte hin analysiert und in eine entsprechende Anfrage für das Anfragesystem überführt werden.

Alle gezeigten Anfragesprachen und Systeme liefern die Ergebnisse einer Anfrage in Form einer unsortierten Liste bzw. Menge von Ressourcen oder RDF-Statements zurück. Die Ergebnisse entsprechen somit den zutreffenden booleschen Kriterien der Anfrage. Die verfügbaren Anfragesysteme bieten jedoch keinerlei Möglichkeit, die Relevanz der Ergebnisse bezüglich einer Anfrage mit einem feiner abgestuften System bewerten zu lassen. Die auf RDF-Schema basierenden Anfragesysteme bieten bereits teilweise die Möglichkeit, Anfragen bezüglich von Ressourcen bzw. den dahinter stehenden Konzepten so zu stellen, dass auch andere Konzepte, die in einer Hierarchiebeziehung mit dem gesuchten Konzept stehen, ebenfalls gefunden werden. Es wäre hier somit mehr als schlüssig, Ergebnisse, die sich näher an dem vorgegebenen

Konzept der Anfrage befinden mit einer höheren Relevanz zu bewerten als jene, die weiter entfernte Konzepte abbilden.

Die Einbeziehung von Literalen in diese Betrachtung verdeutlicht die Notwendigkeit der Ermittlung einer Relevanz in Anfrageergebnissen noch deutlicher. So unterstützen einige der Anfragesprachen und deren Implementierungen in Repository-Systemen zwar die Formulierung einfacher vager Anfragen auf Literalen mittels eines so genannten LIKE-Operators oder der Anwendung regulärer Ausdrücke, jedoch führt deren Ergebnis wieder nur zu einem booleschen Teilergebnis in der Auswertung einer Anfrage. Analoges gilt für die Anfrageformulierung von Zahlenbereichen, die ebenfalls ein boolesches Ergebnis liefern, wenngleich hier ebenfalls die Ermittlung einer Rangordnung sinnvoll wäre.

Einbeziehung von Literalen

Der im Folgenden präsentierte Ansatz eines Query by Example (QBE) für das Resource Description Framework (RDF) nutzt für die Anfrage gegebene RDF-Beispieldaten. Für die einzelnen vom Anfragebearbeitungssystem gelieferten Ergebnisse wird die Relevanz bezüglich der in der Anfrage gegebenen Daten ermittelt. Das Gesamtergebnis wird in Form einer sortierten Liste zurückgeliefert, das die jeweiligen Ergebniselemente bezüglich ihrer Relevanzwerte in absteigender Reihenfolge enthält.

Ansatz eines Query by Example (QBE)

7.3.1 Einführendes Beispiel

Ein einführendes Beispiel soll die generelle Wirkungsweise des Query by Example Retrievalsystems für das Resource Description Framework, kurz auch als RDF-QBE bezeichnet, verdeutlichen. Dazu ist folgendes Ausgangsszenario gegeben:

Query by Example Retrievalsystem

> Es werden im Umfeld eines Softwareentwicklungsprojektes Anforderungsdokumente gesucht, deren Beschreibungen zur Anfrage »Anforderungen an ein Kundenportal für Endkunden eines Telekommunikationsunternehmens« möglichst passend ist und die nach dem 21.05.2004 erstellt wurden.

Anfrageformulierung mittels einer Anfragesprache für RDF

Der Versuch der Formulierung einer entsprechenden Anfrage mittels RQL (vgl. Kapitel 7.2.1) ist in Beispiel 7.11 dargestellt. Für die Erfassung der Metadaten der Dokumente kommt dabei vornehmlich das Dublin Core Schema [74] zum Einsatz. Dabei ist anzumerken, dass der Anfragetext der gegebenen Beispielbeschreibung um Stoppworte eliminiert

Anfrage mittels RQL

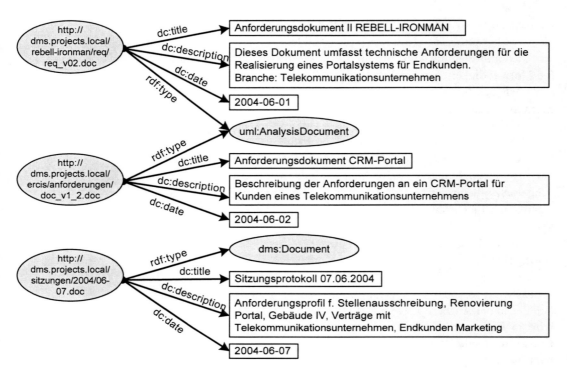

Abbildung 7.4
exemplarischer Inhalt eines RDF-Repositories dargestellt als RDF-Graph

wurde, für die einzelnen Terme eine Stammformreduktion durchgeführt und Mehrwortgruppen aufgelöst wurden. Diese Behandlung der Literale in RDF muss allerdings konsequenterweise auch bei der Erfassung von RDF-Daten erfolgen.

Bezüglich des oben angeführten Anfrageszenariums lassen sich in der ausformulierten Anfrage in Beispiel 7.11 einige prinzipielle sowie anfragespezifische Schwachpunkte erkennen. So zeigt sich die mangelnde Unterstützung für Textanfragen. Trotz einer manuell durchgeführten Stoppworteliminierung, Reduzierung auf eine Stammform und die Auflösung einer Mehrwortgruppe, führt die Verknüpfung der einzelnen Terme mit einem AND-Operator dazu, dass im Ergebnis nur die Dokumente enthalten sein werden, die alle Begriffe der Anfrage enthalten. Käme statt des AND- der OR-Operator zum Einsatz, so würden sich im Ergebnis alle Dokumente wieder finden, die bereits einen der aufgeführten Begriffe enthalten.

Ein mögliches Ergebnis für die Anfrage in RQL, die gegen den in Abbildung 7.4 dargestellten Inhalt eines RDF-Repositories ausgeführt wird, würde sich nun, wie in Beispiel 7.12 dargestellt, präsentieren.

Schwächen

7.3 Der Ansatz RDF Query by Example (RDF-QBE)

```
SELECT doc, title, descr, date FROM
  {doc} dc:title {title},
  {doc} dc:description {descr},
  {doc} dc:date {date}
WHERE
  doc = uml:Document and
  descr LIKE "*anforderung*" and
  descr LIKE "*kunde*" and
  descr LIKE "*portal*" and
  descr LIKE "*telekommunikation*" and
  descr LIKE "*unternehmen*" and
  descr LIKE "*endkunde*" and
  date > "2004-05-21"
USING NAMESPACE
  dc  = http://purl.org/dc/elements/1.1/ ,
  uml = http://cobair.org/uml.owl ,
  rdf = http://www.w3.org/1999/02/22-rdf-syntax-ns#
```

Beispiel 7.11
Formulierung einer Anfrage in RQL (nach Broekstra [48])

```
doc   : http://dms.projects.local/sitzungen/2004/06-07.doc
title: Sitzungsprotokoll 07.06.2004
descr: Anforderungsprofil f. Stellenausschreibung
       Renovierung Portal, Gebäude IV
       Verträge mit Telekommunikationsunternehmen
       Endkunden Marketing
date : 2004-06-07

doc   : http://dms.projects.local/rebell-ironman/req/req_v02.doc
title: Anforderungsdokument II REBELL-IRONMAN
descr: Dieses Dokument umfasst technische Anforderungen für die
       Realisierung eines Portalsystems für Endkunden.
       Branche: Telekommunikationsunternehmen
date : 2004-06-01
```

Beispiel 7.12
exemplarisches Ergebnis einer Anfrage aus Beispiel 7.11

Dieses exemplarische Ergebnis zeigt nochmals die Schwächen des Faktenretrievals auf RDF-Daten auf. Zum einen wurden als Ergebnis nur Dokumente gefunden, deren Beschreibung gemäß Dublin Core [74] alle in der Anfrage aufgeführten Terme enthalten. Diese Ergebnisse werden zudem in Form einer unsortierten Liste vom Retrievalsystem geliefert.

7 RDF Query by Example

keine Relevanzbewertung der Ergebnisse

Es findet somit keinerlei Bewertung der Relevanz der Ergebnisse in Bezug auf die Anfrage statt. So wäre gemäß der Anfrage das zweite Dokument als relevanter einzustufen, da zum einen der Beschreibungstext inhaltlich besser zur Anfrage passt und zum anderen das Datum näher an dem in der Anfrage aufgeführten Datum liegt.

Anfrageformulierung mittels Beispieldaten

Ansatz des Query by Example

Das obige Ausgangsszenarium würde für den hier präsentierten Ansatz des Query by Example auf RDF-Daten wiederum selbst in RDF formuliert werden. Dazu wird, wie in Beispiel 7.13 dargestellt, ein Dokument ohne eigene eindeutige Referenz, somit ein anonymes Dokument aufgeführt. In RDF erfolgt die Repräsentation intern durch eine so genannte Blank Node (siehe Manola und Miller [156]). Zu diesem anonymen Dokument werden nun gemäß Dublin Core ein Erstellungsdatum (»dc:date«) sowie eine Beschreibung seines Inhaltes (»dc:description«) als Metadaten hinzugefügt. In der Beispielanfrage in Beispiel 7.13 ist darüber hinaus die zusätzliche Restriktion (Attribut »restriction«) eingefügt, dass das gesuchte Erstellungsdatum nach dem gegebenen Datum liegen soll.

```
<uml:Document>
  <dc:date restriction="&gt;">2004-05-21</dc:date>
  <dc:description>
    Anforderungen an ein Kundenportal für Endkunden eines
    Telekommunikationsunternehmens
  </dc:description>
</uml:Document>
```

Beispiel 7.13 RDF-Fragment mit den Metadaten zu suchender Dokumente

Ähnlichkeitskriterien

Bei der Auswertung der im Beispiel gegebenen Anfrage sind nun zunächst mehrere Ähnlichkeitskriterien einzeln zu unterscheiden. Ein Kriterium stellt ein möglichst ähnliches Erstellungsdatum dar, für das als Ähnlichkeitsmaß die Nähe bzw. Differenz zum gegebenen Datum angenommen werden kann. Ein weiteres Kriterium ist die Ähnlichkeit der Beschreibung der gesuchten Dokumente bezüglich des gegebenen Textes. Als Ähnlichkeitskriterium für verschiedene Texte bietet sich das Vektorraummodell (vgl. bspw. Salton und McGill [221]) an. Ein drittes Kriterium stellt schließlich der Typ des gesuchten Dokumentes dar. Kommt für die Beschreibung der Dokumente mittels Metadaten bspw. eine Ontologie zum Einsatz, so kann durchaus eine feingranularere Einordnung der einzelnen Dokumente z.B. in Anforderungs- oder Designdokumente erfolgen. Die Ähnlichkeit bezüglich dieses Kriteriums lässt sich bspw. über den Abstand in der Klassenhierarchie innerhalb der Ontologie ermitteln.

```
1. doc   : http://dms.projects.local/rebell-ironman/req/req_v02.doc
   title: Anforderungsdokument II REBELL-IRONMAN
   descr: Dieses Dokument umfasst technische Anforderungen für die
          Realisierung eines Portalsystems für Endkunden.
          Branche: Telekommunikationsunternehmen
     Relevanz: 0,9473
   date:  2004-06-01
     Relevanz: 11
   Gesamtrelevanz: 0,84387

2. doc   : http://dms.projects.local/ercis/anforderungen/doc_v1_2.doc
   title: Anforderungsdokument CRM-Portal
   descr: Beschreibung der Anforderungen an ein CRM-Portal für
          Kunden eines Telekommunikationsunternehmens
     Relevanz: 0,8235
   date:  2004-06-02
     Relevanz: 12
   Gesamtrelevanz: 0,74935

3. doc   : http://dms.projects.local/sitzungen/2004/06-07.doc
   title: Sitzungsprotokoll 07.06.2004
   descr: Anforderungsprofil f. Stellenausschreibung
          Renovierung Portal, Gebäude IV
          Verträge mit Telekommunikationsunternehmen
          Endkunden Marketing
     Relevanz: 0,6785
   date:  2004-06-07
     Relevanz: 17
   Gesamtrelevanz: 0,68437
```

Beispiel 7.14
exemplarisches Ergebnis einer Anfrage aus Beispiel 7.13

Bestimmung eines Relevanzwertes

Für die Bestimmung eines Relevanzwertes zu jedem einzelnen Ergebnis ist eine Zusammenführung sowie ggf. eine Transformation und Gewichtung der einzelnen Relevanzwerte notwendig, da unterschiedliche Ähnlichkeitsmaße verschiedene Charakteristika aufweisen (vgl. dazu auch Kap. 7.3.3). So liefert das Vektorraummodell typischerweise Ähnlichkeitswerte im Bereich [0;1], wobei der Wert 1 zwei Texte als am ähnlichsten kennzeichnet. Im Gegensatz dazu umfasst ein Ähnlichkeitsmaß für zwei Datumsangaben, das auf der Differenz der beiden basiert, a priori keinen festgelegten Bereich. Zudem kennzeichnet hier der Wert 0 die ähnlichsten Datumsangaben.

Ein Ergebnis für die in Beispiel 7.13 gezeigte Anfrage ist in Beispiel 7.14 aufgeführt. Durch die Bestimmung von Relevanzwerten für die einzelnen Elemente einer Anfrage und die Zusammenführung zu einem Relevanzwert pro Ergebnis kann als Gesamtergebnis eine sortierte Liste geliefert werden, welche die einzelnen Fundstellen nach absteigender Gesamtrelevanz enthält.

Dokumente, welche die Anfragekriterien nicht genau treffen, können nun somit ebenfalls im Ergebnis erscheinen. Dieser Umstand ist nicht nur für Textanfragen von Interesse, sondern für alle anderen Fälle, in denen der Einsatz von Methoden des klassischen Faktenretrievals mit booleschen Anfragekriterien bestimmte aber dennoch relevante Ergebnisse gegenüber einem Nutzer unterdrücken würde. Im gegebenen Beispiel ist nun, wie erwartet, auch das als relevanter einzustufende Dokument auf den ersten Platz der Ergebnisliste vorgerückt. Zudem ist ein weiteres Dokument in der Liste enthalten, das nicht alle Terme der ursprünglichen Anfrage enthält.

7.3.2 Grundlagen

Bereits in Kapitel 4.2.2 wurde das Resource Description Framework (RDF) [156, 135, 105] in dieser Arbeit eingeführt. Wie ebendort bereits dargestellt wurde, lassen sich mittels des Resource Description Frameworks Aussagen über Ressourcen treffen. Dazu kommen in RDF so genannte Statements zum Einsatz. Formal lässt sich eine solche RDF-Aussage folgendermaßen definieren:

RDF-Statement

Definition: RDF-Statement

Tripel   Ein RDF-Statement s setzt sich aus einem Tripel

$$s = (r, p, v)$$

Subjekt, Prädikat, Objekt   zusammen. Dabei bezeichnet r das Subjekt, p das Prädikat und v das Objekt des Statements. Das Subjekt r kann entweder durch eine Ressource, die mittels eines URI eindeutig identifiziert wird, oder eine Blank Node belegt sein. Blank Nodes werden dabei als existenzielle Variablen aufgefasst, das heißt sie zeigen die Existenz eines Objektes an, ohne dass über dieses Objekt selbst etwas ausgesagt werden kann oder muss. Das Prädikat p wird immer durch einen URI identifiziert. Der *URI, Blank Node, Literal*   Wert des Objektes v kann entweder durch einen URI, eine Blank Node oder ein Literal belegt sein. Literale enthalten direkte Datenwerte, die meist textueller Natur sind, jedoch können auch alle in XML-Schema

[37] definierten Standarddatentypen, z.B. Ganz- oder Realzahlen, abgebildet werden.

Für den Zugriff auf die einzelnen Komponenten eines RDF-Statements s werden die drei Funktionen $subj(s)$, $pred(s)$ und $obj(s)$ definiert. Diese liefern somit für ein gegebenes Statement s jeweils dessen Subjekt, Prädikat und Objekt zurück. Es gilt somit:

$$\begin{aligned} subj(s) &= r \\ pred(s) &= p \\ obj(s) &= v \end{aligned}$$

Wie oben bereits eingeführt wurde, können die einzelnen Komponenten eines RDF-Statements aus verschiedenen Typen bestehen (siehe Klyne und Carroll [135]). Dies sind zusammengenommen Uniform Resource Identifiers (URIs), Blank Nodes und Literale. Über eine Funktion $type(c)$ kann der Typ einer Komponente eines RDF-Statements bestimmt werden. Dabei gilt allgemein:

Typen der Komponenten eines RDF-Statements

$$type(c) \in \{\text{URI}, \text{BlankNode}, \text{Literal}\}$$

Für die einzelnen Komponenten eines RDF-Statements s gilt damit:

$$\begin{aligned} type(subj(s)) &\in \{\text{URI}, \text{BlankNode}\} \\ type(pred(s)) &\in \{\text{URI}\} \\ type(obj(s)) &\in \{\text{URI}, \text{BlankNode}, \text{Literal}\} \end{aligned}$$

Identität von RDF-Statements

Zwei RDF-Statements s_a und s_b gelten zunächst als identisch, wenn diese sowohl in Subjekt, Prädikat und auch Objekt übereinstimmen:

Identität zweier RDF-Statements

$$\begin{aligned} & subj(s_a) = subj(s_b) \\ \wedge\ & pred(s_a) = pred(s_b) \\ \wedge\ & obj(s_a) = obj(s_b) \end{aligned}$$

Darüber hinaus müssen auch jeweils die Typen der einzelnen Komponenten identisch sein:

$$\begin{aligned} & type(subj(s_a)) = type(subj(s_b)) \\ \wedge\ & type(pred(s_a)) = type(pred(s_b)) \\ \wedge\ & type(obj(s_a)) = type(obj(s_b)) \end{aligned}$$

Eine besondere Betrachtung des Auftretens von Blank Nodes und die Auswirkung auf die Identität von zwei RDF-Statements erfolgt noch an späterer Stelle.

Definition: gewichtetes RDF-Statement

Im weiteren Verlauf werden unter anderem auch als Ergebnis eines vagen Vergleichs zwischen zwei RDF-Statements Gewichtungen für RDF-Statements eingesetzt.

Ein gewichtetes RDF-Statement s_w setzt sich aus einem Quadrupel

$$s_w = (r, p, v, w)$$

Gewichtungen für RDF-Statements

zusammen. Die einzelnen Komponenten r, p und v entsprechen den gleichlautenden Komponenten eines RDF-Statements. Hinzu kommt die Gewichtungskomponente w, welche die Relevanz des durch die Komponenten r, p und v gebildeten RDF-Statements widerspiegelt.

Ein gewichtetes RDF-Statement mit einer Gewichtung von 1 entspricht einem gewöhnlichen RDF-Statement. Im Gegenschluss kann jedes gewöhnliche RDF-Statement als gewichtetes RDF-Statement mit einer Gewichtung von 1 aufgefasst werden. Die Gewichtung w eines entsprechenden RDF-Statements s_w kann über die Funktion $weight()$ ermittelt werden:

$$w = weight(s_w)$$

Identität zweier gewichteter RDF-Statements

Für die Bestimmung der Identität zwischen zwei gewichteten RDF-Statements findet die Gewichtung keine Beachtung, womit auf die Definition der Identität zwischen verschiedenen RDF-Statements zurückgegriffen werden kann.

Definition: RDF-Repository

RDF-Repository

Das Ziel einer Anfragebearbeitung ist ein RDF-Repository, in das RDF-Statements entsprechend geladen, gespeichert und aus diesem auch wieder exportiert werden können. Formal lässt sich ein RDF-Repository nun folgendermaßen definieren:

Ein RDF-Repository R

$$R = (S, I, E, Q)$$

beinhaltet eine Menge S von RDF-Statements. RDF-Repositories verfügen dazu über geeignete Mechanismen zum Import I, Export E und zur Abfrage Q von RDF-Statements.

Während der Export meist den gesamten Inhalt eines Repositories betrifft, können über einen Abfragemechanismus bestimmte Teile eines Repositories adressiert bzw. sogar bestimmte Komponenten von einzelnen RDF-Statements ausgewählt werden. In Kapitel 7.2.1 wurde diesbezüglich bereits ein Überblick über verschiedene Ansätze von Anfragesprachen und -systemen sowie von Repositories gegeben.

Definition: RDF-Graph

Wie bereits in Kapitel 4.2.2 eingeführt wurde, lassen sich RDF-Statements auch in Form einer entsprechenden Graphennotation darstellen. Ein so genannter RDF-Graph lässt sich auch als Menge von RDF-Statements auffassen (siehe Klyne und Carroll [135] und Hayes [105]).

RDF-Graph

Definition: gewichteter RDF-Graph

Analog zu einem RDF-Graphen stellt ein gewichteter RDF-Graph eine Menge von gewichteten RDF-Statements dar.

7.3.3 Ähnlichkeitsmaß für RDF-Statements

Im Vorherigen wurde die Ähnlichkeit zweier RDF-Statements im Sinne einer Gleichheit definiert. Somit können zwei RDF-Statements entweder identisch oder eben nicht identisch sein. Für die Definition eines darüber hinausgehenden Ähnlichkeitsmaßes, das die Ähnlichkeit zweier RDF-Statements graduell bestimmbar macht, wird im Folgenden zunächst die mit einem oder mehreren RDF-Statements verbundene Semantik beleuchtet.

Ähnlichkeit zweier RDF-Statements

Im Resource Description Framework (RDF) werden RDF-Statements bzw. RDF-Aussagen eingesetzt, um über Ressourcen oder Dinge im Allgemeinen Aussagen zu treffen. Soll nun zwischen zwei RDF-Statements eine Ähnlichkeit bestimmt werden, so lassen sich damit zwei verschiedene Implikationen verbinden:

- Zum einen kann über die Ähnlichkeit der Ressourcen, über die Aussagen getroffen werden, ein Rückschluss auf die Ähnlichkeit der Aussagen gezogen werden. Dieser Fall lässt sich zwar formal konstruieren, in der Praxis sind die damit erzielbaren Schlüsse weniger für die Bestimmung der Ähnlichkeit, sondern vielmehr für die Überprüfung und die Beweisbarkeit der Richtigkeit von Aussagen von Relevanz. Bekannte Inferenzsysteme wie FaCT [113] oder RACER [102] ermöglichen es, entsprechende Schlussfolgerungen zu ziehen. Diese Fähigkeit findet sich zudem auf der Proof-Ebene des Semantic Webs wieder.

Ähnlichkeit der Ressourcen

- Zum anderen kann über eine Bestimmung der Ähnlichkeit von Aussagen über verschiedene Dinge implizit eine Ähnlichkeit dieser Dinge bestimmt werden. Werden also bspw. über zwei verschiedene Dinge ähnliche Aussagen getroffen, so kann man eine gewisse Ähnlichkeit dieser beiden Dinge daraus schließen.

Ähnlichkeit der Aussagen

Diese zweite Variante zeigt ein für eine Ähnlichkeitssuche auf RDF-Daten nötiges Ähnlichkeitskriterium auf. In der Praxis existiert meist keine direkte Beziehung zwischen zwei Ressourcen oder Dingen, die mittels RDF beschrieben werden. Darüber hinaus lässt sich entweder selten ein direktes Ähnlichkeitskriterium für die Ressourcen selbst finden oder es existiert einfach kein entsprechendes Kriterium. Die für die Beschreibung dieser Dinge verwendeten Prädikate und Objekte in den RDF-Statements entstammen dagegen meist einer Ontologie oder stellen Literale mit entsprechenden Werten dar. Zwischen den dabei zum Einsatz kommenden Konzepten und auch Werten können nun, wie im weiteren Verlauf noch gezeigt wird, Ähnlichkeitskriterien aufgestellt werden.

In Abbildung 7.5 werden bspw. Aussagen über zwei Personen mittels RDF getroffen. Dabei handelt es sich um deren Fähigkeiten auf dem Gebiet der objektorientierten Programmierung (»programming«) sowie dem Gebiet des Software Engineerings (»se«).

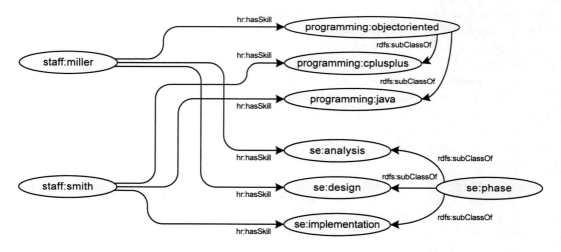

Abbildung 7.5
Beschreibung der Fähigkeiten und Projektbeteiligungen von verschiedenen Personen

Wollte man nun, bspw. für die Zusammenstellung eines neuen Projektteams, auf Basis gegebener Anforderungen an die Fähigkeiten der Personen ähnliche Personen finden, so wird klar, dass für eine Ähnlichkeitsbestimmung den jeweiligen Subjekten, hier also die eindeutigen URIs der einzelnen Mitarbeiter, selbst keine Bedeutung zukommt. Vielmehr erfolgt eine Ähnlichkeitsbestimmung über die Aussagen, die über die Mitarbeiter getroffen wurden.

Definition: Ähnlichkeit zwischen zwei RDF-Statements

Wie bereits erläutert wurde, werden in RDF Aussagen über Ressourcen oder Dinge im Allgemeinen getroffen. In RDF wird die Ressource als Subjekt innerhalb der Statements aufgeführt, über die dann mittels entsprechender Prädikate und Objekte Aussagen vorgenommen werden. Da anhand der Ähnlichkeit zwischen den RDF-Aussagen über verschiedene Ressourcen die Ähnlichkeit der Subjekte selbst bestimmt werden soll, kann somit die Ähnlichkeit zweier Ressourcen, die als Subjekte in zwei RDF-Statements s_a und s_b enthalten sind, gleich der Ähnlichkeit der RDF-Statements gesetzt werden. Es lässt sich die Ähnlichkeit der Subjekte also durch die Ähnlichkeit der Statements und vice versa ausdrücken:

Ähnlichkeit zwischen zwei RDF-Statements

$$sim_{subj}(subj(s_a); subj(s_b)) = sim_{stmt}(s_a; s_b)$$

Die Ähnlichkeit zweier RDF-Statements bzw. deren Subjekte bestimmt sich aus den Ähnlichkeiten der jeweiligen Prädikate und Objekte. Somit lässt sich die Ähnlichkeit zwischen zwei RDF-Statements s_a und s_b nun folgendermaßen formulieren:

$$sim_{stmt}(s_a; s_b) = sim_{pred}(pred(s_a); pred(s_a))$$
$$\circ \; sim_{obj}(obj(s_b); obj(s_b))$$

Die Ähnlichkeit zwischen zwei RDF-Statements s_a und s_b leitet sich aus der mit dem Operator ○ verknüpften Ähnlichkeit der jeweiligen Subjekte und Prädikate der beiden RDF-Statements ab. Bei diesem Operator kann es sich im einfachsten Fall um eine Multiplikation handeln. Für die einzelnen Ähnlichkeitsfunktionen $sim_{pred}()$ und $sim_{obj}()$ wird zudem ein Wertebereich von [0;1] festgelegt, wobei 1 eine maximale und 0 eine minimale Ähnlichkeit ausdrücken. Dieser Wertebereich überträgt sich bei Einsatz eines Multiplikatoroperators auch auf die resultierende Ähnlichkeitsfunktion $sim_{stmt}()$.

Ähnlichkeitsfunktion Wertebereich

Die Problematik, dass verschiedene Ähnlichkeitsfunktionen unter anderem verschiedene Verteilungsfunktionen und auch verschiedene Semantiken innehaben, wird hier bewusst in Kauf genommen. Dies betrifft zunächst vor allem die Konstellation, wenn zwei RDF-Statements verglichen werden, deren Objekte mit Literalen unterschiedlichen Datentyps belegt sind.

Wie bereits in der Einführung des Resource Description Frameworks (RDF) in Kapitel 4.2.2 und auch im vorherigen Abschnitt 7.3.2 wiederholt wurde, können die einzelnen Komponenten eines RDF-Statements mit unterschiedlichen Typen wie URIs, Blank Nodes oder auch Literalen belegt sein (vgl. auch Klyne und Carroll [135]). Im Folgenden werden nun Ähnlichkeitskriterien für jeweils diese einzelnen Typen aufgestellt. Entsprechend der Typbelegung unterscheiden sich also die innerhalb der Funktionen $sim_{pred}()$ und $sim_{obj}()$ vorzunehmenden Ansätze und Berechnungen für einen Ähnlichkeitswert.

Zunächst soll davon ausgegangen werden, dass zwei zu vergleichende RDF-Statements in den entsprechenden Komponenten mit jeweils den gleichen Typen von Komponenten belegt sind. Eine Ausnahme stellt das Vorkommen von Blank Nodes dar, das im weiteren Verlauf noch explizit betrachtet werden wird. Allgemein gilt somit:

$$\begin{aligned} type(pred(s_a)) &= type(pred(s_b)) \\ \wedge \quad type(obj(s_a)) &= type(obj(s_b)) \end{aligned}$$

Die Belegung der Subjekte der beiden RDF-Statements ist dabei unerheblich, da ja gerade für diese eine Ähnlichkeitsbestimmung vorgenommen werden soll. Wie oben dargestellt, werden die Subjekte selbst bei der Bestimmung der Ähnlichkeit nicht betrachtet.

Im weiteren Verlauf werden nun Ähnlichkeitskriterien und -maße für die verschiedenen Typen aufgezeigt, mit denen die Prädikat- und Objektkomponenten von RDF-Statements belegt sein können.

Berücksichtigung von Anfragegewichtungen

Anfragen in Form von gewichteten RDF-Statements

Eine Anfrage kann sowohl in Form von gewöhnlichen RDF-Statements aber auch von gewichteten RDF-Statements erfolgen. Generell werden etwaig auftretende Gewichtungen in Form von gewichteten RDF-Statements bei der Bestimmung eines Ähnlichkeitswertes zwischen zwei RDF-Statements berücksichtigt. Dies kann bspw. durch Multiplikation der Gewichtungswerte zu den für die RDF-Statements bestimmten Ähnlichkeitswerten erfolgen.

Handelt es sich bei s_a um ein gewichtetes RDF-Statement, so bestimmt sich die Gesamtähnlichkeit zu einem gewöhnlichen RDF-Statement s_b wie folgt:

$$\begin{aligned} sim_{stmt}(s_a; s_b) = \quad & sim_{pred}(pred(s_a); pred(s_b)) \\ \circ \quad & sim_{obj}(obj(s_a); obj(s_b)) \\ \circ \quad & weight(s_a) \end{aligned}$$

Handelt es sich sowohl bei s_a als auch bei s_b um gewichtete RDF-Statements, kann die Gesamtgewichtung analog durch Multiplikation mit den jeweiligen Gewichtungswerten berücksichtigt werden:

$$sim_{stmt}(s_a; s_b) = sim_{pred}(pred(s_a); pred(s_b))$$
$$\circ\ sim_{obj}(obj(s_a); obj(s_b))$$
$$\circ\ weight(s_a)$$
$$\circ\ weight(s_b)$$

Ähnlichkeit zwischen Konzepten

Innerhalb des Resource Description Frameworks (RDF) kommen Uniform Resource Identifiers (URIs) zum Einsatz, um neben der eindeutigen Bezeichnung von Ressourcen auch Konzepte eindeutig zu adressieren, die zur Beschreibung der Ressourcen eingesetzt werden. Konzepte kommen bei der Beschreibung von Ressourcen daher als Prädikate und Objekte innerhalb der RDF-Statements zum Einsatz. Konzepte werden entweder mittels RDF-Schema in einem so genannten Typschema oder – idealerweise – im Rahmen einer Ontologie definiert. Mittels RDF-Schema aufgestellte Typschemata können, wie bereits in Kapitel 4.2.2 dargelegt wurde, als eine einfache Form einer Ontologie aufgefasst werden. Innerhalb des Semantic Webs ist zur Abbildung von Ontologien die Web Ontology Language (OWL) vorgesehen (siehe Kapitel 4.2.3). Wie ebenfalls bereits in Kapitel 4.2.3 dargestellt wurde, dienen Ontologien nicht nur zur Definition einzelner Konzepte, sondern bilden auch vielfältige Beziehungen zwischen diesen ab.

Zur Bestimmung der Ähnlichkeit zwischen einzelnen Konzepten bietet sich daher die Betrachtung deren Definition innerhalb der jeweiligen Ontologien an. Zumeist sind die Konzepte auch mit einer textuellen Beschreibung versehen. Darüber hinaus lassen sich vor allem aus den verschiedenen Beziehungen zwischen den einzelnen Konzepten innerhalb einer oder über verschiedene Ontologien hinweg Ähnlichkeitskriterien zwischen den einzelnen Konzepten ableiten.

Ähnlichkeit zwischen Konzepten

Beziehungen zwischen Konzepten

Für die Bestimmung ähnlicher Konzepte aus einer oder mehreren Ontologien existiert eine Reihe von Ansätzen, die in Kapitel 7.5 noch näher vorgestellt werden. Die Ansätze verfolgen dabei unter anderem das Ziel, Konzepte aus zwei verschiedenen Ontologien, zwischen denen bisher keine Beziehungen existierten, entsprechend zu vergleichen und ähnliche Konzepte zu identifizieren. In einem weiteren Schritt lassen sich dann Beziehungen zwischen den als ähnlich identifizierten Konzepten formulieren. Neben einfachen Beziehungen, die identische Konzepte in zwei Ontologien aufzeigen, können dabei auch komplexe Transformationen zwischen verschiedenen Konzepten die Folge sein.

Im Gegensatz dazu setzt der im Folgenden vorgestellte Ansatz zu einer Ähnlichkeitsbestimmung zwischen verschiedenen Konzepten

Betrachtung explizit formulierter Beziehungen

Beziehungsarten zwischen Konzepten

auf die Beschreibungsmerkmale für Beziehungen zwischen verschiedenen Konzepten, die durch die Web Ontology Language (OWL) [161, 67, 190] explizit bereitgestellt werden. Des Weiteren werden nur explizit formulierte Beziehungen in einer Ontologie oder über verschiedene Ontologien hinweg betrachtet.

Die für die Ableitung der Ähnlichkeit zwischen verschiedenen Konzepten betrachteten Beziehungen sind im Einzelnen:

- **Vererbungsbeziehungen.** Eine der wesentlichen Beziehungsarten in Ontologien stellt eine Vererbung im objektorientierten Sinn zwischen den Konzepten dar. Letztere werden in OWL wie auch bereits in RDF-Schema als Klassen (»class«) bezeichnet. Die Web Ontology Language greift für die Vererbung von Konzepten auf das bereits für RDF-Schema definierte Klassenaxiom »subClassOf« zurück. So lassen sich von einem allgemeinen Konzept, das einen entsprechend allgemeinen Begriff oder ein Objekt wie bspw. »Pkw« repräsentiert, speziellere Konzepte ableiten, die wiederum entsprechend speziellere Begriffe oder Objekte wie z.B. »Sportwagen« darstellen. Gleichzeitig erben die spezielleren Konzepte die Eigenschaften eines allgemeinen Konzeptes. Der hier präsentierte Ansatz einer Ähnlichkeitsbestimmung zwischen verschiedenen Konzepten basiert nun hauptsächlich auf der Distanz zwischen den einzelnen Konzepten innerhalb der Vererbungshierarchie einer oder mehrerer Ontologien.
- **Konstruktionsbeziehungen.** In OWL können Konzepte auch durch Vereinigung (»unionOf«), Schnittmenge (»intersectionOf«) oder das Komplement (»complementOf«) einer Reihe von anderen Konzepten gebildet werden. Zudem können neue Konzepte auch als eine Auswahl einer Liste von anderen Konzepten definiert werden (»oneOf«).
- **Äquivalenzbeziehungen.** Darüber hinaus erlaubt OWL die direkte Auszeichnung von äquivalenten Konzepten in einer oder verschiedenen Ontologien mittels des Klassenaxioms »equivalentClass«. OWL unterscheidet hier zudem zwischen allgemein gültigen Konzepten und individuellen Konzepten bzw. Instanzen von Konzepten (»individuals«). So werden äquivalente Instanzen mit »sameAs« ausgezeichnet (siehe Smith et al. [241]).
- **Abgrenzungsbeziehungen.** Neben der Formulierung der Äquivalenz zwischen zwei Konzepten erlaubt OWL auch die explizite Abgrenzung von verschiedenen Konzepten. Dies erfolgt durch die Auszeichnung mittels »disjointWith«. Analog zur Äquivalenzbeziehung werden auch hier individuelle Konzepte oder Instanzen mittels »differentFrom« abgegrenzt (siehe Smith et al. [241]).

Neben Beziehungen zwischen den Konzepten definiert OWL auch eine Reihe von Beziehungsarten zwischen den Eigenschaften (»properties«) der Konzepte. Der hier vorgestellte Ansatz zur Bestimmung einer Ähnlichkeit zwischen verschiedenen Konzepten basiert, wie bereits dargestellt, auf den explizit formulierten Beziehungen zwischen einzelnen Konzepten. Insofern können Beziehungen zwischen Eigenschaften unberücksichtigt bleiben.

Beziehungsarten zwischen Eigenschaften

Abbildung 7.6 zeigt einen Ausschnitt aus zwei Ontologien, welche zum einen die Konzepte der Unified Modeling Language (UML) [39] und zum anderen des Rational Unified Processes (RUP) [140] beschreiben. In diesem Ausschnitt ist sowohl eine Ableitungshierarchie innerhalb der UML-Ontologie als auch eine Äquivalenzbeziehung zu einem Konzept der RUP-Ontologie aufgeführt. Die Darstellung des Ausschnittes in Abbildung 7.6 erfolgt dabei als RDF-Graph.

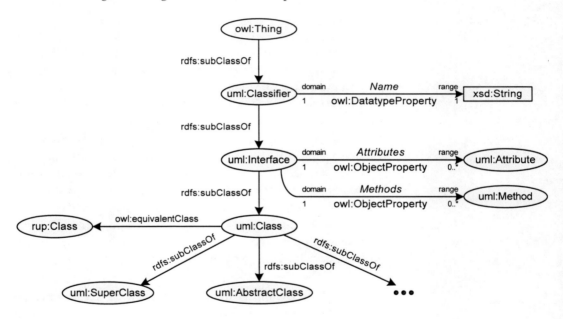

Abbildung 7.6
Ausschnitt aus einer Ontologie der Unified Modeling Language (UML) inkl. einer Beziehung zu einer Ontologie des Rational Unified Processes (RUP)

Mathematische Definition: RDF-Graph

Bei einem RDF-Graphen handelt es sich um einen gerichteten und benannten bzw. attributierten Graphen. In Kapitel 7.3.2 wurde ein RDF-Graph als eine Menge von RDF-Statements definiert. Dies entspricht gleichzeitig auch der offiziellen Definition (vgl. Klyne und Carroll [135]). Diese Definition folgt allerdings nicht der üblichen mathematischen Definition von Graphen im Allgemeinen (vgl. bspw. Bachl [16]). In diesem Sinne werden Graphen unter anderem wie folgt definiert:

- Ein *Graph* $G = (V, E)$ definiert sich als Tupel mit einer Menge V von Knoten (»vertices«) und einer Menge E von Kanten (»edges«). Bei der Menge V handelt es sich um eine endliche, typischerweise nicht leere Menge. Die Menge E der Kanten stellt eine Teilmenge von $V \times V$ dar.
- Ein Graph wird als *Multigraph* bezeichnet, wenn E eine *Multimenge* darstellt. Das bedeutet, dass zwischen zwei Knoten mehrere Kanten verlaufen können.
- In einem *gerichteten Graphen* sind zudem die Elemente von $E \subseteq V \times V$ geordnet.
- Ein *benannter* oder *attributierter* Graph $G = (V, E, A_N, A_E, a_N, a_E)$, bei dem sowohl Knoten wie auch Kanten benannt sind, verfügt zusätzlich über zwei Mengen A_N und A_E an Attributen für die Bezeichnung von Knoten und Kanten. Die Zuordnung der Attribute zu den Knoten und Kanten erfolgt über jeweils zwei Funktion $a_N : N \to A_N$ und $a_E : E \to A_E$.
- Ein *Pfad* mit der Länge m wird durch eine endliche Folge von Kanten $p = (u_0, v_0), \ldots, (u_{m-1}, v_{m-1})$ definiert, wobei $m \in N_0$ und $v_{i-1} = u_i$ für alle $i \in \{0, \ldots, m-1\}$ gilt. Der Knoten u_0 wird als *Anfangs-* und der Knoten v_{m-1} als *Endknoten* bezeichnet.
- Der *kürzeste Pfad* in einem Graphen bezeichnet den Pfad zwischen zwei Knoten u_0 und v_{m-1} für den die Länge m minimal ist. Das heißt, es gibt keinen anderen Pfad zwischen diesen beiden Knoten, dessen Länge m kürzer ist.

keine Trennung von Knoten und Kanten

Versucht man diese Definition für RDF-Graphen zu übernehmen, so fällt zunächst die klare Trennung von Knoten und Kanten, insbesondere bei der Attributierung auf. Diese ist jedoch innerhalb des Resource Description Frameworks nicht gegeben. So können identische Bezeichner sowohl für Knoten und Kanten zum Einsatz kommen. Während bspw. innerhalb einer Ontologie ein Bezeichner an der Stelle eines Knotens in Form eines Subjekts oder Objekts in RDF auftritt, so kann er bei der Kennzeichnung von Ressourcen als Prädikat für eine Kante stehen (vgl. auch Hayes und Gutierrez [104]).

Für die weitere Betrachtung des RDF-Graphen in dieser Arbeit ist dies jedoch nicht von Belang. Daher kann ein RDF-Graph wie folgt definiert werden:

7.3 Der Ansatz RDF Query by Example (RDF-QBE)

Ein RDF-Graph wird durch einen gerichteten und *attributierten Multigraphen* $G_{RDF} = (V, E, A_N, A_E, a_N, a_E)$ definiert. Die Attributmenge A_N setzt sich aus den im Graphen vorkommenden URIs, Blank Nodes und Literalen zusammen, während A_E nur URIs enthält (siehe auch Kapitel 7.3.2).

RDF-Graph

Bestimmung der Ähnlichkeit zwischen zwei Konzepten

Die Bestimmung der Ähnlichkeit zwischen einzelnen Konzepten geht von der Betrachtung zweier Konzepte aus. Dies entspricht auch der Anforderung an ein Information Retrieval System, das zu einer gegebenen Anfrage die Ähnlichkeit der in einem Repository bzw. einer Kollektion enthaltenen Elemente ermitteln soll. Im Folgenden wird jeweils von einem Konzept a als Ausgangspunkt die Ähnlichkeit der anderen Konzepte, im Einzelnen als b bezeichnet, ermittelt.

Ähnlichkeit zwischen zwei Konzepten

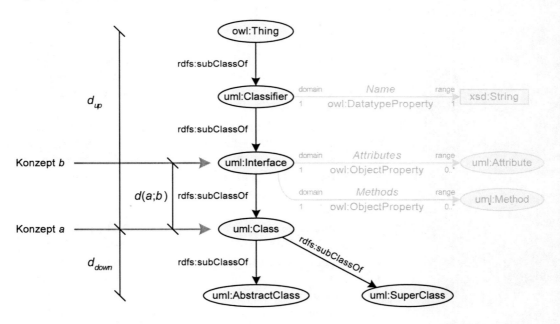

Abbildung 7.7
Bestimmung der Ähnlichkeit zwischen Konzepten auf Grund ihrer Distanz in der Vererbungshierarchie

ontologische Distanz

Die Ähnlichkeit zwischen zwei Konzepten innerhalb einer oder über mehrere Ontologien hinweg wird zunächst aus deren Abstand innerhalb der Vererbungshierarchie ermittelt. Darüber hinaus werden Äquivalenzbeziehungen mit einbezogen. Die eingesetzten Ontologien werden dazu als ein Graph repräsentiert. In Abbildung 7.7 sind dazu die im Folgenden aufgeführten Distanzen visualisiert. Für die mathematische Bestimmung der Ähnlichkeit spielen dabei die folgenden Faktoren eine Rolle:

Abstand innerhalb der Vererbungshierarchie

- Die Ähnlichkeit zwischen zwei Konzepten a und b leitet sich aus deren Distanz $d(a;b)$ innerhalb der Vererbungshierarchie ab. Die Distanz $d(a;b)$ wird dabei im RDF-Graph aus der Länge des entsprechenden Pfades p zwischen dem Knoten von Konzept a und dem Knoten von Konzept b gebildet.
- Das aufzustellende Ähnlichkeitsmaß bewertet nähere Konzepte mit einem höheren Ähnlichkeitswert als weiter entfernte Konzepte.
- Für die Distanz d zwischen zwei Konzepten a und b innerhalb der Vererbungshierarchie wird der kürzeste Pfad innerhalb des entsprechenden RDF-Graphen angenommen, dessen Kanten jeweils mit dem Klassenaxiom »subClassOf« nach der OWL bzw. RDF-Schema Spezifikation bezeichnet sind.
  Kommen in der Beschreibung einer Ontologie bspw. Mehrfachvererbungen vor, so können in der Vererbungshierarchie auch verschiedene Vererbungspfade zwischen zwei Konzepten existieren. Bei unterschiedlichen Distanzen zu einem entfernten Konzept ist für dieses der geringere Distanzwert und damit ein entsprechend höherer Ähnlichkeitswert zu vergeben.
- Beschreibungssysteme für Ontologien definieren ein gemeinsames Basiskonzept, von dem alle innerhalb des Beschreibungssystems abgeleiteten Konzepte erben. In OWL ist dies das Basiskonzept »Thing« bzw. »owl:Thing« in Präfixnotation. Dieses Konzept wird für die Betrachtung der Ähnlichkeit nicht berücksichtigt und erhält folglich einen Ähnlichkeitswert von 0.
- Das resultierende Ähnlichkeitsmaß wird auf einen Bereich von [0;1] normiert. Basis für die Normierung ist dabei jeweils die Gesamtdistanz zwischen Konzept a und der Wurzel einer Ontologie, deren Basiskonzept bzw. einem vom aktuell betrachteten Konzept a am weitest entferntesten Konzept. Je nach Richtung werden dabei zwei Fälle unterschieden.
  Stellt Konzept a ein Unterkonzept von Konzept b dar, so erfolgt die Normierung auf Basis der Distanz d_{up}, welche die Länge des kürzesten Pfades beschreibt, auf dem Konzept b liegt und dessen Anfangsknoten das Basiskonzept einer Ontologie darstellt.
  Stellt Konzept a ein Überkonzept von Konzept b dar, so erfolgt die Normierung auf Basis der Distanz d_{down}, die den kürzesten Pfad zwischen Konzept a als Anfangsknoten und einem am weitesten entfernten Konzept im Graphen als Endknoten darstellt, auf dem ebenfalls Konzept b liegt. Die Anforderung als kürzester Pfad be-

trifft somit etwaige längere Wege, die bspw. durch Mehrfachvererbung entstehen können. Gleichzeitig wird jedoch der längste Pfad zwischen Konzept a und einem Konzept betrachtet, das bezüglich der Vererbungshierarchie einen Blattknoten darstellt.
- Konzepte, die über Äquivalenzbeziehungen (»equivalentClass«) mit einem anderen Konzept verbunden sind, erhalten dessen Ähnlichkeitswert. Eine weitergehende Berechnung von Ähnlichkeitswerten erfolgt von diesem Konzept aus analog zum bisher beschriebenen Vorgehen.

Äquivalenzbeziehungen

Wie bereits zu Beginn ausgeführt, wird die Ähnlichkeit von einem Konzept a ausgehend für die mit diesem Konzept in Beziehung stehenden anderen Konzepte bestimmt. Konzepte, die nicht mit Konzept a in Beziehung stehen, erhalten einen initialen Ähnlichkeitswert von 0 zugewiesen.

initialer Ähnlichkeitswert

Formal lässt sich die Bestimmung eines Ähnlichkeitswertes ausgehend von einem Konzept a für ein Konzept b wie folgt formulieren. Dabei beschreibt sim_{start} den initialen Ähnlichkeitswert, der Konzept a zugeordnet wird, während $sim_a(b)$ den Ähnlichkeitswert für ein Konzept b beschreibt, das mit Konzept a in einer Vererbungshierarchie verbunden ist.

Vererbungshierarchie

$$sim_{start} = 1$$

$$sim_a(b) = \begin{cases} sim_{start} & \text{wenn} \quad d(a;b) = 0 \\ sim_{start} \cdot \left(1 - \frac{d(a;b)}{d_{up}}\right) & \text{wenn} \quad a \text{ Subkonzept von } b \\ sim_{start} \cdot \left(1 - \frac{d(a;b)}{d_{down}+1}\right) & \text{wenn} \quad a \text{ Superkonzept von } b \end{cases}$$

Für über eine Äquivalenzbeziehung (»equivalentClass«) angebundene Konzepte wird der Ähnlichkeitswert des Konzeptes übernommen, für das zuerst ein Ähnlichkeitswert bestimmt wurde. Wenn b und c durch eine Äquivalenzbeziehung und a und b durch eine Vererbungshierarchie verbunden sind und für c noch kein Ähnlichkeitswert vorliegt, dann gilt:

Äquivalenzbeziehung

$$sim_a(c) = sim_a(b)$$

Für die weitere Berechnung von Ähnlichkeitswerten zu Konzepten, die mit c über eine Vererbungshierarchie in Beziehung stehen, wird die Startähnlichkeit sim_{start} mit dem Ähnlichkeitswert des Konzeptes c belegt.

$$sim_{start=c} = sim_a(c)$$

Existieren in zwei verschiedenen Ontologien jeweils zum einen Vererbungshierarchien und sind zum anderen Konzepte aus diesen Hierarchien mehrfach über Äquivalenzbeziehungen zwischen den Ontologien miteinander verbunden, so kann dies zu Zyklen in der Bestimmung von Ähnlichkeitswerten führen.

Zyklen in der Bestimmung

Dies kann dadurch unterbunden werden, indem in einem ersten Schritt zunächst die Ähnlichkeitswerte auf Basis der Vererbungshierarchie bestimmt werden. Erst in einem zweiten Schritt werden die Äquivalenzbeziehungen verfolgt. Danach beginnt der Vorgang wieder beim ersten Schritt mit der Bestimmung der Ähnlichkeitswerte auf Basis der Vererbungshierarchie. Werden nun Konzepte erreicht, für die bereits ein Ähnlichkeitswert berechnet wurde, so kann ein entsprechender Berechnungspfad beendet werden.

In der Praxis kann für eine entsprechende Ähnlichkeitsbestimmung, ausgehend von einem gegebenen Konzept, eine Breitensuche verwendet werden. Dieses Vorgehen wurde bspw. auch für die in Kapitel 8 noch betrachtete prototypische Implementierung gewählt.

Varianten des Ähnlichkeitswertes

Ausgehend von diesem Basismaß für die Bestimmung der Ähnlichkeit zweier Konzepte ist eine Reihe von Anpassungen denkbar. Als nur eine von vielen Möglichkeiten kann, bspw. durch Einsatz der Quadratfunktion, der Ähnlichkeitswert näherliegender Konzepte gegenüber den weiter entfernten Konzepten erhöht werden.

$$sim_{angepasst}(a;b) = sim(a;b)^2$$

Das in Abbildung 7.8 dargestellte Beispiel verdeutlicht noch einmal die Bestimmung der Ähnlichkeitswerte auf Basis des in Abbildung 7.6 bereits eingeführten Ausschnittes zweier Ontologien, die jeweils Konzepte der UML und des RUP beschreiben.

Ausgehend vom Konzept einer objektorientierten Klasse (»uml:Class«) in der UML-Ontologie wird die Ähnlichkeit für die im Ausschnitt dargestellten weiteren Konzepte ermittelt. Zunächst wird von »uml:Class« ausgehend der kürzeste Pfad d_{up} zum Basiskonzept »owl:Thing« ermittelt. Entsprechend der Länge beträgt die Distanz $d_{up} = 3$. Gleichzeitig liegen auf diesem Pfad auch alle Superkonzepte von »uml:Class«, für die im Folgenden eine Ähnlichkeit bestimmt wird. In Richtung der Unterkonzepte beträgt die Distanz des kürzesten Pfads zu einem am weitest entfernten Konzept, von dem wiederum keine weiteren Konzepte abgeleitet werden, 1 und damit gilt $d_{down} = 1$.

Für die in Abbildung 7.8 dargestellten Ähnlichkeitsgewichte kommt das oben eingeführte Basismaß zum Einsatz. Das Konzept »rup:Class«, das über eine Äquivalenzbeziehung mit dem Konzept »uml:Class« in Beziehung steht, erhält dessen Ähnlichkeitswert, somit 1.

7.3 Der Ansatz RDF Query by Example (RDF-QBE)

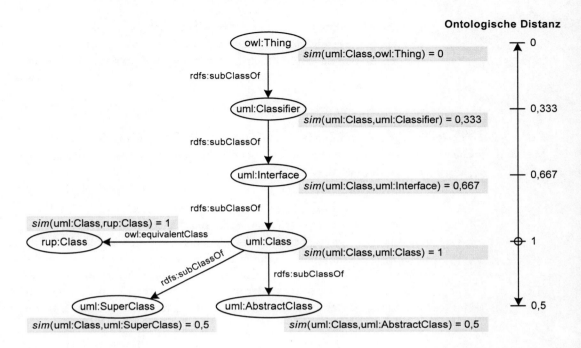

Abbildung 7.8
Beispiel für eine Anfrage und daraus resultierende Ähnlichkeitsmaße

Einbeziehung anderer Beziehungen

Neben den bisher betrachteten Vererbungs- und Äquivalenzbeziehungen können auch die Konstruktions- und Abgrenzungsbeziehungen mit in die Bestimmung eines Ähnlichkeitsmaßes einfließen.

Unter vereinfachenden Gesichtspunkten kann die Konstruktionsbeziehung im Sinne einer Vererbungsbeziehung mit in die Bestimmung eines Ähnlichkeitsmaßes integriert werden. Konträr zur Äquivalenzbeziehung wird durch die Formulierung einer Abgrenzungsbeziehung zwischen zwei Konzepten explizit deren Unähnlichkeit bzw. Disjunktheit ausgedrückt. Für die Bestimmung eines Ähnlichkeitswertes bedeutet dies, dass einem entsprechenden Konzept auf alle Fälle der Ähnlichkeitswert 0 zugeordnet werden muss, auch wenn über andere Beziehungen ein höherer Ähnlichkeitswert ermittelt wurde bzw. während der Ausführung des oben skizzierten Vorgehens noch werden würde.

Konstruktionsbeziehung
Abgrenzungsbeziehung

Ähnlichkeit zwischen Literalen

Literale beinhalten Daten verschiedener Datentypen. Neben dem gebräuchlichsten und gleichzeitigen Standardtyp Text können dies auch alle Datentypen sein, die innerhalb von XML-Schema [37], wie bspw.

Ganzzahlen, definiert sind. Für die Bestimmung eines Ähnlichkeitswertes zwischen verschiedenen Literalen wird zunächst nur der Fall betrachtet, in dem die beiden Literale denselben Datentyp repräsentieren.

Ähnlichkeit von textuellen Literalen

Vektorraummodell

Für die Bestimmung der Ähnlichkeit zweier Literale, die Text enthalten, wird das Vektorraummodell (siehe Salton und Lesk [220], Salton [216] sowie Salton et al. [222]) eingesetzt.

In diesem Einsatzszenarium werden dem Vektorraummodell entsprechend sowohl die Literale in einem RDF-Repository als auch die Literale in einer entsprechenden Anfragen durch t-dimensionale Vektoren repräsentiert, wobei t die Anzahl der Terme des Vokabulars wiedergibt. Die Komponenten dieser t-dimensionalen Vektoren stellen die Gewichtung der entsprechenden Terme im Hinblick auf das jeweilige Literal im RDF-Repository oder in der Anfrage dar. Ein hohes Gewicht bedeutet, dass der jeweilige Term das Literal bzw. die Anfrage entsprechend gut charakterisiert.

Zusätzlich können die in einem Literal enthaltenen Terme von Stoppworten befreit werden. Die übrigen Begriffe können daraufhin auf ihre Stamm- und Grundform reduziert werden. Durch eine Mehrwortgruppenerkennung können zudem zusammengesetzte Wörter in ihre einzelnen Bestandteile zerlegt werden (vgl. z.B. Baeza-Yates und Ribeiro-Neto [17, 7.2 Document Preprocessing]).

Berechnung der Termgewichte tf-idf-Formel

Die Berechnung der einzelnen Vektorkomponenten w_{dk} der Literale im RDF-Repository erfolgt dabei über die so genannte tf-idf-Formel, wie sie von Salton und Buckley [219] vorgeschlagen wurde:

$$w_{dk} = \frac{tf_{dk} \cdot \frac{N}{n_k}}{\sqrt{\sum_{i=1}^{t} \left(tf_{di} \cdot \frac{N}{n_i}\right)^2}}$$

Auf einen Einsatz für Literale in einem RDF-Repository bezogen, gibt N die Anzahl der Literale im RDF-Repository an, n_k und n_i die Anzahl der Literale im RDF-Repository, die einen Term k bzw. i enthalten, sowie tf_{dk} bzw. tf_{di} die Anzahl der Terme k bzw. i, die in einem Literal d enthalten sind.

Berechnung der Termgewichte einer Anfrage

Für ein Literal einer Anfrage werden die einzelnen Komponentengewichte w_{qk} mittels der von Salton und Buckley [219] ebenfalls vorgeschlagenen Formel berechnet. Hier gibt nun tf_{qk} bzw. tf_{qi} die Anzahl eines Terms k bzw. i in der Anfrage q wieder.

7.3 Der Ansatz RDF Query by Example (RDF-QBE)

$$w_{qk} = \begin{cases} \left(0,5 + \dfrac{0,5 \cdot tf_{qk}}{\max\limits_{1 \leq i \leq t} tf_{qi}}\right) \cdot \log \dfrac{N}{n_k} & \text{wenn} \quad tf_{qk} > 0 \\ 0 & \text{wenn} \quad tf_{qk} = 0 \end{cases}$$

Im Gegensatz zum analogen Einsatz der tf-idf-Formel für die Berechnung der Vektorkomponenten der Anfrage trägt die speziell für Anfragen vorgesehene Formel von Salton und Buckley dem Grundverständnis Rechnung, dass ein Term, der in der Anfrage enthalten ist, auch eine entsprechende Grundgewichtung erhalten sollte. Darüber hinaus ist bei der Anfrage eine Normierung der Vektoren nicht erforderlich, da für alle Dokumente derselbe Anfragevektor verwendet wird.

Die tf-idf-Formel wie auch die Berechnung der Vektorkomponenten der Anfrage sind jeweils als heuristische Formel zu verstehen. Eine streng formale Begründung, warum gerade diese Formeln gut arbeiten, kann nicht gegeben werden. Beide haben sich aber in dieser und ähnlichen Formen in zahlreichen empirischen Untersuchungen (vgl. bspw. Buckley et al. [52]) bewährt.

Die Bestimmung der Ähnlichkeit zwischen einer Anfrage und den Literalen im RDF-Repository erfolgt üblicherweise mittels des Skalarproduktes.

Skalarprodukt

$$sim_{scal}(Q, D) = \sum_{k=1}^{t} w_{qk} \cdot w_{dk}$$

Eine Schwachstelle des Skalarproduktes ist dabei die Abhängigkeit des Ergebnisses von Anzahl und Größe der einzelnen Vektorkomponenten in den jeweiligen Vektoren, die ungleich 0 sind. Das heißt, es gibt hier keinen a priori festgelegten Maximalwert des Skalarproduktes. Erfolgt keine Normierung der Termgewichte, erhalten umfangreiche Dokumente, in denen Suchterme entsprechend häufiger enthalten sind, höhere Ähnlichkeitswerte (vgl. z.B. Ferber [88]).

Im Gegensatz zum Skalarprodukt haben beim Kosinusmaß die Längen der Vektoren keine Auswirkung auf das Ergebnis, da nur der Winkel zwischen diesen bestimmt wird. Ein Wert von 1 bezeichnet dabei einen Winkel von 0° zwischen den beiden Vektoren und somit eine Übereinstimmung der beiden Vektoren. Darüber hinaus liegt der Ergebniswert im gewünschten Bereich von [0;1].

Kosinusmaß

$$sim_{cos}(Q, D) = \frac{\sum\limits_{k=1}^{t} w_{qk} \cdot w'_{dk}}{\sqrt{\sum\limits_{i=1}^{t} w_{qi}^2} \cdot \sqrt{\sum\limits_{j=1}^{t} w'^{2}_{dj}}}$$

Ähnlichkeit von Literalen anderer Datentypen

Neben dem bisher dominierenden Datentyp Text, der zugleich auch als Standarddatentyp in RDF eingesetzt wird, sind für Literale darüber hinaus weitere Datentypen einsetzbar. Da RDF selbst über keine Möglichkeit verfügt, eigene Datentypen zu definieren, wird an dieser Stelle auf die Fähigkeiten von XML-Schema zurückgegriffen (siehe Klyne und Carroll [135]). Innerhalb von RDF werden die in XML-Schema als »Built-in datatypes« [37] definierten Datentypen empfohlen. In Abbildung 7.9 sind diese Datentypen sowie die Hierarchiebeziehung zwischen diesen dargestellt.

Datentypen aus XML-Schema

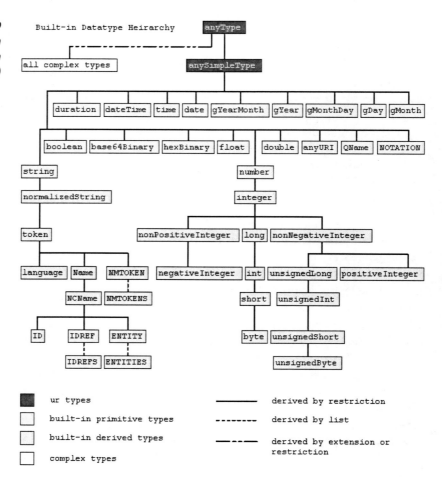

Abbildung 7.9 »Built-in datatypes« in XML-Schema (aus Biron und Malhotra [37])

einfache Datentypen

Die Betonung liegt hier auf den einfachen Datentypen (»anySimpleType«). Diese lassen sich durch entsprechende Umformungen auf rationale Zahlen abbilden. So können Datumsangaben bspw. in die seit einem bestimmten Fixum auf der Zeitskala verstrichenen Sekunden abgebildet werden, in verschiedenen Betriebssystemen in die seit dem 1. Januar 1970 verstrichenen Sekunden. Die Ähnlichkeit zwischen zwei Werten lässt sich somit aus der absoluten Differenz zwischen dem Anfragewert und einem gegebenen Wert ermitteln.

$$sim(a;b) = |a - b|$$

Um einen Wertebereich von [0;1] zu erreichen und gleichzeitig den Wert 1 als Ausdruck für zwei identische Elemente zu erhalten, kann ein Ähnlichkeitsmaß wie folgt formuliert werden:

$$sim(a;b) = \frac{1}{|a-b|+1}$$

Ähnlichkeit zwischen Literalen mit unterschiedlichen Datentypen

Eine Ähnlichkeitsbestimmung zwischen Literalen, die jeweils Daten unterschiedlicher Datentypen beinhalten, kann nur dann sinnvoll vollzogen werden, wenn einer oder auch beide Datentypen aneinander angeglichen werden können, ohne dass dabei ihre eigentlichen Werte zu sehr verfälscht werden. Als Anhaltspunkt für eine Transformation von einem Datentyp in einen anderen kann die Hierarchie der Datentypen, wie sie in Abbildung 7.9 dargestellt wurde, dienen. So können bspw. speziellere Zahlenformate wie »negativeInteger« und »unsignedInt« auf den gemeinsamen Datentyp »integer« transformiert werden. Schwieriger verhält sich das Vorgehen, wenn semantisch verschiedenen Datenformante wie z.B. »string« und »date« miteinander verglichen werden sollen. Hier kann als einfacher Lösungsansatz eine gemeinsame Betrachtung der Werte verschiedener Datentypen als Texte und eine Ähnlichkeitsbestimmung mittels des Vektorraummodells herangezogen werden.

Literale mit unterschiedlichen Datentypen

Transformation von Datentypen

Ähnlichkeit zwischen Blank Nodes

In RDF werden Blank Nodes als existenzielle Variablen aufgefasst, das heißt, sie zeigen die Existenz einer Ressource oder eines Objektes an, ohne dass über dieses selbst etwas ausgesagt werden kann oder muss (siehe Hayes [105]). Innerhalb eines RDF-Statements können Blank Nodes nur bei Subjekten und Objekten auftreten. Damit beschränkt sich an dieser Stelle die Betrachtung auf das Auftreten von Blank Nodes bei Objekten, da für die Bestimmung der Ähnlichkeit zweier RDF-Statements die Subjekte nicht berücksichtigt werden.

Die Eigenschaft einer existenziellen Variable bedeutet für eine Ähnlichkeitsbestimmung, dass der Ähnlichkeitswert zwischen einer Blank

Blank Nodes als existenzielle Variablen

Node und einer konkreten Ressource bzw. einem Konzept, die jeweils durch einen URI repräsentiert werden, als 1 bewertet wird. Entsprechend wird auch der Ähnlichkeitswert zwischen zwei Blank Nodes als 1 bewertet. Formal gilt somit für zwei zu vergleichende RDF-Statements s_a und s_b:

$$\begin{aligned} type(obj(s_a)) &\in \{\text{BlankNode}\} \\ \wedge\ type(obj(s_b)) &\in \{\text{URI}, \text{BlankNode}\} \\ &\Rightarrow sim_{obj}(obj(s_a); obj(s_b)) = 1 \end{aligned}$$

Blank Nodes als Wildcards in RDF-Anfragen

Die Eigenschaft von Blank Nodes als existenzielle Variablen eingesetzt zu werden, ermöglicht die Nutzung von Blank Nodes in RDF-Anfragen. So kann die Funktion der Blank Nodes mit der einer Wildcard verglichen werden. Dabei werden in einer Anfrage die URIs konkreter Ressourcen bzw. von Konzepten durch Blank Nodes ersetzt. Damit wird das Ziel verdeutlicht, nur aufgrund der Aussagen ähnliche Ressourcen zu finden. Darüber hinaus dienen Blank Nodes auch zur Verknüpfung von mehreren RDF-Statements zu einer komplexeren Anfrage, wie im folgenden Abschnitt noch deutlich gemacht wird.

7.3.4 Ähnlichkeitsmaß für RDF-Graphen

Wie schon in Kapitel 4.2.2 aufgezeigt wurde, lassen sich die RDF-Statements in einem RDF-Repository zu einem Graphen aufspannen. Sollen nun zwei RDF-Repositories auf deren Identität verglichen werden, so kann dementsprechend auf Algorithmen zur Bestimmung der Graph Isomorphie zurückgegriffen werden (siehe Carroll [57]).

Graph Isomorphie

Ziel einer Anfrage an ein RDF-Repository ist jedoch, wie in Kapitel 7.1 ausgeführt wurde, zur gegebenen Anfrage ähnliche Elemente zu erhalten. In diesem Fall sind dies also Ressourcen bzw. Dinge aus dem RDF-Repository, die über ähnliche Aussagen wie die Anfrage verfügen. Setzt sich nun eine Anfrage aus mehreren und zudem miteinander verknüpften RDF-Statements zusammen, so kann die Anfrage ebenfalls als Graph repräsentiert werden. Damit kann das Problem der Anfragebearbeitung als Suche nach einem Subgraphen in dem – typischerweise – viel umfangreicheren Graphen des Inhalts eines RDF-Repositories aufgefasst werden. Dieses als Subgraph Isomorphie bekannte Problem ist für die meisten Arten von Graphen NP-vollständig. Die Komplexität dieses Problems lässt sich jedoch auf polynominale Größenordnung reduzieren, wenn der Anfragegraph die Form eines Baumes aufweist (vgl. bspw. Bachl [16]).

Subgraph Isomorphie

Bei der hier gegebenen Problemstellung der Suche nach ähnlichen Kontextbeschreibungen lässt sich eine in RDF formulierte Kontextbeschreibung zumeist in Form eines Baumes abbilden. Diese Anforderung

Baumform der Anfrage

lässt sich zudem durch die im Folgenden aufgeführten Eigenschaften einer Anfrage selbst und deren Behandlung umsetzen:

- Im Rahmen dieser Arbeit erfolgt die Suche nach ähnlichen Ressourcen auf Basis eines erwarteten tatsächlichen Informationsbedürfnisses. Innerhalb dessen werden bspw. Inhalte der aktuellen Tätigkeit einer Person mittels RDF beschrieben. Das heißt, von einer bestimmten Ressource ausgehend, kann in Form eines Baumes die schrittweise Beschreibung der Aktionen und Inhalte erfolgen. Die in Kapitel 4.4 aufgeführten Beispiele geben darüber einen aussagefähigen Eindruck.
  Auch wenn zahlreiche Verarbeitungsstufen zwischen einer Kontextbeschreibung und der eigentlichen Anfrage liegen (vgl. Kapitel 5.3), lässt sich eine RDF-Anfrage technisch generell immer in Form eines Baumes abbilden, wie ja letztlich auch die XML-Repräsentation von RDF (siehe Beckett und McBride [21]) beweist.
- Die direkte Anfragebearbeitung erfolgt nur auf Basis der in einer Anfrage enthaltenen RDF-Statements. Das bedeutet auch, dass Konzepte in der Anfrage, die bspw. in eine Ontologie verweisen, nicht direkt weiterverfolgt werden. Vielmehr wird für die in der Anfrage enthaltenen Konzepte, wie oben dargestellt wurde, ein direkter Ähnlichkeitswert ermittelt.
- Für die Durchführung einer Anfragebearbeitung werden die konkreten Ressourcebezeichnungen der einzelnen Subjekte der RDF-Statements in der Anfrage, die nicht in eine Ontologie verweisen, durch Blank Nodes ersetzt. Dies erfolgt mit dem Ziel, dass zur Bearbeitung der Anfrage nur die Aussagen über Ressourcen betrachtet werden sollen.
  Kommen nun nur Blank Nodes ohne eigene IDs zum Einsatz (siehe Hayes [105]), so kann die Anfrage zwangsläufig nur in Form eines Baumes repräsentiert werden (siehe Reynolds [209]).

Ob die Anfrage aus einer Menge von gewöhnlichen oder gewichteten RDF-Statements besteht, die zusammen einen Graphen bilden, ist für die aufgeführten Punkte dabei jeweils unerheblich. Liegen gewichtete RDF-Statements in einer Anfrage vor, so werden die Anfragegewichte entsprechend mit in die Bestimmung der Relevanzwerte, bspw. durch Multiplikation, mit aufgenommen.

Anfrage mit gewichteten RDF-Statements

Bestimmung der Ähnlichkeit zwischen zwei RDF-Graphen

Wie bereits dargestellt wurde, gilt es die Ähnlichkeit zwischen zwei RDF-Graphen in dem Sinne zu lösen, dass es sich bei dem einen Gra-

Ähnlichkeitsbestimmung mittels einer Anfrage

phen um eine Anfrage handelt, zu der entsprechend passende Gegenstücke in einem anderen Graphen gefunden werden sollen.

In Abbildung 7.10 ist als exemplarische Anfrage ein Klassendiagramm mittels RDF repräsentiert. Dieses kann bspw. Inhalt des in Kapitel 5 eingeführten erwarteten tatsächlichen Informationsbedürfnisses sein. In diesem Beispiel wurde auf eine Gewichtung der einzelnen RDF-Statements verzichtet bzw. diese kann implizit mit jeweils 1 angesehen werden.

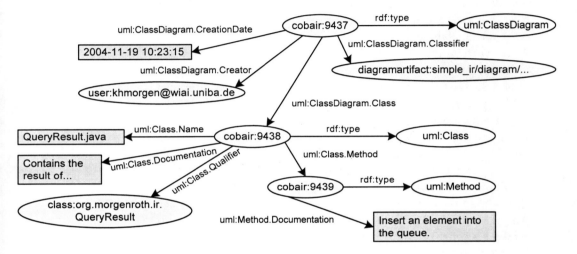

Abbildung 7.10
Repräsentation eines UML Klassendiagramms mittels RDF

Ziel ist es nun zu diesem gegebenen Anfragegraphen ähnliche Graphen in einem viel größeren Graphen, wie er sich z.B. durch den Inhalte eines RDF-Repositories aufspannen lässt, zu finden.

Ersetzung von URIs durch Blank Nodes

Als erster Schritt werden Verweise auf konkrete Ressourcen durch Blank Nodes ersetzt. Dies betrifft jedoch nur konkrete benannte Ressourcen, nicht aber Konzepte, die in einer Ontologie beschrieben sind. Gleichzeitig werden auch die Verknüpfungen innerhalb des Anfragegraphen durch Blank Nodes ersetzt, die, wie oben bereits ausgeführt wurde, nicht durch eindeutige IDs gekennzeichnet werden. Für das in Abbildung 7.10 eingeführte Beispiel stellt sich der resultierende RDF-Graph nun wie in Abbildung 7.11 dar.

Abhängigkeiten zwischen RDF-Aussagen

Wie den Abbildungen 7.10 und 7.11 zudem zu entnehmen ist, bestehen zwischen den einzelnen Ansammlungen von RDF-Aussagen, die sich jeweils auf dasselbe Subjekt beziehen, Abhängigkeiten. So enthält die Beschreibung des Klassendiagramms hier eine Beschreibung einer Klasse und diese wiederum eine Beschreibung einer Methode. Da jedoch letztlich vom Wurzelknoten in der Anfrage ausgehend ähnliche

7.3 Der Ansatz RDF Query by Example (RDF-QBE)

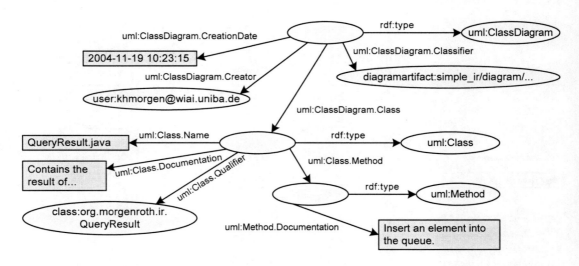

Abbildung 7.11
Ersetzung der URIs konkreter Ressourcen durch Blank Nodes

Graphen gesucht werden, hier bspw. ein Klassendiagramm, bedeutet dies, dass sich die Gesamtähnlichkeit eines gegebenen Anfragegraphen im Vergleich zu einem als ähnlich identifizierten Teilgraphen aus den Ähnlichkeiten der entsprechenden Unterzweige determiniert.

In Abbildung 7.12 ist eine Gegenüberstellung eines Anfragegraphen, der eine Klasse mittels RDF repräsentiert, und eines als ähnlich identifizierten Teilgraphen dargestellt. Wie der Abbildung zu entnehmen ist, weisen die beiden Graphen strukturelle Ähnlichkeiten auf, es gibt jedoch Unterscheidungen in der Benennung verschiedener Knoten und Kanten. So differieren neben einigen zur Beschreibung eingesetzten Konzepten aus einer Ontologie der UML auch die Inhalte der Literale.

Im Gegensatz zum Verständnis der Subgraph Isomorphie müssen im Sinne einer vagen Anfragebearbeitung nicht alle Knoten und Kanten des Anfrage- bzw. Suchgraphen entsprechend in einem als ähnlich identifizierten Teilgraphen enthalten sein. Dies betrifft darüber hinausgehend auch ganze Unterzweige. Auch müssen die als ähnlich zu identifizierenden Kanten und Knoten nicht mit den identischen Attributen versehen sein. Vielmehr leitet sich die Ähnlichkeit dabei aus dem im vorherigen Abschnitt eingeführten Ähnlichkeitsmaß ab. Ein Ähnlichkeitsmaß zwischen einem Anfragegraphen und einem als ähnlich identifizierten Teilgraphen muss zum einen das Ähnlichkeitsmaß zwischen RDF-Statements aufnehmen und zum anderen auch die strukturelle Übereinstimmung wiedergeben.

Abweichung von der Subgraph Isomorphie

Der Anfragegraph besitzt, wie bereits an mehreren Stellen dargelegt wurde, die Form eines Baumes. Liegen nun, wie in Abbildung 7.12, ein

Baumform des Abfragegraphen

Anfragegraph   **Beispiel eines ähnlichen Teilgraphen**

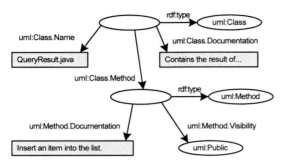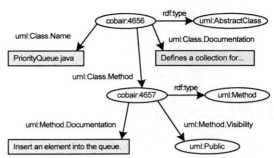

*Abbildung 7.12
Gegenüberstellung eines Anfragegraphen und eines als ähnlichen identifizierten Teilgraphen*

Anfragegraph und auch ein als ähnlich identifizierter Teilgraph vor, so lässt sich ein Maß für die Ähnlichkeit zwischen beiden rekursiv von der Wurzel des Anfragegraphen aus beginnend ermitteln. Dabei werden jeweils die von demselben Subjekt ausgehenden RDF-Statements des Anfragegraphen mit entsprechenden RDF-Statements des Teilgraphen verglichen. Die Ähnlichkeit zwischen den RDF-Statements wird mit dem in Kapitel 7.3.3 vorgestellten Ähnlichkeitsmaß für RDF-Statements $sim_{stmt}()$ bestimmt.

Ähnlichkeitsmaß für den Vergleich von RDF-Graphen

Formal lässt sich das Ähnlichkeitsmaß für den Vergleich eines Anfragegraphen mit einem als ähnlich identifizierten Teilgraphen nun wie folgt formulieren.

Mit t_q wird der Baum des Anfragegraphen und mit t_r ein oder mehrere als ähnlich zu identifizierende Baumgraphen eines RDF-Repositories bezeichnet. Dabei ermittelt $root(t)$ das Wurzelsubjekt eines Baumes t, womit sich die Menge der Statements eines Teilvergleiches, die jeweils dasselbe Subjekt aufweisen, als $S = \{s \mid s = (root(t), p, v)\}$ darstellen lässt.

$$sim_{tree}(t_q; t_r) = \frac{1}{|S_q|} \cdot \sum_{s_q \in S_q} \max_{s_r \in S_r} (sim_{stmt}(s_q; s_r))$$

Wie bereits angeführt, werden sowohl der Anfragegraph t_q wie auch der zu vergleichende Teilgraph t_r jeweils in ihrer Baumstruktur betrachtet. Ausgehend von der Wurzel der Anfragegraphen erfolgt jeweils die Berechnung eines Ähnlichkeitswertes für alle RDF-Statements, die von demselben Subjekt ausgehen. Das heißt gleichzeitig, dass ausgehend vom Anfragebaum die Ähnlichkeitswerte rekursiv für jede Ebene eines Unterzweigs berechnet werden. Für jedes RDF-Statement in einem Teilzweig des Anfragegraphen wird jeweils nur dasjenige RDF-Statement betrachtet, welches eine maximale Ähnlichkeit aufweist.

rekursive Berechnung

Die oben dargestellte Formel betrachtet zudem explizit nur die in RDF formulierten Beschreibungselemente, die auch in einer Anfrage enthalten sind. Es wird somit dasselbe Grundverständnis angewendet, wie es bspw. auch dem Vektorraummodell zugrunde liegt.

Wendet man nun die obige Formel auf die Gegenüberstellung eines Anfragegraphen und eines als ähnlich identifizierten Teilgraphen in Abbildung 7.12 an, so erhält man die in Abbildung 7.13 gegebenen Ähnlichkeitswerte. Die Bestimmung der Ähnlichkeit zwischen den Konzepten »uml:Class« und »uml:AbstractClass« aus einer UML-Ontologie wird zudem in Abbildung 7.8 visualisiert.

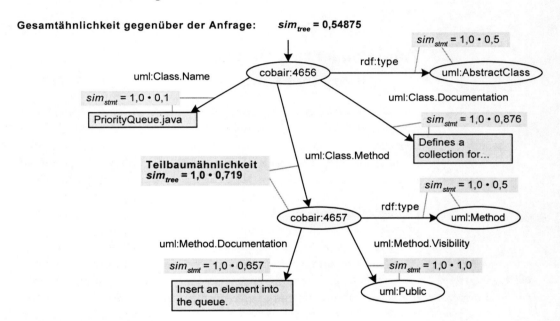

Abbildung 7.13 ermittelte Ähnlichkeitswerte aus der in Abbildung 7.12 dargestellten Anfrage und dem Teilgraphen

Identifikation ähnlicher Teilgraphen

Im bisherigen Verlauf wurde für die Bestimmung des Ähnlichkeitsmaßes immer von einem bereits vorliegenden, als zum Anfragegraph ähnlich identifizierten Teilgraph ausgegangen, ohne dass jedoch explizit auf dessen Identifikation näher eingegangen wurde.

Für das Auffinden eines ähnlichen Teilgraphen können zum einen verschiedene Algorithmen aus dem Gebiet der Subgraph Isomorphie zum Einsatz kommen. Hierzu gibt bspw. Bachl [16] einen umfassenden Überblick. Weil das hier betrachtete Problem nicht vollständig der Sub-

gleichzeitige Identifikation ähnlicher Teilgraphen mittels des Ähnlichkeitsmaßes für RDF-Graphen

graph Isomorphie entspricht, da unter anderem ein ähnlicher Teilgraph nicht identisch mit dem Anfragegraph sein muss, kann zur Identifikation eines ähnlichen Teilgraphen auch die bereits oben gegebene Formel zur Bestimmung des Ähnlichkeitsmaßes eingesetzt werden.

Mit Hilfe der Formel des Ähnlichkeitsmaßes lassen sich von der Wurzel des Anfragegraphen beginnend, jeweils ähnliche Teilgraphen rekursiv bestimmen und gleichzeitig deren Ähnlichkeitswerte in Bezug auf die Anfrage berechnen. Dieses Vorgehen kann, wie im folgenden Abschnitt noch gezeigt werden wird, durch den Einsatz einer geeigneten Indexstruktur und ein entsprechendes Vorgehen effizient durchgeführt werden.

7.4 Effiziente Anfragebearbeitung für RDF Query by Example

Im vorherigen Abschnitt wurde zunächst ein Maß für die Bestimmung einer Ähnlichkeit zwischen zwei RDF-Statements eingeführt. Dieses geht dabei von einem gegebenen Anfrage-Statement aus, auf dessen Basis die Ähnlichkeit anderer RDF-Statements bestimmt wird. Darauf aufbauend wurde nun auch ein Maß für die Bestimmung der Ähnlichkeit zweier RDF-Graphen vorgestellt. Auch dieses Maß geht dabei von einer gegebenen Anfrage aus und bestimmt für strukturell ähnliche Teilgraphen in einem größeren Graphen einen Ähnlichkeitswert.

wesentliche Anforderung an ein Information Retrieval System

Wie bereits in Kapitel 7.1 angeführt wurde, stellt eine effiziente Bearbeitung für Ähnlichkeitsanfragen eine wesentliche Anforderung an ein Information Retrieval System dar. Im Folgenden wird nun zunächst das Konzept einer strombasierten Bearbeitung von Ähnlichkeitsanfragen vorgestellt. Danach wird eine Indexstruktur eingeführt, die eine effiziente Anfragebearbeitung für den im vorherigen Abschnitt vorgestellten Ansatz eines RDF Query by Example ermöglicht. Eine prototypische Realisierung des Ansatzes sowie eine abschließende Evaluierung nach Effizienz und Effektivitätskriterien erfolgt in Kapitel 8.

7.4.1 Stromorientierte Anfragebearbeitung

Erstellung von Ergebnislisten (Rankings) nach Relevanz absteigend sortiert

Ziel einer Ähnlichkeitsanfrage ist die Ermittlung von zu einem gegebenen Element ähnlichen Elementen in einer Kollektion. Dabei wird die Ähnlichkeit über ein geeignetes Ähnlichkeitsmaß als Kennzahl bzw. Relevanz ausgedrückt. Über ein Ordnungskriterium kann nun eine sortierte Ergebnisliste, auch Ranking genannt, erstellt werden. Typischerweise enthält diese Ergebnisliste die gefundenen Elemente nach ihrer Relevanz in absteigender Reihenfolge sortiert.

Ein Phänomen bei der Abfrage der Ergebnisse einer Ähnlichkeitsanfrage stellt die Tatsache dar, dass von einem Anwender häufig nur eine bestimmte Anzahl an Ergebniselementen tatsächlich abgefragt und betrachtet wird. Die einzelnen Ergebnisse werden zudem von Beginn der Ergebnisliste an der Reihe nach betrachtet, das heißt eine Betrachtung der Ergebnisse beginnt mit dem Element, das mit der höchsten Relevanz bezüglich einer Anfrage bewertet wurde. Von diesem Verhalten der Nutzer bei der Betrachtung der Ergebnisse ist immer dann auszugehen, wenn die Ergebnisse einer Anfrage unmittelbar oder mittelbar der Präsentation für einen Nutzer bestimmt sind, wie Auswertungen von Log-Dateien verschiedener Suchmaschinen zeigen (siehe Silverstein et al. [239]).

nur teilweise Abfrage von Ergebnissen

sequenzielle Betrachtung der Ergebnisse

Wie das einführende Beispiel einer Anfrage auf RDF-Daten in Kapitel 7.3.1 gezeigt hat, werden sich typische Anfragen aus mehreren, miteinander verknüpften Bedingungen zu einer komplexen Ähnlichkeitsanfrage zusammensetzen. Dies ist bspw. auch bei Ähnlichkeitsanfragen für Text der Fall, in denen nach Dokumenten gesucht wird, die jeweils mehrere in der Anfrage gegebene Begriffe enthalten. Es gilt also hier die Dokumente zu finden, die möglichst alle gegebenen Begriffe enthalten (vgl. bspw. Ferber [88]). Ähnlichkeitsanfragen für strukturierte Dokumente, wie z.B. XML verknüpfen ebenfalls eine Reihe von Teilanfragen in einer einzelnen Anfrage an ein Retrievalsystem, in dem neben den Inhalten wie Text, auch eine Vorgabe einer Struktur mit angegeben wird (vgl. bspw. Fuhr und Großjohann [94]).

komplexe Anfragen

Für die Realisierung von komplexen Ähnlichkeitsanfragen wurde in der Vergangenheit eine Reihe von Ansätzen präsentiert. Diese Ansätze umfassen zum einen Zugriffsstrukturen für die sortierte Ablage der Daten, die im Sinne eines Ordnungskriteriums einen beschleunigten Zugriff auf diese ermöglichen. Zum anderen zeigen andere Ansätze Algorithmen zur Kombination von Teilergebnissen einer komplexen Anfrage auf, die sich aus verschiedenen Teilanfragen zusammensetzt.

So sind als typische Zugriffsstrukturen für die Realisierung von Ähnlichkeitsfragen neben den klassischen B-Bäumen [262] Zugriffsstrukturen für mehr- und hochdimensionale Daten, wie bspw. R- [101] oder LSD^h-Baum [108], und auch invertierte Listen (vgl. bspw. Frakes und Baeza-Yates [92]) zu nennen. Für hochdimensionale Zugriffsstrukturen ist bspw. bei Schmitt [233] eine ausführliche Betrachtung zu finden. Besteht eine Anfrage nur aus einem Element, zu dem ähnliche Elemente aus der Zugriffsstruktur gefunden werden sollen, so stellt diese Aufgabe eine immanente Eigenschaft der Zugriffsstruktur dar. Besteht jedoch eine Anfrage aus zwei oder mehreren verknüpften Teilanfragen, müssen folglich die einzelnen Teilergebnisse in einer der Anfrage entsprechenden Weise miteinander verknüpft werden, um ein Gesamter-

Zugriffsstrukturen für die Realisierung von Ähnlichkeitsfragen

Verknüpfung von Teilanfragen

gebnis zu erhalten. Dass zur Verknüpfung zweier Teilergebnisse nicht unbedingt die vollständigen Teilergebnisse herangezogen und betrachtet werden müssen, zeigten unter anderem bereits Buckley und Lewit mit ihrem Algorithmus [51], der vorrangig für das Information Retrieval auf Textdokumenten und einer Anwendung auf invertierten Listen entwickelt wurde.

Top-k Anfragen

Eine der Grundannahmen stellt beim Algorithmus von Buckley und Lewit [51] die oben aufgeführte Tatsache dar, dass ein Betrachter nur eine bestimmte Anzahl k der relevantesten Elemente – auch als Top-k bezeichnet – auf eine Anfrage erhalten möchte bzw. diese betrachten wird. Die Verknüpfung von Teilergebnislisten zu einer Gesamtergebnisliste bewerkstelligen Algorithmen wie der von Buckley und Lewit auf optimierte Weise, indem nur so viele Elemente aus den Teilergebnislisten betrachtet werden, wie unbedingt für die Ermittlung einer Gesamtergebnisliste mit einem gegebenen Umfang von k-Elementen notwendig sind. Ziel ist es dabei, eine stabile Rangordnung im Ergebnis mit dem gegebenen Umfang von k-Elementen zu erreichen. Zugunsten einer möglichst geringen Anzahl von zu betrachtenden Elementen in den Teilergebnislisten wird dabei auf eine mathematisch korrekte Berechnung der Relevanzwerte verzichtet. Da bei umfangreichen Indexen große Teile der Indexstruktur immer auf einen Hintergrundspeicher ausgelagert sind, der im Vergleich zu einem Hauptspeicher deutlich langsamere Zugriffe erlaubt, führt eine Reduzierung der Zugriffe auf den Hintergrundspeicher gleichzeitig auch zu einer Reduzierung der für die Bearbeitung einer Anfrage benötigten Zeit.

stromorientierte Ergebnisermittlung

Einen Schritt weiter gehen unter anderem Pfeifer et al. [193], indem sie eine stromorientierte Ergebnisermittlung einführen. Wie oben ebenfalls bereits angeführt wurde, werden die Resultate eines Anfrageergebnisses zumeist der Reihe nach betrachtet. Diese Beobachtung lässt sich zu einer weiteren Optimierung in der Bestimmung der Ergebnisse einer Anfrage benutzen, indem nun nicht mehr eine vorgegebene Anzahl k von Ergebniselementen en bloc ermittelt wird, sondern erst auf den Abruf eines weiteren Ergebniselementes hin, dieses ermittelt und geliefert wird. Diese als Lazy-Evaluation bezeichnete Strategie verschiebt somit den Zeitpunkt der Berechnung der Relevanzwerte eines Ergebniselementes auf den Zeitpunkt dessen Abfrage hin.

Lazy-Evaluation

In Abbildung 7.14 ist dieses stromorientierte Vorgehen für eine exemplarische Anfrage dargestellt. Die Anfrage besteht dabei aus vier Termen, die jeweils mit Anfragegewichten versehen sind. Die nach dem Vektorraummodell berechneten Termgewichte der einzelnen Dokumente (siehe Salton und Buckley [219]) sind in einer invertierten Liste abgelegt, wobei die einzelnen Listen nach den Termgewichten absteigend sortiert sind. Aus den für die Anfrage relevanten Listen werden nun

7.4 Effiziente Anfragebearbeitung für RDF Query by Example

jeweils die Elemente in Form einzelner Ströme entnommen und mittels des so genannten Nosferatu-Algorithmus von Pfeifer et al. [193] zu einem Ergebnisstrom vereint. Dieser Ergebnisstrom enthält nun pro Element jeweils ein Ergebnisdokument sowie dessen ermittelte Gesamtrelevanz (*rsv*) gegenüber der Anfrage.

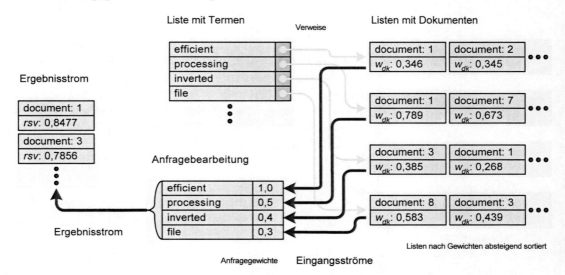

Abbildung 7.14
Ermittlung eines Ergebnisstromes aus den einzelnen sortierten Listen mit den Relevanzwerten für die Terme der Anfrage nach Pfeifer et al. [193]

Die bisher besprochenen Ansätze widmen sich vorrangig dem Information Retrieval von Textdokumenten. Ebenso lassen sich diese Ansätze aber auch auf das Retrieval von multimedialen und strukturierten Dokumenten übertragen, wie bspw. Henrich und Robbert mit IRStream [109, 112, 212] zeigen.

7.4.2 Indexstruktur zur effizienten Bearbeitung vager Ähnlichkeitsanfragen

In den Kapiteln 7.3.3 und 7.3.4 wurden Ähnlichkeitsmaße für einzelne RDF-Statements und RDF-Graphen eingeführt. Dabei wurde jeweils die Annahme zugrunde gelegt, dass zu einer gegebenen Anfrage, die entweder aus einem oder mehreren RDF-Statements bestehen kann, möglichst ähnliche RDF-Statements zu identifizieren sind. Wie bereits im vorherigen Abschnitt angeführt wurde, basiert eine effiziente Anfragebearbeitung auf einer geeigneten Indexstruktur, was ebenfalls für die Realisierung einer stromorientierten Anfragebearbeitung gilt.

Ausgehend von einer exemplarischen Anfrage, die das in Kapitel 7.3.1 eingeführte Beispiel aufgreift, wird zunächst ein Vorgehen für die

Realisierung einer vagen Ähnlichkeitsanfrage dargestellt. Darauf aufbauend wird im Folgenden eine entsprechende Indexstruktur präsentiert.

Die in Beispiel 7.15 in N3-Notation dargestellten zwei RDF-Statements einer Anfrage beschreiben eine gesuchte Ressource, bei der es sich gemäß einer Ontologie der Unified Modeling Language [39] um ein Artefakt in Form eines Dokumentes (»uml:Document«) handelt. Dieselbe Ressource soll zudem gemäß Dublin Core [74] eine Beschreibung (»dc:description«) mit den angegebenen drei Begriffen enthalten. Da beide RDF-Statements im Sinne einer Anfrage keine konkrete Ressource beschreiben, sind diese mittels einer Blank Node zusammengefasst, die somit als existenzielle Variable dient. In N3-Notation kann eine Blank Node durch eine eindeutige ID mit vorangestelltem Unterstrich ausgedrückt werden (vgl. Hayes [105]).

Beispiel 7.15
RDF-Statements in N3-Notations einer Beispielanfrage

```
_:1 rdf:type uml:Document
_:1 dc:description "anforderung portalsystem endkunde"
```

Ziel einer Anfragebearbeitung ist zunächst die Identifikation von RDF-Aussagen, die eine Ähnlichkeit mit denen der Anfrage aufweisen. Über diese gefundenen RDF-Aussagen können dann in einem zweiten Schritt die entsprechenden Ressourcen identifiziert werden.

Vorgehen bei der Suche nach ähnlichen RDF-Statements

Eine Suche nach ähnlichen RDF-Statements, bspw. innerhalb eines Repositories, kann nun in Form der im Folgenden aufgeführten Schritte ablaufen:

1. Die Schritte 1.a und 1.b sind für jedes RDF-Statement in der Anfrage getrennt bzw. parallel auszuführen. Dabei wird für jedes RDF-Statement der Anfrage zunächst eine Teilergebnisliste mit den als ähnlich identifizierten RDF-Statements und einem jeweils ermittelten Relevanzwert gebildet.

    (a) Wähle alle RDF-Statements aus, deren Prädikat mit dem des Anfrage-RDF-Statements übereinstimmt.

    (b) Identifiziere nun auf Basis der Ähnlichkeit zwischen dem Objekt des RDF-Statements einer Anfrage und den Objekten der zuvor ausgewählten RDF-Statements alle die Subjekte, die in den entsprechenden RDF-Statements enthalten sind. Für die Bestimmung der Ähnlichkeit der Objekte kommt eines der in Kapitel 7.3.3 vorgestellten Ähnlichkeitsmaße zum Einsatz. Die ermittelten Ähnlichkeitswerte der identifizierten Objekte werden nun als Relevanzwerte auf die entspre-

chenden Subjekte bzw. RDF-Statements übertragen und diese werden nach deren Relevanzwert absteigend in einer Teilergebnisliste zusammengefasst.
2. Führe die einzelnen Teilergebnislisten zu einer nach der Gesamtrelevanz absteigend sortierten Ergebnisliste zusammen. Dabei sind jeweils Teilergebnisse mit identischem Subjekt zusammenzuführen (vgl. Kapitel 7.3.4).

Das hier beschriebene Vorgehen kann noch darin verfeinert werden, dass in Schritt 1.a weitere Prädikate mit einbezogen werden, die über die in Kapitel 7.3.3 aufgezeigte ontologische Distanz als ähnlich zum Anfrageprädikat identifiziert wurden. Die dabei ermittelte Gewichtung für ein zusätzlich mit einbezogenes Prädikat muss dann allerdings auch in Schritt 1.b berücksichtigt werden. Dies kann bspw. durch eine Multiplikation der Prädikatgewichtung zum ermittelten Relevanzwert erfolgen.

Verfeinerung des Vorgehens

Für die in Beispiel 7.15 gegebene Anfrage kann eine Anfragebearbeitung nun folgendermaßen vonstatten gehen:

1. Für die beiden RDF-Statements der Anfrage werden jeweils parallel ähnliche RDF-Statements gesucht.
    (a) Wähle alle RDF-Statements aus, deren Prädikat »rdf:type« lautet.
    (b) Da die Anfrage als Objekt einen URI für ein Konzept enthält, kommt zur Bestimmung der Relevanzwerte die in Kapitel 7.3.3 vorgestellte ontologische Distanz zum Einsatz. So wird bspw. RDF-Statements mit dem Objekt »uml:Document« ein Relevanzwert von 1,0 und RDF-Statements mit den Objekten »uml:RequirementsDocument«, »uml:AnalysisDocument«, »uml:DesignDocument« oder »uml:TestDocument« ein Relevanzwert von 0,5 zugeordnet (siehe Abbildung 7.15). Zu jedem hier gegebenen Prädikat und Objekt können nun ein oder mehrere Subjekte sowie deren RDF-Statements identifiziert werden, auf die die jeweiligen Relevanzwerte übertragen werden. Als Ergebnis wird sodann eine nach den Relevanzwerten absteigend sortierte Teilergebnisliste von Subjekten bzw. RDF-Statements gebildet.

    (a) Wähle alle RDF-Statements aus, deren Prädikat »dc:description« lautet.
    (b) Das entsprechende RDF-Statement der Anfrage enthält als Objekt ein Literal vom Datentyp Text. Für die Bestimmung

der Relevanzwerte kommt somit, wie in Kapitel 7.3.3 aufgeführt, das Vektorraummodell zum Einsatz. Auch hier wird als Ergebnis eine nach Relevanzwerten absteigend sortierte Teilergebnisliste von Subjekten und den zugehörigen RDF-Statements ermittelt.

2. Kombiniere nun die beiden Teilergebnislisten zu einer Ergebnisliste, indem die Relevanzwerte für RDF-Statements in den beiden Teilergebnislisten, deren Subjekt identisch ist, bspw. addiert werden. Die resultierende Ergebnisliste ist ebenfalls wieder nach den nun neu berechneten Gesamtrelevanzen absteigend zu sortieren (vgl. Kapitel 7.3.4).

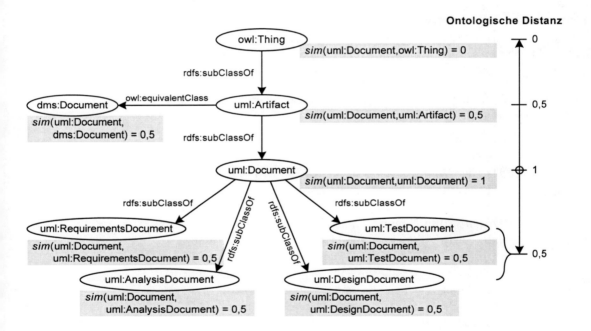

Abbildung 7.15
Bestimmung ähnlicher Konzepte zum gegebenen Konzept »uml:Document« auf Basis der ontologischen Distanz in einer Ontologie der UML sowie einer Ontologie für Inhalte eines DMS

Für die Konstruktion einer geeigneten Indexstruktur lassen sich nun aus dem oben gezeigten Vorgehen für eine Suche nach zu einer Anfrage ähnlichen RDF-Statements folgende Anforderungen ableiten.

- Auf der Ebene der Prädikate findet zunächst primär eine Selektion aus der Gesamtheit der RDF-Statements in einem Repository statt. Sekundär kann diese Selektion durch weitere zum Prädikat

eines Anfrage-RDF-Statements ähnliche Prädikate erweitert werden.
- Auf der Ebene der Objekte findet der eigentliche Ähnlichkeitsvergleich mit der Ermittlung entsprechender Relevanzwerte zwischen dem Objekt eines RDF-Statements der Anfrage und den Objekten der im ersten Schritt selektierten RDF-Statements statt. Über die als ähnlich identifizierten Objekte werden die entsprechenden Subjekte und RDF-Statements ausgewählt, auf die dann die Ähnlichkeitswerte als Relevanzwert übertragen werden. Ziel ist letztlich das Aufstellen einer nach den Relevanzwerten absteigend sortierten Ergebnisliste der Subjekte bzw. RDF-Statements.
- Setzt sich eine Anfrage aus mehreren RDF-Statements zusammen, die jeweils dasselbe Subjekt beschreiben, so stellen die im vorherigen Punkt ermittelten Ergebnislisten für jedes RDF-Statement der Anfrage zunächst nur ein Teilergebnis dar. In einem weiteren Schritt gilt es nun diese Teilergebnisse zu einer einzigen Ergebnisliste zu vereinen, indem die Relevanzwerte von RDF-Statements mit identischen Subjekten in den Teilergebnislisten zusammengeführt werden.

Indexstruktur zur effizienten Anfragebearbeitung auf RDF-Daten

Diese Anforderungen bzw. Zugriffsmuster führen nun zu einer Indexstruktur, wie sie in Abbildung 7.16 dargestellt ist. Die Basis der Indexstruktur wird dabei aus zwei doppelt verketteten invertierten Listen gebildet, wobei die Subjekte, Prädikate und Objekte der RDF-Statements jeweils in getrennten Tabellen und Listen abgelegt werden.

Die erste Liste wird aus der Menge der Prädikate aller in einem RDF-Repository enthaltenen RDF-Statements gebildet. Jeder Eintrag enthält neben dem URI eines Prädikats zusätzlich einen Verweis auf jeweils eine weitere Liste. Für die Bildung dieser Listen werden alle die RDF-Statements betrachtet, die das jeweilige Prädikat enthalten. Da als Objekte sowohl URIs, Blank Nodes und auch Literale auftreten können, werden dafür jeweils verschiedene Listenarten eingesetzt, die zudem auch auf unterschiedliche Art gebildet werden.

- **URIs und Blank Nodes als Objekt.** Die jeweilige Liste der Objekte wird aus der Menge der Objekt-URIs gebildet. Etwaige in einem Repository auftretende Blank Nodes können aufgrund ihrer Repräsentation (vgl. Hayes [105]) an dieser Stelle ebenfalls wie URIs gehandhabt werden.
- **Literale als Objekt.** Steht an der Stelle eines Objektes ein Literal, wird die Liste aus der Menge der Terme gebildet, die in allen entsprechenden Literalen vorkommen.

7 RDF Query by Example

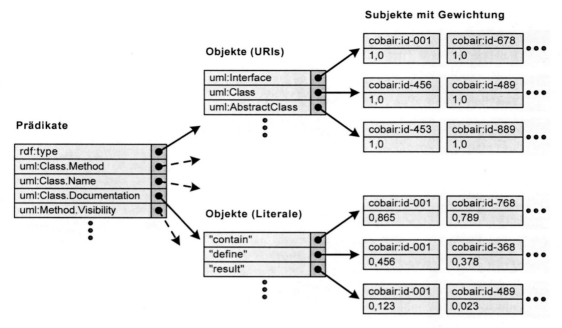

Abbildung 7.16
Indexstruktur zur effizienten Anfragebearbeitung auf RDF-Daten

Jeder Eintrag in einer Liste der Objekte enthält wiederum einen Verweis auf eine Liste, die jeweils alle diejenigen Subjekte enthält, die in Verbindung der entsprechenden Objekte und Prädikate in RDF-Statements auftreten. Zusätzlich ist mit jedem Eintrag ein Gewichtungswert verbunden. Dieser Gewichtungswert wird nun abhängig von der Listenart der jeweiligen Objekte ermittelt.

- **Bestehen die Objekte aus URIs bzw. Blank Nodes,** so wird der Gewichtungswert mittels der in Kapitel 7.3.3 vorgestellten ontologischen Distanz berechnet. Werden jedoch nur die tatsächlich auch mit den entsprechenden Objekt- und Prädikats-URIs vorkommenden Subjekt-URIs in diese Liste eingetragen, beträgt der Gewichtungswert immer 1. Die Einbeziehung anderer, ähnlicher Konzepte bzw. URIs an der Stelle der Objekte erfolgt dann erst bei der Anfragebearbeitung.
- **Stehen an der Stelle der Objekte Literale,** so wird der Gewichtungswert, wie ebenfalls in Kapitel 7.3.3 aufgezeigt wurde, mittels des Vektorraummodells berechnet. Der jeweilige Gewichtungswert gibt somit gleichzeitig einen Relevanzwert für den jeweili-

gen Begriff zu einer Subjekt-URI und deren entsprechenden Ressource an. Bei anderen Datentypen als Text bietet es sich an, die Listen entsprechend der einzelnen Werte der Literale sortiert zu erstellen. So kann dann mittels des in Kapitel 7.3.3 aufgezeigten Ähnlichkeitsmaßes auf Basis des Literalwertes einer Anfrage ein Ähnlichkeitswert bestimmt werden.

Die Listen mit den Subjekten und deren Gewichtungswerten sind jeweils nach den Gewichtungswerten absteigend sortiert. Wie im folgenden Abschnitt noch ausführlich dargestellt wird, hat diese Sortierung eine direkte Auswirkung für die Kombination von mehreren Listen zu einer Ergebnisliste.

Eine Realisierung dieser Indexstruktur kann bspw. mittels Hash-Tabellen und auch B-Bäumen erfolgen. Die Listen für Prädikate und Objekte, die jeweils einen schnellen und gleichzeitig selektiven Zugriff auf die dahinter liegenden Listen mit den Subjekten und deren Gewichtungen ermöglichen, können in Form von Hash-Tabellen ausgeführt werden. Die sortierten Listen der Subjekte und ihrer Gewichtungen können dagegen mittels B-Bäumen realisiert werden.

Realisierung der Indexstruktur

Auf eine prototypische Implementierung dieser Indexstruktur wird in Kapitel 8 noch ausführlich eingegangen. Dort erfolgt auch eine Evaluierung der Indexstruktur hinsichtlich quantitativer und qualitativer Eigenschaften, bspw. nach der mit dieser Indexstruktur erreichbaren Retrievalperformance.

7.4.3 Stromorientierte vage Anfragebearbeitung

Der einfachste Fall einer Anfragebearbeitung besteht aus einem RDF-Statement, das zudem als Objekt einen URI enthält. Sind dessen Prädikat und Objekt in einem Index mit der oben vorgestellten Struktur enthalten, kann über zwei Auswahlschritte direkt die Liste aller Subjekte als Ergebnis zurückgeliefert werden, die in RDF-Statements vorkommen und deren Prädikat und Objekt mit dem der Anfrage übereinstimmen. Ein derartiges Vorgehen stellt jedoch noch keine vage Anfragebearbeitung, sondern ein Faktenretrieval dar.

Eine vage Anfragebearbeitung besteht nun zunächst darin, dass zu den in einer Anfrage – hier zunächst ein einzelnes RDF-Statement – enthaltenen Konzepten ähnliche Konzepte in einer Ontologie identifiziert werden. Dies erfolgt mittels des in Kapitel 7.3.3 gezeigten Ähnlichkeitsmaßes der ontologischen Distanz sowie dem ebenfalls dort aufgezeigten Vorgehen. Als Ergebnis werden zu einem gegebenen Konzept eine Reihe ähnlicher Konzepte geliefert, die jeweils mit einem Ähnlichkeitswert versehen sind. Für eine Anfragebearbeitung auf der im vorherigen Ab-

vage Anfragebearbeitung

schnitt eingeführten Indexstruktur bedeutet dies, dass zu einem gegebenen Prädikat in einem RDF-Statement einer Anfrage evtl. nun mehrere Prädikate zu verfolgen sind. Analoges gilt für die Auswahl auf der Ebene der Objekte. Dies führt letztlich dazu, dass nun mehrere Listen mit Subjekten zu betrachten sind und zu einer einzelnen Ergebnisliste zusammengeführt werden müssen. Dabei sind jeweils die durch die ontologische Distanz ermittelten Gewichtungen der verfolgten Prädikate und Objekte entsprechend für die Ermittlung der Relevanzwerte der Subjekte zu berücksichtigen.

Anfragen mit Literalen

Analog gestaltet sich das Vorgehen bei der Bearbeitung einer Anfrage, die ein Literal mit Text enthält. Zunächst können die einzelnen Begriffe des Textes von Stoppwörtern eliminiert werden. Die übrigen Terme können daraufhin auf ihre Stammform zurückgeführt oder durch eine Mehrwortgruppenerkennung in einzelne Begriffe aufgelöst werden (vgl. bspw. Baeza-Yates und Ribeiro-Neto [17, 7.2 Document Preprocessing]). Wie in Kapitel 7.3.3 dargestellt wurde, werden für die einzelnen Terme nun entsprechende Anfragegewichtungen bzw. ein Anfragevektor bestimmt. Statt nun zwischen jedem Anfragevektor und den einzelnen Vektoren jedes Literals eines RDF-Statements mit ähnlichem Prädikat einen Ähnlichkeitswert mittels des Skalarproduktes oder des Kosinusmaßes zu ermitteln, kann die Anfragebearbeitung effizienter mittels einer invertierten Liste und einem Algorithmus, wie bspw. von Buckley und Lewit [51], erfolgen. Da die oben vorgestellte Indexstruktur ab der Ebene der Objekte nun einer typischen invertierten Liste im Information Retrieval ähnelt, können die entsprechenden Algorithmen zur Anfragebearbeitung für Literale eingesetzt werden.

Algorithmen zur Kombination von Ergebnislisten

Collection-Fusion-Problem

Die Problematik der Zusammenführung mehrerer Listen mit Teilergebnissen, die sich jeweils bspw. aus einer Referenz und deren Relevanzwert zusammensetzen sowie nach einer bestimmten Rangordnung sortiert sind, ist als Collection-Fusion-Problem bekannt (siehe Voorhees et al. [267]). Wie bereits in Kapitel 7.4.1 eingeführt wurde, sind in den vergangenen Jahren eine Reihe von verschiedenen Algorithmen zur effizienten Kombination von mehreren Listen präsentiert worden. Einen ausführlichen Überblick über derartige Kombinationsalgorithmen sowie deren Eigenschaften und Anforderungen geben bspw. Henrich und Robbert [111], Robbert [212, 4.3 Algorithmen zur Kombination von Rankinglisten] sowie auch Schmitt [233, 7.2 Algorithmen zur Aggregation von Ähnlichkeitswerten].

Anforderungen an die zu kombinierenden Listen

Ein wesentliches Merkmal von Algorithmen zur Kombination von Ergebnislisten bzw. Rangordnungen stellen die Anforderungen an die zu kombinierenden Listen dar. Geht man, wie in diesem Fall, von sortierten Listen aus, so betrifft dies vor allem die von den Algorithmen benötigten Zugriffsmöglichkeiten auf die einzelnen Elemente der jeweiligen Listen. Je nach Algorithmus genügt so ein Zugriff auf die Elemente in der Reihenfolge, wie diese in der sortierten Liste abgelegt sind, man spricht dabei dann auch von einem sortierten oder sequentiellen Zugriff. Darüber hinaus benötigen verschiedene Algorithmen auch einen wahlfreien Zugriff auf die Ergebnislisten, um für eine gegebene Referenz deren Relevanzwert in der Liste zu erfragen. Zudem ist auch eine inkrementelle Anwendbarkeit eines Algorithmus von Interesse, wenn die Ergebnisse eines Kombinationsalgorithmus bei einer verknüpften Anfrage selbst wieder Ausgangspunkt für eine weitere Verarbeitung, bspw. durch einen weiteren Kombinationsalgorithmus sind. Gleichzeitig bedeutet dies, dass für inkrementell anwendbare Algorithmen a priori kein Wert k für eine Anzahl zu ermittelnder Ergebnisse anzugeben ist.

inkrementelle Anwendbarkeit

In Tabelle 7.4 ist eine Auswahl von Algorithmen für die Kombination von Ergebnislisten sowie deren Anforderungen und Eigenschaften dargestellt.

Algorithmus	wahlfreier Zugriff	sortierter Zugriff	inkrementell anwendbar
Buckley-Lewit [51]	nicht notwendig	nicht notwendig	nein
FA [82]	erforderlich	erforderlich	nein
TA [83]	erforderlich	erforderlich	nein
NRA [83]	nicht notwendig	erforderlich	nein
NRA-RJ [124]	nicht notwendig	erforderlich	ja
J* [178]	nicht notwendig	erforderlich	ja
Nosferatu [193]	nicht notwendig	erforderlich	ja
Quick-Combine [96]	erforderlich	erforderlich	nein
Stream-Combine [96]	nicht notwendig	erforderlich	ja
Rank-Combine [110]	nicht notwendig	erforderlich	ja

Tabelle 7.4 Anforderungen und Eigenschaften von Kombinationsalgorithmen (aus Henrich und Robbert [111])

Einer der ersten Algorithmen zur Kombination von Ergebnislisten wurde von Buckley und Lewit [51] vorgestellt. Dieser Algorithmus benötigt auf die zu kombinierenden Ergebnislisten weder einen wahlfreien noch einen sortierten Zugriff. Allerdings ist er nur sehr beschränkt inkrementell anwendbar, da der Algorithmus eine Ergebnisliste mit einer stabilen Rangordnung für eine im Vorhinein gegebene Anzahl von

FA- und TA-Algorithmus

k Elementen erstellt. Darüber hinaus müssen die zu kombinierenden Ergebnislisten keiner Sortierung unterworfen sein. Eine Verbesserung dieses Algorithmus führen Pfeifer et al. mit Nosferatu [193] ein, indem sie die einzelnen Teilergebnislisten nicht mehr der Reihe nach, sondern parallel durchlaufen.

Der von Fagin vorgestellte FA-Algorithmus [82] sowie der darauf aufbauende und ähnliche TA-Algorithmus [83] erfordert auf die zu kombinierenden Ergebnislisten sowohl einen sortierten als auch einen wahlfreien Zugriff. Da auch dieser für eine gegebene Anzahl k eine stabile Ergebnissortierung ermittelt, ist er ebenfalls nur sehr bedingt für ein inkrementelles Vorgehen einsetzbar. Der TA-Algorithmus läuft parallel durch die zu kombinierenden Listen. Dabei fragt er für einzelne Elemente, die noch nicht aus allen Listen sequentiell gelesen wurden, über den wahlfreien Zugriff den Relevanzwert aus den Listen ab, aus denen ein aktuell betrachtetes Element noch nicht ausgelesen wurde. Ähnlich im Vorgehen ist bspw. der Quick-Combine-Algorithmus [96], der sich allerdings durch ein verbessertes Abbruchkriterium vom TA-Algorithmus unterscheidet.

Kombinationsalgorithmen wie bspw. Nosferatu [193], Stream-Combine [96], J* [178], NRA [83] oder auch Rank-Combine [110] benötigen keinen wahlfreien Zugriff auf die Ergebnislisten. Das heißt, die Ergebnislisten werden rein sequentiell betrachtet und dabei zu einer Ergebnisliste zusammengeführt. Mit NRA-RJ stellen Ihab et al. [124] zudem eine Verbesserung des NRA-Algorithmus von Fagin [82] vor, der auch inkrementell anwendbar ist.

Eine wesentliche Eigenschaft einer stromorientierten Anfragebearbeitung ist die Berechnung eines Ergebnisses und dessen Relevanzwertes jeweils erst auf den Abruf eines weiteren Ergebnisses hin (siehe Kapitel 7.4.1). Für diesen Zweck sollte ein Algorithmus, damit dieser zu einer effizienten Bearbeitung der Anfrage eingesetzt werden kann, inkrementell anwendbar sein. Darüber hinaus können Algorithmen, die keinen wahlfreien Zugriff auf die einzelnen Ergebnislisten benötigen, stellenweise effizienter operieren, da wahlfreie Zugriffe zumeist mit deutlich höheren Zugriffszeiten verbunden sind. Allerdings lässt sich dies erst in einem konkreten Anwendungsfall entscheiden, bei dem zudem auch die Anzahl der jeweils zu bestimmenden Ergebnisse zu berücksichtigen ist (vgl. bspw. auch Fagin et al. [83]).

Anfragebearbeitung komplexer Anfragen

Bearbeitung komplexer Anfragen

Komplexe Anfragen setzten sich aus mehreren RDF-Statements in der Anfrage zusammen. Diese können sich dabei jeweils entweder nur auf ein Subjekt beziehen oder aber auch verkettete Aussagen darstellen.

7.4 Effiziente Anfragebearbeitung für RDF Query by Example

Mehrere RDF-Statements bilden einen RDF-Graphen. Bei der Bearbeitung der Anfrage und der damit einhergehenden Bestimmung einer Ähnlichkeit zwischen einem Anfragegraphen und dem Graphen eines Repositories kommt nun das in Abschnitt 7.4.3 vorgestellte Ähnlichkeitsmaß zum Einsatz.

Wie bereits zu Beginn dieses Abschnitts aufgezeigt wurde, bedürfen selbst einfache Anfragen in Form nur eines RDF-Statements des Einsatzes eines Kombinationsalgorithmus zur Ermittlung eines Ergebnisses. Für die Bearbeitung komplexer Anfragen kann nun zusätzlich eine Verkettung der Kombinationsalgorithmen notwendig sein.

Verkettung von Kombinationsalgorithmen

Als Ausgangspunkt für die weitere Betrachtung soll die bereits in Kapitel 7.3.1 eingeführte exemplarische Anfrage dienen, die in Beispiel 7.16 nochmals dargestellt ist. Dabei geht es um die Suche nach einem Dokument gemäß einer UML-Ontologie, zu dem eine Beschreibung gegeben ist und das nach dem »21.5.2005« erstellt sein sollte.

```
<uml:Document>
  <dc:date restriction="&gt;">2004-05-21</dc:date>
  <dc:description>
    Anforderungen an ein Kundenportal für Endkunden eines
    Telekommunikationsunternehmens
  </dc:description>
</uml:Document>
```

Beispiel 7.16
exemplarische Anfrage mit den Metadaten eines zu suchenden Dokumentes

In N3-Notation lässt sich die Anfrage nun wie folgt formulieren. Dabei wird die Restriktion, dass nur Datumswerte nach dem »21.05.2004« betrachtet werden sollen, hier nicht ausformuliert, sondern für die Anfragebearbeitung implizit vermerkt.

```
_:1 rdf:type uml:Document
_:1 dc:date "2004-05-21"
_:1 dc:description "Anforderungen an ein Kundenportal für Endkunden
                   eines Telekommunikationsunternehmens"
```

Beispiel 7.17
Formulierung des Anfragebeispiels 7.16 in N3-Notation

Diese komplexe Anfrage setzt sich aus mehreren RDF-Statements zusammen. Für eine vage Anfragebearbeitung muss die gegebene Anfrage nun zunächst in einzelne Teilanfragen zerlegt werden. Im Einzelnen sind dies:

- Finde alle Ressourcen des Typs (»rdf:type«) UML-Dokument (»uml:Document«)
- Finde alle Ressourcen mit einem Datum (»dc:date«), älter als der »21.05.2004«
- Finde alle Ressourcen mit einer Beschreibung (»dc:description«), die nach Anwendung einer Umwandlung in Kleinbuchstaben, Stoppworteliminierung, Stammformreduktion und Mehrwortgruppenzerlegung die Begriffe »anforderung«, »kunde«, »portal«, »end«, »kunde«, »telekommunikation« und »unternehmen« enthält.

ontologische Distanz

Zu den in der Anfrage vorkommenden Konzepten aus Ontologien der Unified Modeling Language (UML) sowie Dublin Core (DC) werden nun durch Anwendung der ontologischen Distanz jeweils ähnliche Konzepte gesucht. In diesem Beispiel hier gelingt dies nur für das Konzept »uml:Document«, zu dem die ähnlichen Konzepte »uml:AnalysisDocument«, »uml:DesignDocument«, »uml:RequirementsDocument« sowie »uml:TestDocument« über die UML-Ontologie gefunden werden. Während »uml:Document« gemäß der ontologischen Distanz mit 1 gewichtet wird, erhalten die als ähnlich identifizierten Konzepte hier jeweils ein Ähnlichkeitsgewicht von 0,5 (siehe Abbildung 7.15).

Die für diese Anfrage relevanten Teile einer entsprechend gefüllten Indexstruktur sind als Ausschnitt in Abbildung 7.17 abgebildet.

Ergebnisströme der Teilanfrage

Für jede Teilanfrage wird zunächst eine Ergebnisliste in Form eines Stromes gebildet. Jedes Element dieses Stromes besteht dabei aus einer Subjekt-URI sowie einem entsprechenden Relevanzwert zum entsprechenden Teil der Anfrage.

Die erste Teilanfrage *Finde alle Ressourcen des Typs (»rdf:type«) UML-Dokument (»uml:Document«)* wird unter Einbeziehung der als ähnlich identifizierten Konzepte durch Kombination der jeweiligen Listen mit den Subjekt-URIs ermittelt. Jede Liste wird dabei mit den oben ermittelten Ähnlichkeitswerten der ontologischen Distanz gewichtet. Dies ist im oberen Teil von Abbildung 7.18 dargestellt.

Die Bearbeitung der Ähnlichkeitsanfrage *Finde alle Ressourcen mit einem Datum (»dc:date«), älter als der »21.05.2004«* für den Datumswert erfolgt ab dem ersten Eintrag, der größer als das gegebene Datum ist. Die Relevanzwerte der Teilergebnisliste werden dabei mit dem in Abschnitt 7.3.3 gezeigten Ähnlichkeitsmaß für Literale anderer Datentypen als Text auf Basis der Differenz in Tagen berechnet (siehe mittlerer Teil von Abbildung 7.18).

Die Bestimmung der Teilergebnisliste für die Teilanfrage nach der gegebenen Beschreibung gemäß Dublin Core (»dc:description«) erfolgt

7.4 Effiziente Anfragebearbeitung für RDF Query by Example

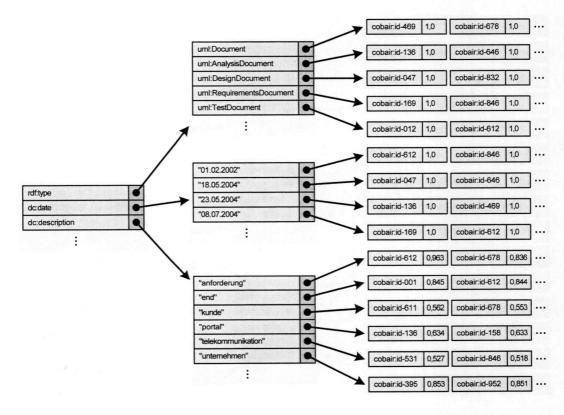

Abbildung 7.17
Ausschnitt einer gefüllten Indexstruktur

durch Kombination der einzelnen Listen für jeden Begriff, der in der bearbeiteten Anfrage enthalten ist (siehe unterer Teil in Abbildung 7.18). Dabei werden die in den Listen enthaltenen Termgewichte jeweils noch mit dem Anfragegewicht verknüpft. So erhält der Begriff »kunde« eine entsprechend höhere Gewichtung, da er in der bearbeiteten Anfrage zweimal vorkommt. Die Anfragebearbeitung an dieser Stelle entspricht somit der Operation auf einer invertierten Liste unter Anwendung des Vektorraummodells.

Die Bestimmung eines Gesamtergebnisses erfolgt durch eine weitere Kombination der bisher drei Teilergebnisströme, wie in Abbildung 7.18 visualisiert ist. Dabei kommt auch das in Abschnitt 7.3.4 eingeführte Ähnlichkeitsmaß zum Vergleich von verschiedenen Teilgraphen zur Anwendung. Wie ebendort dargestellt wurde, werden die einzelnen Relevanzwerte identischer Elemente in den verschiedenen Eingangsströmen entsprechend gewichtet und zu einem Relevanzwert kombiniert.

Bestimmung eines Gesamtergebnisses

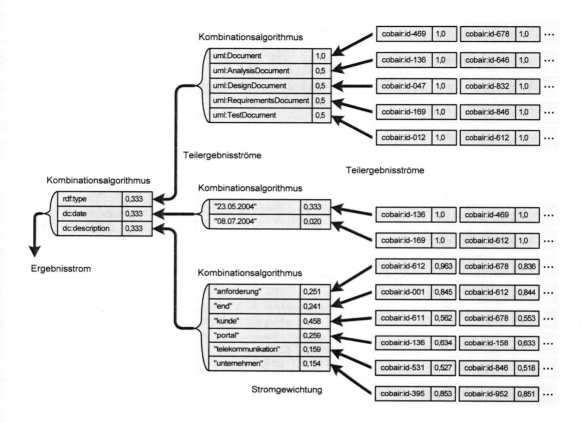

Abbildung 7.18
Zerlegung in Teilanfragen der in Beispiel 7.16 gegebenen komplexen Anfrage

Realisierung einer stromorientierten Anfragebearbeitung

Für die Kombination der einzelnen Teilergebnislisten bzw. -ströme bietet sich nun eine Reihe von Algorithmen an, die im Vorherigen kurz vorgestellt und in Tabelle 7.4 als Übersicht aufgeführt sind.

Im Rahmen dieser Arbeit werden lediglich allgemein Kriterien für eine Auswahl der einzusetzenden Algorithmen gegeben. Eine eingehende und umfassende Betrachtung der verschiedenen Algorithmen in Bezug auf eine Optimierung der Anfragebearbeitung würde den Rahmen dieser Arbeit sprengen.

Algorithmen zur Kombination von Ergebnislisten und -strömen

Für eine Anfragebearbeitung sind zunächst somit alle in Tabelle 7.4 aufgeführten Algorithmen geeignet. Für eine stromorientierte Anfragebearbeitung bieten sich von Haus aus diejenigen Algorithmen an, die inkrementell anwendbar sind. Zwar können auch alle anderen Algorithmen durch Einsatz einer Hilfsdatenstruktur angewandt werden, in der für Top-k Elemente entsprechende Anfrageergebnisse vorausberechnet werden. Diese Hilfsdatenstruktur kann dann einen Strom von Ergebniselementen liefern. Allerdings steigt gerade bei sehr langen Teilergebnislisten der Rechenaufwand sowie der für die Hilfsdatenstruktur notwendige Speicherplatz enorm, im Extremfall bis zur Größe der längsten der Listen, die es zu kombinieren gilt (vgl. bspw. Pfeifer et al. [193]). Da der Inhalt einer Hilfsdatenstruktur zudem zu Beginn einer Anfragebearbeitung berechnet werden muss, würde somit der Vorteil einer stromorientierten Anfrage verloren gehen. Als besonders geeignete Algorithmen bieten sich somit aufgrund ihrer inkrementellen Anwendbarkeit die Algorithmen NRA-RJ, J*, Nosferatu sowie Stream- und Rank-Combine an.

Wie in Abbildung 7.18 grafisch visualisiert wurde, werden bei komplexen Anfragen Teilergebnisströme zunächst in getrennten Verarbeitungsschritten kombiniert und die daraus resultierenden Ergebnisströme in weiteren Verarbeitungsschritten zu einem Gesamtergebnisstrom vereint. In einer derartigen Konstellation können für die letzte Kombinationsstufe allerdings auch andere Kombinationsalgorithmen, wie bspw. der TA-Algorithmus zur Anwendung kommen. Dabei kann die notwendige Hilfsdatenstruktur inkrementell mit jedem zu liefernden Gesamtergebnis sukzessive erweitert werden. Geht man davon aus, dass ein Anwender nur eine geringe Anzahl von Ergebnissen abruft, kann ein nicht inkrementell anwendbarer Algorithmus dadurch punkten, dass er durch den Aufbau der Hilfsdatenstruktur bei späteren Abrufen weiterer Ergebnisse weniger Zugriffe auf die darunter liegenden Ströme benötigt (vgl. bspw. Fagin et al. [83]).

7.5 Verwandte Ansätze

Der hier präsentierte Ansatz einer vagen Anfragebearbeitung auf RDF-Daten beinhaltet eine Reihe von Ansätzen, die zum Teil in eigenen Forschungsgebieten behandelt werden. Dies betrifft zum einen die Bestimmung von Ähnlichkeiten bzw. die Aufstellung von Ähnlichkeitsmaßen zwischen verschiedenen Konzepten. Dies stellt sowohl einen singulären Forschungsgegenstand als auch einen Teilbereich im Forschungsgebiet des Matchings und Mappings von Schemata sowie von Ontologien dar. Zum anderen gibt es bereits eine noch kleine Anzahl anderer Ansätze, die sich ebenfalls mit vagen Ähnlichkeitsanfragen auf RDF-Daten bzw. RDF-Repositories beschäftigen.

7.5.1 Ähnlichkeit zwischen Konzepten

Die Bestimmung der Ähnlichkeit zwischen verschiedenen Konzepten in Ontologien stellt gleichzeitig die Basis für vage Anfragen und darauf aufbauende Mapping Algorithmen, auf die im folgenden Abschnitt noch näher eingegangen wird, dar. Entgegen dem Einsatz von Inferenzsystemen, die entweder neue Aussagen bilden oder mit deren Hilfe gegebene Aussagen auf deren Gültigkeit im Sinne einer booleschen Aussage hin überprüft werden können, verfolgen entsprechende Ähnlichkeitsmaße das Ziel, eine feinere differenzierte Aussage über die Ähnlichkeit von Konzepten treffen zu können.

Mapping Algorithmen

Bernstein et al. [33] sowie Rodríguez und Egenhofer [214] geben jeweils eine Übersicht über Ansätze und Methoden zur Bestimmung der Ähnlichkeit zwischen verschiedenen Konzepten in Ontologien. Die im Folgenden präsentierte Einteilung in einzelne Kategorien orientiert sich dabei an Bernstein et al. [33].

- **Distanzbasierte Ansätze.** Eine Reihe von Ansätzen, wie auch die in diesem Kapitel eingeführte ontologische Distanz, ermittelt eine Ähnlichkeit zwischen einzelnen Konzepten aus deren Distanz in einer Ontologie. Dabei zeigen die Ansätze auch einfache Distanzmaße zwischen zwei betrachteten Konzepten auf, wie sie bspw. in den Ansätzen von Lee et al. [144], Rada et al. [203] oder auch Maedche et al. [153] zu finden sind. Neuere Ansätze wie bspw. von Billig und Sandkuhl [34] oder Zhong et al. [281] betrachten zudem verstärkt die Struktur einer Ontologie und führen ausgefeiltere Gewichtungsfunktionen ein. Zhong et al. leiten ihr Ähnlichkeitsmaß unter anderem auch aus der Hierarchiebeziehung zwischen den Konzepten ab. Zusätzlich lassen sie jedoch die absolute Distanz zu einem Basiskonzept mit in ihr Ähnlichkeitsmaß einfließen.

- **Informationstheoretische Ansätze.** Derartige Ansätze, wie bspw. von Resnik [207, 208], verfolgen die Idee, die Ähnlichkeit zwischen verschiedenen Konzepten nicht über deren Nähe innerhalb einer Ontologie, sondern vielmehr aus der Überschneidung der von diesen repräsentierten Information zu bestimmen: Je mehr Information zwei Konzepte miteinander verbinden, desto ähnlicher sind diese. Die von einem Konzept repräsentierte Information wird dabei durch die Inhalte determiniert, die sich zum einen aus weiteren Konzepten ergeben, die vom betrachteten Konzept abgeleitet werden, und zum anderen durch die Vorkommenshäufigkeit entsprechender Instanzen eines betrachteten Konzepts.

Einen ähnlichen Ansatz verfolgen auch Doan et al. [73], sie nutzen aber bspw. das Jaccard-Maß (siehe van Rijsbergen [264]), um eine Übereinstimmung zwischen Konzepten zu berechnen. Darüber hinaus kommt ein Multistrategie-Lernansatz zum Einsatz, der unter anderem aus verschiedenen Elementen der einzelnen Ontologien, so bspw. dem textuellen Inhalt einer Konzeptinstanz oder deren Bezeichnung, Wahrscheinlichkeiten für die Ähnlichkeit zwischen den Konzepten ableitet.

- **Auf dem Vektorraummodell basierende Ansätze.** Einen sehr pragmatischen Ansatz setzen zudem Bernstein et al. [33] um, indem sie Konzepte und deren Eigenschaften einer Ontologie jeweils in ein Textdokument pro Konzept überführen. Mittels des Vektorraummodells werden dann zu einem gegebenen Konzept über die entsprechenden Textdokumente andere, ähnliche Konzepte identifiziert.

Einsatz von Inferenzsystemen

Inferenzsysteme dienen zum einen der Erzeugung neuen Wissens aus den in einer bestehenden Wissensbasis formulierten Fakten und Regeln und zum anderen aber auch, um ebendiese Fakten und Regeln in einer Wissensbasis zu verifizieren. Bekannte Inferenzsysteme stellen bspw. FaCT [113] oder RACER [102] dar, die mittlerweile auch für RDF und OWL adaptiert wurden. Weitere Inferenzsysteme für RDF und OWL, die sich zurzeit noch in der Entwicklung befinden, sind bspw. F-OWL [283] oder Pellet [188].

Inferenzsysteme

Durch den Einsatz von Inferenzsystemen lassen sich ebenfalls ähnliche Konzepte bzw. Aussagen in einer Ontologie und im hier betrachteten konkreten Fall eines RDF-Repositories identifizieren. Allerdings liefert ein Inferenzsystem von Haus aus keine Gewichtungen, die besser oder schlechter passende Konzepte bzw. näher oder entferntere Aussagen kenntlich machen. So wenden bspw. Stojanovic et al. [247] zur Identifikation ähnlicher Aussagen zunächst ein Inferenzsystem an, berechnen danach aber für alle gefundenen Treffer einen eigenen Relevanzwert (siehe auch Kapitel 7.5.3).

7.5.2 Schema und Ontology Matching sowie Mapping

Einem Matching und Mapping liegen zumeist zwei Ausgangsschemata, bspw. in Form von zwei Datenbankschemata, DTDs oder XML-Schemata vor. Zunächst gilt es während eines Matching-Vorganges in den beiden ähnliche Inhalte und Strukturen zu finden, die dann durch ein Mapping aufeinander abgebildet werden.

Schema Matching und Mapping

Eine ausführliche und umfassende Übersicht über verschiedene Ansätze zum Matching und Mapping von Schemata geben bspw. Rahm und Bernstein [204]. Ein Großteil der ebenda betrachteten Ansätze versucht dabei zunächst auf Basis der Bezeichner jeweils ähnliche Tabellen und Felder bzw. Klassen und Eigenschaften in zwei gegebenen Schemata oder Ontologien zu identifizieren. Dazu kommen Methoden wie bspw. die Editierdistanz oder auch Thesauri zum Finden synonymer Bezeichner zum Einsatz. Als weiteres Ähnlichkeitskriterium erfolgt häufig eine Betrachtung der Struktur, die durch die von den jeweiligen Elementen ausgehenden Beziehungen zu anderen Elementen gebildet wird.

Vorgang des Mapping

Der Vorgang des Mappings unterstützt neben einfachen 1:1-Beziehungen zwischen einzelnen Feldern von Tabellen zweier Schemata fast immer komplexe Operationen, die bspw. die Verknüpfung zweier Felder »Vorname« und »Nachname« in einer Tabelle eines Schemas zu einem gemeinsamen Feld »Name« in einer Tabelle eines anderen Schemas ermöglichen.

Similarity Flooding Algorithm

Eine, in Hinblick auf den hier vorgestellten Ansatz eines Ähnlichkeitsmaßes zwischen RDF-Graphen, betrachtenswerte Methode zur Bestimmung ähnlicher Teilgraphen in verschiedenen Schemata zeigt Melnik mit seinem Similarity Flooding Algorithm [164]. In einem ersten Schritt wird ein initiales Mapping der Bezeichner aller Elemente (z.B. Tabellen- und Feldnamen) eines Schemas *A* mit denen eines Schemas *B* gebildet. Mittels eines auf Substring-Vergleichen basierenden Ähnlichkeitsmaßes erfolgt nun eine Bestimmung eines ebenfalls initialen Ähnlichkeitswertes für jedes Mappingpaar. In weiteren, jeweils iterativ ablaufenden Schritten werden nun die mit einem aktuell betrachteten Element in Beziehung stehenden anderen Elemente und deren bisher ermittelte Ähnlichkeitswerte berücksichtigt und zu einem Gesamtähnlichkeitswert für das betrachtete Element kombiniert. Mit jeder Iteration wird dabei der Radius für die zu berücksichtigenden anderen Elemente erhöht. Dieser iterative Vorgang wird nun solange wiederholt, bis eine stabile Rangordnung erreicht ist.

Der Algorithmus liefert für kleine Schemata sehr gute Ergebnisse in einer akzeptablen Zeit. Da sich die Größe des initialen Mappings aus dem Kreuzprodukt der Anzahl aller Elemente (z.B. Tabellen- und Feldbezeichner) beider Schemata ergibt, führt dies aber zu einem Skalierungsproblem (siehe Melnik [163, 7. Similarity Flooding Algorithm]).

Ontology Mapping

Ontology Matching und Mapping

Das Forschungsgebiet des Ontology Matching und Mapping beschäftigt sich mit der Verknüpfung von verschiedenen Ontologien. Mit dem

Mapping wird eine Reihe von Zielen verfolgt. Dies reicht von der Verknüpfung verschiedener Ontologien aus unterschiedlichen Quellen bis hin zur Integration zu einer Gesamtontologie. Für diesen Zweck wurden in der Vergangenheit eine Reihe von Ansätzen und Systemen, wie bspw. Chimaera von McGuiness et al. [160] oder Smart von Moy und Musen [180] präsentiert. Als Ergebnis eines Mappings muss nicht unbedingt immer eine neue Ontologie entstehen, vielmehr kann mittels geeigneter Abbildungen nur eine Gesamtsicht (»view«) gebildet werden, wie bspw. Maedche et al. [154] zeigen. Für die Identifikation ähnlicher Konzepte in den verschiedenen Ontologien findet bei Maedche et al. [154] eine Kombination der Ansätze von Resnik [208] und Doan et al. [73] Verwendung (siehe Kapitel 7.5.1). Das eigentliche Mapping erfolgt in Form so genannter »Bridges«, die verschiedenste Beziehungsarten und Transformationen zwischen mehreren Konzepten in unterschiedlichen Ontologien abbilden können.

Chimaera
Smart

Insbesondere der Transformation von Konzepten widmet sich bspw. Chalupsky mit OntoMorph [60]. Dieses System bietet unter anderem eine regelbasierte Sprache, mit deren Hilfe auch komplexe syntaktische Transformationen zwischen verschiedenen Konzepten abbildbar sind.

OntoMorph

Ein weiterführender und zudem umfassender Überblick über verschiedene Ansätze, Systeme und Methoden zum Mapping von Ontologien ist bspw. bei Kalfoglou und Schorlemmer [131] sowie Fensel [86, 4.1.3 Reusing and Merging Ontologies: Ontology Environments] zu finden.

7.5.3 Ansätze für unscharfe Anfragebearbeitung und Query by Example

Auf dem Gebiet der Anfragebearbeitung auf RDF-Daten gibt es bisher nur eine sehr beschränkte Anzahl von Ansätzen, die sich mit vagen Anfragen und deren Bearbeitung beschäftigen. Sowohl Priebe et al. [200] wie auch Stojanovic et al. [247] präsentieren jeweils Systeme für eine vage Anfragebearbeitung auf RDF-Daten. Das von Priebe et al. [200] eingesetzte Ähnlichkeitsmaß leitet sich aus der Übereinstimmung der in einer Anfrage gegebenen RDF-Statements und den in den durchsuchten RDF-Statements gefundenen RDF-Statements mit identischen Prädikaten und Objekten ab (siehe auch Kapitel 3.8).

vage Anfragen in RDF

Das von Stojanovic et al. [247] für die Ermittlung vager Anfrageergebnisse eingesetzte Ähnlichkeitsmaß motiviert sich aus der Suche nach geeigneten Kompetenzträgern. Dabei basiert das Ähnlichkeitsmaß selbst auf zwei Maßen, welche zum einen die Mehrdeutigkeit (»ambiguity«) und zum anderen die Spezifität (»specificity«) von den in einer

Mehrdeutigkeit
Spezifität

Anfrage enthaltenen Konzepten in einem Repository von Aussagen betrachtet. Damit wird dem Umstand Rechnung getragen, dass sich unter anderem die Kompetenz einer Person aus dem Verhältnis entsprechender Projekte ergibt. So wird bspw. einer Person, die an insgesamt acht Projekten beteiligt ist, von denen zwei aus dem Bereich des Knowledge Managements kommen, eine geringere Kompetenz zugesprochen, als einer anderen Person, die an drei Projekten beteiligt ist, von denen allerdings nur eines auf dem Gebiet des Knowledge Managements angesiedelt ist.

Die Bearbeitung einer Anfrage erfolgt zunächst mittels eines Inferenzsystems und liefert eine Menge von Ergebnissen. Diesen werden in einem zweiten Schritt durch Anwenden des Ähnlichkeitsmaßes entsprechende Relevanzwerte zugeordnet. Schließlich erfolgt auf Basis der Relevanzwerte eine entsprechende Sortierung.

Anfrage mittels Beispieldaten

Die Idee, anstatt einer Anfragesprache RDF-Daten als Beispiel für die Suche nach ähnlichen Daten zu verwenden, ist bei Reynolds [209] zu finden. Der dort gezeigte Ansatz basiert allerdings auf einem booleschen Subgraphen Matching und liefert dementsprechend nur eine unsortierte Ergebnismenge.

7.5.4 Abgrenzung zum eigenen Ansatz

Wie im Vorherigen dargestellt wurde, existiert eine Reihe anderer Ansätze zur Bestimmung der Ähnlichkeit zwischen verschiedenen Konzepten. Der in diesem Kapitel präsentierte eigene Ansatz ist jedoch nicht nur zur alleinigen Ermittlung eines Ähnlichkeitsmaßes für Konzepte bestimmt. Vielmehr dient er zusammen mit anderen Maßen zur Berechnung der Ähnlichkeit zwischen einzelnen und mehreren RDF-Statements bzw. RDF-Graphen (siehe Kapitel 7.3.3 und 7.3.4).

Anfragebearbeitung auf Instanzdaten

Dies bedeutet für ein derartiges Ähnlichkeitsmaß, dass dieses bestimmte Kriterien, wie bspw. einen bestimmten Wertebereich, aufzuweisen hat, um mit anderen Ähnlichkeitsmaßen in Kombination Anwendung zu finden. Es ist allerdings denkbar, auch andere Maße oder Ansätze, die unter Umständen ausgefeiltere Methoden verwenden, einzusetzen, wenn es bspw. gelingt, den Zielwertebereich an die gegebenen Anforderungen anzugleichen (vgl. Kapitel 7.3.3).

Kombination mit anderen Ähnlichkeitsmaßen

Im Bereich des Mappings von Schemata und Ontologien gibt es ebenfalls eine breite Menge von Vorschlägen und Ansätzen, die sich mit der Abbildung ähnlicher Elemente von einem Schema bzw. einer Ontologie in ein andere beschäftigen. Dabei gehen die Ansätze von direkten Beziehungen zwischen verschiedenen Elementen bis hin zu komplexen Transformationen. Mapping-Verfahren sind somit in der Lage, teilweise sehr komplexe Ähnlichkeitsbeziehungen zwischen verschiedenen Ontologien darzustellen. Der in dieser Arbeit vorgestellte Ansatz einer Ähnlichkeitsbestimmung für RDF-Daten nutzt als Beschreibungsformat für Ontologien die Web Ontology Language (OWL). Diese bietet jedoch zur expliziten Formulierung von Ähnlichkeiten zwischen verschiedenen Konzepten im Vergleich zu komplexen Mapping-Verfahren einen nur sehr eingeschränkten Sprachumfang, wie bspw. Äquivalenzbeziehungen an (siehe Kapitel 7.3.3 sowie auch Smith et al. [241, 4. Ontology Mapping]). Da die Bestimmung ähnlicher Konzepte wiederum auf dem Sprachumfang von OWL aufsetzt, werden somit nur die in OWL vorhandenen Beschreibungselemente zur expliziten Auszeichnung, bspw. von äquivalenten Konzepten, genutzt.

OWL als Basis zur Bestimmung ähnlicher Konzepte

Die hier ebenfalls gezeigten anderen Ansätze zur vagen Anfragebearbeitung differieren von dem in dieser Arbeit präsentierten Ansatz in mehreren Punkten. So berücksichtigen andere Ähnlichkeitsmaße Literale nur unzureichend, indem bspw. die in ihnen enthaltenen Texte jeweils identisch sein müssen [200], oder es findet keine Berücksichtigung statt [247]. Darüber hinaus weisen die jeweiligen Anfragesysteme keine eigenen oder gar optimierten Indexstrukturen auf, was sich in entsprechend langen Anfragezeiten auswirkt (vgl. auch Kapitel 8).

Berücksichtigung von Literalen

optimierte Indexstruktur

7.6 Zusammenfassung

Eine der wesentlichen Komponenten eines kontextbasierten Information Retrieval Systems stellt eine vage Anfragebearbeitung dar. In diesem Kapitel wurde mit RDF Query by Example ein Ansatz einer vagen Anfragebearbeitung für das Resource Description Framework vorgestellt. Statt einer Anfragesprache nutzt dieser Ansatz Beispieldaten, die aus einem oder mehreren verknüpften RDF-Statements bestehen. Als Ergebnis einer Anfrage wird entgegen existierender Repository-Systeme für RDF keine unsortierte Menge, sondern eine nach der Relevanz der gefundenen Elemente gegenüber der Anfrage sortierte Liste geliefert.

Der vagen Anfragebearbeitung liegt eine Reihe von Ähnlichkeitsmaßen zu Grunde, die sowohl für die in einer Anfrage enthaltenen Konzepte als auch Literale jeweils ähnliche andere Konzepte oder Literale bestimmen. Entgegen dem bei bestehenden Repository-Systemen für RDF vorzufindenden Faktenretrieval, werden hier zu gegebenen Anfragen unscharfe Suchkriterien eingesetzt. Während die Ermittlung ähnlicher Konzepte auf Basis entsprechender Ontologien in der Web Ontology Language (OWL) fußt, kommt bei Literalen, die Text enthalten, das Vektorraummodell zum Einsatz.

Für die effiziente Bearbeitung von Anfragen wird eine spezielle Indexstruktur eingeführt. Durch den Einsatz einer stromorientierten Anfragebearbeitung können darüber hinaus in noch kürzerer Zeit Anfragen beantwortet werden, indem die Tatsache ausgenutzt wird, dass Anwender generell nur einen Teil der gesamten Ergebnisse betrachten und diese zudem in der Reihenfolge ihrer Relevanz folgend.

Eine prototypische Implementierung des in diesem Kapitel vorgestellten Query by Example Ansatzes für RDF wird im anschließenden Kapitel 8 dargestellt. Ebendort erfolgt auch eine Evaluierung des Ansatzes nach qualitativen und quantitativen Aspekten.

8 Evaluierung

Ziel eines kontextbasierten Information Retrieval Systems ist die bessere Versorgung von Personen mit für diese relevanter Information. Dies bezieht sich insbesondere auf Anwender, die mit Hilfe eines oder mehrerer Anwendungssysteme ihre Tätigkeit in einem wissensintensiven Umfeld ausüben. Eines dieser wissensintensiven Anwendungsgebiete stellt der Bereich des Software Engineerings dar, das bereits als Gegenstand verschiedener Betrachtungen und Beispiele in den zurückliegenden Kapiteln dieser Arbeit aufgegriffen wurde.

bessere Versorgung mit relevanter Information

Dieses Kapitel betrachtet zunächst nach einer kurzen Einführung in das Gebiet des Software Engineerings den Einsatz eines kontextbasierten Information Retrievals in ebendiesem Anwendungsbereich. In Form einer prototypischen Implementierung wird danach eine Realisierung eines entsprechenden kontextbasierten Information Retrieval Systems aufgezeigt.

Anwendungsgebiet Software Engineering

Eine abschließende Evaluierung dieser prototypischen Realisierung überprüft zunächst den in Kapitel 7 vorgestellten Ansatz eines Query by Example für das Resource Description Framework sowohl nach quantitativen als auch qualitativen Kriterien. Darüber hinausgehend wird zudem auch die Tragfähigkeit des gesamten Ansatzes eines kontextbasierten Information Retrievals am Beispiel der Anwendungsdomäne Software Engineering evaluiert.

Evaluierung

8.1 Software Engineering

Software Engineering befasst sich mit einem planmäßigen Vorgehen zur Erstellung von – vor allem – umfangreichen Softwaresystemen. Dies umfasst neben der Betrachtung von Vorgehensmodellen auch den Einsatz von entsprechenden Technologien und Methoden (vgl. bspw. Sommerville [243]). Dazu zählen:

planmäßiges Vorgehen

Vorgehensmodell

Technologien und Methoden

- der Einsatz objektorientierter Programmiersprachen,
- die Anwendung von visuellen Modellierungsmethoden für Analyse und Design,

- eine besondere Betrachtung von Design und Architektur von Softwaresystemen sowie
- der Einsatz eines planmäßigen Vorgehens in Form von so genannten Softwareentwicklungsprozessen.

Gerade immer umfangreichere und komplexere Anwendungen und daraus resultierende Großprojekte sowie gleichzeitig immer striktere Vorgaben und Rahmenbedingungen führen dazu, dass kaum noch eine professionelle Softwareentwicklung ohne den Einsatz eines planmäßigen Vorgehens in Form eines Entwicklungsprozesses auskommt.

8.1.1 Softwareentwicklungsprozesse

Aktuelle Entwicklungsprozesse für die Konstruktion von Softwaresystemen, wie bspw. der Unified Software Development Process [127], der darauf aufbauende Rational Unified Process (RUP) [140] oder auch Extreme Programming (XP) [20], sind durch ein iteratives und inkrementelles Vorgehen gekennzeichnet (siehe Abbildung 8.1). Die grundlegende Idee hinter diesem Vorgehen ist die Aufteilung eines umfangreichen Projektes in mehrere, kleinere Projekteinheiten. Diese Einheiten werden jeweils als eigenständige Projekte aufgefasst und stellen den Gegenstand einer oder mehrerer Iterationen dar. Dabei adressiert jede Iteration entweder einen neuen Teil eines zu erstellenden Softwaresystems oder nimmt eine schrittweise Verfeinerung eines bestimmten Teiles dessen vor.

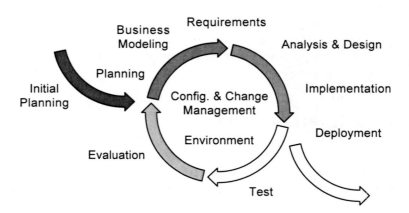

Abbildung 8.1 der Rational Unified Process als iterativer und inkrementeller Prozess (aus Kruchten [140])

Dazu kommt der Einsatz von in der Praxis bewährten Vorgehensweisen, Methoden und auch Technologien (»Best practise«). Neben der bereits erwähnten iterativen Softwareentwicklung sind dies unter anderem ein Management von Anforderungen, die Anwendung visueller

8.1 Software Engineering

Modellierungsmethoden, der Einsatz objektorientierter Programmiersprachen und komponentenorientierter Architekturen sowie eine fest verankerte Verwaltung und Kontrolle über Änderungen der Software.

8.1.2 Rational Unified Process

Eine Charakteristik des Rational Unified Prozesses ist die Anwendung von so genannten Use Cases – zu Deutsch Anwendungsfälle (vgl. bspw. Oestereich [183]) – zur Erfassung und Modellierung von Geschäftsvorfällen sowie gleichzeitig zur Qualitätssicherung während des weiteren Projektfortschrittes (siehe Kruchten [140]). Weitere Merkmale sind unter anderem der Einsatz komponentenbasierter Architekturen sowie die Anwendung visueller Modellierungsmethoden mittels der Unified Modeling Language (UML).

Use Cases

Die Architektur des Rational Unified Prozesses ist in Abbildung 8.2 dargestellt. In dieser Abbildung sind zudem die zwei Dimensionen, in die der Prozess aufgeteilt ist, zu erkennen. Die horizontale Achse repräsentiert dabei die dynamischen Aspekte mit dem zeitlichen Verlauf des gesamten Prozesses. Die vertikale Achse stellt die statischen Aspekte mit den einzelnen Disziplinen dar.

Architektur des RUP

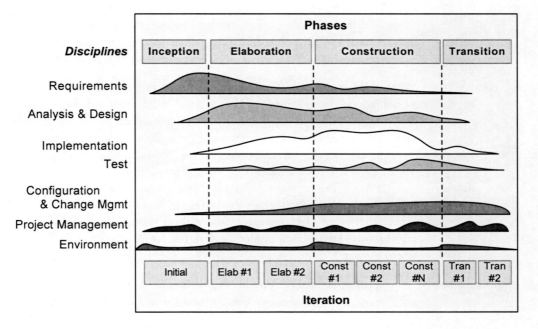

Abbildung 8.2
Architektur und Prozessstruktur des Rational Unified Prozesses (aus Kruchten [140])

Der Rational Unified Process sieht eine Unterteilung in vier Phasen vor:

Phasen

- **Projektfindung (»Inception«):** In dieser ersten Phase wird der Umfang eines zu erstellenden Softwaresystems festgelegt. Dazu gehören unter anderem auch die Erfassung fachlicher Anforderungen und von Geschäftsvorfällen in Form von Use Cases (siehe Booch et al. [39]). Darüber hinaus werden zudem Projektrisiken ermittelt. Ergebnis dieser Phase ist es unter anderem, eine »Vision« des zu erstellenden Systems wiederzugeben sowie eine erste Aufwandsabschätzung und einen vorläufigen Terminplan aufzustellen.
- **Projektdefinition (»Elaboration«):** Während dieser Phase werden funktionale sowie auch nicht funktionale Anforderungen erfasst. Ziel ist es, eine Architektur für ein zu erstellendes Softwaresystem zu schaffen, die als Basis für die weiteren Projektschritte dient.
- **Konstruktion (»Construction«):** Die typischerweise im Aufwand umfangreichste Phase stellt die Konstruktion dar. Zunächst erfolgt hierin der Abschluss der Analyse. Hauptbestandteile dieser Phase stellen Design sowie die Implementierung des Softwaresystems dar. Ziel dieser Phase ist eine »Beta-Version« des zu erstellenden Systems.
- **Übergang in den Betrieb (»Transition«):** Inhalt und gleichzeitig Ziel dieser Phase ist die Übergabe eines fertigen Systems an einen Kunden. Dies beinhaltet neben einer Installation und Inbetriebnahme auch eine etwaige Schulung der zukünftigen Anwender.

Während der einzelnen Phasen und deren Iterationen kommen jeweils verschiedene Disziplinen zum Einsatz. Die in Abbildung 8.2 dargestellten Intensitätskurven vermitteln dabei einen Eindruck über den jeweiligen Anteil einer Disziplin in den Iterationen der einzelnen Phasen.

Alle die Stücke an Information, die während eines Prozesses erzeugt, modifiziert oder auch nur verwendet werden, werden als so genannte Artefakte bezeichnet. Artefakte sind somit alle Dokumente und Modelle, die Bestandteil eines Prozesses sind.

Artefakt

Die einzelnen Disziplinen lassen sich in sechs Kern- und drei unterstützende Disziplinen unterscheiden. Die Kerndisziplinen stellen sich wie folgt dar:

Kerndisziplinen

- **Geschäftsprozessmodellierung (»Business Engineering«):** Innerhalb der Disziplin der Geschäftsprozessmodellierung werden essentielle Geschäftsvorfälle (»Business processes«), die Bestandteil eines zu erstellenden Softwaresystems sind, erfasst und dokumentiert. Die resultierenden Dokumente, überwiegend in der Form von Use Cases bzw. Anwendungsfällen und Textdokumenten, stellen die Basis für ein gemeinsames Verständnis zwischen den Entwicklern, Auftraggebern und späteren Anwendern dar.

- **Anforderungen (»Requirements«):** Diese Disziplin versucht sowohl funktionale als auch nicht funktionale Anforderungen eines zu konstruierenden Softwaresystems mit Hilfe von Use Cases und textuellen Beschreibungen niederzulegen. Die resultierenden Use Case Diagramme (siehe Booch et al. [39]) bilden dabei die funktionalen Anforderungen ab, die in Form von Sequenzdiagrammen weiter konkretisiert werden. In textuellen Beschreibungen werden sowohl die nicht funktionalen Anforderungen wie auch ein erster Architekturentwurf des Systems beschrieben.
- **Analyse und Design (»Analysis and Design«):** Innerhalb des Analyseteils werden die erfassten Anforderungen zunächst analysiert, verfeinert und strukturiert. Ergebnis der Analyse sind zunächst Analyse-, Kollaborations-, Interaktionsdiagramme sowie textuelle Beschreibungen für spezielle Anforderungen und die Architektur des Systems. Der Designteil konkretisiert ein zu erstellendes Softwaresystem indem es beschreibt, wie es realisiert werden soll. Innerhalb dieses Teils der Disziplin werden zahlreiche und zudem verschiedene Arten von Diagrammen, wie Klassen-, Verteilungs-, Sequenz-, Zustands- und Aktivitätsdiagramme erstellt. Zusätzlich erfolgt eine Beschreibung, bspw. der Systemarchitektur, in Form von Textdokumenten.
- **Implementierung (»Implementation«):** Diese Disziplin behandelt die Implementierung eines Softwaresystems sowie dessen spätere Verteilung (»Deployment«) und eine etwaige Integration in ein bestehendes Softwareumfeld. Resultierende Artefakte stellen in dieser Disziplin Softwarekomponenten dar, die in einer spezifischen Programmiersprache erstellt wurden. Zusätzlich können textuelle Beschreibungen architektonische Aspekte sowie die Integration der Softwarekomponenten adressieren.
- **Test (»Test«):** Die Test-Disziplin beinhaltet den Test der zuvor erstellten Softwarekomponenten gegen die funktionalen Anforderungen. Dies schließt die Planung, Design, Implementierung und auch die Ausführung von Testfällen mit ein. Bei den dabei entstehenden Artefakten handelt es sich hauptsächlich um Testfälle und Testbeschreibungen sowie weitere Softwarekomponenten zur Durchführung von automatischen Testläufen.
- **Verteilung und Inbetriebnahme (»Deployment«):** Innerhalb dieser Disziplin werden alle Aktivitäten zusammengefasst, die eine Installation des Softwaresystems, dessen Betatests sowie eine Migration von bestehenden Datenbeständen umfassen. Dazu kom-

men ebenfalls Schulungsmaßnahmen für die zukünftigen Anwender eines Systems. Typische Artefakte dieser Disziplin stellen textuelle Beschreibungen und Checklisten dar.

Neben diesen sechs Kerndisziplinen existieren noch drei weitere, unterstützende Disziplinen. Im Einzelnen sind dies:

unterstützende Disziplinen

- **Konfigurationsverwaltung (»Configuration and Change Management«)**: Die Disziplin der Konfigurationsverwaltung behandelt unter anderem die konsistente Speicherung aller Artefakte, die während des Prozessverlaufes entstehen. Dies schließt unter anderem auch eine Versionierung der Artefakte mit ein.
- **Projektmanagement (»Project Management«)**: Das Projektmanagement kümmert sich um die eigentliche Steuerung und Kontrolle der Projektdurchführung. Dabei gilt es, gegensätzliche Ziele und auftretende Risiken zu handhaben sowie etwaige Hindernisse zu überwinden.
- **Umgebung (»Environment«)**: Diese Disziplin beinhaltet vorwiegend die Bereitstellung einer jeweils entsprechenden Arbeitsumgebung für die einzelnen Projektmitarbeiter. Dies umfasst bspw. die Bereitstellung der für die eigentliche Entwicklung benötigten Hard- und Software.

Workflows

Der Rational Unified Process definiert innerhalb der einzelnen Phasen so genannte Workflows, die jeweils eine Reihe von Aktivitäten enthalten. Für jede dieser Aktivitäten definiert der Rational Unified Process sowohl die Art und Weise der auszuführenden Tätigkeit, die dazu heranzuziehenden als auch die resultierenden Artefakte.

Ein Beispiel für eine derartige Aufgabe ist in Abbildung 8.3 dargestellt. Dabei handelt es sich um eine Aktivität aus der Analyse und Design Disziplin des Rational Unified Prozesses [123]. Die Eingaben der Aktivität, welche die Analyse von Geschäftsvorfällen (»Use Cases«) enthält, sind neben funktionalen Anforderungen, die in Form von Use Case Diagrammen und Textdokumenten vorliegen, auch Dokumente und Diagramme über die Architektur eines zu erstellenden Softwaresystems. Als Ergebnis dieser Aktivität entstehen Klassen- und weitere Use Case Diagramme.

Aktivitäten als Transformation von Eingabeartefakten in Ausgabeartefakte

In diesem Sinne können Aktivitäten somit als eine Transformation von Eingabeartefakten in Ausgabeartefakte aufgefasst werden. Dadurch stehen die Ein- und Ausgabeartefakte einer Aktivität implizit in Beziehung zueinander. Wendet man die Unified Modeling Language (UML) konsequent an, so lassen sich diese Beziehungen zwischen den einzelnen Artefakten als so genannte Traces abbilden (siehe Booch et

Traces

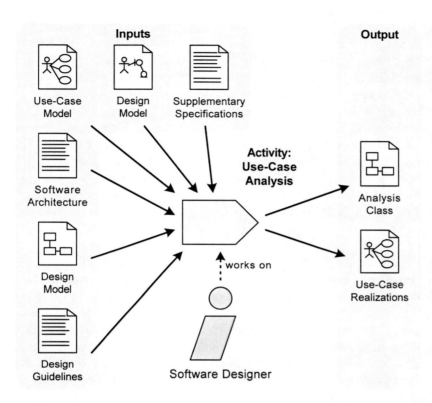

Abbildung 8.3
exemplarische Aktivität aus der Design Disziplin des Rational Unified Prozesses (aus [123])

al. [39]). Traces kennzeichnen somit entweder eine historische oder eine prozessbedingte Beziehung zwischen verschiedenen Artefakten. Diese verschiedenen Artefakte behandeln bspw. jeweils dasselbe Teil eines Systems oder enthalten gleiche Ideen, die nur in verschiedenen Ausprägungen wiedergegeben werden.

8.1.3 Bedeutung der Wiederverwendung

Die Wiederverwendung von Softwarekomponenten stellt einen der Hauptfaktoren dar, der sowohl zu einer Steigerung der Effizienz und Produktivität während der Softwareentwicklung führt als auch zu einer höheren Qualität bei den erstellten Softwarelösungen. Dabei kann eine Wiederverwendung sowohl auf innerhalb einer Organisation erstellten als auch auf extern bezogenen Komponenten fußen. Ein seit Jahren wachsendes Angebot an kommerziellen wie auch Open Source Anbietern, wie bspw. die Apache Software Foundation [13] oder SourceForge [244], unterstreichen die Bedeutung eindrucksvoll.

Steigerung von Effizienz und Produktivität

Unterstützung der Wiederverwendung in iterativen Softwareentwicklungsprozessen

Besonders iterative Softwareentwicklungsprozesse wie eben der Rational Unified Process (RUP) unterstützen eine Wiederverwendung, indem sie eine Entwicklung in kleine Teile aufspalten (vgl. bspw. Kruchten [140]). Dabei beschränkt sich eine Wiederverwendung nicht nur auf Softwarekomponenten. Ein Entwicklungsprozess wie der Rational Unified Process unterstützt eine Wiederverwendung von allen Artefakten, die während der gesamten Laufzeit eines Prozesses auftreten. Dies schließt somit Analysemodelle, Richtlinien für Architektur und Design als auch Softwarekomponenten mit ein. Auch wenn der Rational Unified Process eine Wiederverwendung in allen Phasen explizit wie auch implizit vorsieht, so bleibt dennoch die Frage bestehen, wie im konkreten Fall passende Artefakte aus früheren Iterationen des aktuellen Projektes oder sogar einem anderen Projekt gefunden werden können.

Bedeutung der Wiederverwendung innerhalb von Aktivitäten

Während einer Aktivität innerhalb eines Softwareentwicklungsprozesses, wie bspw. in Abbildung 8.3 dargestellt, muss sich ein Software Designer einer Reihe von Möglichkeiten der Wiederverwendung von einzelnen Komponenten oder ganzen Subsystemen bewusst sein. Ein Auffinden geeigneter Komponenten oder Produkte umfasst allerdings nicht nur deren funktionale und nicht funktionale Beschreibungen. Vielmehr ist die gesamte Kette von Artefakten, die während des Prozessverlaufs entstanden sind und die in einer Komponente oder einem Subsystem enden, von Relevanz. In diesem Sinne kann somit das Ausmaß einer Wiederverwendung von Softwarekomponenten auf alle Artefakte erweitert werden, die innerhalb eines Softwareentwicklungsprozesses entstehen oder auftreten.

Arbeitskontext eines Software Designers

In Abbildung 8.4 ist der aktuelle Arbeitskontext eines Software Designers dargestellt, der mit der Arbeit an einem Designdokument begonnen hat. Um nun für diese Tätigkeit Elemente eines existierenden Software Designs oder ganze Designentwürfe wiederverwenden zu können, muss der Software Designer Kenntnis über entsprechende Artefakte entweder in früheren Iterationen des eigenen Projektes oder anderen Projekten haben. Diese Projekte können dabei entweder aktuell noch fortgeführt werden oder bereits abgeschlossen sein. Auf der einen Seite kann nun diese Kenntnis bei einer Person durch eine ständige Involvierung in andere Projekte geschaffen werden oder auf der anderen Seite durch den Einsatz eines entsprechenden kontextbasierten Information Retrieval Systems, das eine Person, wie in diesem Fall einen Software Designer mit genau der für seine aktuell vorliegende Aufgabe benötigten Information versorgt.

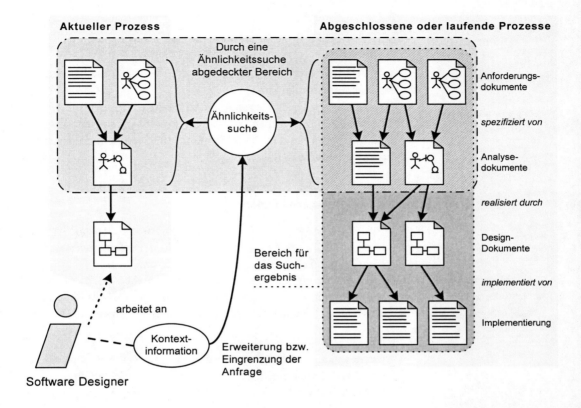

Abbildung 8.4
Szenarium mit einem Software Designer, der aktuell ein Design Dokument beginnt

8.1.4 Einsatz eines kontextbasierten Information Retrievals im Software Engineering

Ziel des Einsatzes eines kontextbasierten Information Retrieval Systems im Bereich des Software Engineerings bzw. im Rahmen eines Softwareentwicklungsprozesses ist allgemein die Unterstützung von Personen bei deren Tätigkeit durch die Suche von Information, die diesen bei der Ausübung ihrer individuellen Tätigkeit unterstützt (siehe auch Kapitel 1.2.6). Im konkreten Anwendungsgebiet geht es um die Identifikation von ähnlichen Artefakten mit dem Ziel einer teilweisen oder kompletten Wiederverwendung. Darüber hinaus sind auch die Folgeergebnisse von als ähnlich identifizierten Artefakten von Interesse, wie bspw. im vorherigen Abschnitt 8.1.3 aufgezeigt wurde. Im Einzelnen kann eine Suche bspw.

Identifikation von ähnlichen Artefakten mit dem Ziel einer Wiederverwendung

- nach weiteren funktionalen und nicht funktionalen Anforderungen, von denen Teile mit denen des aktuellen Projektes ähnlich sind,
- nach Analyse- und Designdokumenten, die aus ähnlichen Anforderungen entstanden sind,
- nach zu einem Design passenden Softwarekomponenten in eine Reihe von kommerziellen oder Open Source Angeboten, oder
- nach Testbedingungen, deren Systemumfeld ähnliche Eigenschaften aufweist, erfolgen.

Erfassung von Kontextinformation

Quellen für Kontextinformation

Ausgangspunkt eines kontextbasierten Information Retrieval Systems ist zunächst die Erfassung kontextbasierter Information (vgl. Kapitel 4.1). Im Bereich des Software Engineerings, verbunden mit einem planmäßigen Vorgehen, sind dazu eine Reihe von Quellen vorhanden, die jeweils einzeln bereits wertvolle Kontextinformation sowohl über aktuelle als auch zurückliegende Tätigkeiten einzelner Personen liefern können.

- **Integrierte Entwicklungsumgebungen:** Eine Reihe von integrierten Entwicklungsumgebungen (IDE) bieten dank der Integration verschiedener Werkzeuge die vollständige Unterstützung für fast alle Phasen und Kerndisziplinen eines Entwicklungsprozesses. Beginnend mit der Erfassung von Anforderungen werden Analyse und Design, Implementierung sowie Test und Deployment unterstützt. Gerade da durch diese Werkzeuge weite Bereiche eines Prozesses abgedeckt und dementsprechend von Anwendern häufig bis ausschließlich zur Verrichtung ihrer Aufgaben eingesetzt werden, stellen diese eine direkte Quelle für Information über die aktuelle Tätigkeit und deren Inhalte einer Person dar.
  Beispiel für derartige Entwicklungsumgebungen sind Borland JBuilder [43] und Borland Together [44], IBM Eclipse [116] oder auch Microsoft Visual Studio [171]. Die aufgeführten IDEs bieten zudem alle entsprechende Plug-In-Mechanismen für die Integration eigener Erweiterungen an. Einem Plug-In ist dabei sowohl der Zugriff auf alle innerhalb einer IDE vorgehaltenen Daten sowie die Aufzeichnung der Aktionen eines Anwenders möglich. Die Erfassung des Kontextes wird somit typischerweise in Form von Benutzeraktionen und Informationsbedürfnissen erfolgen (vgl. Kapitel 4.1.1, 4.1.2 und 4.4).
- **Anforderungsanalyse:** Neben integrierten Entwicklungsumgebungen gibt es noch eine Reihe von speziellen Anwendungen, die

einzelne Kerndisziplinen unterstützen. An dieser Stelle sind die Aufnahme und Analyse von Anforderungen zu nennen. Spezielle Werkzeuge bieten eine strukturierte Erfassung und Analyse von Anforderungen an, aus denen sich bspw. automatisch Textdokumente erzeugen lassen. Beispiel für derartige Werkzeuge sind Rational RequisitePro [122] oder auch Borland CaliberRM [41].

Vergleichbar den IDEs bieten auch diese Softwareprogramme durch entsprechende Plug-In-Mechanismen die Möglichkeit, die aktuelle Tätigkeit eines Anwenders zu erfassen und daraus entsprechende Kontextbeschreibungen abzuleiten. Einige der Werkzeuge laufen sogar selbst als Plug-In in integrierten Entwicklungsumgebungen.

- **Konfigurationsmanagement:** Kern der unterstützenden Disziplin des Konfigurationsmanagements ist ein entsprechendes System zur Speicherung und gleichzeitigen Versionierung aller während einer Softwareentwicklung auftretenden Artefakte. Als Beispiele für entsprechende Systeme und Produkte, die auch als Repositories bezeichnet werden, sind frei verfügbare Systeme wie das Concurrent Versions System (CVS) [64] oder Subversion [248] sowie kommerzielle Produkte wie Rational ClearCase [120] oder Borland StarTeam [42] zu nennen.

  Gerade die zentrale Erfassung aller während einer Softwareentwicklung entstehenden Artefakte machen diese Repositories zu einer wertvollen Quelle für die Gewinnung von Kontextinformation über aktuelle und vor allem zurückliegende Tätigkeiten einzelner Personen. So kann bspw. CVS zu jedem Artefakt neben den verschiedenen Versionsständen, jeweils den Einstellzeitpunkt einer Version in das System und den jeweiligen Bearbeiter liefern. Ein kurzer Kommentar durch den Bearbeiter gibt zudem meist Aufschluss über die vorgenommenen Veränderungen an einem Artefakt. Besonders die bei Repository-Systemen fast immer offengelegten Schnittstellen ermöglichen einen reibungslosen Zugriff auf die Inhalte eines Systems und die Ableitung von entsprechenden Kontextbeschreibungen (vgl. Kapitel 4.1.2 und 4.4).

- **Projektmanagement:** Wenngleich die Aufgaben des Projektmanagements weit über eine reine Projektplanung hinausgehen, stellt gerade ebendiese eine vielversprechende Quelle für die Gewinnung von Kontextinformation dar. Eine Projektplanung gibt detailliert Auskunft über einzelne Aufgaben und deren Zuordnung zu einzelnen Mitarbeitern sowie über die von einzelnen Mitarbeitern ausgeübten Rollen.

  Für das Projektmanagement existiert eine Reihe von Softwarelösungen, die von Groupwaresystemen bis zu speziellen Planungssystemen reichen. Ein sehr häufig anzutreffendes Werkzeug in diesem Bereich ist für die Projektplanung Microsoft Project [169]. Durch offene Schnittstellen ist auch hier ein Zugriff auf die Inhalte einer Projektplanung von außen möglich, so dass diese für eine Ableitung entsprechender Kontextbeschreibungen herangezogen werden können (vgl. Kapitel 4.1.2).

- **Erfassung und Verwaltung von Änderungsanforderungen und Fehlern:** Für die Erfassung und Verwaltung von Änderungsanforderungen und Fehlern ist ebenfalls eine Reihe von eigenständigen oder auch integrierten Lösungen verfügbar. Dies reicht von eigenständigen und als Open Source verfügbaren Systemen wie Bugzilla [258] bis hin zu integrierten kommerziellen Systemen wie Rational ClearQuest [121]. Gerade letztere Systeme bieten eine direkte Integration in das Konfigurationsmanagement an, womit bspw. Änderungsanforderungen oder Fehler direkt mit den betroffenen Artefakten verknüpft werden können. Darüber hinaus sind in diesen Systemen auch Workflow-Funktionalitäten vorzufinden, worüber sich bestimmte Arbeitsabläufe abbilden lassen. Abhängig von Inhalt und Eingabedaten eines Workflows lassen sich einzelne Aufgaben dann den entsprechend verantwortlichen Mitarbeitern zuordnen. Im Gegensatz zur Projektplanung sind hier viel detailliertere Aufgabenbeschreibungen zu erhalten, die sich zudem direkt mit den betroffenen Artefakten verbinden lassen.
Sowohl im Bereich der Open Source wie auch der kommerziellen Systeme ist über dokumentierte Schnittstellen ein Zugriff auf die Inhalte eines Systems möglich, so dass auch hier entsprechende Kontextinformation, bspw. über die für einen Mitarbeiter vorliegenden Aufgaben und die davon betroffenen Inhalte ermittelt werden kann (vgl. Kapitel 4.1.2).
- **Softwaretest:** Analog zur Erfassung und Analyse von Anforderungen existieren für die Definition von Softwaretests ebenfalls eine Reihe von speziellen Anwendungen. Meist können auch diese Werkzeuge durch Plug-Ins erweitert werden, so dass auch hier eine Erfassung der Tätigkeit eines Anwenders erfolgen kann.
- **Verzeichnisdienste, HR- und Skill-Management-Systeme:** Zumeist in größeren Organisationen finden sich sowohl Verzeichnisdienste als auch Systeme zu Mitarbeiterverwaltung und Skill-Management. Während Verzeichnisdienste vorrangig Information über die organisatorische Einordnung einer Person liefern können, kann ein Skill-Management-System detailliert Auskunft über die Kenntnisse, Erfahrungen und Interessen eines Mitarbeiters kundtun. Durchweg sind auch hier offene Schnittstellen vorzufinden, bspw. LDAP bei Verzeichnisdiensten, über die sich Kontex-

tinformation aus den entsprechenden Systemen gewinnen lassen (vgl. Kapitel 4.1.2).

Beschreibung der Kontextinformation

Neben der Erfassung von Information über den Kontext einzelner Personen hat die Beschreibung dieser eine ebenso wichtige Bedeutung (vgl. Kapitel 4.2). Grundlage einer eindeutigen Bezeichnung der in einer Beschreibung verwendeten Konzepte sind dabei eine oder mehrere Ontologien. Darüber hinaus sind die einzelnen Kontextbeschreibungen sowie die darin auftretenden Elemente und referenzierten Artefakte mit URIs jeweils eindeutig zu kennzeichnen. Dies gilt ebenso für die Bezeichnung von Anwendern (vgl. Kapitel 4.2.4). Der Einsatz entsprechender, differenzierender Konzepte stellt gleichzeitig die Grundlage für die Bildung eines einheitlichen Nutzermodells dar (vgl. Kapitel 4.3).

Ontologien

einheitliches Nutzermodell

8.2 Kontextbasiertes IR-System für das Software Engineering

Im Folgenden wird eine prototypische Realisierung eines kontextbasierten Information Retrieval Systems für das Anwendungsgebiet des Software Engineerings präsentiert. Neben den Zielen, die mit einem kontextbasierten Information Retrieval System im Allgemeinen (vgl. Kapitel 1.2.6) bzw. für das Software Engineering im Speziellen (vgl. Kapitel 8.1.4) verfolgt werden, dient diese prototypische Realisierung vor allem der Umsetzung und Erprobung der in dieser Arbeit aufgezeigten Ansätze. Im Einzelne sind dies:

prototypische Realisierung

- Die Erfassung von Kontextinformation aus verschiedenen Client- und Server-Anwendungen (Kapitel 4.1) sowie deren Beschreibung mittels des Resource Description Frameworks und dem Einsatz von Ontologien in Form der Web Ontology Language (Kapitel 4.2). Darüber hinaus ist dies auch der Aufbau eines einheitlichen Nutzermodells (Kapitel 4.3).
- Die Bildung von Nutzerprofilen und Ableitung eines Informationsbedürfnisses für einzelne Anwender aus deren Kontextinformation (Kapitel 5.1 und 5.2) sowie der Formulierung von entsprechenden Suchanfragen (Kapitel 5.3).
- Die Anwendung des COBAIR-Frameworks zur Realisierung eines kontextbasierten Information Retrieval Systems (Kapitel 6.2).
- Der Einsatz eines Query by Example Ansatzes für eine vage Anfragebearbeitung auf RDF-Daten (Kapitel 7.3 und 7.4).

8.2.1 Architektur der prototypischen Realisierung

In Abbildung 8.5 ist ein Überblick über die Architektur des Prototyps für ein kontextbasiertes Information Retrieval System für die Anwendungsdomäne des Software Engineerings dargestellt. Grundlage für die prototypische Realisierung ist das in Kapitel 6.2 vorgestellte COBAIR-Framework. Für eine übersichtlichere Darstellung sind in der Abbildung 8.5 die Verbindungen zwischen zentralem RDF-Repository System, Index und den zum Einsatz kommenden Ontologien weggelassen. Die jeweiligen Beziehungen zwischen diesen Komponenten und den weiteren Komponenten können jedoch den Abbildungen 6.1 und 6.2 in Kapitel 6 entnommen werden.

COBAIR-Framework

Bereits aus der Grobarchitektur ist eine Dreiteilung des gesamten Systems in Client-Anwendung(en), eigentlichem kontextbasierten Information Retrieval System und verschiedenen Quellen für weitere Kontextinformation zu erkennen.

Client-/Server-Architektur

Das eigentliche kontextbasierte Information Retrieval System ist als eine eigenständige Server-Anwendung realisiert, die zum einen über eine Kommunikationsschnittstelle mit einer oder mehreren Instanzen einer Client-Anwendung verbunden ist. Jede Instanz einer Client-Anwendung erfasst und beschreibt den aktuellen Kontext ihres Anwenders und überträgt die Kontextbeschreibung über die Kommunikationsschnittstelle zur Server-Anwendung. Im Gegenzug werden Suchergebnisse über diese Schnittstelle zur Client-Anwendung zurückgeliefert, die diese einem Anwender präsentiert. Auf der anderen Seite wird aus einer Reihe von Quellen (CVS-Repositories, Projektplanung, etc.) Kontextinformation erfasst und beschrieben.

Die prototypische Implementierung erfolgt wie bereits beim Framework mittels der Programmiersprache Java [252] und der darauf aufbauenden Java 2 Platform, Standard Edition [250] sowie der Java 2 Platform, Enterprise Edition [249].

8.2.2 Integrierte Entwicklungsumgebung

Borland Together

Als Client-Anwendung wurde Borland Together [44] als integrierte Entwicklungsumgebung gewählt (siehe auch Kapitel 4.1.2). Diese IDE unterstützt durch verschiedene Module, wie bspw. einen UML-Designer, die unterschiedlichen Disziplinen eines Softwareentwicklungsprozesses und damit die Tätigkeit der jeweiligen Mitarbeiter in den verschiedenen Phasen einer Softwareentwicklung. Dies beginnt mit der Aufnahme von Anforderungen und reicht bis zur Durchführung von Softwareverteilungen (Deployment) und Durchführung von Testläufen.

8.2 Kontextbasiertes IR-System für das Software Engineering

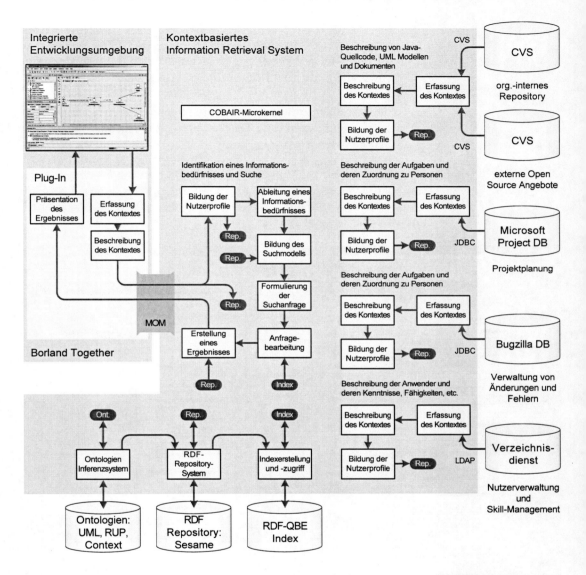

Abbildung 8.5
Überblick über die Architektur eines kontextbasierten Information Retrieval Systems

Plug-In

Durch ein eigenes Plug-In für Borland Together wird sowohl die aktuelle Tätigkeit eines Anwenders erfasst als auch die von diesem betrachteten oder bearbeiteten Inhalte. Im Einzelnen sind dies unter anderem:

- die Nutzerkennung des Anwenders, unter der dieser bspw. beim Betriebssystem angemeldet ist,

- das geöffnete Projekt inklusive der Metadaten eines dafür verwendeten CVS-Repositories,
- alle von einem Anwender geöffneten Dateien, UML-Diagramme sowie die aktuell von diesem betrachteten oder bearbeiteten Inhalte,
- die von einem Anwender vorgenommenen Benutzeraktionen, wie bspw. Neuanlegen oder Bearbeitung von Quellcode oder die Arbeit an einem UML-Diagramm.

Das Plug-In dient zugleich auch der Präsentation der Ergebnisse einer automatischen oder manuellen Suchanfrage. In Abbildung 8.6 ist im unteren Teil der Borland Together IDE das Ausgabefenster des Plug-Ins zu erkennen.

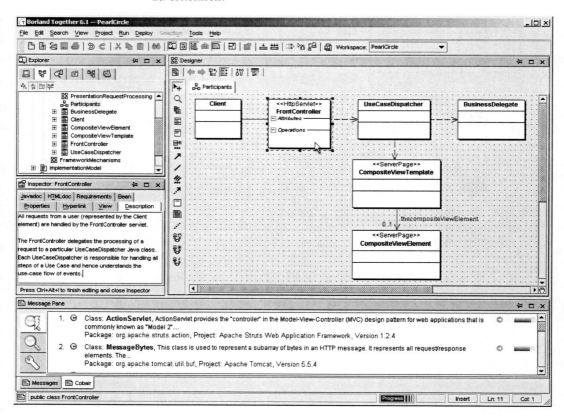

Abbildung 8.6
Einsatz eines Plug-Ins in Borland Together zur Erfassung von Kontextinformation über einen Mitarbeiter sowie zur Anzeige von Suchergebnissen

Die im Vorherigen erwähnten Traces, mit denen sich logische und prozesshistorische Beziehungen abbilden lassen, werden durch eine IDE, wie Borland Together, direkt unterstützt. Wenngleich auch eine

Ableitung dieser Beziehungen aus der Kontextinformation eines Anwenders, bspw. aus der Reihenfolge der Bearbeitung und Neuerstellung von Artefakten, möglich wäre.

8.2.3 Einsatz von Ontologien

Für die Beschreibung der erfassten Kontextinformation kommen drei in OWL formulierte Ontologien zum Einsatz, die jeweils die Konzepte der Unified Modeling Language (UML), des Rational Unified Process (RUP) sowie allgemeine Konzepte der Tätigkeiten einer Person mit einem Anwendungssystem beschreiben (siehe auch Kapitel 4.2). Als Ausgangsbasis für die Erstellung der Ontologien der UML und des RUP dienten unter anderem die Glossare der jeweiligen Referenzwerke von Booch et al. [39] und Kruchten [140]. Die Modellierung der Ontologien erfolgte anfangs ebenfalls mittels Borland Together und einem weiteren, speziellen Plug-In zum OWL-Export, später dann mit Protégé [245]. Der Umfang der Ontologien ist in Tabelle 8.1 abgebildet.

OWL

Ontologie	Anzahl Konzepte
Beschreibung der Konzepte der Unified Modeling Language (UML) `http://cobair.org/uml.owl`	199
Beschreibung der Konzepte des Rational Unified Process (RUP) `http://cobair.org/rup.owl`	77
Allgemeine Konzepte zur Beschreibung von Kontextinhalten (z.B.: »Zeit«, »Ort«) `http://cobair.org/context.owl`	24

Tabelle 8.1 eingesetzte Ontologien und deren Umfang

Die Beschreibung der erfassten Kontexte mittels des Resource Description Frameworks unter Anwendung der oben aufgeführten Ontologien geschieht innerhalb des Plug-Ins zur Integration eines kontextbasierten Information Retrievals. Ein Ausschnitt einer exemplarischen Kontextbeschreibung ist in Kapitel 4.4, Abbildung 4.9 zu finden. Die Übertragung der Kontextbeschreibung zum Server erfolgt mittels eines asynchronen Nachrichtenmechanismus (MOM) unter Verwendung des Java Message Services (JMS) [251].

8.2.4 Kontextbasiertes Information Retrieval System

Der Kern des kontextbasierten Information Retrieval Systems ist als eine eigenständige Server-Anwendung ausgeführt. In dieser Anwendung ist zum einen das eigentliche kontextbasierte Information Retrieval System integriert, das auf Basis der von den Client-Anwendungen empfan-

eigenständige Server-Anwendung

genen Nutzeraktionen entsprechende Informationsbedürfnisse ableitet und dann automatische Suchanfragen formuliert und diese auch ausführt. Zum anderen wird auch eine Reihe von Server-Systemen angebunden, aus denen Kontextinformation erfasst wird.

Erfassung weiterer Kontextquellen

Diese externen Quellen zur Erfassung weiterer Information über den aktuellen wie auch zurückliegenden Kontext von Personen sind im rechten Teil von Abbildung 8.5 dargestellt. Im Einzelnen sind dies:

- **CVS-Repositories.** Darunter fallen zunächst CVS-Repositories, die innerhalb einer Organisation für die Ablage, Verwaltung und Versionierung aller während eines Softwareentwicklungsprozesses auftretenden Artefakte dienen. Zusätzlich wird eine Reihe von externen CVS-Repositories betrachtet, die jeweils verschiedene Open Source Projekte und Bibliotheken verwalten. Diese dienen später mit als Ziel für Suchanfragen nach passenden Artefakten. Als Kontextinformation werden neben den Inhalten der Artefakte auch deren Metadaten, wie bspw. Bearbeiter, Einstellzeitpunkt und Kommentar erfasst. Die vom Prototyp technisch erfassbaren Artefakte umfassen Java-Quellcode, UML-Modelle, die mit Borland Together erstellt wurden, sowie Text-, HTML-, PDF- und verschiedene Office Formate (vgl. Kapitel 4.4).
- **Datenbank(en) von Projektplanungswerkzeugen.** Eine weitere Quelle für Kontextinformation stellen eine oder mehrere Datenbanken eines Werkzeuges zum Projektmanagement dar. Im Prototyp werden aus der Datenbank von Microsoft Project [169] Vorgänge und deren zugeordnete Bearbeiter erfasst und beschrieben. Neben der Ableitung von Beschreibungen über aktuelle und zurückliegende Aufgaben einzelner Personen, lassen sich hieraus durch Aggregation auch Tätigkeitsschwerpunkte einzelner Personen herausbilden. Diese Nutzerprofile werden in Form von gewichteten RDF-Daten abgebildet (vgl. Kapitel 5.1.2).
- **Datenbank(en) zur Verwaltung von Änderungsanforderungen und Fehlern.** Analog zu einem Werkzeug des Projektmanagements, erfasst der Prototyp auch die Einträge aus der Datenbank eines Werkzeuges zur Verwaltung von Änderungsanforderungen und Fehlern, hier die Datenbank von Bugzilla [258]. Auch hier werden Aufgabeninhalte und die zugeordneten Personen erfasst. Auch aus diesen Daten lassen sich durch Aggregation wieder Tätigkeitsschwerpunkte für einzelne Personen ableiten und als gewichtete RDF-Daten abbilden.

- **Verzeichnisdienst.** Neben der Verwaltung und eindeutigen Identifikation der einzelnen Personen und Anwender, die innerhalb eines Softwareentwicklungsprozesses, vornehmlich in der Organisation, auftreten, dient im Rahmen der prototypischen Realisierung der Verzeichnisdienst neben der Beschreibung der von einer Person ausgeführten Rollen auch als Quelle für Kontextinformation über Kenntnisse, Erfahrungen und Interessen von einzelnen Personen. Dabei kann eine Person in einer Reihe von Konzepten, die verschiedene Fähigkeiten, Kenntnisse und Erfahrungen repräsentieren, jeweils entsprechende Einstufungen vorgeben, aus denen dann jeweils ein Nutzerprofil in Form von gewichteten RDF-Daten gebildet wird. Im Rahmen der prototypischen Realisierung findet allerdings keine Berücksichtigung physischer Kontexte statt. Die technische Realisierung sieht eine Erfassung der Inhalte eines entsprechenden Verzeichnisdienstes, bspw. ein OpenLDAP-Server [185], via LDAP [6] vor.

Für die einzelnen Beschreibungen der Kontextinhalte werden auch hier die oben beschriebenen Ontologien eingesetzt. Das Ergebnis einer Kontextbeschreibung sowie der durch Aggregation oder direkte Beschreibung ermittelten Nutzerprofile stellen jeweils gewöhnliche RDF-Daten bzw. gewichtete RDF-Daten im Fall der Nutzerprofile dar, die im zentralen RDF-Repository-System abgelegt werden. Die Einteilung in die verschiedenen Dimensionen des einheitlichen Nutzermodells (vgl. Kapitel 4.3) erfolgt dabei implizit durch die Verwendung entsprechender Konzepte.

Ableitung eines Informationsbedürfnisses

Die von den einzelnen Client-Anwendungen empfangene Kontextbeschreibung wird sowohl direkt dem RDF-Repository-System zugeführt als auch pro Anwender jeweils einer Instanz einer Komponente zur Bildung von Nutzerprofilen (siehe Abbildung 8.5 und 6.1). Die Bildung des einheitlichen Nutzermodells basiert innerhalb des RDF-Repository-Systems implizit auf den für die Kontextbeschreibung verwendeten Konzepten.

Die Aufstellung von Nutzerprofilen erfolgt zunächst durch Histogramme aus den Kontextbeschreibungen (vgl. Kapitel 5.1.1). Wie in Abbildung 8.7 dargestellt ist, wird von einem festen Zeitraster von 5 Minuten ausgehend, jeweils aus den eintreffenden Kontextbeschreibungen eines Anwenders für die maximal zurückliegenden 5 Minuten ein neues Histogramm gebildet. Abgeschlossene und damit historische Histogramme werden ebenfalls im RDF-Repository-System in Form von

Aufstellung von Nutzerprofilen durch Histogramme

8 Evaluierung

Snapshots gewichteten RDF-Daten abgelegt. Als so genannte Snapshots (vgl. Kapitel 4.3) stellen diese eine Aggregation der Kontextinformation dar und werden ebenfalls für die Ableitung eines Informationsbedürfnisses herangezogen.

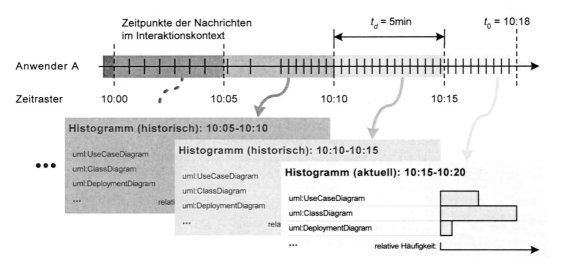

Abbildung 8.7
Bildung von Histogrammen nach einem festen Zeitraster

In Abbildung 8.8 sind für zwei ausgewählte Konzepte deren relative Vorkommenshäufigkeit in den einzelnen Histogrammen für einen insgesamt betrachteten Zeitraum von 3,5 Stunden aufgetragen. Jedes Histogramm deckt somit auch hier einen Zeitraum von 5 Minuten ab. Von einem Use Case Diagramm ausgehend, entwirft ein Anwender mittels der Borland Together IDE jeweils eine Reihe von Klassendiagrammen, die erste Analysemodelle enthalten. Der Übersichtlichkeit halber wurden die jeweils bearbeiteten Dokumente und deren Inhalte nicht mit in die Abbildung aufgenommen. Dennoch ist leicht erkennbar, dass es zum einen teilweise starke Schwankungen in den Aktivitäten während der Arbeit an einem Diagramm gibt und zum anderen der Beginn eines neuen Klassendiagramms mit einem kurzen Aufruf eines Use Case Diagramms eingeleitet wird.

Schließen auf Prozessphase durch Regeln
Von den Inhalten der Histogramme ausgehend, versucht ein einfacher Satz von explizit formulierten Regeln auf die Phase des Softwareentwicklungsprozesses zu schließen, in denen sich ein Anwender gerade befindet. Es wird somit versucht, aus bestimmten Mustern von Aktionen und Inhalten weitere Information über den Kontext einer Person zu erschließen (vgl. Kapitel 5.1.1). Werden bspw. von einem Anwender überwiegend Use Case Diagramme bearbeitet, so ist davon auszugehen,

8.2 Kontextbasiertes IR-System für das Software Engineering

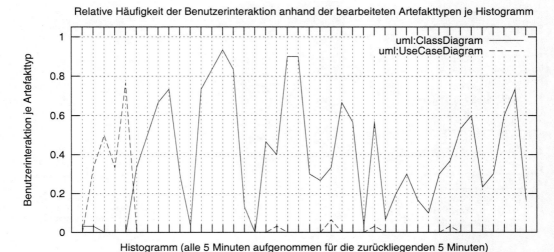

Abbildung 8.8
Intensitätskurven zweier ausgewählter Beschreibungselemente der durch einzelne, aufeinander folgende Histogramme repräsentierten Benutzerinteraktionen eines Softwarearchitekten

dass sich ein Softwareentwicklungsprozess in einer frühen Phase befindet. Bearbeitet dieser dagegen ausschließlich Quellcode-Dateien, so ist davon auszugehen, dass sich ein Softwareentwicklungsprozess in der Implementierungsphase befindet. Die Bestimmung des Tätigkeitsumfeldes auf diese Art und Weise erfolgt vornehmlich dann, wenn nicht durch eine Projektplanung aussagekräftigere Information vorliegt.

Für die Ableitung eines zunächst latenten Informationsbedürfnisses (vgl. Kapitel 5.1.2) werden nun die jeweils neuesten Nutzerprofile der verschiedenen Kontextdimensionen berücksichtigt. Diese umfassen, wie oben dargestellt wurde, die Nutzerprofile, die aus den zurückliegenden Tätigkeiten und Aufgaben sowie aus persönlichen Kenntnissen, Erfahrungen und Interessen gebildet wurden.

Neben der Beschreibung der aktuellen und zurückliegenden Tätigkeit durch Histogramme in Form von gewichteten RDF-Daten wird in der prototypischen Realisierung noch weitere Kontextinformation berücksichtigt, die aus den im Vorherigen dargestellten weiteren Quellen gewonnen wurde. Diese Profile werden für die Ableitung eines zunächst latenten Informationsbedürfnisses, wie in Abbildung 8.9 dargestellt, über vorgebbare Gewichtungsfaktoren zusammengeführt. Auch dieses besteht wieder aus gewichteten RDF-Daten. Analog wird über ebenfalls einstellbare Gewichtungsfaktoren ein zweites gewichtetes RDF-Modell erstellt. Durch geeignete Wahl dieser Gewichtungsfaktoren kann erreicht werden, dass bspw. identische Konzepte, welche sowohl bei den

Ableitung latentes Informationsbedürfnis

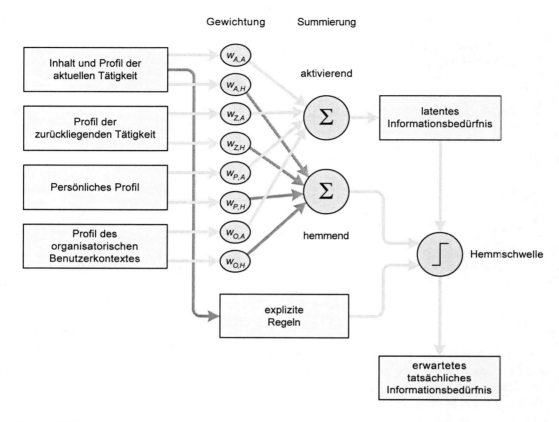

Abbildung 8.9
Bildung eines erwarteten tatsächlichen Informationsbedürfnisses

Hemmschwelle

erwartetes tatsächliches Informationsbedürfnis

regelbasierter Auslösungsmechanismus

Kenntnissen einer Person als auch in deren aktuellen Tätigkeit enthalten sind, hemmend wirken. Die Hemmschwelle wird bei Erreichen eines ebenfalls einstellbaren Maximalwertes innerhalb dieses zweiten Modells ausgelöst. Dies führt zu einer Weiterleitung des gewichteten RDF-Modells eines bisher latenten Informationsbedürfnisses zu einem nun gewichteten RDF-Modell eines erwarteten tatsächlichen Informationsbedürfnisses.

Im Vergleich zum in Kapitel 5.1.2 vorgestellten Modell (siehe Abbildung 5.8) findet hier zum einen der physische Benutzerkontext keine Berücksichtigung zum anderen wird zusätzlich ein regelbasierter Auslösungsmechanismus eingesetzt. Dieser regelbasierte Mechanismus reagiert sowohl auf Arbeitspausen im Profil der aktuellen Tätigkeit, die bspw. auf eine Suche eines Anwenders außerhalb der IDE nach relevanter Information schließen lassen, als auch auf das Erstellen eines neuen

Artefaktes auf Basis eines Vorgängerartefaktes. Darüber hinaus führen auch manuelle Suchanfragen zu einem Auslösen der Hemmschwelle.

Formulierung von automatischen Suchanfragen

Die in Abbildung 8.10 dargestellte Überführung des gewichteten RDF-Modells eines erwarteten tatsächlichen Informationsbedürfnisses in ein ebenfalls gewichtetes RDF-Modell eines Suchmodells, das Ausgangspunkt für die automatischen Suchanfragen ist, erfolgt durch eine einfache Filterung. Diese Filterung entfernt Konzepte aus dem RDF-Modell, die für eine eigentliche Suche nicht mehr benötigt werden und führt zusätzlich auch eine Bereinigung des Suchmodells durch. In der prototypischen Realisierung werden so bspw. konkrete Nutzerkennungen sowie alle RDF-Aussagen, die ein vorgegebenes Minimalgewicht unterschreiten, entfernt.

Filterung

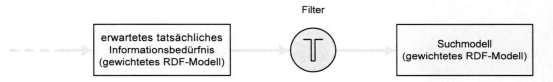

Abbildung 8.10
Ermittlung des Suchmodells aus dem gewichteten RDF-Modell eines erwarteten tatsächlichen Informationsbedürfnisses

Durch den in Kapitel 7 eingeführten Ansatz einer vagen Anfragebearbeitung auf RDF-Daten, der zudem Beispieldaten für die Anfrage verwendet, kann das resultierende Suchmodell direkt als Anfrage verwendet werden. Das bedeutet, dass in diesem Fall eine besondere Formulierung von Suchanfragen entfällt.

Unterstützung von manuellen Suchanfragen

Die Formulierung manueller Suchanfragen wird im Prototyp sowohl durch eine Suchmaske als auch durch eine Funktion realisiert, die zu einem aktuell geöffneten Artefakt andere ähnliche Artefakte liefert. Über die Präsentation des Suchergebnisses ist dann ein Zugriff durch Browsing (vgl. bspw. Baeza-Yates und Ribeiro-Neto [17]) auf weitere Artefakte, die aus den als ähnlich identifizierten Artefakten entstanden sind, möglich.

Manuelle Suchanfragen werden in Form von Benutzeraktionen formuliert und auch genauso bearbeitet. Eine manuelle Suchanfrage löst allerdings durch eine explizite Regel (siehe Abbildung 8.9) automatisch die Hemmschwelle aus und führt so zu einer entsprechenden Bearbeitung der Suchanfrage.

8.2.5 Zentrales RDF-Repository-System

Sesame

Unter anderem für die Ablage von Kontextbeschreibungen als auch nachfolgend daraus gebildeten Nutzerprofilen kommt ein zentrales RDF-Repository-System zum Einsatz (vgl. Kapitel 6.2.3). Für die Prototypische Realisierung wurde dazu Sesame [186] ausgewählt, das die in Kapitel 6.2.3 aufgestellten Kriterien erfüllt und zudem kontinuierlich weiterentwickelt wird (siehe Kapitel 7.2.2 und 7.2.3).

8.2.6 Realisierung der Indexstruktur und Anfragebearbeitung

RDF Query by Example

Ein weiterer zentraler Bestandteil eines kontextbasierten Information Retrieval Systems wie auch der hier betrachteten prototypischen Implementierung ist die eigentliche Anfragebearbeitung. Diese wird mittels einer ebenfalls prototypischen Implementierung des in Kapitel 7 vorgestellten RDF Query by Example Ansatzes realisiert.

prototypische Implementierung der Indexstruktur

Abbildung 8.11 zeigt die einzelnen Datenstrukturen der prototypischen Implementierung der in Kapitel 7.4.2 eingeführten Indexstruktur. Die Listen für Prädikate und Objekte, die durch URIs repräsentiert werden, sind als persistierbare Hash-Tabellen realisiert, die für einen Zugriff jeweils komplett im Hauptspeicher gehalten werden. Während die Hash-Tabelle der Prädikate ständig im Hauptspeicher liegt, existiert für die Hash-Tabellen auf der Ebene der Objekte ein LRU-Cache. Jede sortierte Liste mit den Subjekten ist jeweils mit zwei persistenten B*-Bäumen realisiert, wobei ein Baum den sortierten Zugriff nach absteigender Gewichtung und der andere Baum den Zugriff nach Subjekt-IDs übernimmt. Die B*-Bäume werden über Seitentabellen sowie einen eigenen LRU-Cache verwaltet und müssen somit nur partiell im Hauptspeicher gehalten werden.

Jeder vollständige Teilbaum dieser Indexstruktur, der von einem Prädikat ausgehend RDF-Statements mit Literalen beschreibt, bildet eine klassische invertierte Liste ab. Für die Realisierung dieser Teilbäume kommt dementsprechend ein Lucene-Index zum Einsatz. Das Lucene-Projekt [151] stellt effiziente Datenstrukturen und Methoden bereit, die sowohl Aufbau als auch eine vage Anfragebearbeitung auf Volltextindexen in Form von invertierten Indexen ermöglichen.

Der für die Bearbeitung zum Einsatz kommende strombasierte Ansatz benutzt den TA-Algorithmus [83] zur Kombination von verschiedenen Teilergebnisströmen auf der obersten Ebene (vgl. Kapitel 7.4.3). Auf den darunter liegenden Kombinationsebenen werden die Zwischenergebnisse jeweils durch direkte Zugriffe berechnet. Obwohl der TA-Algorithmus von Haus aus selbst nicht inkrementell anwendbar ist,

8.2 Kontextbasiertes IR-System für das Software Engineering

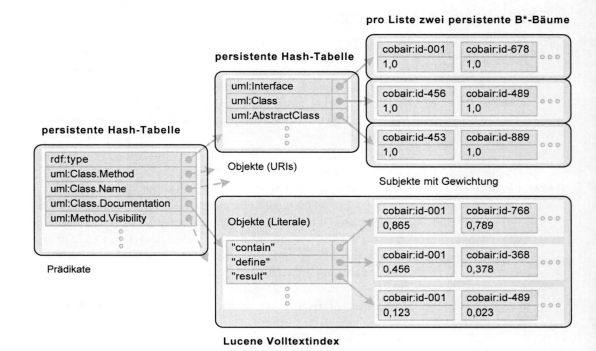

Abbildung 8.11
Aufbau der prototypischen Implementierung der Indexstruktur (vgl. Kapitel 7.4.2)

kann dies durch den Einsatz einer temporären Speicherstruktur erreicht werden (vgl. Fagin et al. [83] sowie Robbert [212]).

Während einer Anfragebearbeitung werden für die in der Anfrage enthaltenen Konzepte jeweils ähnliche Konzepte auf Basis der ontologischen Distanz bestimmt (vgl. Kapitel 7.3.3). Die Ergebnisse dieser Bestimmung, ähnliche Konzepte und der jeweilige Ähnlichkeitswert, werden in Verbindung mit dem Ausgangskonzept in einem Cache zwischengespeichert, so dass für weitere Anfragen keine neue Bestimmung von bereits behandelten Anfragekonzepten durchgeführt werden muss. Treten Änderungen in einer der verwendeten Ontologien auf, wird der Cache vollständig geleert. Dies kann zum einen dann der Fall sein, wenn eine Ontologie modifiziert wird. Einen anderen Fall stellt das Auftreten einer neuen Ontologie dar, die mit den bisherigen in Beziehung steht.

Anfragebearbeitung

ontologische Distanz

Als Quelle für die Erstellung des Indexes dient der Inhalt des zentralen RDF-Repository-Systems. Aus diesem werden in zyklischen Abständen neue Inhalte in den Index aufgenommen.

RDF-Repository als Quelle für Index

8.3 Evaluierung

Die Tragfähigkeit des in Kapitel 6 eingeführten COBAIR-Frameworks wurde mit der Realisierung eines kontextbasierten Information Retrieval Systems für das Anwendungsgebiet des Software Engineerings bereits teilweise gezeigt. Im Rahmen einer weitergehenden Evaluierung sollen nun auch quantitative und qualitative Kriterien eines derartigen Systems betrachtet werden.

hohe Volumina an Kontextinformation

Eine Evaluierung erfolgt insbesondere in Hinblick auf ein sehr hohes Aufkommen von Kontextbeschreibungen, die in umfangreichen Volumina an Kontextinformation resultieren. Davon betroffen sind zunächst alle Komponenten, die mit Erfassung, Verarbeitung, Speicherung, Indexierung und Anfragebearbeitung entsprechender RDF-Daten befasst sind. Anhand von quantitativen Evaluierungskriterien lässt sich somit eine weitere Bewertung der technischen Tragfähigkeit des in Kapitel 6 eingeführten COBAIR-Frameworks sowie der in Kapitel 7 präsentieren Indexstruktur erstellen.

Neben quantitativen Kriterien sind für die Evaluierung eines gesamten kontextbasierten Information Retrieval Systems vor allem auch qualitative Kriterien von Interesse, die eine Aussage über die erreichbare Qualität der Ergebnisse zulassen. Im Gegensatz zu einem klassischen Information Retrieval System existieren bei einem kontextbasierten System allerdings weitere Faktoren, die einen Einfluss auf die Ergebnisqualität nehmen. Dies beginnt bei der Erfassung und Beschreibung des Kontextes und setzt sich in der Ableitung eines erwarteten tatsächlichen Informationsbedürfnisses fort. Auch die automatische Formulierung einer Suchanfrage trägt einen wichtigen Teil zur erreichbaren Qualität der Ergebnisse bei. Nicht zuletzt spielt natürlich auch die eigentliche Anfragebearbeitung des Information Retrieval Systems eine entscheidende Rolle.

Untersuchtes Testszenarium

Mitarbeiter in Softwareentwicklungsprojekten

Ausgangspunkt für die Evaluierung der prototypischen Realisierung eines kontextbasierten Information Retrieval Systems für die Anwendungsdomäne des Software Engineerings stellt das bereits in Kapitel 8.1.3 skizzierte Szenarium eines an einem Softwareentwicklungsprojekt beteiligten Mitarbeiters dar. Aufgabe eines kontextbasierten Information Retrieval Systems ist im betrachteten Szenario die Unterstützung der Mitarbeiter mit zu deren aktueller Tätigkeit relevanter Information. Dies sind vornehmlich Artefakte, die entweder zu den aktuell bearbeiteten eine Ähnlichkeit aufweisen oder die daraus folgenden Artefakte (vgl. Kapitel 8.1.4).

Im konkreten Testszenarium wird ein Softwareentwickler betrachtet, der von entsprechenden Designdokumenten in Form von UML-Klassendiagrammen ausgehend weitergehende Designentscheidungen trifft bzw. eine prototypische Implementierung durchführt. Mit diesem Prototyp sollen sowohl bestimmte Merkmale der Architektur und des Software Designs evaluiert werden als auch die ersten Schritte auf dem Weg zu einem Software-Release erfolgen. Neben der primären Aufgabenstellung der Umsetzung funktionaler Anforderungen, spielt hier somit vor allem die Frage der Wiederverwendung eine zentrale Rolle.

Ziel eines kontextbasierten Information Retrieval Systems ist es ja, einem Entwickler in der jeweiligen Situation Hinweise auf für ihn nützliche Komponenten und auch Klassen zu geben. Als Quelle dafür wird im Testszenarium eine Reihe von Open Source Projekten herangezogen.

Einsatz von Testkollektionen

Auch wenn die prototypische Evaluierung durch verschiedene Schnittstellen aus zahlreichen CVS-Repositories Kontextinformation gewinnen kann, so kommt für die Evaluierung eine eigens erstellte Testkollektion zum Einsatz. Neben den allgemeinen Eigenschaften und Vorteilen, wie bspw. die Bereitstellung einer Testbasis für eine größere Community mit festgelegten Relevanzurteilen, die für den Einsatz von Testkollektionen für die Bewertung von Information Retrieval Systemen sprechen bzw. diese erst sinnvoll ermöglichen (vgl. z.B. auch Ferber [88]), sind dies im hier skizzierten Szenario auch die im Folgenden aufgeführten Faktoren:

Bewertung von Information Retrieval Systemen

- Die Inhalte in CVS-Repositories, insbesondere bei populären Open Source Projekten sind einem ständigen Wandel unterworfen. Für reproduzierbare Evaluierungsergebnisse ist jedoch die inhaltliche Stabilität einer Testkollektion eine elementare Voraussetzung.
- Sind CVS-Repositories nur über eine Internetverbindung erreichbar, so nimmt bspw. die Qualität der Internetverbindung auf die für eine Indexierung eines derartigen Repositories benötigte Zeitdauer einen entscheidenden Einfluss.

Der Ausgangspunkt für die im weiteren Verlauf vorgenommenen Evaluierungen stellen zwei Testkollektion dar. In Tabelle 8.2 ist jeweils deren Gesamtumfang an Klassen (inkl. Schnittstellen), Dokumenten sowie die Anzahl der RDF-Statements dargestellt, welche die Beschreibung der Klassen und Dokumente in RDF umfasst. Die kleine Testkollektion setzt sich aus dem Quellcode der Java 2 Platform, Standard Edition

zwei Testkollektionen

(J2SE) zusammen, während die zweite und umfangreiche Testkollektion zusätzlich 71 Open Source Projekte aus verschiedenen Quellen enthält. Eine ausführliche Darstellung der Inhalte und Umfang der beiden Testkollektionen ist in Anhang A zu finden.

Tabelle 8.2 Umfang der beiden zum Einsatz kommenden Testkollektionen (siehe auch Anhang A)

Testkollektion	Klassen	Dokumente	RDF-Statements
Testkollektion 1 Umfang: 42 MByte	6 184	0	782 585
Testkollektion 2 Umfang: 434 MByte	36 536	1 968	4 489 215

Erstaunlicherweise sind selbst für umfangreiche Open Source Projekte nur sehr selten Analyse- und Designdokumente auffindbar. Wenn dies dennoch der Fall sein sollte, so wurden bspw. die enthaltenen UML-Diagramme mit anderen Werkzeugen als Borland Together erstellt. Selbst über alle Projekt hinweg ist keine Präferenz für ein bestimmtes Werkzeug zu erkennen. Auch sind existierende Austauschformate wie XMI [182] kaum vorzufinden. Da auf der einen Seite die vorgefundenen Diagrammdokumente im Verhältnis zur Gesamtkollektion nur einen sehr kleinen Anteil einnehmen und auf der anderen Seite kein einheitliches Dokumentenformat, wenn man von Bildformaten wie JPEG oder PNG absieht, für die Darstellung von UML-Diagrammen vorzufinden war, wurden UML-Diagramme in der Testkollektion nicht berücksichtigt.

8.3.1 Evaluierung der Erfassung, Beschreibung und Indexierung von Kontextinformation

Eine erste Evaluierung betrifft die Erfassung, Beschreibung und Indexierung von Kontextinformation. Als Grundlage dieser Evaluierung dienen die beiden im Vorhinein vorgestellten Testkollektionen. Die Inhalte jeder Testkollektion, Quellcode und Dokumente, werden in einem ersten Schritt mittels des Resource Description Frameworks beschrieben. Für die eindeutige Benennung kommen die Konzepte der in Kapitel 8.2.3 vorgestellten Ontologien zum Einsatz. Als Ergebnis dieser Beschreibung liegt für jedes Softwareprojekt (vgl. Anhang A) einer Testkollektion eine eigenständige RDF-Datei vor.

Beschreibung mittels RDF

In Tabelle 8.3 sind nun die für eine Erfassung der Inhalte einer Testkollektion und deren Beschreibung in RDF benötigten Zeitdauern aufgeführt, die als Ergebnisse aus jeweils 5 Testläufen pro Kollektion gewonnen wurden. Die Evaluierungsläufe wurden auf einem Server-System durchgeführt, dessen technische Daten und die verwendete Softwareausstattung in Anhang C detailliert aufgeführt sind.

Tabelle 8.3
Zeitdauern für die Erfassung der Inhalte und deren Beschreibung in RDF (Ergebnisse aus jeweils 5 Testläufen)

Testkollektion		Zeitdauer
Testkollektion 1	∅	73,84 s (≈ 1,2 min)
Umfang der RDF-Beschreibung: 66 MByte	Min.	73,00 s (≈ 1,2 min)
	Max.	74,35 s (≈ 1,2 min)
	Median	73,92 s (≈ 1,2 min)
Testkollektion 2	∅	498,11 s (≈ 8,3 min)
Umfang der RDF-Beschreibung: 375 MByte	Min.	491,50 s (≈ 8,2 min)
	Max.	516,32 s (≈ 8,6 min)
	Median	491,61 s (≈ 8,2 min)

Wie der Tabelle 8.3 zu entnehmen ist, nimmt die Erfassung der Inhalte einer Testkollektion und deren Beschreibung in RDF nur sehr wenig Zeit in Anspruch. Geht man davon aus, dass in einer Realisierung eines entsprechenden kontextbasierten Information Retrieval Systems eine komplette Neuerfassung der Inhalte aus den verschiedenen Quellen nur bspw. einmal pro Nacht erfolgt, so ist die für eine reine Beschreibung der Inhalte notwendige Zeit zweitrangig. Aufgrund des Umfanges der beiden Testkollektionen kann man außerdem davon ausgehen, dass allein deren Abruf aus verschiedenen CVS-Repositories oder Webseiten via Internet deutlich mehr Zeit in Anspruch nehmen würde.

In einem zweiten Schritt werden die RDF-Beschreibungen der einzelnen Testkollektionen nun jeweils in die prototypische Implementierung der in Kapitel 7.4 vorgestellten Indexstruktur des RDF Query by Example Ansatzes (RDF-QBE) sowie in das RDF-Repository-System Sesame eingespielt. Sowohl das COBAIR-Framework wie auch die prototypische Implementierung eines kontextbasierten Information Retrieval Systems sieht diese zweifache Erfassung der RDF-Daten vor. Während das RDF-Repository die gesamten erfassten RDF-Daten vorhält, dient der Index für die Bearbeitung vager Anfragen (vgl. Kapitel 6.2.3 und 6.2.8).

Indexierung der RDF-Beschreibungen

Auch wenn somit beide Komponenten immer jeweils identische RDF-Daten erfassen, so ist dennoch der Vergleich bezüglich der erreichten Indexierungsleistung von Interesse, um eine Aussage über die Leistungsfähigkeit der prototypischen Implementierung der eigenen Indexstruktur treffen zu können. In Tabelle 8.4 sind nun die Zeitdauern aus jeweils 5 Testläufen aufgeführt, die für ein Einladen bzw. eine Indexierung der RDF-Beschreibungen der beiden Testkollektionen sowohl von Sesame als auch der eigenen Indexstruktur benötigt wurden. Auch für diese Testläufe kam wieder das Server-System zum Einsatz (vgl. Anhang C).

Tabelle 8.4
Zeitdauern für eine Indexierung bzw. das Einladen der RDF-Beschreibungen (Ergebnisse aus jeweils 5 Testläufen)

Testkollektion	System		Zeitdauer
Testkollektion 1	RDF-QBE	⌀	573,97 s ($\approx$ 9,6 min)
		Min.	552,60 s ($\approx$ 9,2 min)
		Max.	627,87 s ($\approx$ 10,5 min)
		Median	566,66 s ($\approx$ 9,4 min)
	Sesame	⌀	1 041,46 s ($\approx$ 17,4 min)
		Min.	1 021,83 s ($\approx$ 17,0 min)
		Max.	1 053,76 s ($\approx$ 17,6 min)
		Median	1 042,13 s ($\approx$ 17,4 min)
Testkollektion 2	RDF-QBE	⌀	4 355,92 s ($\approx$ 72,6 min)
		Min.	4 324,07 s ($\approx$ 72,1 min)
		Max.	4 390,76 s ($\approx$ 73,2 min)
		Median	4 349,17 s ($\approx$ 72,5 min)
	Sesame	⌀	12 023,83 s ($\approx$ 200,4 min)
		Min.	11 897,38 s ($\approx$ 198,3 min)
		Max.	12 121,87 s ($\approx$ 202,0 min)
		Median	12 065,63 s ($\approx$ 201,1 min)

In Tabelle 8.5 ist zudem der von einem Index bzw. einer Datenbank benötigte Festplattenspeicherplatz aufgeführt. Der sehr hohe Speicherplatzverbrauch der eigenen prototypischen Implementierung des RDF Query by Example Ansatzes ist vor allem auf die Speicherung jedes B*-Baumes in einer eigenen Datei, die jeweils über eine eigene Seitenverwaltung verfügt, zurückzuführen.

Vor allem der in Tabelle 8.4 aufgeführte direkte Vergleich der Indexierungs- bzw. Importleistung zeigt sowohl die Leistungsfähigkeit

Testkollektion	System	benötigter Speicherplatz
Testkollektion 1	RDF-QBE	580 MByte
	Sesame	299 MByte
Testkollektion 2	RDF-QBE	3 488 MByte
	Sesame	1 662 MByte

Tabelle 8.5 benötigter Speicherplatz der Indexe bzw. Datenbanken

der prototypischen Implementierung als auch die Tragfähigkeit der Indexstruktur.

Durch die flexible Architektur des COBAIR-Frameworks kann ein entsprechendes System auf mehrere Server-Systeme verteilt werden. So kann bspw. die Indexierung des RDF-QBE Ansatzes parallel zu einem Import in das Sesame-System auf verschiedenen Servern erfolgen. In diesem Fall wird die dafür benötigte Gesamtzeitdauer vom Sesame-System determiniert.

Geht man nun in einem Testszenarium davon aus, dass bspw. einmal pro Nacht alle externen und internen Quellen neu erfasst und indexiert werden, so ist dies auch im Falle der umfangreichen Testkollektion 2 durchaus praktikabel. Bei internen und besonders externen Quellen ist dann allerdings auch die für einen Zugriff und Datentransfer via Netzwerk bzw. Internet auf CVS-Repositories und andere Datenquellen benötigte Zeitdauer mit zu berücksichtigen.

8.3.2 Evaluierung der Ergebnisqualität

In einer weiteren Evaluierung soll nun die Qualität der Suchergebnisse des in Kapitel 7 vorgestellten RDF Query by Example Ansatzes für eine vage Anfragebearbeitung auf RDF-Daten untersucht werden. Im betrachteten Testszenarium werden dabei die vom Retrieval System gelieferten Artefakte bezüglich ihrer Relevanz gegenüber einem aktuell vorliegenden Informationsbedürfnis eines Anwenders bewertet. Die Bewertung des Information Retrieval Systems erfolgt dabei nach der Document Source Methode (siehe Ferber [88]). Mittels der beiden Testkollektionen sollen dabei sowohl das Laufzeitverhalten als auch die erreichbare Qualität der Ergebnisse auf verschieden großen Datenbeständen evaluiert werden.

Qualität der Suchergebnisse

Als Ausgangsquellen für die automatisch zu formulierenden Anfragen des Systems kommen 10 Topics zur Anwendung, die in Anhang B

Topics

aufgeführt sind. Für die Topics 1–4 sind die relevanten Ergebnisse sowohl in der kleineren Testkollektion 1 als auch in der umfangreichen Testkollektion 2 enthalten. Für alle weiteren Topics sind relevante Ergebnisse nur in der Testkollektion 2 enthalten.

Die einzelnen Topics spiegeln typische Informationsbedürfnisse von Entwicklern wider, die auf Basis einer gegebenen Aufgabe eine Komponente oder eine bestimmte Klasse implementieren sollen. Als Quelle für die Aufstellung dieser Reihe von Topics dienten Aufgabenstellungen für Implementierungen aus verschiedenen Veranstaltungen der Fakultät für Wirtschaftsinformatik und Angewandte Informatik der Universität Bamberg.

Jedes Topic kann dabei je nach Detaillierungsgrad entweder durch ein UML-Klassendiagramm oder einen Quellcode-Rumpf repräsentiert werden. Die eingesetzte integrierte Entwicklungsumgebung Borland Together erzeugt parallel zu UML-Klassendiagrammen automatisch Quellcode – hier in der Programmiersprache Java. Daher kann für die Bearbeitung von Anfragen somit auf diese Quellcode-Rümpfe zurückgegriffen werden. Diese stellen gleichzeitig die Anfrage für den RDF Query by Example Ansatz dar.

Als Vergleichssystem für die Evaluierung des eigenen Ansatzes einer vagen Anfragebearbeitung auf RDF-Daten wird das Sesame-System betrachtet. Hier werden die Topics manuell in entsprechende RQL-Anfragen überführt und ausgeführt, wobei bspw. Stoppworte per Hand entfernt werden. Wie in Kapitel 7.2 und 7.3.1 gezeigt wurde, kann mit diesem System zwar keine echte vage Anfragebearbeitung durchgeführt werden. Allerdings können vage Anfragen durch eine entsprechende Verknüpfung der einzelnen Bestandteile einer Anfrage in RQL nachgebildet werden (vgl. Kapitel 7.3.1).

Ergebnisqualität benötigte Zeitdauer

Neben dem Vergleich der Ergebnisqualitäten ist darüber hinaus auch die für eine Anfragebearbeitung benötigte Zeitdauer von Interesse. Während auf der einen Seite mit Sesame ein auf Faktenretrieval basierendes System mit darunter liegender relationaler Datenbank zum Einsatz kommt, findet im RDF Query by Example Ansatz eine stromorientierte vage Anfragebearbeitung auf einer eigenen Indexstruktur statt.

Precision

In Tabelle 8.6 und 8.7 sind nun die Evaluierungsergebnisse der einzelnen Topics für die beiden Testkollektionen jeweils für den RDF Query by Example Ansatz (RDF-QBE) einer vagen Anfragebearbeitung auf RDF-Daten (in Tabelle 8.7: System »R«) den entsprechenden Ergebnissen der Anfragen an das Sesame-System (in Tabelle 8.7: System »S«) gegenübergestellt. Die Qualität der Ergebnisse wird mittels des Precision-Maßes (vgl. bspw. Baeza-Yates und Ribeiro-Neto [17] oder Ferber [88]) ausgedrückt, das im Fall des RDF-QBE Ansatzes eine Aussage über den

Rang eines relevanten Dokumentes im Ergebnisstrom und im Fall von Sesame über das Verhältnis der gefundenen relevanten Ergebnisse zum Gesamtumfang des Ergebnisses gibt. Letztere sind in der Tabelle jeweils in Klammern angegeben. Auf die explizite Angabe von Recall-Werten wurde im Folgenden bewusst verzichtet, da diese immer dann 1 sind, wenn der entsprechende Precision-Wert ungleich 0 ist. Dies ist hier der Fall, da für ein Topic jeweils nur ein Relevanzurteil existiert.

Recall

Sowohl die im Sesame-System eingesetzte relationale Datenbank als auch die prototypische Implementierung des RDF Query by Example Ansatzes setzen verschiedene Caching-Mechanismen zur Beschleunigung der Anfragebearbeitung ein. Da besonders im Falle von Sesame die Caches des Sesame-Systems und der relationalen Datenbank ständig im Einsatz sind und für die Evaluierung nicht kontrolliert werden können, wurden bei der Evaluierung sowohl die benötigten Zeitdauern für die erste Bearbeitung einer Anfrage als auch deren wiederholte Ausführung betrachtet, um somit die Auswirkungen der Caches sichtbar zu machen.

Berücksichtigung von Caching-Mechanismen

Topic	System	erste Anfrage (ms)				wiederholte Anfragen (ms)				Precision
		⌀	Min.	Max.	Med.	⌀	Min.	Max.	Med.	
1	RDF-QBE	156	155	158	156	19	8	55	14	1,0
	Sesame	5 648	5 605	5 705	5 646	5 618	5 562	5 840	5 617	0,5 (1/2)
2	RDF-QBE	151	149	154	150	18	7	49	14	0,5
	Sesame	5 760	5 642	5 873	5 773	5 723	5 566	6 021	5 712	0,111 (1/9)
3	RDF-QBE	177	175	184	177	23	14	62	16	0,167
	Sesame	5 973	5 809	6 115	5 993	5 852	5 686	6 169	5 846	0 (0/5)
4	RDF-QBE	165	164	166	165	19	9	56	12	1,0
	Sesame	5 812	5 667	6 027	5 795	5 783	5 597	6 148	5 770	1,0 (1/1)

Tabelle 8.6
Zeitdauern in ms der Anfragebearbeitung auf Testkollektion 1 (Ergebnisse aus jeweils 10 Testläufen)

Die in Tabelle 8.6 aufgeführten Evaluierungsergebnisse der Topics 1–4 gegenüber der Testkollektion 1 zeigen zum einen deutlich, wie sich mittels einer stromorientierten Anfragebearbeitung deutlich schneller erste Ergebnisse ermitteln lassen. In der Evaluierung wurden hier für den RDF Query by Example Ansatz sogar jeweils die zehn ersten Ergebnisse einer Anfrage abgefragt, um in etwa gleiche Bedingungen zu der vollständigen Ergebnisermittlung mittels des Sesame-Systems zu gewähren. Erstaunlich sind allerdings die geringen Auswirkungen der Caches im Sesame-System.

Topic	System	erste Anfrage (ms)				wiederholte Anfragen (ms)				Precision
		⌀	Min.	Max.	Med.	⌀	Min.	Max.	Med.	
1	R	213	210	216	213	37	28	67	31	0,25
	S	39 759	38 841	40 266	39 859	39 587	39 120	40 546	39 555	0,5 (1/2)
2	R	217	216	218	217	35	27	63	30	0,071
	S	40 031	39 589	40 242	40 058	39 738	39 146	40 278	39 751	0,059 (1/17)
3	R	236	235	237	236	50	42	90	45	0,05
	S	39 904	39 534	40 225	39 890	39 616	39 027	40 436	39 616	0 (0/8)
4	R	225	223	226	225	39	31	66	35	0,333
	S	39 687	39 387	40 035	39 674	39 462	38 980	39 979	39 456	0,2 (1/5)
5	R	233	231	234	233	49	41	84	43	0,5
	S	39 699	39 453	39 860	39 773	39 508	38 992	39 925	39 571	0,5 (1/2)
6	R	245	243	248	245	56	48	88	51	0,333
	S	39 567	39 044	39 857	39 630	39 509	38 881	40 397	39 480	0 (0/0)
7	R	113	112	113	113	7	1	35	3	1,0
	S	39 675	39 233	40 103	39 595	39 364	38 782	40 028	39 391	0,333 (1/3)
8	R	1 225	1 207	1 258	1 223	1 024	958	1 472	996	1,0
	S	384 331	382 432	386 127	384 528	384 401	382 730	386 062	384 570	0,111 (1/9)
9	R	733	665	1 267	673	410	386	935	397	0,1
	S	384 262	382 432	385 101	384 310	384 525	381 148	387 185	384 663	0,143 (1/7)
10	R	297	295	298	297	105	94	148	99	0,2
	S	38 834	38 408	39 193	38 955	38 790	38 265	39 827	38 746	0 (0/0)

Tabelle 8.7
Zeitdauern in ms der Anfragebearbeitung auf Testkollektion 2 (Ergebnisse aus jeweils 10 Testläufen)

Ebenfalls herauszuheben ist die Retrievalqualität der prototypischen Implementierung des RDF Query by Example Ansatzes, die ebenfalls über bzw. in einem Fall gleichauf mit der des Sesame-Systems liegt.

Die Evaluierungsergebnisse der Topics 1–10 gegenüber der Testkollektion 2 in Tabelle 8.7 setzen den Trend der Ergebnisse aus der ersten Testkollektion fort. Das Verhältnis zwischen den Zeitdauern einer Anfragebearbeitung der prototypischen Implementierung des RDF Query by Example Ansatzes und dem Sesame-System hat sich allerdings bei der hier umfangreicheren Datenmenge der Testkollektion 2 noch vergrößert. Im Fall der Topics 8 und 9 mussten die RQL-Anfragen an das Sesame-System sogar um einige Anfrageteile, wie die öffentliche Sichtbarkeit der Methode, gekürzt werden, um nicht Laufzeiten von über 48 Stunden zu erhalten.

8.3.3 Evaluierung im Rahmen eines Softwareentwicklungsprozesses

In einer abschließenden Evaluierung wird die prototypische Implementierung eines kontextbasierten Information Retrieval Systems für die Anwendungsdomäne des Software Engineerings betrachtet. Dabei ist insbesondere die Fragestellung von Interesse, ob es mit Hilfe eines derartigen Systems gelingen kann, einen Anwender während der Ausübung seiner Tätigkeit mit für diesen relevanter Information zu versorgen.

Das der Evaluierung zugrundeliegende Szenarium umfasst die Entwicklung eines einfachen, webbasierten Auktionssystems in Form einer Mehrschichtenarchitektur, das technisch auf Basis der Java 2 Platform, Enterprise Edition (J2EE) [249] realisiert werden soll. Als Vorgehensmodell für die Entwicklung kommt dabei der Rational Unified Process [140] zum Einsatz. Dieses Beispielszenarium, der Verlauf des Softwareentwicklungsprozesses sowie alle dabei entstehenden Artefakte sind sowohl Eeles et al. [79] als auch dem so genannten »PearlCircle Online Auction« Demonstrationsprojekt von IBM [119] entnommen.

Szenarium

Bei dem zu unterstützenden Anwender handelt es sich um einen Softwareentwickler, der über eine grundlegende Erfahrung in der Entwicklung von Anwendungsprogrammen mittels der Programmiersprache Java [250] und der Java 2 Platform, Enterprise Edition [249] verfügt. Darüber hinaus ist ihm auch der Einsatz von Design Patterns im Umfeld von J2EE bekannt (siehe Alur et al. [8]). Die Aufgabe des Softwareentwicklers besteht im Rahmen der hier durchgeführten Evaluierung in der Umsetzung eines vertikalen Prototyps des Auktionssystems. Dieser umfasst die grundlegende Verwaltung von Auktionen, wie das Einstellen von Auktionen, deren Auflistung und das Abgeben von Geboten für eine ausgewählte Auktion. Darüber hinaus sollen auch Teile der Nutzerverwaltung realisiert werden.

unterstützter Anwender

Beschreibung der Situation	Bewertung der ersten zehn Ergebniselemente
RUP Phase: Elaboration Discipline: Analysis and Design Workflow: Refine the Architecture Activity: Identify Design Mechanisms Auswahl und Festlegen eines Designs für die Präsentationsschicht. Als Grundlage wird die J2EE-Variante des Model View Controller Patterns [8, 56] angewendet.	Als erstes Ergebnis wird die Klasse »ActionServlet« aus dem Apache Struts Projekt [11] geliefert. Struts stellt eine Implementierung des Model View Controller Patterns für den Einsatz in Mehrschichtenarchitekturen auf Basis der J2EE bereit. Im gegebenen Beispielprojekt kann Struts unter anderem für die Realisierung der Präsentationsschicht eingesetzt werden. Dieses Ergebnis kann somit mit einer **Precision von 1,0** gewertet werden. Durchschnittliche Zeitdauer der **Anfragebearbeitung: 647 ms** Dieses Szenarium sowie das Ergebnis der automatisch erzeugten Anfrage ist in Abbildung 8.6 dargestellt.
RUP Phase: Elaboration Discipline: Analysis and Design Workflow: Refine the Architecture Activity: Identify Design Elements Auswahl und Festlegen eines Designs für den Use Case »Sign In«, indem sich ein Nutzer gegenüber dem System identifiziert.	Die ersten drei sowie das fünfte Element des Suchergebnisses (»UpdateAccount«, »SendConfirmationEmail«, »AccountExpiredException« und »SendNewUserNotificationEmail«) entstammen dem Apache Jetspeed Portalframework [10] und behandeln jeweils einzelne Aspekte einer Nutzerverwaltung und Authentifizierung. An vierter Stelle findet sich eine Klasse (»AccountExpiredException«) aus dem Security Framework der Java 2 Platform, Standard Edition [250]. Dieses Framework stellt grundlegende Funktionalitäten für Authentifizierung und Autorisierung bereit. An sechster Stelle findet sich die Klasse »JndiLoginModule«, ebenfalls aus der Java 2 Platform, Standard Edition. An siebenter und achter Stelle jeweils Klassen für das Login in den J2EE-Applikationsservern Apache Tomcat und JBoss (siehe Anhang A). Eine Bewertung in Form von Angabe einer **Precision** ist hier schwierig, da keine der gefundenen Klassen vollständig die Anforderungen abdeckt. Allerdings verweisen die ersten fünf Fundstellen auf Klassen, deren Packages jeweils eine Reihe von Komponenten für die Realisierung einer Authentifizierung von Anwendern bereitstellen. Da allerdings unter den ersten Ergebnissen jeweils relevante Klassen im Sinne einer Wiederverwendung von Komponenten zu finden sind, kann die erreichte Precision als sehr hoch angesehen werden. Durchschnittliche Zeitdauer der **Anfragebearbeitung: 803 ms**

Tabelle 8.8
Bewertung der automatischen Suchergebnisse (Teil 1)

Als Quelle für die Suche nach zur aktuellen Tätigkeit relevanter Information findet die Testkollektion 2 Verwendung. Da diese fast aus-

8.3 Evaluierung

schließlich aus Softwarekomponenten besteht (vgl. auch Kapitel 8.3), werden hier nur die Teile des Entwicklungsprozesses betrachtet, die sich mit Designs und Implementierung befassen.

In Tabelle 8.8 und 8.9 sind zusammen vier Arbeitssituationen des Softwareentwicklers beschrieben, die gleichzeitig ein entsprechendes Informationsbedürfnis bei diesem induzieren. Das Informationsbedürfnis bezieht sich dabei sowohl auf fertige Softwarekomponenten, die für die Erfüllung einer gestellten Aufgabe eingesetzt werden als auch auf Beispielimplementierungen, die als Anregung für eigene Entwürfe oder die Realisierung genutzt werden können.

vier Arbeitssituationen

Beschreibung der Situation	Bewertung der ersten zehn Ergebniselemente
RUP Phase: Elaboration Discipline: Analysis and Design Workflow: Refine the Architecture Activity: Identify Design Elements Auswahl und Festlegung eines Designs für den Use Case »Manage Account«. Ein Anwender kann hierin seine Stammdaten, wie bspw. sein Zugangskennwort, verwalten.	Auch hier sind unter den ersten drei Ergebnistreffern jeweils Klassen aus dem Apache Jetspeed Portalframework [10] zu finden. Als zweites Ergebnis wird die Klasse »UpdateAccount« geliefert, die entweder als Basis für eine eigene Implementierung oder als Motivation für den Einsatz des Apache Jetspeed Portalsystems dienen kann. Die **Precision** für dieses Ergebnis kann mit **0,5** gewertet werden. Durchschnittliche Zeitdauer der **Anfragebearbeitung: 784 ms**
RUP Phase: Elaboration Discipline: Implementation Workflow: Implement Design Elements Activity: Implement Design Elements Implementierung einer Liste für den Auktionskatalog, der bei einer umfangreichen Anzahl von Elementen eine seitenweise Darstellung erlaubt.	An erster und fünfter Stelle finden sich mit den Klassen »ELIterateTag« und »IterateTag« zwei Klassen aus dem Apache Struts Projekt [11], die für eine Auflistung von Elementen auf Ebene der Präsentation, hier in JSP-Seiten, verwendet werden können. An den Positionen 2, 4, 6, 7 und 8 finden sich jeweils Klassen aus dem Collection Framework der Java 2 Platform, Standard Edition [250]. Die **Precision** für dieses Ergebnis kann somit mit **1,0** gewertet werden. Durchschnittliche Zeitdauer der **Anfragebearbeitung: 448 ms**

Tabelle 8.9
Bewertung der automatischen Suchergebnisse (Teil 2)

Bewertung der Qualität

Zur Bewertung der Qualität der von der prototypischen Implementierung eines kontextbasierten Information Retrieval Systems gelieferten automatischen Suchergebnisse werden die ersten zehn Ergebniselemente verbal sowie auch mittels des Precision-Maßes gegenüber dem aktuell vorherrschenden Informationsbedürfnis des Softwareentwicklers bewertet (siehe Tabelle 8.8 und 8.9). Entgegen der vorherigen Evaluierung werden hier zu jedem gefundenem Ergebnis aus dem RDF-

Repository des Sesame-Systems weitere Information aus dem Umfeld eines Ergebnisses abgefragt, die letztlich einem Anwender präsentiert werden (siehe auch Abbildung 8.6), so dass sich die resultierenden Gesamtzeitdauern für eine Anfragebearbeitung dadurch entsprechend erhöhen.

Die in den Tabellen 8.8 und 8.9 aufgeführten Evaluierungsergebnisse zeigen, dass die prototypische Implementierung eines kontextbasierten Information Retrieval Systems für das Anwendungsgebiet des Software Engineerings hilfreiche Information zu der aktuell von einem Anwender verrichteten Tätigkeit mit einem Softwaresystem zu liefern vermag. Auch wenn die einzelnen Ergebnisse nicht direkt in einer Implementierung eingesetzt werden können oder sollen, so geben diese dennoch hilfreiche Hinweise, wie ein Problem bereits in anderen Softwareprojekten umgesetzt wurde. Ein prägnantes Beispiel ist hier die Nutzerverwaltung, die im Rahmen des Auktionssystems zwar eigenständig implementiert wurde, zu deren Realisierung aber verschiedene Designelemente aus der Nutzerverwaltung des Apache Jetspeed Portalframeworks [10] übernommen werden konnten.

8.4 Zusammenfassung

Mit der prototypischen Implementierung eines kontextbasierten Information Retrieval Systems für die Anwendungsdomäne des Software Engineerings wurde zunächst einmal die Tragfähigkeit des in Kapitel 6 aufgestellten Frameworks für die Realisierung entsprechender Systeme gezeigt. Diese betrifft zudem auch die technische Realisierbarkeit und praktischen Umsetzung einer Erfassung von Kontextinformation aus verschiedenen Quellen und deren Beschreibung mittels des Resource Description Frameworks sowie von Ontologien.

Die weitergehenden Evaluierungen mittels quantitativer und qualitativer Kriterien zeigten die besondere Leistungsfähigkeit des vagen und stromorientierten RDF Query by Example Ansatzes, der deutlich schnellere Ergebnisse zu liefern vermag, als das zum Vergleich herangezogene Sesame-System im Stande war. Auch die Ergebnisqualität lag dabei mit wenigen Ausnahmen deutlich über der des Sesame-Systems.

Eine abschließende Bewertung der gesamten prototypischen Implementierung eines kontextbasierten Information Retrieval Systems für das Anwendungsgebiet des Software Engineerings zeigt, dass ein derartiges System in der Lage ist, einen Anwender mit hilfreicher und relevanter Information während seiner Tätigkeit zu unterstützen. Da diese Bewertung in einem allerdings beschränkten Testszenarium stattgefunden hat, ist eine weitere Evaluierung in einem größeren Projektumfeld, die dann auch verschiedene Nutzerprofile und -modell mit einbeziehen könnte, anzustreben.

Die hier gewonnenen Erkenntnisse in der Realisierung, dem Einsatz und der erreichbaren Ergebnisqualität eines kontextbasierten Information Retrieval Systems im Anwendungsfeld des Software Engineerings lassen sich mehr oder minder direkt auf andere Anwendungsgebiete übertragen. Aufgrund der Eigenschaften des Software Engineerings, das unter anderem durch wissensintensive Aufgaben und einem planmäßigen Vorgehen gekennzeichnet ist, sind dies allein schon alle die Bereiche, in denen ein ingenieurmäßiges Vorgehen stattfindet. Darüber hinaus sind dies aber auch alle anderen Gebiete, in denen es gilt, vorhandenes Wissen automatisch zu identifizieren und einem Anwender wieder in Form von Information zur Verfügung zu stellen.

Teil IV

Zusammenfassung und Ausblick

9 Zusammenfassung und Ausblick

Der Vorgang des Information Retrievals sowie der damit verbundene Prozess eines Wissenstransfers ist in seinen einzelnen Schritten durch Unsicherheit und Vagheit gekennzeichnet. Im Hinblick auf eine Verbesserung und Optimierung der von einem Information Retrieval System gelieferten Ergebnisse in Bezug auf die Befriedigung eines Informationsbedürfnisses ist daher essentiell, die einzelnen Verarbeitungsschritte nicht isoliert zu betrachten, sondern den Vorgang des Information Retrievals als einen Gesamtprozess aufzufassen.

Information Retrieval als Gesamtprozess

Der in dieser Arbeit präsentierte Ansatz verwendet dazu den Kontext einer Person, die ihre Tätigkeit mit Hilfe einer oder mehrerer Anwendungsprogramme ausübt, um daraus weitere Rückschlüsse auf deren Informationsbedürfnis zu erhalten. Ziel ist es dabei, mittels des Kontextes nicht nur manuelle Suchanfragen zu unterfüttern und die resultierenden Ergebnisse hinsichtlich ihrer Relevanz zu verbessern, sondern auch automatisch Suchanfragen zu formulieren und abzusetzen. Auf diese Weise kann ein Mitarbeiter fortwährend mit zu seiner aktuellen Tätigkeit relevanter Information versorgt werden.

Einbeziehung des Kontextes

In diesem Kapitel werden die zu Beginn dieser Arbeit gesteckten Ziele noch einmal aufgegriffen und den in den zurückliegenden Abschnitten dargelegten Ergebnissen gegenübergestellt. In einem Ausblick werden zudem einzelne Aspekte des gesamten Themenkomplexes »Kontextbasiertes Information Retrieval«, die entweder in dieser Arbeit nur am Rande behandelt wurden oder aus den Ergebnissen dieser Arbeit als weitere Forschungsgegenstände entstehen können, benannt.

9.1 Zielsetzung dieser Arbeit

Die in dieser Arbeit verfolgten Ziele leiten sich aus den Motiven und Problemstellungen für ein kontextbasiertes Information Retrieval ab, die zu Beginn dieser Arbeit in Kapitel 1.2.6 bereits dargelegt wurden. Im Einzelnen sind dies:

Motive und Problemstellungen

- eine automatische Versorgung von Anwendern mit relevanter Information,
- eine automatische Formulierung von Anfragen aus dem aktuellen Kontext heraus,
- eine kontinuierliche Abfrage von relevanter Information,
- eine Unterfütterung von manuellen Anfragen mit Information über den Kontext sowie
- ein Zugriff auf mehrere Datenquellen und deren gemeinsame Indexierung.

Ziele dieser Arbeit

Aus diesen einzelnen Motiven und Problemstellungen eines kontextbasierten Information Retrievals heraus lassen sich nun die mit dieser Arbeit verfolgten konkreten Ziele ableiten. An dieser Stelle werden die in den vorherigen Kapiteln vorgeschlagenen Ansätze, Modelle und Implementierungen daher noch einmal resümiert.

- **Einheitliche Erfassung, Beschreibung und Ablage von Kontextinformation von Personen (Kapitel 4).** Für die Erfassung von Information sowohl über den aktuellen als auch über zurückliegende Kontexte von Personen werden als Quellen verschiedene Anwendungssysteme aufgezeigt. Gleichzeitig werden Möglichkeiten und Wege aufgezeigt, wie aus verschiedenen Anwendungssystemen die eigentliche Kontextinformation gewonnen werden kann.

Quellen für Kontextinformation

Für die Beschreibung der erfassten Kontextinformation kommt das Resource Description Framework (RDF) verbunden mit Ontologien auf Basis der Web Ontology Language (OWL) zum Einsatz. Der Kontext einer Person wird somit in Form einer Annotation mit Metadaten beschrieben, während zur eindeutigen Bezeichnung der Inhalte der Kontextbeschreibung verschiedene in Ontologien definierte Konzepte Verwendung finden. Die Anwendung von Ontologien ermöglicht an dieser Stelle zudem auch die einheitliche Bezeichnung von Information, die aus mehreren und heterogenen Quellen stammt.

Technologie des Semantic Webs

- **Aufstellung eines Nutzermodells für kontextbasiertes Information Retrieval (Kapitel 4).** Gerade die Erfassung und Beschreibung von Kontextinformation aus verschiedenen Quellen und über einen längeren Zeitraum hinweg führt zu einer großen Informationsfülle und gleichzeitig auch Heterogenität, die nur durch eine sinnvolle Gliederung und Strukturierung als Ausgangsbasis für die spätere Verwendung im Rahmen eines kontextbasierten Information Retrieval Systems eingesetzt werden kann. Durch die Einführung eines einheitlichen Nutzermodells erfolgt eine Strukturierung der Inhalte in verschiedene Kontextdimensionen. Dar-

einheitliches Nutzermodell

über hinaus wird mit diesem einheitlichen Nutzermodell auch der zeitlichen Veränderung der verschiedenen Kontextinhalte Rechnung getragen.

- **Nutzung von Kontextinformation zur Unterfütterung und automatischen Formulierung von Suchanfragen (Kapitel 5).** Der erste Schritt hin zur Unterfütterung oder sogar automatischen Formulierung von Suchanfragen stellt die Ermittlung des aktuell bei einer Person vorherrschenden Informationsbedürfnisses dar. In diesem Sinne werden aus der erfassten und mittels des einheitlichen Nutzermodells strukturierten Kontextinformation zunächst verschiedene Profile abgeleitet, welche die aktuelle und zurückliegende Tätigkeiten sowie weitere Informationsdetails, wie bspw. die Interessen einer Person beinhalten.

  Ermittlung eines Informationsbedürfnisses

  Das dazu vorgestellte Modell behandelt dabei zunächst die Ableitung eines als latent angenommenen Informationsbedürfnisses einer Person aus den verschiedenen Profilen. Aus einem latenten wird in einem weiteren Schritt ein erwartetes tatsächliches Informationsbedürfnis gebildet, das sowohl als Grundlage für die Unterfütterung von manuell gestellten Suchanfragen eines Anwenders als auch von automatisch formulierten Anfragen dient. Für die eigentliche Anfragebearbeitung können sowohl bestehende, auf dem Vektorraummodell aufsetzende Retrieval Systeme, als auch ein im Weiteren noch gesondert betrachtetes auf RDF basierendes System zum Einsatz kommen. Eines der mit dem Einsatz von Kontextinformation im Information Retrieval verfolgten Ziele ist die Steigerung der Ergebnisqualität, die sich in Form der Maßzahlen Recall und Precision ausdrücken lässt.

  Einsatz von Information Retrieval Systemen

  Sowohl die Ableitung der Profile als auch das Modell zur Ableitung eines latenten und erwarteten tatsächlichen Informationsbedürfnisses weisen für eine konkrete Ausgestaltung dabei zahlreiche Freiheitsgrade auf, womit dieses Modell als Gestaltungsrahmen für die Realisierung von kontextbasierten Information Retrieval Systemen aufgefasst werden soll.

- **Aufstellung eines generischen Architekturrahmens für die Implementierung von kontextbasierten Information Retrieval Systemen (Kapitel 6).** Neben der theoretischen Betrachtung steht in dieser Arbeit auch die technische Realisierbarkeit von kontextbasierten Information Retrieval Systemen im Mittelpunkt. Als Basis dafür wird mit dem COBAIR-Framework ein Architekturrahmen vorgestellt, der die Konstruktion entsprechender Systeme erleichtern soll. Die in dieser Arbeit aufgezeigten Ansätze, Methoden und Verarbeitungsschritte haben dabei direkt Einzug in Form entsprechender Komponenten in das Framework genommen. Insbeson-

  COBAIR-Framework

dere wurden auch die Grundlagen für die Realisierung von System gelegt, die sehr große Volumina von Kontextinformation verarbeiten sollen.

- **Betrachtung von Methoden zur effizienten Verarbeitung und Suche von Kontextinformation (Kapitel 7).** Eine der wesentlichen Komponenten eines kontextbasierten Information Retrieval Systems stellt die eigentliche Anfragebearbeitung dar. Mit dem RDF Query by Example Ansatz wird eine vage Anfragebearbeitung für das Resource Description Framework präsentiert, die als Anfrage Beispieldaten nutzt. Entgegen den bisher in RDF-Repository-Systemen vorherrschenden Anfragesystemen, die allesamt auf einem Faktenretrieval fußen, werden im vorgestellten Ansatz unscharfe Suchkriterien eingesetzt. Der vagen Anfragebearbeitung liegen verschiedene Ähnlichkeitsmaße zu Grunde, die im Fall von Konzepten auf Basis der ontologischen Distanz über die Beziehungen der einzelnen Konzepte in den Ontologien ähnliche Konzepte ermittelt. Als Ähnlichkeitsmaß für die Literale, die Text enthalten, kommt das Vektorraummodell zum Einsatz.

  Für eine effiziente Bearbeitung von Anfragen wird eine spezielle Indexstruktur präsentiert. Der Einsatz einer stromorientierten Anfragebearbeitung erlaubt darüber hinaus eine effiziente Ausführung von gestellten Anfragen.

RDF Query by Example Ansatz

Im Rahmen einer Evaluierung (Kapitel 8) wurde die Tragfähigkeit der in dieser Arbeit präsentierten Ansätze, Modelle und Methoden betrachtet. Dazu wurde für die Anwendungsdomäne des Software Engineerings auf Basis des COBAIR-Frameworks prototypisch ein kontextbasiertes Information Retrieval System realisiert. In weiteren Teilevaluierungen wurden, neben der Fähigkeit des Prototyps, umfangreiche Volumina an Kontextinformation zu erfassen, auch die mit der Anfragebearbeitung erreichbare Ergebnisqualität bewertet. Die erzielten Ergebnisse zeigten dabei zum einen eindrucksvoll die Leistungsfähigkeit einer vagen und stromorientierten Anfragebearbeitung für das Resource Description Framework und zum anderen auch die Einsatzfähigkeit und Nützlichkeit eines kontextbasierten Information Retrieval Systems für das Anwendungsgebiet des Software Engineerings.

Evaluierung

Anwendungsdomäne Software Engineering

Auch wenn im Rahmen dieser Arbeit der Einsatz eines kontextbasierten Information Retrieval Systems in nur einem Anwendungsgebiet realisiert und erprobt wurde, so lassen die besonderen Eigenschaften des Software Engineerings, die unter anderem ein ingenieurmäßiges Vorgehen mit sowohl stark wie auch schwächer strukturierten Abläufen und Aufgabenstellungen und die im Allgemeinen wissensintensiven

Übertragbarkeit auf andere Anwendungsgebiete

Tätigkeitsinhalte, eine Übertragung der Erkenntnisse auf andere Anwendungsfelder zu.

9.2 Ausblick

Im Rahmen dieser Arbeit am Themenkomplex »Kontextbasiertes Information Retrieval« wurde eine Reihe von Themengebieten nur am Rande gestreift. Darüber hinaus ergeben sich aus den vorgestellten Ansätzen, Methoden und Realisierungen zudem weitere, neue Fragestellungen. Im Folgenden werden dazu exemplarisch eine Auswahl an Themen und Fragestellungen aufgezeigt, die auch aus dieser Arbeit mit hervorgehen.

weitere Themen und Fragestellungen

- **Präsentation von Suchergebnissen und deren Weiterverwendung.** Im Rahmen der prototypischen Implementierung wurde eine einfache, aber übersichtliche Darstellung der Suchergebnisse gewählt (siehe Abbildung 8.6). Weitergehend stellt sich die Frage, wie Information derart visualisiert werden kann, dass eine Person diese zwar wahrnimmt, aber nicht in ihrer Tätigkeit gestört wird. In die Präsentation kann somit auch der Kontext mit einfließen, indem bspw. die Zeitpunkte für eine Präsentation von Ergebnissen bestimmt werden. Darüber hinausgehend werden auch Fragestellungen einer möglichst effizienten und ergonomischen Weiterverwendung der angezeigten Suchergebnisse durch einen Anwender aufgeworfen.
- **Einsatz einer serviceorientierten Architektur (SOA, vgl. bspw. Booth at al. [40]).** Das in Kapitel 6 präsentierte Framework kann mittels des Einsatzes einer serviceorientierten Architektur dahingehend erweitert werden, dass sowohl eine Anbindung von Quellen für Kontextinformation, weiterer Information Retrieval Systeme für die Suche als auch die Bereitstellung der Funktionalität des eigentlichen kontextbasierten Information Retrieval Systems über entsprechende Services erfolgen kann.
- **Weitergehende Betrachtung einer vagen, stromorientierten Anfragebearbeitung.** Mit dem in Kapitel 7 vorgestellten RDF Query by Example Ansatz für eine vage, stromorientierte Anfragebearbeitung wurde neben einer Indexstruktur auch ein Vorgehen für die eigentliche Anfragebearbeitung präsentiert, die in der in Kapitel 8 gezeigten prototypischen Implementierung umgesetzt wurden. Neben anderen, evtl. auf mehreren Systemen verteilten Implementierungen der Indexstruktur und Anfragebearbeitung stellt vor allem auch der Einsatz und die Bewertung anderer Algorith-

men zur Kombination von Rangordnungen (vgl. Tabelle 7.4) in diesem Umfeld ein weiteres, zukünftiges Betätigungsgebiet dar.
- **Einsatz in einer umfangreichen Feldstudie.** Im Rahmen dieser Arbeit erfolgte die Evaluierung in einem beschränkten Rahmen und Testszenarium. Mit Hilfe einer oder mehrerer umfangreicher Feldstudien, die idealerweise zwei oder mehrere verschiedene Anwendungsgebiete betrachten sollten, könnten weitere Erkenntnisse über den Einsatz von kontextbasierten Information Retrieval Systemen gewonnen werden. Neben allgemeinen Erkenntnissen über die Akzeptanz eines derartigen Systems bei den Anwendern, betrifft diese auch den erreichbaren Unterstützungsgrad einzelner Mitarbeiter während ihrer Tätigkeit durch die in automatisch oder manuell initiierten Suchen aufgezeigte Information. Darüber hinaus kann das gezeigte Verhalten der Nutzer in eine Optimierung oder Anpassung der Nutzermodelle einfließen.

Wie allein die hier aufgeführte und nur als exemplarisch geltende Auswahl von Themengebieten zeigt, stellt der Bereich des kontextbasierten Information Retrievals auch für die Zukunft einen Nährboden für weitergehende Forschungsaktivitäten bereit.

Teil V

Anhang

A Testkollektionen

In Kapitel 8 werden zur Evaluierung zwei Testkollektionen eingesetzt. Beide Testkollektionen setzen sich aus dem Quellcode und teilweise der Dokumentation von einer Reihe von Softwareprojekten zusammen.

In den Tabellen A.1 und A.2 ist jeweils der Umfang der beiden Testkollektion aufgeführt. Neben der Bezeichnung des jeweiligen Softwareprojektes werden darüber hinaus die folgenden Merkmale aufgeführt:

- **Version:** Die verwendete Version des Softwareprojektes.
- **Quelle:** Die Quelle, von der das Softwareprojekt bezogen wurden.
- **Klassen:** Anzahl der Klassen und Schnittstellen (Interfaces), die ein Softwareprojekt umfasst.
- **Dokumente (Tabellenspalte »Dok.«):** Anzahl an Dateien, die als Dokumentation des Softwareprojektes mit in die Testkollektion aufgenommen wurden. Mittels JavaDoc [253] erstellte Dokumente werden nicht erfasst, da diese Dokumentation bereits im Quell-Code enthalten ist.
- **RDF-Statements (Tabellenspalte »RDF«):** Anzahl der RDF-Statement, die eine Beschreibung des jeweiligen Softwareprojektes umfasst (vgl. Kapitel 4.4). Dies schließt sowohl den Quellcode wie auch die Dokumentation mit ein.

Die kleine Testkollektion 1 setzt sich aus dem Quellcode der Java 2 Platform, Standard Edition (J2SE) zusammen. Sie hat einen Umfang von 42 MByte, die entsprechende RDF-Beschreibung von 66 MByte.

Softwareprojekt, Version, Quelle (Stand: 15.07.2005)	Klassen	Dok.	RDF
Java 2 Platform, Standard Edition (J2SE), 1.4.2_06 http://java.sun.com/j2se	6 184	0	782 585

Tabelle A.1
Umfang der Testkollektion 1

Die umfangreiche Testkollektion 2 enthält zusätzlich zur Java 2 Platform, Standard Edition (J2SE) eine Reihe von Open Source Projekten. Sie hat einen Umfang von 434 MByte, die entsprechende RDF-Beschreibung von 375 MByte.

Softwareprojekt, Version, Quelle (Stand: 15.07.2005)	Klassen	Dok.	RDF
Apache Ant, 1.6.2 http://ant.apache.org/	926	239	117 124
Apache Cocoon Project, 2.1.6 http://cocoon.apache.org/	2 720	10	268 876
Apache Derby Project, 10.0.2.1 http://incubator.apache.org/derby/	1 311	0	268 171
Apache Geronimo, 1.0 M3 http://geronimo.apache.org/	1 424	17	116 685
Apache Java Enterprise Mail Server (Apache James), 2.2.0 http://james.apache.org/	302	1	29 944
Apache JMeter, 2.0.2 http://jakarta.apache.org/jmeter/	810	0	82 911
Apache Logging Services Log4j, 1.2.9 http://logging.apache.org/log4j/	203	25	21 469
Apache Lucene, 1.4 http://lucene.apache.org/	197	21	21 987
Apache Struts Web Application Framework, 1.2.4 http://struts.apache.org/	560	2	73 432
Apache Tomcat, 5.5.4 http://jakarta.apache.org/tomcat/	1 330	13	187 754
AspectJ, 1.2.1 http://eclipse.org/aspectj/	591	39	80 831
Azureus – Java BitTorrent Client, 2.2.0.0 http://azureus.sourceforge.net/	1 544	0	140 935
Cactus, 1.6.1 http://jakarta.apache.org/cactus/	169	1	16 367
Checkstyle, 3.5 http://checkstyle.sourceforge.net/	710	0	44 913
FreeTTS 1.2 – A Speech Synthesizer, 1.2beta2 http://freetts.sourceforge.net/	200	15	21 401
Hibernate, 2.1.6 http://www.hibernate.org/	524	232	75 156
hsqldb – 100% Java Database, 1.7.2.8 http://hsqldb.sourceforge.net/	324	38	62 873

Tabelle A.2
Umfang der Testkollektion 2 (Teil 1)

Softwareprojekt, Version, Quelle (Stand: 15.07.2005)	Klassen	Dok.	RDF
HtmlUnit, 1.3 http://htmlunit.sourceforge.net/	201	0	19 053
HttpUnit, 1.6 http://httpunit.sourceforge.net/	262	17	29 167
Jakarta Commons Attributes, 2.1 http://jakarta.apache.org/commons/attributes/	34	2	3 478
Jakarta Commons BeanUtils, 1.7.0 http://jakarta.apache.org/commons/beanutils/	96	4	14 075
Jakarta Commons Betwixt, 0.6 http://jakarta.apache.org/commons/betwixt/	119	2	12 476
Jakarta Commons CLI: Command Line Interface, 1.0 http://jakarta.apache.org/commons/cli/	19	1	2 424
Jakarta Commons Codec, 1.3 http://jakarta.apache.org/commons/codec/	25	1	3 205
Jakarta Commons Collections, 3.1 http://jakarta.apache.org/commons/collections/	401	5	45 764
Jakarta Commons Configuration, 1.0 http://jakarta.apache.org/commons/configuration/	50	2	6 713
Jakarta Commons Daemon, 1.0 http://jakarta.apache.org/commons/daemon/	9	4	627
Jakarta Commons DBCP, 1.2.1 http://jakarta.apache.org/commons/dbcp/	44	1	11 799
Jakarta Commons DBUtils: JDBC Utility Component, 1.0 http://jakarta.apache.org/commons/dbutils/	18	0	2 187
Jakarta Commons Digester, 1.6 http://jakarta.apache.org/commons/digester/	91	3	9 359
Jakarta Commons Discovery, 0.2 http://jakarta.apache.org/commons/discovery/	41	4	3 395
Jakarta Commons EL, 1.0 http://jakarta.apache.org/commons/el/	59	4	8 223
Jakarta Commons FileUpload, 1.0 http://jakarta.apache.org/commons/fileupload/	16	0	1 585
Jakarta Commons HttpClient, 2.0.2 http://jakarta.apache.org/commons/httpclient/	116	52	18 824
Jakarta Commons IO, 1.0 http://jakarta.apache.org/commons/io/	35	2	3 783
Jakarta Commons Java Expression Language (JEXL), 1.0 http://jakarta.apache.org/commons/jexl/	89	0	8 414

Tabelle A.3
Umfang der Testkollektion 2 (Teil 2)

Softwareprojekt, Version, Quelle (Stand: 15.07.2005)	Klassen	Dok.	RDF
Jakarta Commons JXPath, 1.2 http://jakarta.apache.org/commons/jxpath/	161	0	21 105
Jakarta Commons Lang, 2.0 http://jakarta.apache.org/commons/lang/	90	4	18 825
Jakarta Commons Launcher, 1.1 http://jakarta.apache.org/commons/launcher/	17	1	2 121
Jakarta Commons Logging, 1.0.4 http://jakarta.apache.org/commons/logging/	14	4	3 223
Jakarta Commons Modeller, 1.1 http://jakarta.apache.org/commons/modeler/	40	5	6 211
Jakarta Commons Net, 1.2.2 http://jakarta.apache.org/commons/net/	110	0	15 146
Jakarta Commons Pool, 1.2 http://jakarta.apache.org/commons/pool/	25	1	4 388
Jakarta Commons Primitives, 1.0 http://jakarta.apache.org/commons/primitives/	259	0	23 503
Jakarta Commons Validator, 1.1.3 http://jakarta.apache.org/commons/validator/	29	0	4 727
Jakarta ORO, 2.0.8 http://jakarta.apache.org/oro/	65	6	7 077
Jakarta Regexp, 1.3 http://jakarta.apache.org/regexp/	15	5	2 134
Jakarta Slide, 2.0 http://jakarta.apache.org/slide/	437	21	62 287
Jakarta Slide WebDAV Client, 2.0 http://jakarta.apache.org/slide/	76	0	12 372
Jakarta Tapestry, 3.0.1 http://jakarta.apache.org/tapestry/	638	0	54 854
Jakarta Turbine Web Application Framework, 2.3 http://jakarta.apache.org/turbine/	409	2	55 265
Jake2, 0.9.3 http://bytonic.de/html/jake2.html	319	0	87 194
Java 2 Platform, Standard Edition (J2SE), 1.4.2_06 http://java.sun.com/j2se/	6 184	0	782 585
JavaCC, 3.2 https://javacc.dev.java.net/	89	24	7 572
JBoss, 3.2.7RC1 http://www.jboss.org/	4 457	35	461 022

Tabelle A.4
Umfang der Testkollektion 2 (Teil 3)

Softwareprojekt, Version, Quelle (Stand: 15.07.2005)	Klassen	Dok.	RDF
JDBM, 0.12 http://jdbm.sourceforge.net/	54	0	5 510
Jetspeed, 1.5 http://portals.apache.org/jetspeed-1/	824	54	111 459
jfcUnit, 2.06 http://jfcunit.sourceforge.net/	139	274	20 524
JGAP – Java Genetics Algorithms Package, 1.0 http://jgap.sourceforge.net/	28	9	2 111
jlGui – Music Player, 2.2 http://www.javazoom.net/jlgui/jlgui.html	29	1	6 806
JUnit, 3.8.1 http://www.junit.org/	56	8	6 173
JXTA, 2.3.2 http://www.jxta.org/	797	0	111 177
LimeWire, 4.2.2 http://www.limewire.org/	1 324	2	129 768
PMD, 2.1 http://pmd.sourceforge.net/	373	664	41 736
The Colt Distribution Open Source Libraries for High Performance Scientific and Technical Computing in Java, 1.0.3 http://hoschek.home.cern.ch/hoschek/colt/	644	0	117 429
Velocity Template Engine, 1.4 http://jakarta.apache.org/velocity/	222	43	26 103
Velocity Template Engine Tools, 1.1 http://jakarta.apache.org/velocity/	50	3	6 194
WebServices – Axis, 1.2RC1 http://ws.apache.org/axis/	843	24	96 624
Xalan-J, 2.6.0 http://xml.apache.org/xalan-j/	1 039	0	190 414
XDoclet, 1.2.2 http://xdoclet.sourceforge.net/xdoclet/	282	20	33 578
Xerces2 Java Parser, 2.6.2 http://xml.apache.org/xerces2-j/	762	1	109 392
yGuard Java Bytecode Obfuscator, 1.3.2 http://www.yworks.com/en/products_yguard_about.htm	66	0	7 226
Gesamt: 72 Softwareprojekte	36 536	1 968	4 489 215

Tabelle A.5
Umfang der Testkollektion 2 (Teil 4)

B Topics

Neben den beiden Testkollektionen kommen für die Evaluierung in Kapitel 8 auch eine Reihe von so genannte Topics zum Einsatz (vgl. bspw. Baeza-Yates and Ribeiro-Neto [17, 3.3 Reference Collections]). Ferber [88, 1.3.7.6 Die TREC-Experimente] beschreibt ein Topic bspw. als »eine mehr oder weniger ausführliche Beschreibung einer Fragestellung bzw. eines Informationsbedarfs«.

Topic

In den folgenden beiden Tabellen sind jeweils die einzelnen Topics aufgeführt und beschrieben sowie die Testkollektionen (Tabellenspalte »TK«), in denen diese enthalten sind.

Topic	Beschreibung & Relevanzurteil	TK
1	Suche eine Klasse: »Read a resource referenced by a URL«	1, 2
	Java 2 Platform, Standard Edition (J2SE), 1.4.2_06 `src/java/net/URLConnection.java`	
2	Suche eine Klasse: »Parse an HTML document«	1, 2
	Java 2 Platform, Standard Edition (J2SE), 1.4.2_06 `src/javax/swing/text/html/HTMLEditorKit.java`	
3	Suche eine Klasse: »Read a text document line by line«	1, 2
	Java 2 Platform, Standard Edition (J2SE), 1.4.2_06 `src/java/io/BufferedReader.java`	
4	Suche eine Klasse: »Break a String into tokens«	1, 2
	Java 2 Platform, Standard Edition (J2SE), 1.4.2_06 `src/java/util/StringTokenizer.java`	

Tabelle B.1
Übersicht der Topics (Teil 1)

Topic	Beschreibung & Relevanzurteil	TK
5	Suche eine Klasse: »Operate logging and logging configuration«	2
	Apache Logging Services Log4j, 1.2.9 `src/org/apache/log4j/Logger.java`	
6	Suche eine Klasse: »A XML DOM Parser including a DTD scanner and XML-Schema validator«	2
	Xerces2 Java Parser, 2.6.2 `src/org/apache/xerces/parsers/DOMParser.java`	
7	Suche eine Klasse: »A BitVector«	2
	The Colt Distribution Open Source Libraries for High Performance Scientific and Technical Computing in Java, 1.0.3 `src/cern/colt/bitvector/BitVector.java`	
8	Suche eine Klasse: »An HTTP user agent« mit einer Methode: »Sets the host, port and protocol«, `public void setSession(String host, String port, String protocol)`	2
	Jakarta Commons HttpClient, 2.0.2 `src/org/apache/commons/httpclient/HttpClient.java`	
9	Suche eine Klasse: »An Action handles incoming HTTP requests, calls the underlying business logic. An Action is invoked by the controller of the MVC pattern« mit einer Methode: »Process a request«, `public void execute(javax.servlet.ServletRequest request, javax.servlet.ServletResponse response)`	2
	Apache Struts Web Application Framework, 1.2.4 `src/org/apache/struts/action/Action.java`	
10	Suche eine Klasse: »A test case defines a series of tests and runs them all together.«	2
	JUnit, 3.8.1 `src/junit/framework/TestCase.java`	

Tabelle B.2
Übersicht der Topics (Teil 2)

C Testsystem

Das für die Evaluierung in Kapitel 8 verwendete Testsystem besteht aus einem Server-System und einem Client-PC. Im Folgenden sind jeweils die technischen Daten der beiden Systeme aufgeführt, wobei vornehmlich die Leistungsfähigkeit des Server-Systems einen Einfluss auf die ermittelten Evaluierungsergebnisse hat.

Auf dem Server-System ist das eigentliche kontextbasierte Information Retrieval System installiert, das zusätzlich aus einer Reihe weiterer Quellen Kontextinformation erfasste.

Typ	Beschreibung
System	Fujitsu-Siemens PRIMERGY RX300 Dual-Prozessor Rack Server
Chip-Satz	ServerWorks GC LE
Prozessoren	2 · Intel Xeon 3,06 GHz 533 MHz Frontside Bus 512 KByte Second-Level-Cache 1 MByte Third-Level-Cache
Hauptspeicher	3 GByte ECC PC2100 DDR SDRAM
Festplatten	2 · 36 GByte, Ultra320 SCSI (als RAID 1 konfiguriert)
Netzwerk	1000 MBit
Betriebssystem	Suse Linux Enterprise Server 8
weitere Software	J2SE 1.4.2_08 JBoss 4.0.1 (JVM: 1536 MByte Heap Size) Apache Tomcat 5.0.28 (JVM: 1536 MByte Heap Size) openRDF Sesame 1.1.3 MySQL 4.1.11 (Konfiguration: Large)

Tabelle C.1
technische Daten des Server-Systems

Für die in Kapitel 8 durchgeführte Evaluierung des RDFQBE-Ansatzes kam als Servlet-Container des Sesame-Systems Apache Tomcat [12] zum Einsatz. Das ebenfalls in Kapitel 8 aufgeführte vollständige System eines kontextbasierten Information Retrieval Systems setzt jedoch auf einem vollwertigen J2EE-Applikationsserver wie JBoss [128] auf, der in diesem Fall auch zum Einsatz kam.

Auf dem Client-PC wird die Integrierte Entwicklungsumgebung Borland Together [44], die mit einem Plug-In erweitert wurde, eingesetzt.

Tabelle C.2 technische Daten des Client-PCs

Typ	Beschreibung
System	Fujitsu-Siemens SCENIC W620, i915G
Chip-Satz	Intel i915G Express
Prozessor	Intel Pentium 4 HT 530, 3,0 GHz 800 MHz Frontside Bus 1 MByte Second-Level-Cache
Hauptspeicher	1 GByte PC3200 DDR SDRAM
Festplatten	160 GByte, SATA
Netzwerk	1000 MBit
Betriebssystem	Windows XP, SP 2
weitere Software	J2SE 1.4.2_08 Borland Together 6.1

Abbildungsverzeichnis

1.1	Beziehung zwischen Daten, Wissen und Information (nach Fuhr [93] und Kuhlen [141])	7
1.2	Szenarium für den Einsatz von Information Retrieval	12
1.3	Nutzung von Information über den Kontext im Information Retrieval	14
2.1	Klassisches Modell des Information Retrievals (aus Bates [18])	22
2.2	Standard Modell des Information Retrievals (aus Belkin [24]) .	23
2.3	Traditionelles Modell des Information Retrievals (aus Saracevic [224])	25
2.4	Maslowsche Bedürfnispyramide (nach Maslow [158])	27
2.5	Wilsons erstes Modell für Informationsverhalten (aus Wilson [269])	29
2.6	Wilsons zweites Modell für Informationsverhalten (aus Wilson [269])	30
2.7	Wilsons revidiertes Modell für Informationsverhalten (aus Wilson [269])	31
2.8	Sense-Making Dreieck (aus Dervin [70])	32
2.9	Sense-Making Modell mit der Darstellung der Brücke (aus Dervin [70])	32
2.10	Prozessmodell nach Ellis (aus Ellis [80])	33
2.11	Saracevics Schichteninteraktionsmodell (aus Saracevic [225])	39
3.1	Remembrance Agent integriert in den Texteditor Emacs (aus Rhodes [210])	51
3.2	Ergebnisfenster von Watson mit gefundenen Dokumenten zu einem in Microsoft Word verfassten Text (aus Budzik und Hammond [53])	53
3.3	Ergebnisfenster von Implicit Query neben einem Fenster von Microsoft Outlook zum Verfassen von E-Mails (aus Dumais et al. [76])	55
3.4	Ausschnitt einer von Syskill & Webert annotierten HTML-Seite (aus Pazzani et al. [192])	58

Abbildungsverzeichnis

3.5 CodeBroker integriert in den Texteditor Emacs (aus Ye [278]) 64
3.6 Startseite des INWISS Wissensportals (aus Priebe [197]) 71

4.1 Architektur des Semantic Webs (aus Berners-Lee [30]) 91
4.2 eine einfache RDF-Aussage als Graph dargestellt 95
4.3 mehrere RDF-Aussagen als Graph dargestellt 95
4.4 weitere Detaillierung der Beschreibung in RDF unter Nutzung des vCard-Standards [115] 96
4.5 Einheitliches Nutzermodell für Kontextinformation 106
4.6 Beschreibung der Abgrenzungsstrategie und Auflistung der Konkurrenten in Siebel Professional [238] 111
4.7 Ausschnitte aus der Beschreibung des Kontextes des in Abbildung 4.6 dargestellten Szenariums 112
4.8 Erstellung eines Use Case Diagrammes in UML in einer integrierten Entwicklungsumgebung (Borland Together [44]) 113
4.9 Ausschnitt aus der Beschreibung des Kontextes des in Abbildung 4.8 dargestellten Szenariums 114
4.10 Ausschnitt aus der Beschreibung der in einem Versionsmanagementsystem gespeicherten Dokumente 115

5.1 Zusammenfassung der in einer Reihe von Kontextinformation enthaltenen Konzepte zu einem Histogramm 119
5.2 zwei Beispiele für Histogramme des Interaktionskontextes 121
5.3 Intensitätskurven zweier ausgewählter Beschreibungselemente der durch einzelne, aufeinander folgende Histogramme repräsentierten Benutzerinteraktionen eines Softwarearchitekten 123
5.4 Bildung von Profilen aus Kontextinformation der Vergangenheit 128
5.5 Filter als Auswahlfenster mit einer Filterfunktion 129
5.6 Durchführung einer Abstraktion über entsprechende Ontologien für den unscharfen Bereich der Filterfunktion 130
5.7 Bildung eines gewichteten RDF-Modells aus drei RDF-Modellen 131
5.8 Modell der Einflussnahme der einzelnen Profile zum Entstehen eines Informationsbedürfnisses 133
5.9 Ermittlung des erwarteten tatsächlichen Informationsbedürfnisses durch Subtraktion des Hemmungsmodells vom Modell des latenten Informationsbedürfnisses 135
5.10 Ermittlung des erwarteten tatsächlichen Informationsbedürfnisses aus dem latenten Informationsbedürfnis 136
5.11 Einfluss auf die Hemmschwelle durch ein System von expliziten Regeln oder bspw. ein Hidden-Markov-Modell 137

5.12	Ableitung eines Suchmodells aus dem Modell eines erwarteten tatsächlichen Informationsbedürfnisses	138
6.1	Komponenten des COBAIR-Frameworks	157
6.2	Komponenten des COBAIR-Frameworks für die Erfassung von Kontextinformation aus Server-Anwendungen	158
6.3	Microkernel-Architektur des COBAIR-Frameworks	159
6.4	Einführung einer Schnittstelle zwischen Client-Plug-In und Information Retrieval Server	163
6.5	Anbindung eines RDF-Repository-Systems über einen Adapter	165
6.6	Anbindung verschiedener Ausprägungen von Komponenten zur Bildung von Profilen an den Microkernel	167
7.1	Architektur der RDF-Suite (aus Alexaki et al. [7])	188
7.2	Architektur des Sesame-Systems (aus Broekstra et al. [49])	189
7.3	Architektur des Jena-Toolkits (aus Carroll et al. [58])	191
7.4	exemplarischer Inhalt eines RDF-Repositories dargestellt als RDF-Graph	198
7.5	Beschreibung der Fähigkeiten und Projektbeteiligungen von verschiedenen Personen	206
7.6	Ausschnitt aus einer Ontologie der Unified Modeling Language (UML) inkl. einer Beziehung zu einer Ontologie des Rational Unified Processes (RUP)	211
7.7	Bestimmung der Ähnlichkeit zwischen Konzepten auf Grund ihrer Distanz in der Vererbungshierarchie	213
7.8	Beispiel für eine Anfrage und daraus resultierende Ähnlichkeitsmaße	217
7.9	»Built-in datatypes« in XML-Schema (aus Biron und Malhotra [37])	220
7.10	Repräsentation eines UML Klassendiagramms mittels RDF	224
7.11	Ersetzung der URIs konkreter Ressourcen durch Blank Nodes	225
7.12	Gegenüberstellung eines Anfragegraphen und eines als ähnlichen identifizierten Teilgraphen	226
7.13	ermittelte Ähnlichkeitswerte aus der in Abbildung 7.12 dargestellten Anfrage und dem Teilgraphen	227
7.14	Ermittlung eines Ergebnisstromes aus den einzelnen sortierten Listen mit den Relevanzwerten für die Terme der Anfrage nach Pfeifer et al. [193]	231
7.15	Bestimmung ähnlicher Konzepte zum gegebenen Konzept »uml:Document« auf Basis der ontologischen Distanz in einer Ontologie der UML sowie einer Ontologie für Inhalte eines DMS	234

7.16	Indexstruktur zur effizienten Anfragebearbeitung auf RDF-Daten	236
7.17	Ausschnitt einer gefüllten Indexstruktur	243
7.18	Zerlegung in Teilanfragen der in Beispiel 7.16 gegebenen komplexen Anfrage	244
8.1	der Rational Unified Process als iterativer und inkrementeller Prozess (aus Kruchten [140])	254
8.2	Architektur und Prozessstruktur des Rational Unified Prozesses (aus Kruchten [140])	255
8.3	exemplarische Aktivität aus der Design Disziplin des Rational Unified Prozesses (aus [123])	259
8.4	Szenarium mit einem Software Designer, der aktuell ein Design Dokument beginnt	261
8.5	Überblick über die Architektur eines kontextbasierten Information Retrieval Systems	267
8.6	Einsatz eines Plug-Ins in Borland Together zur Erfassung von Kontextinformation über einen Mitarbeiter sowie zur Anzeige von Suchergebnissen	268
8.7	Bildung von Histogrammen nach einem festen Zeitraster	272
8.8	Intensitätskurven zweier ausgewählter Beschreibungselemente der durch einzelne, aufeinander folgende Histogramme repräsentierten Benutzerinteraktionen eines Softwarearchitekten	273
8.9	Bildung eines erwarteten tatsächlichen Informationsbedürfnisses	274
8.10	Ermittlung des Suchmodells aus dem gewichteten RDF-Modell eines erwarteten tatsächlichen Informationsbedürfnisses	275
8.11	Aufbau der prototypischen Implementierung der Indexstruktur (vgl. Kapitel 7.4.2)	277

Tabellenverzeichnis

1.1	Merkmale von Faktenretrieval und Information Retrieval (aus van Rijsbergen [264])	10
7.1	Grundlegende Charakteristiken von Anfragesprachen für RDF und OWL (vgl. Magkanaraki et al. [155])	192
7.2	Funktionsumfang von Anfragesprachen für RDF und OWL. (vgl. Magkanaraki et al. [155] sowie Haase et al. [103])	194
7.3	Gegenüberstellung der Repository-Systeme für RDF und OWL (vgl. Magkanaraki et al. [155])	195
7.4	Anforderungen und Eigenschaften von Kombinationsalgorithmen (aus Henrich und Robbert [111])	239
8.1	eingesetzte Ontologien und deren Umfang	269
8.2	Umfang der beiden zum Einsatz kommenden Testkollektionen (siehe auch Anhang A)	280
8.3	Zeitdauern für die Erfassung der Inhalte und deren Beschreibung in RDF (Ergebnisse aus jeweils 5 Testläufen)	281
8.4	Zeitdauern für eine Indexierung bzw. das Einladen der RDF-Beschreibungen (Ergebnisse aus jeweils 5 Testläufen)	282
8.5	benötigter Speicherplatz der Indexe bzw. Datenbanken	283
8.6	Zeitdauern in ms der Anfragebearbeitung auf Testkollektion 1 (Ergebnisse aus jeweils 10 Testläufen)	285
8.7	Zeitdauern in ms der Anfragebearbeitung auf Testkollektion 2 (Ergebnisse aus jeweils 10 Testläufen)	286
8.8	Bewertung der automatischen Suchergebnisse (Teil 1)	288
8.9	Bewertung der automatischen Suchergebnisse (Teil 2)	289
A.1	Umfang der Testkollektion 1	303
A.2	Umfang der Testkollektion 2 (Teil 1)	304
A.3	Umfang der Testkollektion 2 (Teil 2)	305
A.4	Umfang der Testkollektion 2 (Teil 3)	306
A.5	Umfang der Testkollektion 2 (Teil 4)	307
B.1	Übersicht der Topics (Teil 1)	309

Tabellenverzeichnis

B.2 Übersicht der Topics (Teil 2) 310
C.1 technische Daten des Server-Systems 311
C.2 technische Daten des Client-PCs 312

Literaturverzeichnis

Verweise auf Online-Referenzen sind, soweit nicht anderweitig vermerkt, auf dem Stand vom 15.07.2005.

[1] Andreas Abecker, Ansgar Bernardi, Knut Hinkelmann, Otto Kühn, und Michael Sintek. *Toward a Technology for Organizational Memories*. IEEE Intelligent Systems and their Applications, 13(3):40–48, Mai/Juni 1998.

[2] Andreas Abecker, Ansgar Bernardi, Knut Hinkelmann, Otto Kühn, und Michael Sintek. *Context-Aware, Proactive Delivery of Task-Specific Information: The KnowMore Project*. Information Systems Frontiers, 2(3/4):253–276, 2000.

[3] Andreas Abecker, Ansgar Bernardi, und Heiko Maus. *Geschäftsprozessorientiertes Wissensmanagement. Effektive Wissensnutzung bei der Planung und Umsetzung von Geschäftsprozessen*, Kapitel Potenziale der Geschäftsprozessorientierung für das Unternehmensgedächtnis, Seite 215–248. Springer, 2002.

[4] Aduna B.V. *Homepage*. http://www.aduna.biz.

[5] Aduna B.V. und Sirma AI Ltd. *The SeRQL query language*. http://www.openrdf.org/doc/sesame/users/ch06.html.

[6] Lule Ahmedi, Pedro José Marrón, und Georg Lausen. *LDAP-based Ontology for Information Integration*. In Tagungsband 9. Fachtagung Datenbanksysteme in Büro, Technik und Wissenschaft (BTW 2001), Oldenburg, 7.–9. März 2001.

[7] Sofia Alexaki, Vassilis Christophides, Gregory Karvounarakis, Dimitris Plexousakis, und Karsten Tolle. *The ICS-FORTH RDFSuite: Managing Voluminous RDF Description Bases*. In Proceedings of the The Second International Workshop on the Semantic Web (SemWeb'01), in conjunction with Tenth International World Wide Web Conference (WWW10), Seite 1–13, Hongkong, China, 1. Mai 2001.

[8] Deepak Alur, John Crupi, und Dan Malks. *Core J2EE Patterns. Best Practices and Design Strategies.* Sun Microsystems Press, 2. Auflage, 2003.

[9] Amazon.com Inc. *Homepage.* http://www.amazon.com.

[10] Apache Portals Project. *Homepage.* http://portals.apache.org.

[11] Apache Software Foundation. *The Apache Struts Web Application Framework.* http://struts.apache.org.

[12] Apache Software Foundation. *Apache Tomcat Homepage.* http://tomcat.apache.org/.

[13] Apache Software Foundation. *Homepage.* http://www.apache.org.

[14] Volker Bach und Hubert Österle. *Customer Relationship Management in der Praxis.* Springer, Berlin, August 2000.

[15] Volker Bach, Hubert Österle, und Petra Vogler. *Business Knowledge Management in der Praxis. Prozessorientierte Lösungen zwischen Knowledge Portal und Kompetenzmanagement.* Springer, Berlin, Heidelberg, 11. August 1999.

[16] Sabine Bachl. *Erkennung isomorpher Subgraphen und deren Anwendung beim Zeichnen von Graphen.* Dissertation, Universität Passau, 2000.

[17] Ricardo Baeza-Yates und Berthier Ribeiro-Neto. *Modern Information Retrieval.* Addison Wesley Longman, 1999.

[18] Marcia J. Bates. *The design of browsing and berrypicking techniques for the online search interface. Online Review,* 13(5):407–424, 1989.

[19] Marcia J. Bates. *Where should the person stop and the information search interface start? Information Processing and Management,* 26(5):575–591, 1990.

[20] Kent Beck. *Extreme Programming Explained.* Addison Wesley, 2000.

[21] Dave Beckett und Brian McBride. *RDF/XML Syntax Specification.* http://www.w3.org/TR/rdf-syntax-grammar/, 10. Februar 2004.

[22] Ehrhard Behrends. *Introduction to Markov Chains.* Advanced Lectures in Mathematics. Vieweg, 2000.

[23] Nicholas J. Belkin. *Anomalous States of Knowledge as a basis for information retrieval. Canadian Journal of Information Science,* 5:133–143, 1980.

[24] Nicholas J. Belkin. *Interaction with Texts: Information Retrieval as Information-Seeking Behavior.* In *Information Retrieval 1993 (IR 1993)*, Konstanz, 1993.

[25] Nicholas J. Belkin, Colleen Cool, Adelheit Stein, und Ulrich Thiel. *On the Design of Interactive Information Retrieval Systems.* Expert Systems with Applications, 9:379–395, 1995.

[26] Tim Berners-Lee. *Design Issues. Architectural and philosophical points.*
http://www.w3.org/DesignIssues/, 1997–2004.

[27] Tim Berners-Lee. *Notation 3. An RDF language for the Semantic Web.*
http://www.w3.org/DesignIssues/Notation3.html, 1998.

[28] Tim Berners-Lee. *A roadmap to the Semantic Web.*
http://www.w3.org/DesignIssues/Semantic.html, September 1998.

[29] Tim Berners-Lee. *Why RDF model is different from the XML model.*
http://www.w3.org/DesignIssues/RDF-XML.html, September 1998.

[30] Tim Berners-Lee. *Semantic Web on XML.*
http://www.w3.org/2000/Talks/1206-xml2k-tbl, Dezember 2000.

[31] Tim Berners-Lee, Roy Fielding, und Larry Masinter. *RFC2396: Uniform Resource Identifiers (URI): Generic Syntax.*
http://www.ietf.org/rfc/rfc2396.txt, August 1998.

[32] Tim Berners-Lee, Larry Masinter, und Mark McCahill. *RFC1738: Uniform Resource Locators (URL).*
http://www.ietf.org/rfc/rfc1738.txt, Februar 1995.

[33] Abraham Bernstein, Esther Kaufmann, Christoph Buerki, und Mark Klein. *Object Similarity in Ontologies: A Foundation for Business Intelligence Systems and High-Performance Retrieval.* In *Proceedings of the International Conference on Information Systems (ICIS 2004)*, Seite 741–756, Washington, District of Columbia, USA, 12.–15. Dezember 2004. Association for Information Systems.

[34] Andreas Billig und Kurt Sandkuhl. *Match-Making based on Semantic Nets - The XML-based Approach of BaSeWep.* In *Proceedings zum Workshop XML Technologien für das Semantic Web – XSW 2002*, Seite 53–66. GI, 2002.

[35] Daniel Billsus und Michael J. Pazzani. *A Hybrid User Model for News Story Classification.* In *Proceedings of the 7th*

International Conference on User Modeling., Banff, Canada, 20.–24. Juni 1999.

[36] Daniel Billsus und Michael J. Pazzani. *A personal news agent that talks, learns and explains.* In Oren Etzioni, Jörg P. Müller, und Jeffrey M. Bradshaw, Hrsg., *Proceedings of the 3rd International Conference on Autonomous Agents (Agents'99)*, Seite 268–275, Seattle, Washington, USA, 1999. ACM Press.

[37] Paul V. Biron und Ashok Malhotra. *XML Schema Part 2: Datatypes.* http://www.w3.org/TR/xmlschema-2/, Mai 2001.

[38] Scott Boag, Don Chamberlin, Mary F. Fernández, Daniela Florescu, Jonathan Robie, und Jérôme Siméon. *XQuery 1.0: An XML Query Language.* http://www.w3.org/TR/xquery/, 4. April 2005.

[39] Grady Booch, Ivar Jacobson, und James Rumbaugh. *The Unified Modeling Language User Guide.* Addison Wesley, 1999.

[40] David Booth, Hugo Haas, Francis McCabe, Eric Newcomer, Michael Champion, Chris Ferris, und David Orchard. *Web Services Architecture.* http://www.w3.org/TR/ws-arch/, 11. Februar 2004.

[41] Borland Software Corp. *Borland CaliberRM: Collaborative Requirements Management System Homepage.* http://www.borland.com/caliber/.

[42] Borland Software Corp. *Borland StarTeam: Automated Configuration and Change Management System Homepage.* http://www.borland.com/starteam/.

[43] Borland Software Corp. *JBuilder Homepage.* http://www.borland.com/jbuilder/.

[44] Borland Software Corp. *Together Homepage.* http://www.borland.com/together/.

[45] Tim Bray, Jean Paoli, C. M. Sperberg-McQueen, Eve Maler, und François Yergeau. *Extensible Markup Language (XML) 1.0 (Third Edition).* http://www.w3.org/TR/REC-xml/, 4. Februar 2004.

[46] Dan Brickley und R.V. Guha. *RDF Vocabulary Description Language 1.0: RDF Schema.* http://www.w3.org/TR/rdf-schema/, Februar 2004.

[47] Brockhaus. *Die Enzyklopädie.* F.A. Brockhaus, Leipzig, 19. Auflage, 2000. 24 Bände.

[48] Jeen Broekstra. *Sesame RQL: A Tutorial.* http://www.openrdf.org/doc/rql-tutorial.html, 10. Februar 2004.

[49] Jeen Broekstra, Arjohn Kampman, und Frank van Harmelen. *Sesame: A Generic Architecture for Storing and Querying RDF and RDF Schema*. In Ian Horrocks und James A. Hendler, Hrsg., *Proceedings of the First Internation Semantic Web Conference*, Nummer 2342 in Lecture Notes in Computer Science, Seite 54–68. Springer, 9.–12. Juni 2002.

[50] Peter J. Brown, John D. Bovey, und Xian Chen. *Context-aware applications: from the laboratory to the marketplace*. IEEE Personal Communications, 4(5):58–64, 1997.

[51] Chris Buckley und Alan F. Lewit. *Optimization of inverted vector searches*. In *Proceedings of the 8th annual international ACM SIGIR conference on Research and development in information retrieval*, Seite 97–110. ACM Press, 1985.

[52] Chris Buckley, Amit Singhal, Mandar Mitra, und Gerard Salton. *New Retrieval Approaches Using SMART: TREC 4*. In Donna K. Harman, Hrsg., *Proceedings of the Fourth Text REtrieval Conference (TREC-4)*, Nummer 500-236, Seite 25–48, Gaithersburg, Maryland, USA, Oktober 1996. National Institute for Standards and Technology (NIST).

[53] Jay Budzik und Kristian Hammond. *Watson: Anticipating and Contextualizing Information Needs*. In *62nd Annual Meeting of the American Society for Information Science*, Medford, New Jersey, USA, 1999.

[54] David Bueno und Amos David. *METIORE: A Personalized Information Retrieval System*. In M. Bauer, P.J. Gmytrasiewicz, and J. Vassileva (eds). User Modeling 2001: 8th International Conference, Springer, Berlin Heidelberg, Seite 168–177, 2001.

[55] Robin Burke. *Hybrid Recommender Systems: Survey and Experiments*. User Modeling and User-Adapted Interaction, 12(4):331–370, 2002.

[56] Frank Buschmann, Regine Meunier, Hans Rohnert, Peter Sommerlad, und Michael Stal. *Pattern-Oriented Software Architecture: A System of Patterns*. John Wiley & Sons, 1996.

[57] Jeremy J. Carroll. *Matching RDF Graphs*. In Ian Horrocks und James A. Hendler, Hrsg., *Proceedings of the First International Semantic Web Conference on The Semantic Web*, Nummer 2342 in Lecture Notes in Computer Science, Seite 5–15. Springer, 9.–12. Juni 2002.

[58] Jeremy J. Carroll, Ian Dickinson, Chris Dollin, Dave Reynolds, Andy Seaborne, und Kevin Wilkinson. *Jena: Implementing the Semantic Web Recommendations*. HPL-2003-146, HP Laboratories, Filton Road, Stoke Gifford, Bristol, UK, 2003.

[59] R. G. G. Cattell, Douglas K. Barry, Mark Berler, Jeff Eastman, David Jordan, Craig Russell, Olaf Schadow, Torsten Stanienda, und Fernando Velez. *The Object Data Standard: ODMG 3.0*. Morgan Kaufmann, 9. Januar 2000.

[60] Hans Chalupsky. *OntoMorph: A Translation System for Symbolic Knowledge*. In *Principles of Knowledge Representation and Reasoning: Proceedings of the Seventh International Conference on Knowledge Representation and Reasoning (KR-2000)*, Seite 471–482, Breckenridge, Colorado, USA, 12.–15. April 2000.

[61] Gobinda G. Chowdhury. *Introduction to Modern Information Retrieval*. Facet Publishing, London, UK, 2. Auflage, 2004.

[62] Kendall Grant Clark. *SPARQL Protocol for RDF*. http://www.w3.org/TR/rdf-sparql-protocol/, 27. Mai 2005.

[63] Comité Consultatif International Téléphonique et Télégraphique (CCITT). *The Directory: Overview of Concepts, Models and Service*. Recommendation X.500, CCITT, Genf, Schweiz, 1988.

[64] Concurrent Versions System (CVS). *Homepage*. http://www.cvshome.org/.

[65] Cycorp Inc. *The Opencyc Project*. http://www.opencyc.org.

[66] DARPA Agent Markup Language Program. *DAML Query Language (DQL)*. http://www.daml.org/dql/.

[67] Mike Dean und Guus Schreiber. *OWL Web Ontology Language Reference*. http://www.w3.org/TR/owl-ref/, Februar 2004.

[68] Stefan Decker und Michael Sintek. *TRIPLE Homepage*. http://www.dfki.uni-kl.de/frodo/triple/, Mai 2002.

[69] Scott C. Deerwester, Susan T. Dumais, Thomas K. Landauer, George W. Furnas, und Richard A. Harshman. *Indexing by Latent Semantic Analysis*. Journal of the American Society of Information Science, 41(6):391–407, 1990.

[70] Brenda Dervin und Michael S. Nilan. *Information needs and uses*. Annual Review of Information Science and Technology (ARIST), 21:3–33, 1986.

[71] L. Peter Deutsch. *Design reuse and frameworks in the smalltalk-80 system*. In T. J. Biggerstaff und A. J. Perlis, Hrsg., *Software reusability: vol. 2, applications and experience*, Seite 57–71. ACM Press, New York, New York, USA, 1989.

[72] Anind K. Dey und Gregory D. Abowd. *Towards a Better Understanding of Context and Context-Awareness.* In *Proceedings of the Workshop on The What, Who, Where, When, and How of Context-Awareness, as part of the 2000 Conference on Human Factors in Computing Systems (CHI 2000)*, Den Haag, Niederlande, 2000.

[73] AnHai Doan, Jayant Madhavan, Robin Dhamankar, Pedro Domingos, und Alon Halevy. *Learning to Match Ontologies on the Semantic Web.* VLDB Journal, 12(4):303–319, 2003.

[74] Dublin Core Metadata Initiative. *Homepage.* http://dublincore.org/.

[75] Susan Dumais, Edward Cutrell, Jonathan J. Cadiz, Gavin Jancke, Raman Sarin, und Daniel C. Robbins. *Stuff I've Seen: A System for Personal Information Retrieval and Re-Use.* In *Proceedings of the 26th Annual International ACM SIGIR Conference on Research and Development in Information Retrieval (SIGIR 2003)*, Seite 72–79, Toronto, Kanada, 28. Juli – 1. August 2003. ACM Press.

[76] Susan Dumais, Edward Cutrell, Raman Sarin, und Eric Horvitz. *Implicit Queries (IQ) for Contextualized Search.* In *Proceedings of the 27th Annual International ACM SIGIR Conference on Research and Development in Information Retrieval (SIGIR 2004)*, Seite 594, Sheffield, UK, 25.–29. Juli 2004. ACM Press.

[77] eBay Inc. *Homepage.* http://www.ebay.com.

[78] ECMA. *Standard ECMA-262. ECMAScript Language Specification.* Standard ECMA-262, ECMA, 114 Rue du Rhône, CH-1204 Geneva, Switzerland, Dezember 1999.

[79] Peter Eeles, Kelli Houston, und Wojtek Kozaczynski. *Building J2EE Applications with the Rational Unified Process.* Addison Wesley, August 2002.

[80] David Ellis. *A behavioural approach to information retrieval system design.* Journal of Information Science, 15(4-5):237–248, Mai 1989.

[81] Fachgruppe Information Retrieval in der Gesellschaft für Informatik, GI e.V. *Homepage.* http://www.fg-ir.de.

[82] Ronald Fagin. *Fuzzy Queries in Multimedia Database Systems.* In *Proceedings of the Seventeenth ACM SIGACT-SIGMOD-SIGART Symposium on Principles of Database Systems (PODS '98)*, Seite 1–10, Seattle, Washington, USA, 1998. ACM Press.

[83] Ronald Fagin, Amnon Lotem, und Moni Naor. *Optimal aggregation algorithms for middleware*. Journal of Computer and System Sciences, 66(4):614–656, 2003.

[84] David C. Fallside. *XML Schema Part 0: Primer*. http://www.w3.org/TR/xmlschema-0/, Mai 2001.

[85] Mohamed E. Fayad, Douglas C. Schmidt, und Ralph E. Johnson. *Building Application Frameworks: Object-Oriented Foundations of Framework Design*. John Wiley & Sons, 1999.

[86] Dieter Fensel. *Ontologies: A Silver Bullet for Knowledge Management and Electronic Commerce*. Springer, Berlin Heidelberg, 2. Auflage, 2004.

[87] Dieter Fensel, Jim Hendler, Henry Lieberman, und Wolfgang Wahlster. *Spinning the Semantic Web: Bringing the World Wide Web to Its Full Potential*, Kapitel Introduction, Seite 1–25. MIT Press, 2003.

[88] Reginald Ferber. *Information Retrieval: Suchmodelle und Data-Mining-Verfahren für Textsammlungen und das Web*. dpunkt Verlag, Heidelberg, März 2003.

[89] Richard Fikes, Patrick Hayes, und Ian Horrocks. *OWL-QL – A language for deductive query answering on the Semantic Web*. Journal of Semantic Web, 2(1):19–29, 2004.

[90] Richard Fikes, Rob McCool, und Deborah McGuinness. *OWL-QL Project for the Stanford Knowledge Systems Laboratory*. http://ksl.stanford.edu/projects/owl-ql/, 2002.

[91] Gerhard Fischer und Yunwen Ye. *Personalizing Delivered Information in a Software Reuse Environment*. In *8th International Conference on User Modeling*, Seite 178–187, Sonthofen, 2001.

[92] Bill Frakes und Ricardo Baeza-Yates. *Information Retrieval. Data Structures & Algorithms*. Prentice Hall, 1992.

[93] Norbert Fuhr. *Information Retrieval. Skriptum zur Vorlesung im Sommersemester 2004*. http://www.is.informatik.uni-duisburg.de/teaching/lectures/ir_ss04/, Universität Duisburg-Essen, 11. Juni 2004.

[94] Norbert Fuhr und Kai Großjohann. *XIRQL: An XML Query Language Based on Information Retrieval Concepts*. ACM Transactions on Information Systems (TOIS), 22(2):313–356, April 2004.

[95] Erich Gamma, Richard Helm, Ralph Johnson, und John Vlissides. *Design Patterns: Elements of Reuasable Object-Oriented Software*. Addison Wesley, 1995.

[96] Ulrich Güntzer, Wolf-Tilo Balke, und Werner Kießling. *Optimizing Multi-Feature Queries for Image Databases*. In *Proceedings of the 26th International Conference on Very Large Data Bases*, Seite 419–428. Morgan Kaufmann Publishers, 2000.

[97] Gnu Emacs. *Homepage*. http://www.gnu.org/software/emacs/.

[98] Frank Griffel. *Componentware. Konzepte und Techniken eines Softwareparadigmas*. dpunkt Verlag, Heidelberg, Juni 1998.

[99] Norbert Gronau und Mathias Uslar. *Skill-Management: Anwendungen und Erfahrungen. Personalführung*, 10:28–37, 2004.

[100] Thomas R. Gruber. *A Translation Approach to Portable Ontology Specifications. Knowledge Acquisition*, 5(2):199–220, 1993.

[101] Antonin Guttman. *R-Trees: A Dynamic Index Structure for Spatial Searching*. In Beatrice Yormark, Hrsg., *SIGMOD'84, Proceedings of Annual Meeting*, Seite 47–57. ACM Press, 18.-21. Juni 1984.

[102] Volker Haarslev und Ralf Möller. *Description of the RACER System and its Applications*. In *Proceedings of the International Workshop on Description Logics (DL-2001)*, Stanford, California, USA, August 2001.

[103] Peter Haase, Jeen Broekstra, Andreas Eberhart, und Raphael Volz. *Comparison of RDF Query Languages*. In Sheila A. McIlraith, Dimitris Plexousakis, und Frank van Harmelen, Hrsg., *Proceedings of the 3rd International Semantic Web Conference (ISWC 2004)*, Seite 502–517, Hiroshima, Japan, 7.–11. November 2004.

[104] Jonathan Hayes und Claudio Gutierrez. *Bipartite Graphs as Intermediate Model for RDF*. In Sheila A. McIlraith, Dimitris Plexousakis, und Frank van Harmelen, Hrsg., *Proceedings of the 3rd International Semantic Web Conference (ISWC 2004)*, Seite 47–61, Hiroshima, Japan, 7.–11. November 2004.

[105] Patrick Hayes. *RDF Semantics*. http://www.w3.org/TR/rdf-mt/, Februar 2004.

[106] Marti A. Hearst. *Modern Information Retrieval*, Kapitel User Interfaces and Visualization, Seite 257–323. Addison Wesley Longman, 1999.

[107] Scott Henninger. *An evolutionary approach to constructing effective software reuse repositories. ACM Transactions on Software Engineering and Methodology*, 6(2):111–140, 1997.

[108] Andreas Henrich. *Der LSD-Baum. Eine mehrdimensionale Zugriffsstruktur und ihre Einsatzmöglichkeiten in Datenbanksystemen*. Dissertation, Fachbereich Mathematik und Informatik der Fernuniversität Hagen, Oktober 1990.

[109] Andreas Henrich und Günter Robbert. *Combining Multimedia Retrieval and Text Retrieval to Search Structured Documents in Digital Libraries*. In *Proceedings 1st DELOS Workshop on Information Seeking, Searching and Querying in Digital Libraries*, Zürich, Schweiz, Dezember 2000.

[110] Andreas Henrich und Günter Robbert. *POQL^{MM}: A Query Language for Structured Multimedia Documents*. In Mohand-Said Hacid, Hrsg., *Proceedings 1st International Workshop on Multimedia Data and Document Engineering (MDDE'01)*, Seite 17–26, Lyon, 2001.

[111] Andreas Henrich und Günter Robbert. *Ein Ansatz zur Übertragung von Rangordnungen bei der Suche auf strukturierten Daten*. In *Tagungsband der 10. GI-Fachtagung Datenbanksysteme für Business, Technologie und Web (BTW'03)*, Leipzig, 2003.

[112] Andreas Henrich und Günter Robbert. *Implementation of a Stream-oriented Retrieval Engine for Complex Similarity Queries on Top of an ORDBMS*. In *Proceedings of the 14th International Workshop on Database and Expert Systems Applications (DEXA)*, Seite 611–621, Prag, Tschechien, September 2003.

[113] Ian Horrocks. *The FaCT System*. In *Automated Reasoning with Analytic Tableaux and Related Methods: International Conference (Tableaux'98)*, Seite 307–312. Springer, Mai 1998.

[114] Eric J. Horvitz, John S. Breese, David Heckerman, David Hovel, und Koos Rommelse. *The Lumière project: Bayesian user modeling for inferring the goals and needs of software users*. In *Proceedings of the 14th Conference on Uncertainty in Artificial Intelligence*, Seite 256–265, Madison, Wisconsin, USA, Juli 1998.

[115] Renato Iannella. *Representing vCard Objects in RDF/XML*. http://www.w3c.org/TR/vcard-rdf, 22. Februar 2001.

[116] IBM Corp. *Eclipse.org Homepage*. http://www.eclipse.org/.

[117] IBM Corp. *IBM Lotus Software*. http://www.ibm.com/software/lotus/.

[118] IBM Corp. *IBM WebSphere Portal for Multiplatforms*. http://www.ibm.com/software/genservers/portal/.

[119] IBM Corp. *Introducing the Rational XDE Professional v2002 release 2, Java platform edition kit.* http://www.ibm.com/developerworks/rational/library/4138.html.

[120] IBM Corp. *Rational ClearCase Homepage.* http://www.ibm.com/software/awdtools/clearcase/.

[121] IBM Corp. *Rational ClearQuest Homepage.* http://www.ibm.com/software/awdtools/clearquest/.

[122] IBM Corp. *Rational RequisitePro Homepage.* http://www.ibm.com/software/awdtools/reqpro/.

[123] IBM Corp. *Rational Unified Process Homepage.* http://www.ibm.com/software/awdtools/rup/.

[124] Walid G. Aref Ihab F. Ilyas und Ahmed K. Elmagarmid. *Joining Ranked Inputs in Practice.* In *Proceedings of the 28th International Conference on Very Large Data Bases (VLDB 2002)*, Seite 950–961, Hongkong, China, 20.–23. August 2002. Morgan Kaufmann.

[125] Peter Ingwersen. *Cognitive Information Retrieval. Annual Review of Information Science & Technology*, 34:3–52, 1999.

[126] Intellidimension. *RDFQL Scripting Reference.* http://www.intellidimension.com/default.rsp?topic=/pages/rdfgateway/reference/script/default.rsp.

[127] Ivar Jacobson, Grady Booch, und James Rumbaugh. *The Unified Software Development Process.* Addison Wesley Longman, 1999.

[128] JBoss Inc. *JBoss Homepage.* http://www.jboss.org.

[129] Thorsten Joachims, Dayne Freitag, und Tom M. Mitchell. *Web Watcher: A Tour Guide for the World Wide Web.* In *Proceedings of the 15th International Joint Conference on Artificial Intelligence (IJCAI)*, Seite 770–777, 1997.

[130] Ralph E. Johnson und Brian Foote. *Designing Reusable Classes. Journal of Object-Oriented Programming*, 1(2):22–35, 1988.

[131] Yannis Kalfoglou und Marco Schorlemmer. *Ontology mapping: the state of the art. The Knowledge Engineering Review*, 18(1):1–31, 2003.

[132] Gregory Karvounarakis, Vassilis Christophides, Sofia Alexaki, Dimitris Plexousakis, und Michel Scholl. *RQL: A Declarative Query Language for RDF.* In *Proceedings of the 11th International World Wide Web Conference (WWW'02)*, Honolulu, Hawaii, USA, 7.–11. Mai 2002.

[133] Atanas Kiryakov, Borislav Popov, Damyan Ognyanoff, Dimitar Manov, Angel Kirilov, und Miroslav Goranov.

Semantic Annotation, Indexing, and Retrieval. Journal of Web Semantics, 2(1):49–79, Dezember 2004.

[134] Roland Klemke. *Context Framework - an Open Approach to Enhance Organisational Memory Systems with Context Modelling Techniques*. In U. Reimer, Hrsg., *Proceedings 3rd International Conference on Practical Aspects of Knowledge Management (PAKM 2000)*, Basel, Schweiz, Oktober 2000.

[135] Graham Klyne und Jeremy J. Carroll. *Resource Description Framework (RDF): Concepts and Abstract Syntax.* http://www.w3.org/TR/rdf-concepts/, Februar 2004.

[136] Alfred Kobsa, Jürgen Koenemann, und Wolfgang Pohl. *Personalised hypermedia presentation techniques for improving online customer relationships. The Knowledge Engineering Review*, 16(2):111–155, 2001.

[137] Ivan Koychev. *Gradual Forgetting for Adaptation to Concept Drift.* In *Proceedings of ECAI 2000 Workshop Current Issues in Spatio-Temporal Reasoning*, Berlin, 2000.

[138] Ken Krechmer. *The Meaning of Open Standards*. In *Proceedings of the 38th Annual Hawaii International Conference on System Sciences (HICSS'05) - Track 7*, Seite 204b, Big Island, Hawaii, USA, 3.–6. Januar 2005. IEEE.

[139] Stefan Kremer. *Information Retrieval in Portalen. Gestaltungselemente, Praxisbeispiele und Methodenvorschlag.* Dissertation, Institut für Wirtschaftsinformatik, Universität St. Gallen, St. Gallen, 2004.

[140] Philippe Kruchten. *The Rational Unified Process: An Introduction.* Addison Wesley, 3. Auflage, 2004.

[141] Rainer Kuhlen. *Zum Stand pragmatischer Forschung in der Informationswissenschaft.* In Josef Herget & Rainer Kuhlen, Hrsg., *Pragmatische Aspekte beim Entwurf und Betrieb von Informationssystemen. Proceedings des 1. Internationalen Symposiums für Informationswissenschaft*, Seite 13–18, Konstanz, 1990. Universitätsverlag Konstanz.

[142] Carol C. Kuhlthau. *Developing a Model of the Library Search Process: Cognitive and Affective Aspects. Reference Quarterly*, 28(2):232–242, 1988.

[143] Langenscheidt. *Langenscheidt Collins Großwörterbuch Englisch.* Langenscheidt, April 2004.

[144] Joon Ho Lee, Myoung Ho Kim, und Yoon Joon Lee. *Information Retrieval based on conceptual distance in IS-A hierarchies. Journal of Documentation*, 49(2):188–207, 1993.

[145] Franz Lehner. *Marktanalyse zum Angebot an Skill-Management-Systemen.* In Peter Dadam und Manfred

Reichert, Hrsg., *INFORMATIK 2004 - Informatik verbindet, Band 2, Beiträge der 34. Jahrestagung der Gesellschaft für Informatik e.V. (GI)*, Seite 317–321, Ulm, 20.–24. September 2004. GI.

[146] David D. Lewis und William A. Gale. *A Sequential Algorithm for Training Text Classifiers*. In Bruce W. Croft und C. J. van Rijsbergen, Hrsg., *Proceedings of the 17th Annual International ACM-SIGIR Conference on Research and Development in Information Retrieval (SIGIR 1994)*, Seite 3–12, Dublin, Irland, 3.–6. Juli 1994. ACM, Springer.

[147] Minghong Liao, Andreas Abecker, Ansgar Bernardi, Knut Hinkelmann, und Michael Sintek. *Ontologies for Knowledge Retrieval in Organizational Memories*. In Frank Bomarius, Hrsg., *Proceedings of the Workshop on Learning Software Organizations at the Eleventh International Conference on Software Engineering and Knowledge Engineering (SEKE'99)*, Seite 11–25, Kaiserslautern, 16. Juni 1999.

[148] Minghong Liao, Knut Hinkelmann, Andreas Abecker, und Michael Sintek. *A Competence Knowledge Base System for the Organizational Memory*. In Frank Puppe, Hrsg., *Proceedings of Knowledge Based Systems - Survey and Future Directions. 5th Biannual German Conference on Knowledge Based Systems (XPS-99)*, Seite 125–137, Würzburg, 3.–5. März 1999. Springer.

[149] Henry Lieberman. *Letizia: An Agent That Assists Web Browsing*. In *Proceedings of the Fourteenth International Joint Conference on Artificial Intelligence (IJCAI-95)*, Seite 924–929, Montreal, Quebec, Kanada, 1995. Morgan Kaufmann.

[150] Henry Lieberman. *Autonomous Interface Agents*. In *Proceedings of the ACM Conference on Computers and Human Interface (CHI-97)*, Atlanta, Georgia, USA, 1997.

[151] Lucene. *Homepage*. http://lucene.apache.org/.

[152] Yoelle S. Maarek. *An Information Retrieval Approach for Automatically Constructing Software Library*. IEEE Transactions on Software Engineering, 17(8):800–813, 1991.

[153] Alexander Maedche, Marc Ehrig, Siegfried Handschuh, Raphael Volz, und Ljiljana Stojanovic. *Ontology-Focused Crawling of Documents and Relational Metadata*. In *Proceedings of the Eleventh International World Wide Web Conference WWW-2002*, Hawaii, USA, 30. Mai 2002.

[154] Alexander Maedche, Boris Motik, Nuno Silva, und Raphael Volz. *MAFRA - A MApping FRAmework for Distributed Ontologies*. In *Proceedings of the 13th International*

Conference on Knowledge Engineering and Knowledge Management. Ontologies and the Semantic Web (EKAW '02), Seite 235–250, Siguenza, Spanien, 1.–4. Oktober 2002. Springer.

[155] Aimilia Magkanaraki, Grigoris Karvounarakis, Ta Tuan Anh, Vassilis Christophides, und Dimitris Plexousakis. *Ontology Storage and Querying*. 308, Foundation for Research and Technology Hellas, Institute of Computer Science, Information Systems Laboratory, 2002.

[156] Frank Manola und Eric Miller. *RDF Primer*. http://www.w3.org/TR/rdf-primer/, Februar 2004.

[157] Gary Marchionini. *Information seeking in electronic environments*. Cambridge University Press, 1995.

[158] Abraham H. Maslow. *Motivation and Personality*. Harper & Row, New York, 2. Auflage, 1954.

[159] Heiko Maus. *Workflow Context as a Means for Intelligent Information Support*. In *Proceedings of 3rd International Conference on Modeling and Using Context (CONTEXT'01)*, Seite 261–274, 2001.

[160] Deborah L. McGuinness, Richard Fikes, James Rice, und Steve Wilder. *An Environment for Merging and Testing Large Ontologies*. In *Principles of Knowledge Representation and Reasoning: Proceedings of the Seventh International Conference on Knowledge Representation and Reasoning (KR-2000)*, Seite 483–493, Breckenridge, Colorado, USA, 12.–15. April 2000.

[161] Deborah L. McGuinness und Frank van Harmelen. *OWL Web Ontology Language Overview*. http://www.w3.org/TR/owl-features/, Februar 2004.

[162] Marco Meier. *Integration externer Daten in Planungs- und Kontrollsysteme – Ein Redaktions-Leitstand für Informationen aus dem Internet*. Gabler, Wiesbaden, 2000.

[163] Sergej Melnik. *Generic Model Management: Concepts and Algorithms*. Nummer LNCS 2967 in Lecture Notes in Computer Science. Springer, Berlin, 2004.

[164] Sergey Melnik, Hector Garcia-Molina, und Erhard Rahm. *Similarity Flooding: A Versatile Graph Matching Algorithm and its Application to Schema Matching*. In *Proceedings of the 18th International Conference on Data Engineering (ICDE 2002)*, Seite 117–128, San Jose, California, USA, 26. Februar–1. März 2002. IEEE Computer Society.

[165] Microsoft Corp. *COM: Component Object Model Technologies Homepage.* http://www.microsoft.com/com/.

[166] Microsoft Corp. *Directory and Identity Services.* http://msdn.microsoft.com/library/default.asp?url=/library/en-us/dnanchor/html/anch_activediradsi.asp.

[167] Microsoft Corp. *Microsoft Business Solutions Homepage.* http://www.microsoft.com/businesssolutions/.

[168] Microsoft Corp. *Microsoft .NET Framework.* http://msdn.microsoft.com/netframework/.

[169] Microsoft Corp. *Microsoft Project Homepage.* http://www.microsoft.com/office/project/.

[170] Microsoft Corp. *Microsoft Visual Basic for Applications Homepage.* http://msdn.microsoft.com/vba/.

[171] Microsoft Corp. *Microsoft Visual Studio Developer Center.* http://msdn.microsoft.com/vstudio/.

[172] Microsoft Corp. *Office Homepage.* http://office.microsoft.com/.

[173] MicroStrategy. *Homepage.* http://www.microstrategy.com/.

[174] Libby Miller, Andy Seaborne, und Alberto Reggiori. *Three Implementations of SquishQL, a Simple RDF Query Language.* HPL-2002-110, HP Laboratories, Filton Road, Stoke Gifford, Bristol, UK, 2002.

[175] Tom Mitchell. *Machine Learning.* McGraw Hill, 1997.

[176] Miquel Montaner, Beatriz Lópes, und Josep Lluís De La Rosa. *A Taxonomy of Recommender Agents on the Internet.* Artif. Intell. Rev., 19(4):285–330, 2003.

[177] Clifford T. Morgan und Richard A King. *Introduction to Psychology.* McGraw, April 1971.

[178] Apostol Natsev, Yuan-Chi Chang, John R. Smith, Chung-Sheng Li, und Jeffrey Scott Vitter. *Supporting Incremental Join Queries on Ranked Inputs.* In Proceedings of the 27th International Conference on Very Large Databases (VLDB 2001), Seite 281–290, Rom, Italien, September 2001. Morgan Kaufmann.

[179] Netperceptions Inc. *Homepage.* http://www.netperceptions.com.

[180] Natalya Fridman Noy und Mark A. Musen. *SMART: Automated Support for Ontology Merging and Alignment.* In Proceedings of the Twelfth Workshop on Knowledge Acquisition (KAW'99), Banff, Canada, 16.–21. Oktober 1999.

[181] Daniel Oberle, Raphael Volz, Boris Motik, und Steffen Staab. *An extensible ontology software environment*. In Steffen Staab und Rudi Studer, Hrsg., *Handbook on Ontologies*, International Handbooks on Information Systems, Kapitel III, Seite 311–333. Springer, 2004.

[182] Object Management Group (OMG). *XML Metadata Interchange (XMI) Specification*. Specification formal/05-05-01, Object Management Group, Inc., 250 First Ave. Suite 100, Needham, MA 02494, USA, Mai 2005.

[183] Bernd Oestereich. *Objektorientierte Softwareentwicklung*. Oldenbourg Verlag, 6. Auflage, 2004.

[184] Open Directory. *Homepage*. http://www.dmoz.org.

[185] OpenLDAP. *Homepage*. http://www.openldap.org.

[186] openRDF.org. *Home of Sesame*. http://www.openrdf.org.

[187] Rifat Ozcan und Y. Alp Aslandogan. *Concept-based Information Retrieval Using Ontologies and Latent Semantic Analysis*. Technical Report CSE-2004-8, Department of Computer Science and Engineering, University of Texas at Arlington, Arlington, TX 76019, 2004.

[188] Bijan Parsia und Evren Sirin. *Pellet: An OWL DL Reasoner*. In Sheila A. McIlraith, Dimitris Plexousakis, und Frank van Harmelen, Hrsg., *Proceedings of the 3rd International Semantic Web Conference (ISWC 2004)*, Hiroshima, Japan, 7.–11. November 2004. http://iswc2004.semanticweb.org/posters/PID-ZWSCSLQK-1090286232.pdf.

[189] Jason Pascoe. *Adding Generic Contextual Capabilities to Wearable Computers*. In *Proceedings of Second International Symposium on Wearable Computers (ISWC)*, Seite 92–99, Pittsburgh, Pennsylvania, USA, Oktober 1998. IEEE Computer Society Press.

[190] Peter F. Patel-Schneider, Patrick Hayes, und Ian Horrocks. *OWL Web Ontology Language Semantics and Abstract Syntax*. http://www.w3.org/TR/owl-semantics/, Februar 2004.

[191] Michael J. Pazzani und Daniel Billsus. *Learning and Revising User Profiles: The identification of interesting web sites*. *Machine Learning*, 27:313–331, 1997.

[192] Michael J. Pazzani, Jack Muramatsu, und Daniel Billsus. *Syskill & Webert: Identifying Interesting Web Sites*. In *Proceedings of the Thirteenth National Conference on Artificial Intelligence*, Seite 54–61, Portland, Oregon, USA, 1996.

[193] Ulrich Pfeifer, Stefan Pennekamp, und Norbert Fuhr. *Incremental Processing of Vague Queries in Interactive Retrieval Systems*. In Norbert Fuhr, Gisbert Dittrich, und Klaus Tochtermann, Hrsg., *Tagungsband Hypertext - Information Retrieval - Multimedia '97: Theorien, Modelle und Implementierungen integrierter elektronischer Informationssysteme (HIM'97)*, Dortmund, 29. September – 2. Oktober 1997. Universitätsverlag Konstanz.

[194] Peter Pirolli und Stuart K. Card. *Information foraging in information access environments*. In *Proceedings of the Conference on Human Factors in Computing Systems (CHI'95)*, Seite 51–58, 1995.

[195] Wolfgang Pree. *Design Patterns for Object-Oriented Software Development*. Addison-Wesley, Reading, Massachusetts, USA, 1995.

[196] Wolfgang Pree. *Komponentenbasierte Softwareentwicklung mit Frameworks*. dpunkt Verlag, Heidelberg, März 1997.

[197] Torsten Priebe. *INWISS - Integrative Enterprise Knowledge Portal*. In Sheila A. McIlraith, Dimitris Plexousakis, und Frank van Harmelen, Hrsg., *Proceedings of the 3rd International Semantic Web Conference (ISWC 2004)*, Hiroshima, Japan, 7.–11. November 2004. http://iswc2004.semanticweb.org/demos/43/paper.pdf.

[198] Torsten Priebe und Günther Pernul. *Ontology-based Integration of OLAP and Information Retrieval*. In *Proceedings of the DEXA 2003 Workshop on Web Semantics (WebS 2003)*, Prag, Tschechien, September 2003.

[199] Torsten Priebe, Günther Pernul, und Peter Krause. *Ein integrativer Ansatz für unternehmensweite Wissensportale*. In *Tagungsband 6. Internationale Tagung Wirtschaftsinformatik (WI 2003)*, Dresden, September 2003.

[200] Torsten Priebe, Christian Schläger, und Günther Pernul. *A Search Engine for RDF Metadata*. In *Proceedings of the DEXA 2004 Workshop on Web Semantics (WebS 2004)*, Seite 168–172, Zaragoza, Spanien, September 2004.

[201] Eric Prud'hommeaux und Andy Seaborne. *SPARQL Query Language for RDF*. http://www.w3.org/TR/rdf-sparql-query/, 21. Juli 2005.

[202] Lawrence R. Rabiner und Biing-Hwang Juang. *An Introduction to Hidden Markov Models*. IEEE ASSP Magazine, 3(1):4–16, Januar 1986.

[203] Roy Rada, Hafedh Mili, Ellen Bicknell, und Maria Blettner. *Development and application of a metric on semantic nets.* IEEE Transactions on Systems, Man, and Cybernetics, 19(1):17–30, Januar/Februar 1989.

[204] Erhard Rahm und Philip A. Bernstein. *A survey of approaches to automatic schema matching.* VLDB Journal, 10(4):334–350, 2001.

[205] Bindu Rama Rao. *Making the Most of Middleware.* Data Communications International, 24(12):89–96, September 1995.

[206] Paul Resnick, Neophytos Iacovou, Mitesh Suchak, Peter Bergstrom, und John Riedl. *GroupLens: an open architecture for collaborative filtering of netnews.* In Proceedings of the 1994 ACM conference on Computer supported cooperative work, Seite 175–186, Chapel Hill, North Carolina, USA, 1994. ACM Press.

[207] Philip Resnik. *Using Information Content to Evaluate Semantic Similarity in a Taxonomy.* In Proceedings of the 14th International Joint Conference on Artificial Intelligence, Seite 448–453, Montreal, Kanada, August 1995.

[208] Philip Resnik. *Semantic Similarity in a Taxonomy: An Information-Based Measure and its Application to Problems of Ambiguity in Natural Language.* Journal of Artificial Intelligence Research, 11:95–130, 1999.

[209] Dave Reynolds. *RDF-QBE: a Semantic Web Building Block.* HPL-2002-327, HP Laboratories, Filton Road, Stoke Gifford, Bristol, UK, 2002.

[210] Bradley J. Rhodes. *Just-In-Time Information Retrieval.* Dissertation, Massachusetts Institute of Technology, Cambridge, Mariland, USA, Mai 2000.

[211] Bradley J. Rhodes und Thad Starner. *Remembrance Agent: A continuously running automated information retrieval system.* In The Proceedings of The First International Conference on The Practical Application Of Intelligent Agents and Multi Agent Technology (PAAM '96), Seite 487–495, London, UK, April 1996.

[212] Günter Robbert. *IRStream: Konzeption und prototypische Implementierung eines Information Retrieval-Systems für strukturierte multimediale Dokumente.* Dissertation, Universität Bayreuth, 2004.

[213] Stephen E. Robertson. *Theories and Models in Information Retrieval.* Journal of Documentation, 33(2):126–148, 1977.

[214] M. Andrea Rodríguez und Max J. Egenhofer. *Determining semantic similarity among entity classes from different*

ontologies. *IEEE Transactions on Knowledge and Data Engineering*, 15(2):442–456, März/April 2003.
[215] Matthias Runte. *Personalisierung im Internet. Individualisierte Angebote mit Collaborative Filtering.* Dissertation, Christian-Albrechts-Universität zu Kiel, 2000.
[216] Gerard Salton. *The SMART Retrieval System – Experiments in Automatic Document Processing.* Prentice-Hall, Englewood Cliffs, New Jersey, USA, 1971.
[217] Gerard Salton. *Automatic text processing: the transformation, analysis, and retrieval of information by computer.* Addison-Wesley, Bosten, Massachusetts, USA, 1989.
[218] Gerard Salton und Chris Buckley. *Improving retrieval performance by relevance feedback. Journal of the American Society for Information Science (JASIS)*, 41(4):288–297, Juni 1990.
[219] Gerard Salton und Christopher Buckley. *Term-Weighting Approaches in Automatic Text Retrieval. Information Processing & Management*, 24(5):513–523, 1988.
[220] Gerard Salton und Michael Lesk. *Computer Evaluation of Indexing and Text Processing. Journal of the ACM*, 15(1):8–36, Januar 1968.
[221] Gerard Salton und Michael J. McGill. *Introduction to Modern Information Retrieval.* McGraw-Hill Computer Science Series, New York, New York, USA, 1983.
[222] Gerard Salton, Anita Wong, und Chung shu Yang. *A vector space model for automatic index. Communications of the ACM*, 18(11):613–620, November 1975.
[223] SAP AG. *SAP NetWeaver.* http://www.sap.com/solutions/netweaver/.
[224] Tefko Saracevic. *Modeling interaction in information retrieval (IR): a review and proposal.* In *Proceedings of the American Society for Information Science*, Volume 33, Seite 3–9, 1996.
[225] Tefko Saracevic. *The stratified model of information retrieval interaction: Extension and applications.* In *Proceedings of the American Society for Information Science*, Volume 34, Seite 313–327, 1997.
[226] Badrul Sarwar, George Karypis, Joseph Konstan, und John Riedl. *Analysis of recommendation algorithms for e-commerce.* In *Proceedings of the 2nd ACM conference on Electronic commerce*, Seite 158–167. ACM Press, 2000.
[227] J. Ben Schafer, Joseph A. Konstan, und John Riedl. *E-Commerce Recommendation Applications. Data Min. Knowl. Discov.*, 5(1-2):115–153, 2001.

[228] Bill Schilit und Marvin Theimer. *Disseminating Active Map Information to Mobile Hosts. IEEE Network*, 8(5):22–32, 1994.

[229] Andreas Schmidt. *Kontext-Middleware zur Verwaltung dynamischer und unvollkommener Kontextinformationen*. In Hagen Höpfner und Gunter Saake, Hrsg., *Beitragsband zum Workshop Grundlagen und Anwendungen mobiler Informationstechnologie des GI-Arbeitskreises Mobile Datenbanken und Informationssysteme (MDBIS 2004)*, Seite 97–103, Heidelberg, März 2004.

[230] Andreas Schmidt. *Kontextgesteuertes Lernen in Unternehmensumgebungen: Der Learning-In-Process-Ansatz*. In *Tagungsband 2. Deutsche e-Learning Fachtagung der Gesellschaft für Informatik (Delfi 04)*, Paderborn, September 2004.

[231] Andreas Schmidt und Claudia Winterhalter. *User Context Aware Delivery of E-Learning Material: Approach and Architecture*. In *Proceedings of I-KNOW 2003, 3rd International Conference on Knowledge Management*, Seite 38–46, Graz, Österreich, 2003.

[232] Douglas C. Schmidt, Michael Stal, Hans Rohnert, und Frank Buschmann. *Pattern-Oriented Software Architecture: Patterns for Concurrent and Networked Objects*. Wiley & Sons, 2000.

[233] Ingo Schmitt. *Multimedia-Datenbanken: Retrieval, Suchalgorithmen und Anfragebearbeitung*. Habilitationsschrift, Fakultät für Informatik, Otto-von-Guericke-Universität Magdeburg, Magdeburg, Dezember 2004.

[234] Andy Seaborne. *Jena Tutorial. A Programmer's Introduction to RDQL*. http://jena.sourceforge.net/tutorial/RDQL/, April 2002.

[235] Andy Seaborne. *An RDF NetAPI*. In Ian Horrocks und James A. Hendler, Hrsg., *Proceedings of the First Internation Semantic Web Conference (ISWC 2002)*, Nummer 2342 in Lecture Notes in Computer Science, Seite 399–401, Sardinien, Italien, 9.–12. Juni 2002. Springer.

[236] Andy Seaborne. *RDQL - A Query Language for RDF*. http://www.w3.org/Submission/RDQL/, Januar 2004.

[237] Upendra Shardanand und Pattie Maes. *Social information filtering: algorithms for automating word of mouth*. In *Proceedings of ACM CHI'95 Conference on Human Factors in Computing Systems*, Seite 210–217, Denver, Colorado, USA, 1995. ACM Press.

[238] Siebel Systems. *CRM Software Homepage.*
http://www.siebel.com/.

[239] Craig Silverstein, Monika Henzinger, Hannes Marais, und Michael Moricz. *Analysis of a Very Large AltaVista Query Log.* 1998-014, Digital SRC, 26. Oktober 1998.

[240] Michael Sintek und Stefan Decker. *TRIPLE – A Query, Inference, and Transformation Language for the Semantic Web.* In Ian Horrocks und James A. Hendler, Hrsg., *Proceedings of the First Internation Semantic Web Conference (ISWC 2002),* Nummer 2342 in Lecture Notes in Computer Science, Seite 364–378, Sardinien, Italien, 9.–12. Juni 2002. Springer.

[241] Michael K. Smith, Chris Welty, und Deborah L. McGuinness. *OWL Web Ontology Language Guide.*
http://www.w3.org/TR/owl-guide/, 10. Februar 2004.

[242] Karen Sollins und Larry Masinter. *RFC1737: Functional Requirements for Uniform Resource Names (URN).*
http://www.ietf.org/rfc/rfc1737.txt, Dezember 1994.

[243] Ian Sommerville. *Software Engineering.* Addison Wesley, 7. Auflage, 2004.

[244] SourceForge. *Homepage.* http://sourceforge.net.

[245] Stanford University School of Medicine. *The Protégé Ontology Editor and Knowledge Acquisition System.*
http://protege.stanford.edu/.

[246] Eberhard Stickel, Hans-Dieter Groffmann, und Karl-Heinz Rau. *Gabler Wirtschaftsinformatik-Lexikon.* Dr. Th. Gabler Verlag, Dezember 1997. 2 Bände.

[247] Nenad Stojanovic, Rudi Studer, und Ljiljana Stojanovic. *An Approach for the Ranking of Query Results in the Semantic Web.* In *Processdings of the 2nd International Semantic Web Conference (ISWC2003),* Seite 500–516, Sundial Resort, Sanibel Island, Florida, USA, 20.–23. Oktober 2003. Springer.

[248] Subversion. *Homepage.*
http://subversion.tigris.org/.

[249] Sun Microsystems. *Java 2 Platform, Enterprise Edition (J2EE).* http://java.sun.com/j2ee/.

[250] Sun Microsystems. *Java 2 Platform, Standard Edition (J2SE).*
http://java.sun.com/j2se/.

[251] Sun Microsystems. *Java Message Service (JMS).*
http://java.sun.com/products/jms/.

[252] Sun Microsystems. *Java Technology.*
http://java.sun.com/.

[253] Sun Microsystems. *Javadoc Tool Home Page.*
http://java.sun.com/j2se/javadoc/.

[254] Sun Microsystems. *OpenOffice Homepage.*
http://www.openoffice.org/.

[255] Sun Microsystems. *OpenOffice.org for Developers.*
http://development.openoffice.org/.

[256] Clemens A. Szyperski. *Emerging Component Software Technologies: A Strategic Comparison.* Software – Concepts and Tools, 19(1):2–10, 1998.

[257] Loren Terveen und Will Hill. *Beyond Recommender Systems: Helping People Help Each Other*, 2001.

[258] The Mozilla Organization. *Bugzilla Homepage.*
http://www.bugzilla.org/.

[259] The Open Group. *Data Management: Structured Query Language (SQL) Version 2.* Technical Standard C449, The Open Group, Apex Plaza, Forbury Road, Reading, Berkshire, RG1 1AX, UK, März 1996.

[260] The Open Group. *DCE 1.1: Remote Procedure Call.* Technical Standard C706, The Open Group, Apex Plaza, Forbury Road, Reading, Berkshire, RG1 1AX, UK, Oktober 1997.

[261] Henry S. Thompson, David Beech, Murray Maloney, und Noah Mendelsohn. *XML Schema Part 1: Structures.*
http://www.w3.org/TR/xmlschema-1/, Mai 2001.

[262] Rudolf Bayer und Edward M. McCreight. *Symmetric binary B-trees: Data structure and maintenance algorithms.* Acta Informatica, 1(4):290–306, November 1972.

[263] Ludger van Elst, Andreas Abecker, und Heiko Maus. *Exploiting User and Process Context for Knowledge Management Systems.* In *Workshop on User Modeling for Context-Aware Applications at the 8th International Conference on User Modeling*, Sonthofen, 13.–16. Juli 2001.

[264] Cornelis J. van Rijsbergen. *Information Retrieval.* Information Retrieval Group, University of Glasgow, Butterworths, London, UK, 2. Auflage, 1979.

[265] Raphael Volz. *KAON. The Karlsruhe Ontology and Semantic Web Framework. Developers Guide.* January 2004, Institut für Angewandte Informatik und Formale Beschreibungsverfahren (AIFB) Universität Karlsruhe, 2004.

[266] Raphael Volz, Rudi Studer, Alexander Maedche, und Boris Lauser. *Pruning-based Identification of Domain Ontologies.* Journal of Universal Computer Science, 9(6):520–529, Juni 2003.

[267] Ellen M. Voorhees, Narendra Kumar Gupta, und Ben Johnson-Laird. *The Collection Fusion Problem*. In Donna K. Harman, Hrsg., *Proceedings of the Third Text REtrieval Conference (TREC-3)*, Nummer 500-225, Seite 95–104, Gaithersburg, Maryland, USA, November 1995. National Institute for Standards and Technology (NIST).

[268] Tom D. Wilson. *On user studies and information needs*. Journal of Documentation, 37:3–15, 1981.

[269] Tom D. Wilson. *Models in information behaviour research*. Journal of Documentation, 55(3):249–270, 1999.

[270] Tom D. Wilson und Christina Walsh. *Information behaviour: an inter-disciplinary perspective. A report to the British Library Research & Innovation Centre on a review of the literature*. 10, University of Sheffield, Department of Information Sudies, 1996.

[271] Rebecca J. Wirfs-Brock und Ralph E. Johnson. *Surveying current research in object-oriented design*. Communications of the ACM, 33(9):104–124, September 1990.

[272] Ian H. Witten, Alistair Moffat, und Timothy C. Bell. *Managing Gigabytes. Compressing and Indexing Documents and Images*. Morgan Kaufmann Publishing, San Francisco, California, USA, 2. Auflage, Mai 1999.

[273] Frank Wittig. *Maschinelles Lernen Bayes'scher Netze für benutzeradaptive Systeme*. Dissertation, Universität des Saarlandes, 2002.

[274] World Wide Web Consortium (W3C). *Extensible Markup Language (XML)*. http://www.w3.org/XML/.

[275] World Wide Web Consortium (W3C). *Homepage*. http://www.w3c.org.

[276] World Wide Web Consortium (W3C). *Web Services*. http://www.w3.org/2002/ws/.

[277] Yahoo News. *Homepage*. news.yahoo.com.

[278] Yunwen Ye. *Supporting Component-Based Software Development with Active Component Repository Systems*. Dissertation, University of Colorado, 2001.

[279] Yunwen Ye und Gerhard Fischer. *Supporting Reuse by Delivering Task-Relevant and Personalized Information*. In *Proceedings of 2002 International Conference on Software Engineering (ICSE'02)*, Orlando, Florida, USA, 19.–25. Mai 2002.

[280] Wengyik Yeong, Tim Howes, und Steve Kille. *RFC 1777 - Lightweight Directory Access Protocol*. http://www.ietf.org/rfc/rfc1777.txt, März 1995.

[281] Jiwei Zhong, Haiping Zhu, Jianming Li, und Yong Yu. *Conceptual Graph Matching for Semantic Search*. In *Proceedings of the 10th International Conference on Conceptual Structures (ICCS 2002)*, Seite 92–196, Borovets, Bulgarien, 15.–19. Juli 2002. Springer.

[282] Moshé M. Zloof. *Query-by-Example: The Invocation and Definition of Tables and Forms*. In Douglas S. Kerr, Hrsg., *Proceedings of the International Conference on Very Large Data Bases (VLDB)*, Seite 1–24, Framingham, Massachusetts, USA, 22.–24. September 1975. ACM.

[283] Youyong Zou, Tim Finin, und Harry Chen. *F-OWL: an Inference Engine for the Semantic Web*. In Michael Hinchey, James L. Rash, Walter F. Truszkowski, und Christopher A. Rouff, Hrsg., *Formal Approaches to Agent-Based Systems, Third InternationalWorkshop, FAABS 2004*, Volume 3228 of *Lecture Notes in Computer Science*, Seite 238–248, Greenbelt, Maryland, USA, 26.–27. April 2004. Springer.

Abkürzungsverzeichnis

API	Application Programmer Interface
CMS	Content Management System
COBAIR	Context-Based Information Retrieval
COM	Component Object Model
CRM	Customer Relationship Management
CVS	Concurrent Versions System
DAML	DARPA Agent Markup Language
DARPA	Defense Advanced Research Projects Agency
DB	Datenbank
DMS	Dokumentenmanagementsystem
DQL	DAML Query Language
DTD	Document Type Definition
EAI	Enterprise Application Integration
ECMA	European association for standardizing information and communication systems vor 1994: European Computer Manufacturers Association
EJB	Enterprise Java Bean
ERP	Enterprise Resource Planning
FA	Fagin's Algorithmus
FTP	File Transfer Protocol
GI	Gesellschaft für Informatik e.V.
GIF	Graphics Interchange Format
GUID	Globally Unique Identifier
HR	Human Resource
HTML	Hypertext Markup Language
HTTP	Hypertext Transfer Protocol
IDE	Integrated Development Environment

IF	Information Filtering
IP	Internet Protocol
IR	Information Retrieval
J2EE	Java 2 Platform, Enterprise Edition
J2SE	Java 2 Platform, Standard Edition
JDBC	Java Database Connectivity
JMS	Java Message Service
JMX	Java Management Extensions
JPEG	Joint Photographic Experts Group Kürzel für die von dieser Gruppe definierten Bildformate
JPG	Abkürzung für JPEG
JSP	Java Server Page
JVM	Java Virtual Machine
KAON	Karlsruhe Ontology and Semantic Web Tool Suite
KI	Künstliche Intelligenz
KIF	Knowledge Interchange Format
LDAP	Lightweight Directory Access Protocol
LRU	Least Recently Used
LSD	Local Split Decision
MIS	Managementinformationssystem
MOM	Message Oriented Middleware
N3	Notation 3
NRA	No Random Access
OIL	Ontology Interference Layer
OLAP	Online Analytical Processing
OMIS	Organizational Memory Information System
OQL	Object Query Language
OWL	Web Ontology Language allerdings häufig auch als Ontology Web Language bezeichnet
OWL-QL	OWL Query Language
PDF	Portable Document Format
PNG	Portable Network Graphics
QBE	Query By Example
RDF	Resource Description Framework

RDF-QBE	RDF Query By Example
RDFQL	RDF Query Language
RDFS	RDF-Schema
RDQL	RDF Data Query Language
RFC	Request for Comments
RMI	Remote Method Invocation
RQL	RDF Query Language
RSS	Rich Site Summary (Bezeichnung bei RSS 0.9x)
	RDF Site Summary (Bezeichnung bei RSS 1.0)
	Really Simple Syndication (Bezeichnung bei RSS 2.0)
RSV	Retrieval Status Value
RUP	Rational Unified Process
SeRQL	Sesame RDF Query Language
SGML	Standard Generalized Markup Language
SOA	Service Oriented Architecture
SOAP	Simple Object Access Protocol
SparQL	SPARQL Protocol And RDF Query Language
SQL	Structured Query Language
TA	Threshold Algorithmus
TCP	Transmission Control Protocol
tf-idf	term frequency - inverse document frequency
TIFF	Tagged Image File Format
UDP	User Datagram Protocol
UML	Unified Modeling Language
URI	Uniform Resource Identifer
URL	Uniform Resource Locator
URN	Uniform Resource Name
UUID	Universally Unique Identifier
VBA	Visual Basic for Applications
W3C	World Wide Web Consortium
WFM	Workflow-Management
WFMS	Workflow-Managementsystem
WWW	World Wide Web
XMI	XML Metadata Interchange
XML	Extensible Markup Language

Index

A

Abfrage
    kontinuierliche, 142
Abgrenzungsbeziehung, **210**, 217
Ableitungshierarchie, 211
Abstand
    zyklischer, 102, 120, 121, 161, 162, 277
Abstraktion, 130
Adapter, 164
Ähnlichkeit, 205
Ähnlichkeitsfunktion, 207
Ähnlichkeitskriterium, 200
Ähnlichkeitsmaß, 12, 214, 221, 250
Ähnlichkeitssuche, 12
Ähnlichkeitswert, 223
    initialer, 215
Äquivalenzbeziehung, **210**, 211, 213, 215, 217, 251
Aggregation, 118, 126, **128**, 129, 139, 168
Aktivität, 258
Aktivitätsdiagramm, 257
Algorithmus
    Kombination von Rangordnungen, 238
Analysediagramm, 257
Anforderung
    funktionale, 156
Anforderungsanalyse, 262
Anfrage, 83, 140
    generische, 69
    komplexe, 240
    transitive, 193
    vage, 141, 164, 170, 197
Anfragebearbeitung, 169, 195
    Anforderungen, 174
    effiziente, 228
    Effizienz, 176
    stromorientierte, 240, 244, 299
    vage, 175, 249, 299
    vage stromorientierte, 237
Anfrageergebnis
    partielles, 184
Anfragegraph, 240
    Baumform, 225
    Wurzel, 226
Anfragepfad, 180
Anfragerepräsentation, 169
Anfragesprache, 165, 174, 178, 196
    deklarative, 182
    typisierte deklarative, 178
Anfragevektor, 219, 238
Anomalous-State-of-Knowlegde Modell, 37
Ansatz
    distanzbasierter, 246
    informationstheoretischer, 246
    kognitiver, 35
    Vektorraummodell, 247
Anwendbarkeit
    inkrementelle, 239
Anwender, 104
Anwendungsbereich, 99
Anwendungsfall, 255, 257
Anwendungslogik, 84
Anwendungsprogramm, 119
Anwendungsprozess, 86
Applikationsserver, 85–87
Architektur, 155
    Client-Server-Anwendung, 86
    komponentenbasierte, 255
    offene, 87, 160
    serviceorientierte, 299
    Softwaresystem, 152, 254
Architekturrahmen, 172
Artefakt, 232, **256**, 287
    Transformation, 258
    Versionierung, 263
ASK-Modell, 37

Index

Aspekt
  dynamischer, 255
  statischer, 255
Aufgabe, 13, 124, 263
  strukturierte, 107, 127
  unstrukturierte, 107, 127
  wissensintensive, 68
Auktionssystem
  webbasiert, 287
Ausdruck
  boolescher, 83
  regulärer, 83, 179, 197
Auslösungsmechanismus
  regelbsierter, 274
Autor, 170

B

B*-Baum, 276, 282
B-Baum, 229, 237
Basiskonzept, 214
Bayessches Netz, 67, 137
  dynamisches, 67
Bedürfnis, 26
Beispieldaten, 174
Benutzeraktion, 82, 102, 161, 262
Benutzerinteraktion, 81, 162
Benutzerkontext, 106
Benutzeroberfläche
  grafische, 81
Berechnungspfad, 216
Berry-Picking-Modell, 35
Beschreibung
  einheitliche, 103
Beschreibungsrahmen
  formaler, 100
Best practise, 254
Bezeichnung
  eindeutige, 103
Bibliotheksrecherche, 59
Bibliothekswesen, 177
Blank Node, 202, 203, 207, 213, 221, 223, 224, 232, 235, 236
Bootstrapping-Phase, 60, 74
Branchensoftware, 84
Breitensuche, 56, 216
Bridge-Komponenten, 159
Broker, 159
Browsing, 171
Brücken-Metapher, 31
Buckley-Lewit
  Algorithmus, 230, 238, 239

C

Cache, 285
Callback-Methode, 82
Chimaera, 249
Client-Agent, 185
Client-Anwendung, 103, 171
  klassische, 84, 157
Client-Server-Anwendung, 86, 103, 157
Cluster, 110
CMS, 88
COBAIR-Framework, 151, **156**, 173, 196, 278
CodeBroker, 63
Collaborative Filtering, 60, 73, 110, 139
Collection-Fusion-Problem, 238
COM, 85
Component Object Model, *siehe* COM
concept feedback, 63
Content-Managementsystem, *siehe* CMS
Context Bus, 71
CRM-System, 81, 86, 111
Customer Relationship Management System, *siehe* CRM-System
CVS, 88, 115, 263
CVS-Repository, 270, 279

D

DAML+OIL, 183
Darstellung, 86
Daten, 5, 81, 105, 120, 121, 162, 170
  hochdimensionale, 229
  strukturierte, 98
Datenbank, 85
  relationale, 89, 189–191, 196
Datenbankschema, 247
Datenformat
  proprietäres, 89
Datenhaltung, 84, 86
Datenmenge, 165
Datenretrieval, 10
Datentyp, 193, 217, 220
Datum, 201
Design
  Softwaresystem, 152
Design Pattern, 153
Dialog, 81
Dienst
  situationsbezogener, 126
Dimension, 105, 118, 166, 273
  Arbeitskontext, 107, 119, 125, 127
  Benutzerkontext, 119, 125–127

Benutzerprofil, 107
Historie, 108
Interaktionskontext, 108, 119, 120
organisatorische, 107
physische, 106
zeitliche, 118
Distanz, 214
ontologische, **213**, 233, 237, 242, 277
Disziplin, 266
Analyse und Design, 257
Anforderungen, 257
Design, 289
Geschäftsprozessmodellierung, 256
Implementierung, 257, 289
Kerndisziplin, 256
Konfigurationsverwaltung, 258
Projektmanagement, 258
Test, 257
Umgebung, 258
unterstützende, 256, 258
Verteilung und Inbetriebnahme, 257
DMS, 88
Document Source Methode, 283
Document Type Definition, *siehe* DTD
Dokument, 11, 50, 105, 121, 162, 170
anonymes, 200
multimediales, 4
Textdokument, 4
Dokumentenablage, 11
Dokumentenmanagementsystem, *siehe* DMS
Dokumentinhalt, 120
Dokumentteil, 176
Dokumenttyp, 120, 200
Domäne, 99
DQL, 184
DTD, 98, 247
Dublin Core, 94, 98, 197, 199, 200, 232, 242
Durchschnitt, 120
gleitender, 120

E
E-Commerce, 100
E-Learning, 74
ECMA-Script, 182
Editierdistanz, 248
Einflussdiagramm, 67

Element
aktivierendes, 132, 168
hemmendes, 132, 168
konstruktives, 194
Enterprise Application Integration, 161
Enterprise Resource Planing System, *siehe* ERP-System
Entkopplung
asynchrone, 159
Entwicklungsplattform, 186
Entwicklungszeit
Verkürzung, 155
Episodenmodell, 37
Ereignisserien, 109
Erfahrung, 13, 88, 117
Ergebnis
Erstellung, 170
Präsentation, 142, 171, 268, 299
Weiterverwendung, 170, 176, 299
Ergebnisermittlung
stromorientierte, 230
Ergebnisliste, 179, 228
sortierte, 170, 175, 196, 197, 202, 235
unsortierte, 179–181, 193, 196, 199
ERP-System, 86
Erstellungsdatum, 170, 200
Erwartungshaltung, 4
Erweiterbarkeit, 153
Event-Handler, 161
Evidenzklasse, 67
Extensible Markup Language, *siehe* XML
Extraktion, 7
Extreme Programming, *siehe* XP

F
F-Logik, 182, 193, 196
F-OWL, 247
FA-Algorithmus, 240
FaCT, 205, 247
Fähigkeit, 107, 125, 127, 132
Faktenretrieval, 10, 196, 202, 237
Fat-Client, 85–87
Feature, 11
Feature-Extraktion, 11
Fehler
Verwaltung, 264, 270
Feldstudie, 300
Filter, 167
Filterfunktion, 138

Filterung, 118, 126, **128**, 129, 138, 168, 275
Framework, 151, **152**, 172
    Architektur, 159
    Arten, 154
    Blackbox, 155
    Eigenschaften, 153
    Nachteile, 155
    Vorteile, 155
    Whitebox, 154
Freiheitsgrad, 131
Funktion
    atomare, 81

G

Gap, 32
Gesamtrelevanz, 202
Geschäftsprozess, 68
Geschäftsprozessmodell, 69
Geschäftsvorfall, 255
Gewichtung, 204
    aktivierende, 132
    Anfrage, 238
    hemmende, 132
Gewichtungswert, 236
Granularitätsstufe, 81, 118, 161
Graph, 212
    attributierter, 212
    Baumform, 222
    benannter, 212
    gerichteter, 212
Graph Isomorphie, 222
Graphenmodell, 178, 190, 191, 193
GroupLens, 60, 73
Grundform, 218
Grundgewicht, 219

H

Hash-Tabelle, 237, 276
Hemmschwelle, 136, 168, 274, 275
Hemmungsmechanismus, **133**, 142
Hemmungsmodell, 135
Heuristik, 134
Hidden-Markov-Modell, 124, 137
Hierarchie
    lexikalische, 98
Histogramm, 120, 129, 134, 166, 271, 273
    Veränderung, 122
Histogrammreihe, 122
Hook-Methode, 153
Horn Logik, 182

HR-Management-System, 264
HTTP, 190
Human-Resource-System, 88

I

IDE, 113, 262
Identität, 204
Implementierung
    komponentenbasierte, 87
Implicit Query, 54
Index, 11
Indexstruktur, 158, 164, 196, **231**, 234, 235, 242, 251, 278, 281, 299
    prototypische Implementierung, 276
    Realisierung, 237
Inferenzmaschine, 190
Inferenzregel, 182
Inferenzsystem, 191, 205, 247
Information, 5, 6
    Digitalisierung, 3
    Wiedergewinnung, 8
Information Extraction, 53
Information Filtering, 60
Information Retrieval
    Aufgabenstellung, 5
    Begriff, 5
    Forschungsgebiet, 8
    Gegenstand, 4
    Historie, 5
    Klassisches Modell, 22
    kontextbasiertes, 15
    methoden- und systemzentrierte Forschung, 21
    Modell von Dervin, 31, 135
    Modell von Kuhlthau, 34, 122
    Modelle von Wilson, 28, 125
    nutzerzentrierte Forschung, 21
    Standard Modell, 23
    System, 169
    Traditionelles Modell, 24
    Vergleich zu Datenretrieval, 10
Information Retrieval System
    kontextbasiertes, 269, 278, 287
Informationsbedürfnis, 13, 26, **28**, 83, 102, 161, 169, 262, 289
    Ableitung, 117, 164, 165, 167
    Bestimmung, 123
    erwachsenes, 123

erwartetes tatsächliches, 132, 134, 137, 142, 167, 175, 223, 224, 274
  Faktoren, 80, 118
  latentes, 132, 134, 167, 168, 273
  statisches, 41
Informationsgesellschaft, 3
Informationsverhalten, 25, 26
Informationswissenschaft, 35
Informationswunsch, 3
Integrierte Entwicklungsumgebungen, *siehe* IDE
Intensitätsverlauf, 122
Interaktion, 162
Interaktionsdiagramm, 257
Interaktionsmuster, 122
Interesse, 88, 125, 127
Internet, 3, 86, 90
Internet-Suchmaschine, 55, 142, 169
Internetverbindung, 279
Intranet, 169
Inversion of Control, 153
InWiss, 70
Iteration, 254

J
J*-Algorithmus, 240, 245
Jaccard-Maß, 246
Java, 160, 266, 287
Java 2 Platform, Enterprise Edition, 160, 266, 287
Java 2 Platform, Standard Edition, 160, 266, 279
JavaScript, 182
Jena, 190, 194, 195
Joseki, 190

K
Kaltstart-Problematik, 74
Kante, 95, 212, 225
KAON-Query, 195
KAON-Server, 191, 195
Kenntnis, 13, 88, 117, 132
KIF-Syntax, 185
Klassendiagramm, 257
Knoten, 95, 212, 225
KnowMore-Projekt, 68
Kollaborationsdiagramm, 257
Kombinationsalgorithmus
  Verkettung, 241
Kompetenz, 125

Komponente, 157
  Instanzverwaltung, 166, 169
  Registrierung, 159
  Verwaltung, 159
Komponentengewicht, 218
Konfigurationsmanagement, 263, 264
Konstruktionsbeziehung, **210**, 217
Kontext, 13, **14**, 79
  aktueller, 118
  Beschreibung, 89, 104, 162, 265
  Erfassung, 160
Kontextdimension, *siehe* Dimension
Kontextinformation, 13, 102, 118, 174
  Beschreibung, 103
  Erfassung, 158
  historische, 125
Kontextmodell
  einheitliches, 106
Konzept, 120, 130, 140, 196, 209, 223, 246
  Ähnlichkeit, 209, 213, 214
  Beziehung, 209
  Eigenschaft, 211
  Identifikation, 144
Konzeptualisierung, 100
Kosinusmaß, 219
Kumulierung, 120

L
Label-Effekt, 36
Latent Semantic Analysis, 65
Lazy-Evaluation, 230
Learning in Process, 74
Lernphase, 137
Lernprozess, 124
Letizia, 56
Liste, *siehe* Ergebnisliste
  invertierte, 238
Literal, **95**, 104, 140, 143, 193, 197, 202, 203, 207, 213, 217, 221, 233, 235, 236, 238, 251
Logik, 91
  formale, 184
  temporale, 109
LRU-Cache, 276
LSD^h-Baum, 229
Lucene-Index, 276
Lücke, 32
Lumière-Projekt, 66

M

Managementinformationssystem, 85
Mapping
    Algorithmus, 246
    Schema und Ontologie, 245
    Vorgang, 248
Markov-Kette, 68, 83, 124
Matching
    Schema und Ontologie, 245
    Strings, 189
Mehrdeutigkeit, 249
Mehrfachvererbung, 214
Mehrschichtenarchitektur, 84, 287
Mehrwortgruppe
    Auflösung, 198
    Erkennung, 218, 238
    Zerlegung, 242
Menüpunkt, 81
Menge, 193
Mengeneigenschaft, 181
Mengenoperation, 193
Message Oriented Middleware, 164, 269
Messaging Service, 164
Meta-Ebene, 184
Metadaten, 92, 98, 177
Methodenaufruf, 195
Metiore, 59
Microkernel-Architektur, 158, 191, 195
Mitarbeiter, 263
Modell nach Belkin, 23
Modellierungsmethode
    visuelle, 253, 255
Modularität, 153
Motiv, 27
Multigraph, 212
    attributierter, 212
Multimenge, 212
Multiplikation, 207, 208, 233
Multistrategie-Lernansatz, 61, 247
Mustererkennung, 83

N

N3, 94, 190
N3-Notation, 232, 241
Nachricht, 60
Nachrichten auf Anwendungs- und
    Systemebene, 81, 102, 161
Nachrichtenmuster, 83
Naiver Bayessche Klassifikator, 58, 59, 62
Namensraum, 97
Navigation, 55
Nearest Neighbor Algorithmus, 61
Neuronales Netz, 137
News Dude, 61
non-intrusive manner, 52, 171
Normierung, 214, 219
Nosferatu-Algorithmus, 231, 239, 240, 245
NRA-Algorithmus, 240
NRA-RJ-Algorithmus, 240, 245
Nutzerinteresse
    Modellierung, 64
Nutzermodell
    einheitliches, **106**, 118, 125, 163, 166, 265, 271
    hybrides, 61
Nutzerprofil, 119, 271, 273
    Bildung, 166, 271
Nutzerschnittstelle, 61

O

Objekt, 93, 202, 203, 209, 235, 237
Office-Program, 84
OLAP-System, 71
On-To-Knowledge, 188
Ontologie, 72, 91, 97–99, **100**, 120, 134, 140, 145, 158, 162, 164, 178, 191, 200, 209, 213, 215, 223, 246, 247, 251, 265, 269, 280
    Domänenontologie, 100
    generische oder allgemeingültige, 100
    Metadatenontologie, 100
    methoden- und
        aufgabenbezogene, 101
    Repräsentationsontologie, 100
OntoMorph, 249
Open Source, 259
Open Source Projekt, 279, 280, 304
Operation
    arithmetische, 194
Operator
    AND, 198
    boolescher, 193
    LIKE, 179, 189, 197
    OR, 198
OQL, 193, 196
Ordnungskriterium, 229
Organisation, 13, 107, 125, 126, 169
Organizational Memory, 110
Organizational Memory Information
    System, 69

Ort, 14, 126
OWL, 91, **101**, 164, 173, 177, 178, 190, 192, 247, 251, 269
    DL, 101
    Full, 101
    Lite, 101, 190
OWL-QL, 184, 192

P
Parallelisierung, 159
Parser
    validierender, 188
PearlCircle Online Auction, 287
Pellet, 247
Person, 170
Personal Computer, 84
Pfad, 212
    kürzester, 212, 214
    längster, 215
Pfadausdruck, 181
    generalisierter, 178, 194
Phase
    Übergang in den Betrieb, 256
    Konstruktion, 256
    Projektdefinition, 256
    Projektfindung, 256
Plug-In, 85, 157, 161, 171, 190, 262, 267
Plug-In-Mechanismus, 262, 263
Portalsystem, 70, 87
Portlet, 70
Prädikat, 93, 202, 203, 209, 234, 235, 237
    Gewicht, 135
    gewichtetes, 131
Präferenz, 107
    persönliche, 88
Präfix, 98
Präsentationsschicht, 84
Pragmatik, 6
Precision, 17, **145**, 284, 289
Profil, 118, 134, 164, 165, 167
    aktuelle Tätigkeit, 119, 128, 139
    Benutzerkontext, 129
    Bildung, 125
    organisatorischer Benutzerkontext, **126**, 133
    persönliches, **127**, 129, 133, 273
    physischer Benutzerkontext, **126**
    Qualität, 127
    zurückliegende Tätigkeit, **127**, 129, 133, 273
Profildaten, 167

Programmiersprache
    objektorientierte, 253
Programmoperation, 81
Projektfortschritt, 255
Projektmanagement, 263
Projektplanungswerkzeug, 270
Proof, 91, 205
Protégé, 269
Protokoll
    verbindungsloses und nachrichtenorientiertes, 164
Prototyp
    vertikaler, 287
Proxy-Server, 57, 58
Prozessmodell nach Ellis, 29, **32**, 122
Psychologie, 26
Publish-Subcriber, 167
Pull-Konzept, **103**, 162
Push-Konzept, **103**, 162

Q
Quadratfunktion, 216
Qualität
    Informationsbedürfnis, 89
    Nachrichten, 85
    Softwareentwicklung, 259
    Softwaresystem, 155
Qualitätssicherung, 255
Quellcode
    Verwaltung von, 88
Query by Example, 175, 197, 200, 299
Quick-Combine-Algorithmus, 240

R
R-Baum, 229
RACER, 205, 247
Rahmenarchitektur, 152, 156
Rangordnung, 238
    stabile, 230, 248
Rank-Combine-Algorithmus, 240, 245
Ranking, 228
Rational Unified Process, *siehe* RUP
RDF, 91, **92**, 120, 134, 141, 143, 162, 164, 170, 173, 177, 178, 185, 186, 192, 197, 202, 205, 209, 247, 269, 280
RDF Data Query Language, *siehe* RDQL
RDF Query by Example, **196**, 276, 281
RDF Query Language, *siehe* RQL
RDF-Aussage, 92, 94
    Beziehung, 141

RDF-Beispieldaten, 175, 196, 197
RDF-Beschreibung, 129
RDF-Daten, 229, 249
    gewichtete, 270, 271
RDF-Graph, 95, 190, **205**, 211, **212**
    Ähnlichkeit, 223
    Ähnlichkeitsmaß, 226
    Baumform, 222
    gewichteter, **205**
    Wurzelknoten, 224
RDF-Modell
    gewichtetes, 131, 134, 137, 140, 165–168, 175
RDF-Parser, 190
RDF-Repository, 141, 158, 168, 170, 174, **204**, 218, 226, 247
    Abfragemechanismus, 164
    Identität, 222
    zentrales, 164
RDF-Repository-System, 164, 186, 196, 271, 276, 277, 281
RDF-Schema, 96, 183, 190, 192, 196, 209
RDF-Statement, 92, 192, 193, **202**, 203, 237
    Abhängigkeit, 224
    Ähnlichkeit, 205, 207
    gewichtetes, 204, **204**, 208, 223
    Gewichtungskomponente, 204
    Identität, 203
    Komponententyp, 203, 208
    Menge, 205
    Vorgehen Suche nach ähnlichen, 232
RDFQL, 182
RDFSuite, 186, 194, 195
RDQL, **180**, 190, 193, 195
Realisierung
    prototypische, 265
Recall, 17, **144**, 285
Referenz, 82
Regel
    explizite, 136, 272, 275
    formulierte, 124
    heuristische, 56
Reifikation, 96, 165, 180
Reinforcement Learning, 57
Relevance Feedback, 24, 41, 42, 137
Relevanz, 170, 175, 196, 197, 200, 228
Relevanzwert, 176, 201, 238
Remembrance Agent, 51
Repository, 88

Repräsentation, 6
    Dokumente, 22
Resource Description Framework, *siehe* RDF
Ressource, 92, 120, 209
    Ähnlichkeit, 207
    Beziehung, 96
    Kollektion, 96
Retrieval
    Begriff, 7
revidiertes Modell für
        Informationsverhalten, 30
RMI, 192
Rolle, 13, 107, 126, 263
RQL, **178**, 188, 189, 193–195, 197
RQL-Anfrage, 284
Rückkopplungsmechanismus, 42
RUP, 211, 216, **254**, 269, 287
    Architektur, 255
    Disziplin, 255, 256
    Phase, 256

S
Savant, 51
Schichtenarchitektur
    des Semantic Webs, 90
Schichteninteraktionsmodell, 38
Schlüsselwort, 83
Schnittstelle, 85, 153, 163, 195
    Standardisierung, 163
Schwelle, 133
Schwellenwertregelung, 122
Scripting, 85
Selektion, 129
Semantic Web, **90**, 173, 175, 177, 190
Semantic Web Management System, 191
Semantik, 6
    Erfassung, 100
Sense-Making-Theorie, 31
Sequenzdiagramm, 257
SeRQL, 72, **181**, 189, 193, 195
Server-Agent, 185
Server-Anwendung, 88, 103, 157, 171
Sesame, 72, 181, 188, 194, 195, 276, 281
Sesame RDF Query Language, *siehe* SeRQL
Signatur
    digitale, 91
Similarity Flooding Algorithm, 248
Skalarprodukt, 219

Skalierbarkeit, 160, 165
Skill-Management-System, 264
Skill-Management-Werkzeug, 88
Skolem-Funktion, 184
Skriptsprache, 85
Smart, 249
Snapshot, 108, 109, 124, 272
SOAP, 185, 190, 192, 195
Software Designer, 260
    Arbeitskontext, 260
Software Engineering, 151, **253**, 265, 287
Softwaredesign, 123
Softwareentwickler, 279, 287
    Arbeitssituation, 289
Softwareentwicklungsprozess, 88, 254, 266
Softwareentwicklungsumgebung, 84
    integrierte, 113
Softwarekomponente
    Suche, 63
Softwaresystem, 80
Softwaretest, 264
Softwareverteilung, 266
SparQL, 180
Spezifität, 249
Sprache
    deklarative, 184
    natürliche, 83
Spracherkennung, 61
Sprachsynthesizer, 61
SQL, 188, 193, 196
SquishQL, 179, 193
Stammform, 218
Stammformreduktion, 198, 238, 242
Standard
    offener, 90
Stelle, 107, 126
Stemmer, 145
Stoppwort, 218
Stoppworteliminierung, 197, 218, 238, 242
Stratified Interaction Model, 38
Stream-Combine-Algorithmus, 240, 245
Strom, 242
Stuff I've Seen, 54
Subgraph Isomorphie, 222, 225
Subgraphen Matching, 179, 250
Subjekt, 93, 202, 203, 235, 237
Subversion, 88, 263
Suchaktivität, 123

Suchanfrage, 121, 125, 164, 168
    automatische, 168, 171, 275
    Formulierung, 142, 169
    manuelle, 143, 168, 171, 275
Suche, 25, 169
    inhaltsbasierte, 5
Suchheuristik
    ontologiebasierte, 69
Suchmaschine, 3, 140, 229
Suchmodell, **138**, 140, 142, 168, 275
    Bildung, 168
Suchterm, 169
Suchvorgang
    automatischer, 134
Summierung, 120
Syntax, 5
Syskill & Webert, 58
System
    monolithisches, 191, 194

T
TA-Algorithmus, 240, 245, 276
Tätigkeit
    frühere, 124
    wissensintensive, 80
    zurückliegende, 125, 127
Tätigkeitsgebiet, 127
    Erkennung, 109
Tätigkeitsinhalt, 124
Teilgraph
    Identifikation, 227
Term
    Anzahl, 218
    Gewichtung, 218
    Vektor, 218
Termgewicht, 218, 243
    Anfrage, 218
    Berechnung, 218
Testbett, 186
Testkollektion, **279**, 283, 288, 303, 309
Testlauf, 266
Testszenarium, 278
tf-idf-Formel, 218
Thesaurus, 145, 248
Thin-Client, 86, 87
time-coded feedback, 62
Top-k Anfrage, 230
Topic, 283, **309**
Topic Maps, 183
Tourguide, 56
Trace, 258, 268

Transformation, 83, 139, 161, 168
    Datentypen, 221
Tripel, 179, 182, 190–192, 202
TRIPLE, 182, 193
Trust, 91
Typschema, 96, 98

U

UML, 183, 211, 216, 232, 242, 255, 269
UML-Diagramm, 280
Unicode, 90
Unified Modeling Language, *siehe* UML
Unified Software Development Process, 254
Uniform Resource Identifer, *siehe* URI
Uniform Resource Locator, *siehe* URL
Uniform Resource Names, *siehe* URN
Unschärfe, 9
Unsicherheit, 9, 175
    aktionshemmende, 143
URI, 91, **93**, 193, 202, 203, 207, 209, 213, 235–237
URL, 93
URN, 93
Use Case, 255, 257
Use Case Diagramm, 113, 257
Usenet, 60

V

Vagheit, 9, 175
Variable, 178, 179, 181, 182, 185, 193
    existenzielle, 202, 221
Vektorkomponente, 218
Vektorraummodell, 51, 53, 54, 56–58, 61, 65, 140, 141, 143, 169, 200, 201, **218**, 227, 233, 236, 243, 247
Vererbungsbeziehung, **210**
Vererbungshierarchie, 213–215
Vergessen, 109, 130
Vergleichsoperator, 179, 193
Verhaltensmuster, 124
Verlauf
    zeitlicher, 122
Vernetzung, 3
Verschlüsselung, 91
Versionierung, 263
Verteilung, 160
Verteilungsdiagramm, 257
Verteilungsfunktion, 207
Verzeichnisdienst, 88, 264, 271

Vokabular, 99, 218
Volltextanfrage, 175
Vorgang
    kognitiver, 26
Vorgehen
    deduktives, 152
    induktives, 152
    iteratives und inkrementelles, 254
    planmäßiges, 151, 253
Vorgehensmodell, 253

W

W3C, 90, 177
Wartung, 195
Watson, 52
Web Ontology Language, *siehe* OWL
Webbrowser, 55, 86
Webseite, 55, 93
WebWatcher, 56
Weiterentwicklung, 195
Wertebereich, 207, 214, 219, 221
Wiederverwendung, 151, 153, 155, 259, 279
Wildcard, 144, 193, 222
Wilson
    erstes Modell, 28, 125
    revidiertes Modell, 125, 132
    zweites Modell, 29
Wissen, 6, 99, 100, 107, 117, 127, 132
Wissenbasis, 184
Wissensmanagement, 100
Wissensportal, 70
Wissenstransfer
    Prozess, 11, 295
Wizard of Oz-Experimente, 67
Workflow, 68, 258, 264
Workflow-Management, 68
Workflow-Managementsystem, 68, 88, 120
Workflow-Modell, 69
World Wide Web, *siehe* WWW
World Wide Web Consortium, *siehe* W3C
Wurzelsubjekt, 226
WWW, 90

X

XML, 91, 177, 185, 190
    Ähnlichkeitsanfrage, 229
XML-Schema, 98, 181, 193, 217, 220, 247
    Built-in datatypes, 220
    Standarddatentyp, 202

XP, 254
XQuery, 177

Z
Zeit, 14, 126
Zeitangabe, 105
Zeitdauer, 104, 119, 280, 284, 290
Zeitfenster, 128
Zeitpunkt, 104, 119, 139
Zeitraum, 119
Zeitspanne, 128, 139
Zugriff
    sequentieller, 239
    sortierter, 239
    wahlfreier, 239
Zugriffsmuster, 235
Zugriffsstruktur, 229
Zustand
    kognitiver, 27
Zustandsdiagramm, 257
Zyklus, 216